# VERWALTUNGSBEREICH

der

## Königlichen Generaldirektion

der

## SÄCHSISCHEN STAATSEISENBAHNEN.

## 1896.

### Erklärungen:

| | |
|---|---|
| ——————— Im Betriebe befindliche | \ Vollspurbahnen. |
| ━ ━ ━ ━ ━ Zum Bau genehmigte | / |
| ——————— Im Betriebe befindliche | \ Schmalspurbahnen. |
| ▬ ▬ ▬ ▬ Zum Bau genehmigte | / |
| ·············· Privat-Schmalspurbahn im Staatsbetrieb. | |

Der Sitz der Bahnverwaltereien von Schmalspurbahnen ist rothfarbig unterstrichen.

Für das Feldbahnmuseum
erworben

27.6.2011    S. Faust

Die

# schmalspurigen Staatseisenbahnen

im

# Königreiche Sachsen.

Im Auftrage des Königl. Sächs. Finanzministeriums und nach amtlichen Quellen
bearbeitet

von

Oberfinanzrath **Ledig** und Rechnungsrath **Ulbricht**.

Mit 40 Blatt Zeichnungen, 1 Uebersichtskarte und 1 graphischen Darstellung.

Zweite vermehrte und verbesserte Auflage.

**Leipzig,**
Verlag von Wilhelm Engelmann.
1895.

Reprint von 2009 der Originalausgabe von 1895:
Ledig/Ulbricht
„Die schmalspurigen Staatseisenbahnen im Königreiche Sachsen"
aus dem Archiv des KartenHaus-Verlages Manfred R. Meliset, Ludwigshafen.
www.gartenbahn.de

ISBN 978-3-9804083-5-6

Mit einem Foto-Anhang zur „Neuen IK"
und Fotos eines IK Live-Steam-Modells im Maßstab 1:20,3.

Reprotechnik: Klaus Seitz, Mannheim
Satz und Layout Anhang: itf-multimedia frank haßler, Ludwigshafen
Schutzumschlag- und Einbandgestaltung: Klaus Seitz und Frank Haßler
Gesamtherstellung: Strube Druck & Medien OHG, 34584 Felsberg

# Vorwort.

Die grosse Entwickelung, welche das Sekundärbahnwesen im Königreich Sachsen genommen hat, sowie die Thatsache, dass beim Bau und bei der betrieblichen Ausrüstung der betreffenden Linien vielfach neue, bislang unerprobte Konstruktionen zur Anwendung gekommen sind, haben dazu Veranlassung gegeben, dass sich die Aufmerksamkeit der Eisenbahn-fachmänner und Privatinteressenten in hervorragendem Maasse den sächsischen Einrichtungen zuwandte, und dass von vielen Seiten die Veröffentlichung speziellerer Mittheilungen über die in baulicher und betrieblicher Hinsicht gemachten Erfahrungen als erwünscht bezeichnet wurde. Mit Rücksicht hierauf haben sich die Unterzeichneten bereits im Jahre 1886 zur Herausgabe eines Werkes veranlasst gesehen, welches die baulichen, betrieblichen und finanziellen Verhältnisse der zu jener Zeit bereits bestehenden sächsischen Nebenbahnen behandelte und insbesondere über die damals in der ersten Entwickelung stehende Ein-richtung der Schmalspurbahnen näheren Aufschluss geben sollte.

Nachdem dieses Werkchen inzwischen vergriffen worden ist, die sächsischen Sekundärbahnen aber durch den Bau einer grösseren Anzahl neuer Schmalspurlinien eine weitere erhebliche Ausdehnung erfahren haben, und insbesondere auch über die finanziellen Ergebnisse ein reiches statistisches Material gesammelt worden ist, welches die früher ver-öffentlichten Mittheilungen wesentlich zu ergänzen und zu berichtigen geeignet ist, sind die Unterzeichneten vom Königlich Sächsischen Finanzministerium beauftragt worden, sich einer Neubearbeitung jenes Werkes zu unterziehen.

Es erschien bei Erledigung dieses Auftrages — im Hinblick auf die grosse Zahl der zu behandelnden Schmalspurbahnen und weil die charakteristischen Merkmale der be-stehenden vollspurigen Sekundärbahnen bereits in der ersten Auflage genügend erschöpfend gekennzeichnet worden sein dürften — angezeigt, die vorliegenden Ausführungen auf das Schmalspurbahnwesen zu beschränken und von einer erneuten Besprechung der die voll-spurigen Sekundärbahnen betreffenden Fragen abzusehen.

Die Verfasser sind bestrebt gewesen, der gestellten Aufgabe in streng sachlicher Weise zu entsprechen und auch die einschlagenden Fragen allgemein-wirthschaftlicher Natur ohne jede Voreingenommenheit lediglich auf Grund der thatsächlich erzielten Erfolge zu beurtheilen. Sollte das vorliegende Werkchen — bei dessen Bearbeitung neben anderen, der sächsischen Eisenbahnverwaltung angehörenden Herren, namentlich die Herren Maschinendirektor Klien in Chemnitz und Baurath Rachel in Dresden in dankenswerthester Weise Beihülfe geleistet haben — dazu beitragen, in geeigneten Fällen den geehrten Herren Berufsgenossen brauchbare Unterlagen für die Entscheidung baulicher und betrieblicher Fragen zu liefern, so würde der Zweck, den die Verfasser mit seiner Herausgabe verfolgten, erreicht sein.

Dresden, im November 1895.

Die Verfasser.

# Inhalt.

---

# Erster Theil.

Geschichtliche Entwickelung des Sekundärbahnwesens, Konstruktionsverhält-
nisse des Unter- und Oberbaues und der Fahrbetriebsmittel, Stationsanlagen
und Streckenausrüstung, administrative Organisation, Einrichtungen für den
Güter-, Personen- und Gepäckverkehr, Zweiggleis- und Weichenanschluss-
Anlagen.

# I. Geschichtliche Entwickelung des Sekundärbahnwesens.

## a) im allgemeinen.

Die fortschreitende Vermehrung der Eisenbahnen in allen Kulturländern und die hierdurch bedingte Verdichtung des Eisenbahnnetzes brachte es mit sich, dass nach und nach auch solche Gegenden Schienenverbindungen erhielten, bei denen die Vorbedingungen einer stärkeren Verkehrsentwickelung nicht vorhanden waren. Dabei machte sich gerade bei solchen Linien nicht selten die Nothwendigkeit geltend, ungünstigere Bau- und Betriebsverhältnisse zu überwinden. Denn während bei der Anlegung der zuerst entstandenen grossen Eisenbahnlinien in der Regel der durch die Natur selbst vorgezeichnete Weg eingehalten werden konnte und auch thatsächlich eingehalten wurde, war die Einbeziehung jener entlegeneren Verkehrsgebiete in das Eisenbahnnetz zum Theil nur unter schwierigeren Voraussetzungen zu ermöglichen. Wurden nun auch diese Schwierigkeiten Dank der unausgesetzt fortschreitenden Technik immer leichter überwunden, so liess sich doch die Folge nicht beseitigen, dass bei einem Theil dieser Linien sowohl die Bau- als auch die Betriebskosten verhältnissmässig höhere wurden, und diese Erhöhung musste sich in finanzieller Beziehung um so fühlbarer machen, je mehr der Verkehr der einzelnen Strecke hinter dem gewöhnlichen Durchschnitte zurückblieb.

Diese Verhältnisse, welche sich in fast allen deutschen Ländern gleichmässig geltend machten, liessen verhältnissmässig früh das Bedürfniss hervortreten, nicht nur beim Bau derartiger Eisenbahnen grössere Einfachheit walten zu lassen, sondern auch die Betriebskosten auf ein geringeres Maass zurückzuführen. Die Mittel, welche zur Erreichung dieses Zieles angewandt wurden, waren je nach den Verhältnissen des einzelnen Falles verschieden. Im allgemeinen suchte man — was die Anlage betrifft — durch grössere Einfachheit in den Kunst- und Hochbauten eine Kostenersparniss herbeizuführen, während beim Betriebe dasselbe Ziel durch Verminderung der Zugzahl sowie durch thunlichste Einschränkung der Beamtenzahl angestrebt wurde.

Am deutlichsten zeigten sich diese Bestrebungen bei den Lokalbahnen, also bei denjenigen Bahnlinien, die ihrer geographischen Lage nach lediglich auf die Vermittelung rein lokaler Verkehrsinteressen angewiesen waren. Als Linien dieser Gattung kamen in den verschiedenen Ländern Deutschlands eine grosse Anzahl Bahnen in Betracht; es waren dies theils Kohlen- und Erzbahnen mit nur schwachem Personentransport mittelst gemischter, langsam fahrender Züge, theils kurze Zweig- und Sackbahnen, die vermöge ihrer Lage an dem durchgehenden Verkehre nicht Theil nehmen konnten, theils endlich Omnibusbahnen, die fast ausschliesslich dem Personenverkehre dienten.

Doch waren auch bei diesen Bahnen die Abweichungen von der gewohnten Bau- und Betriebsweise nicht grundsätzlicher Natur; ihre Eigenart zeigte sich nur in der grösseren Einfachheit der Verkehrseinrichtungen und in der Beschränktheit des thatsächlich zu bewältigenden Verkehrs, nicht aber in konstruktionellen Abweichungen von den allgemeinen Bau- und Betriebsnormalien. Die grundsätzliche Gleichartigkeit der dem öffentlichen Verkehr dienenden Eisenbahnen galt hierbei als etwas Selbstverständliches sowohl in den Augen der Techniker, als in denen des Publikums, und auch die Gesetzgebung theilte diesen Standpunkt, indem sie alle Eisenbahnanlagen ohne Rücksicht auf ihren Zweck gleichmässig behandelte.

Eine Aenderung in diesen Anschauungen wurde zuerst herbeigeführt durch den bedeutenden Aufschwung, den der deutsche Eisenbahnbau in den Jahren 1865—1875 nahm. Die grosse und schnelle Vermehrung der Eisenbahnen, welche hiermit verbunden war, hatte unter anderem auch viele Unternehmungen ins Leben gerufen, bei denen die Vorbedingungen wirthschaftlichen Erfolges in noch viel geringerem Maasse vorhanden waren, als selbst bei den minder verkehrsreichen Bahnen der früheren Periode. Im Gegensatz zu den älteren Bahnen, deren Mehrzahl sich von vornherein in der günstigen Lage befanden, an bereits vorhandene Verkehrsbeziehungen und zwar — was die Durchgangslinien betrifft — an die Beziehungen der grossen Verkehrscentren unter einander anknüpfen zu können, war beim Bau dieser neuen Strecken — mochten sie nun in erster Linie als Wettbewerbslinien gegen bereits bestehende Schienenwege erbaut oder aber auf die Erschliessung originärer Verkehrsbeziehungen berechnet sein — in vielen Fällen nicht sowohl die Rücksicht auf ein bereits bestehendes Verkehrsbedürfniss, als vielmehr die Hoffnung auf die Entwickelung derartiger Verkehrsbedürfnisse maassgebend gewesen. Dass diese Hoffnung aber nicht selten trügerisch gewesen, zeigte sich leider nur zu bald, und so kam es, dass viele jener neuen Unternehmungen schon in den ersten Jahren ihres Bestehens mit mannigfachen Schwierigkeiten finanzieller Natur zu kämpfen hatten, die in ihren Wirkungen durch die wirthschaftliche Krisis der Jahre 1873—1878 noch wesentlich verschärft wurden.

Diese Verhältnisse, die nicht allein die Rentabilität, sondern zum Theil sogar den Bestand der neu entstandenen Bahnunternehmungen in Frage stellten, mussten nach und nach von selbst den Gedanken nahelegen, bei derartigen „nothleidenden" Linien durch eine energische Weiterverfolgung der schon beim älteren Eisenbahnbetrieb angewandten Ersparnissmaassregeln eine möglichst durchgreifende Einschränkung der Betriebskosten herbeizuführen, um hierdurch das nothwendige Gleichgewicht zwischen Einnahme und Ausgabe herzustellen.

Gleichzeitig hiermit wurde aber auch die Frage angeregt, ob bei den Lokalbahnen, also bei denjenigen Linien, die für den durchgehenden Verkehr überhaupt nicht in Betracht kommen, nicht auch in baulicher Beziehung Abweichungen von den Hauptbahnen zu gestatten seien, vermöge deren eine weitere Ermässigung der Bau- und Betriebskosten erzielt werden könnte. Es stellte sich immer mehr heraus, dass der grosse Betriebsapparat, den man bislang als mit dem Eisenbahnwesen untrennbar verbunden geglaubt und der mithin auch auf den einfacher bewirthschafteten Nebenlinien grundsätzlich aufrecht erhalten worden war, für einen grossen Theil der nur dem örtlichen Verkehr dienenden Bahnunternehmungen nicht ohne erhebliche Schädigung des finanziellen Interesses beibehalten werden könne. Denn es lag auch auf der Hand, dass die Betriebseinnahmen solcher Bahnen, namentlich soweit sie in dünn bevölkerten und minder entwickelten Landestheilen gelegen waren, auch unter normalen Verkehrsverhältnissen ein gewisses bescheidenes Maass nicht überschreiten konnten und selbst bei günstiger Verkehrsentwickelung weit hinter den Einnahmeziffern der dem grossen Verkehr dienenden Bahnunternehmungen zurückbleiben mussten. Hiergegen waren die Betriebsausgaben, die diese kleineren Bahnen zu übertragen hatten, in vielen Beziehungen dieselben, wie bei den dem grossen Verkehre dienenden Linien. Sowohl die Gesetzgebung, als auch die gewohnten Ansprüche des Publikums erheischten ebenso in Ansehung des Baues als auch des Betriebes zahlreiche Einrichtungen, welche über die finanziellen Kräfte derartiger Transportunternehmungen weit hinausgingen, und die Vereinfachungen, welche die einzelne Verwaltung im Rahmen der gegebenen Normalien vornahm und vornehmen konnte, waren in ihrem pekuniären Erfolge nicht von dem Belang, um dieses Missverhältniss in wirksamer Weise ausgleichen zu können.

Je mehr aber diese Umstände in den Betriebsergebnissen zur Erscheinung kamen, um so dringender machte sich die Nothwendigkeit geltend, im Interesse der Rentabilität eine entsprechende Aenderung der Bau- und Betriebsvorschriften für Nebenlinien mit geringerem Verkehr anzustreben.

Hand in Hand hiermit brach sich aber auch die Ueberzeugung Bahn, dass der gewohnte grosse Apparat in vielen Beziehungen auch aus in der Sache selbst liegenden Gründen für Bahnen der hier fraglichen Gattung nicht nothwendig sei und dass namentlich zahlreiche Vorschriften, die auf die Sicherheit des Betriebes sich bezogen, bei solchen Linien ohne weiteres entbehrt werden könnten.

Schon längst hatte man erkannt, dass die Gefahren, die man ursprünglich mit dem Eisenbahnbetriebe untrennbar verbunden glaubte und die vielleicht auch die Gesetzgebung zum Erlass mancher strengen Bestimmung veranlasst haben mochte, in mehreren Beziehungen weit überschätzt worden waren. Die musterhafte Ordnung auf den deutschen Eisenbahnen, die unausgesetzte Vervollkommnung der technischen Anlagen und die Gewöhnung des Publikums hatten das Ihrige dazu beigetragen, den Bahnbetrieb im allgemeinen nach und nach in einem minder gefährlichen Lichte erscheinen zu lassen, als dies in der ersten Zeit des Eisenbahnwesens der Fall war, wie denn auch das Beispiel anderer Länder, wo zum Theil von Anfang an wesentlich freiere Grundsätze hinsichtlich der Betriebssicherung zur Anwendung gebracht worden waren, nicht ohne Einfluss auf die allgemeine Anschauungsweise geblieben war. Dabei war nicht zu verkennen, dass gerade diejenigen Momente, aus denen seinerzeit die öffentliche Meinung vorzugsweise die Gefährlichkeit des Eisenbahnbetriebes im allgemeinen hergeleitet hatte, bei einem grossen Theil der neuen Nebenbahnen in wesentlich geringerem Maasse in Betracht kamen, wie bei der Mehrzahl der für den grossen Verkehr bestimmten älteren Eisenbahnlinien. Während andere Verkehrsinstitute von der Bewältigung lokaler Aufgaben erst nach und nach zu der Vermittelung entfernterer Verkehrsbeziehungen übergegangen waren, hatte die Eisenbahn gewissermaassen den umgekehrten Entwickelungsgang genommen. Dasselbe Institut, welches ursprünglich nur in dem schnellen Transporte grosser Massen und auf weite Entfernungen seine Bestimmung zu finden schien, war nebenbei immer mehr zum Vermittler provinzialer und lokaler Verkehrsinteressen geworden. Die zahlreichen Lokalbahnen, die in allen Gegenden Deutschlands entstanden waren, hatten mit den grossen Eisenbahnlinien, abgesehen von der allen Bahnen gemeinsamen Verwendung der Dampfkraft auf Schienengleisen, nur noch wenig gemeinsames; sowohl ihre Aufgaben, als auch ihre Leistungen waren wesentlich andere und hiermit musste von selbst eine ins Gewicht fallende Modifikation derjenigen Einwirkungen verbunden sein, die der Eisenbahnbetrieb in seinen Beziehungen zum allgemeinen Verkehr — insbesondere aber in Ansehung der öffentlichen Sicherheit — im Gefolge hatte. Denn während bei den grossen Eisenbahnlinien die Intensität des Verkehrs infolge der mit der Zeit stetig vermehrten Fahrgeschwindigkeit, der zunehmenden Zugzahl und Zugstärke, sowie der wachsenden Komplizirtheit der Verkehrsanlagen und namentlich auch des Rangirgeschäfts von Jahr zu Jahr gestiegen war, sah man sich bei den Nebenbahnen aus Gründen wirthschaftlicher Natur veranlasst von vornherein die entgegengesetzte Richtung einzuschlagen. Hier galt es von Anfang an, den untergeordneten Verkehrsverhältnissen durch thunlichste Einschränkung der Ausgaben ein wirthschaftliches Gegengewicht entgegen zu stellen. Folge hiervon war, dass die betriebliche Einrichtung ebenso wie die administrative Ausstattung auf das äusserste Maass beschränkt wurden und je mehr man sich daran gewöhnte, die Eisenbahn auch als Vermittlerin derartiger lokaler Verkehrs-beziehungen zu betrachten, um so allgemeiner wurde das Bestreben nach Vereinfachung der Verkehrseinrichtungen, um so bemerklicher aber auch die Unterschiede des modernen Neben-bahnbetriebes von der gewohnten Betriebsweise.

Unter diesen Umständen war es erklärlich, dass ein grosser Theil derjenigen Vorschriften, die seinerzeit mit Rücksicht auf die Sicherheit des Verkehrs für den Eisenbahnbetrieb im allgemeinen erlassen worden waren, für die neuen Unternehmungen nicht mehr passen wollten. Namentlich kam in Betracht, dass bei dem weitaus grössten Theile dieser Bahnen schon aus wirthschaftlichen Gründen die Annahme einer bedeutend ermässigten Fahrgeschwindigkeit ge-boten erschien, womit von selbst einer der hauptsächlichsten Gründe, die bislang für die Aufrecht-erhaltung der vielfachen Sicherheitsvorschriften maassgebend gewesen waren, für Bahnen dieser Gattung in Wegfall gelangte. Wenigstens liess die verhältnissmässige Kürze der Entfernungen eine Ermässigung der Zuggeschwindigkeit in den meisten Fällen als zulässig erscheinen, wie denn überdies die durch den lokalen Charakter dieser Bahnen bedingte grössere Zahl der Haltestellen nicht selten die Anwendung eines geringeren Geschwindigkeitsmaasses auch aus technischen Gründen nothwendig machte. Hierzu kam, dass die geringere Belastung der Züge, die verminderte Zahl der täglichen Zugverbindungen, die Einfachheit der Stations-anlagen, sowie theilweise auch der leichtere Bau der Fahrbetriebsmittel eine Gefährdung des Bahnbetriebes, sowie auch des sonstigen Verkehrs in geringerem Maasse befürchten liessen, als dies bei den dem grossen Verkehr dienenden Eisenbahnlinien erfahrungsgemäss der Fall ist.

Diese Umstände führten schliesslich dazu, dass man auch in Deutschland die Einrichtung des sogenannten sekundären Betriebes für Lokalbahnen in Erwägung zog. Hierbei gaben die Vorgänge in England und Skandinavien ein gutes Vorbild. Dort waren namentlich in den abgelegenen und weniger bevölkerten Distrikten Eisenbahnlinien gebaut worden, welche — obwohl für Personen- und Gütertransport bestimmt — deshalb billiger zu bauen und zu betreiben waren, weil auf viele Annehmlichkeiten der Hauptbahnen und namentlich auf die grosse Fahrgeschwindigkeit von vornherein verzichtet worden war. Diese Bahnen wurden — weil sie in mehrfachen Beziehungen hinter der gewöhnlichen Vorstellung von Eisenbahnen zurückblieben — gemeinhin als Sekundärbahnen bezeichnet; ihre hauptsächlichsten Ab-weichungen von den Hauptbahnen zeigten sich namentlich in der Annahme schärferer Steigungen und Kurven, in der Verwendung leichterer Schienen, hölzerner Brücken, einfacher Hochbauten und — hinsichtlich des Betriebes — in der verminderten Geschwindigkeit der Züge, der Ein-schränkung der Beamtenzahl, sowie in der geringeren Rücksichtnahme auf die Bequemlichkeit der Reisenden.

Die erste Bahn Deutschlands, welche nicht blos in ihrem Bau, sondern auch in ihrem Betriebe durchweg den Charakter einer Sekundärbahn aufwies, war die schmalspurige Bröl-thalbahn (Spurweite 0,785 m), welche auf der Strasse von Hennef nach Waldbröl angelegt und mit einer Zweigbahn von Schönenberg in das Saurenbacherthal verbunden ist. Dieser Bahn, deren letzte Theilstrecke Ruppichteroth-Waldbröl im September 1870 dem Verkehre übergeben wurde, folgten bald die gleichfalls schmalspurig angelegten Linien von Ocholt nach Westerstede in Oldenburg (Spurweite 0,750 m) und von Salzungen nach Kaltennordheim in Thüringen (Spur-weite 1,00 m), welche letztere unter dem Namen „Feldabahn" allgemeiner bekannt ist. Der Betrieb dieser Linien wurde — im Mangel allgemeingültiger Vorschriften für Sekundärbahnen — durch besondere Polizeiverordnungen der Verwaltungsorgane geregelt.

Die Reichsorgane beschäftigten sich mit der hier in Rede stehenden Materie zuerst im Jahre 1876, woselbst im Reichs-Eisenbahnamt ein Entwurf zu den „Bahnpolizei- und Signal-vorschriften für schmalspurige wie für Bahnen von untergeordneter Bedeutung" ausgearbeitet wurde.

Bereits früher hatten innerhalb der technischen Kommission des Vereins Deutscher Eisenbahnverwaltungen Berathungen über diesen Gegenstand — namentlich soweit es sich um Fragen betrieblicher Natur handelte — stattgefunden, deren Ergebniss in einem zunächst als Manuskript gedruckten Entwurfe, betreffend die Grundzüge für die Gestaltung der sekundären Eisenbahnen, in einer am 26. Mai 1876 in Konstanz zusammengetretenen Technikerversammlung zur Vorlage gelangte und sodann mit einigen Abänderungen in der am 31. Juli desselben Jahres zu München anberaumten Generalversammlung des Vereins von den Vereinsverwaltungen angenommen wurde. Den Ausführungen dieses Entwurfes gebührt das Verdienst, die grundsätzlichen Unterschiede des Haupt- und Nebenbahnbetriebes in anschaulicher Weise hervorgehoben und hierbei die volkswirthschaftliche Nothwendigkeit umfassender Vereinfachungen im Bau und Betriebe für Bahnen der letzteren Gattung nachgewiesen zu haben. Auch hierbei wurde davon ausgegangen, dass der weitere Ausbau des deutschen Eisenbahnnetzes nur dann wirksam gefördert werden könne, wenn sich Mittel und Wege finden liessen, um die Anlage- und die Betriebskosten der Lokalbahnen wesentlich herabzumindern.

In Anknüpfung an diese „Grundzüge" ward vom Reichs-Eisenbahnamte der bereits erwähnte Entwurf zu den Bahnpolizei- und Signalvorschriften für Bahnen untergeordneter Bedeutung ausgearbeitet, welcher den Eisenbahnverwaltungen zu Anfang des Jahres 1877 zur Prüfung und gutachtlichen Aeusserung zugefertigt wurde. Die Bestimmungen jenes Entwurfes schlossen sich im wesentlichen an die in den Grundzügen enthaltenen Vorschriften an und enthielten nur in einzelnen Beziehungen Abweichungen, die später auch nur zum Theil in die Bahnordnung für Deutsche Eisenbahnen untergeordneter Bedeutung übergegangen sind. Die Veröffentlichung dieser Bahnordnung erfolgte — nachdem der Entwurf am 6. Juni 1878 mit einigen unwesentlichen Modifikationen im Bundesrathe zur Annahme gelangt war — in No. 24 des „Centralblattes für das Deutsche Reich" vom 14. Juni 1878 mit der Maassgabe, dass die Bahnordnung mit dem 1. Juli 1878 in Kraft trat.

Die hauptsächlichsten Erleichterungen, welche die Bahnordnung für Eisenbahnen untergeordneter Bedeutung gegenüber den bezüglichen Vorschriften des Betriebsreglements und der Bahnpolizei-Ordnung für die Anlage und den Betrieb der Lokalbahnen mit sich brachte, waren folgende:

1. die Bahnbewachung fällt bei einer Fahrgeschwindigkeit bis zu 15 km pro Stunde weg; bei grösseren Geschwindigkeiten, und zwar bis zu 30 km pro Stunde, ist sie nur an frequenten Wegeübergängen und an besonders gefährdeten Stellen der Bahn erforderlich;

2. die Bahnstrecke braucht — im Gegensatz zur Hauptbahn, welche dreimal täglich revidirt werden muss — nur einmal täglich revidirt zu werden;

3. die Zahl der zu besetzenden Bremsen bei den Sekundärbahnzügen ist eine wesentlich geringere als bei den Personenzügen der Hauptbahnen;

4. Bahneinfriedigungen sind nicht erforderlich;

5. Barrièren für nicht frequente Wegeübergänge sind überhaupt entbehrlich, für frequente Wegeübergänge dann, wenn dieselben mit einer Geschwindigkeit von nur 15 km pro Stunde befahren werden;

6. Sperrsignale an den Bahnhöfen, sowie Vorsignale für Weichen auf freier Strecke sind nicht vorgeschrieben

sowie

7. die zulässige Abnutzung der Radreifen an den Maschinen und Waggons ist eine grössere als auf den Hauptbahnen.

Ausser diesen hauptsächlichen Aenderungen wurden durch die neue Bahnordnung noch eine grosse Anzahl minder wichtiger Bestimmungen des Betriebsreglements und der Bahnpolizei-Ordnung in Wegfall gebracht, wodurch in manchen Richtungen gleichfalls Ersparnisse an den Betriebskosten ermöglicht wurden.

Als die wichtigste der durch die Bahnordnung geschaffenen Neuerungen — und zwar in betrieblicher und finanzieller Beziehung — stellte sich von vornherein die Bestimmung dar, wonach bei den Sekundärbahnen unter gewissen Voraussetzungen der Wegfall der Bahnbewachung und insbesondere der Niveauübergangs-Bewachung als zulässig erklärt wurde. Es ist bekannt, welche bedeutende Rolle gerade dieses Ausgabekapitel in den Rechnungen sämmtlicher Bahnverwaltungen spielt, und naturgemäss muss sich dieses Verhältniss bei denjenigen Linien, die — wie die sächsischen Bahnen — nur dichtbevölkerte Gegenden und zwar vorwiegend in Terraingleiche durchschneiden, besonders ungünstig gestalten. Hieraus erklärt sich, dass beispielsweise bei den sächsischen Staatsbahnen die Ersparniss, welche bei vollständiger Beseitigung der Bahnbewachung auf den Sekundärbahnen zu erwarten war, auf durchschnittlich 10 000 Mark pro Meile veranschlagt werden konnte, und die Erfahrung hat zur Genüge dargethan, dass dieser Betrag keineswegs zu hoch gegriffen war. Dabei ist zu berücksichtigen, dass innerhalb des sächsischen Staatsbahnbereichs schon früher — bevor an die Erleichterungen der Eisenbahnordnung zu denken — unausgesetzt auf die Einschränkung der Bahnbewachungskosten hingearbeitet worden war, und dass diese Bestrebungen gerade bei denjenigen Linien, die nachmals zu Sekundärbahnen erklärt wurden, bereits zu wesentlichen Ersparnissen geführt hatten.

Mit Ablauf des Jahres 1892 wurde die Bahnordnung für Deutsche Eisenbahnen untergeordneter Bedeutung aufgehoben und es trat an deren Stelle vom 1. Januar 1893 ab die vom Bundesrathe in No. 36 des Reichsgesetzblattes von 1892 bekannt gemachte „Bahnordnung für die Nebeneisenbahnen Deutschlands vom 5. Juli 1892". Die neue Bahnordnung enthielt betreffs der vollspurigen Sekundärbahnen mehrfache Aenderungen der bis dahin geltenden Bestimmungen, während bezüglich der Schmalspurbahnen die Vorschriften im allgemeinen unverändert blieben. Nur die Bestimmung über die Zahl der zu bremsenden Achsen in den Zügen wurde wesentlich geändert. Während früher die Zahl der zu besetzenden Bremsen bei den Zügen der Nebenbahnen eine wesentlich geringere war als bei den Personenzügen der Hauptbahnen, ist nach den Vorschriften der Bahnordnung vom 5. Juli 1892 die Zahl der zu bremsenden Achsen bei Zügen auf Nebenbahnen grösser als bei den der Hauptbahnen. Diese Aenderung erschien mit Rücksicht darauf nothwendig, dass beim Vorhandensein unbewachter Wegübergänge auf eine schnelle Bremswirkung besonderer Werth zu legen ist.

### b) in Sachsen.

Innerhalb des sächsischen Bahnbereiches wurden für die Einführung des sekundären Betriebes nach Maassgabe der Bahnordnung für Deutsche Eisenbahnen untergeordneter Bedeutung zunächst folgende Nebenbahnen ausersehen:

> Limbach - Wittgensdorf,
>
> Pockau - Olbernhau,
>
> Niederschlema - Schneeberg,
>
> Penig - Narsdorf - Rochlitz,
>
> Potschappel - Hermsdorf.

Von diesen Linien, welche zusammen eine Länge von 46,57 km repräsentiren, dienen die vier zuerst genannten dem Personen- und Güterverkehr, während die zuletzt gedachte Strecke Potschappel - Hermsdorf lediglich den Kohlenverkehr aus einigen Werken des Plauenschen Grundes nach der Dresden - Chemnitzer Staatseisenbahn vermittelt. Sämmtliche Strecken kommen als Nebenlinien für den Durchgangsverkehr nicht in Betracht, auch liessen ihre ungünstigen finanziellen Ergebnisse eine Ersparniss an Betriebskosten ganz besonders wünschenswerth erscheinen.

Die Entscheidung darüber, welche Einschränkungen des Betriebes Platz zu greifen hatten, war von den Verkehrserfordernissen der einzelnen Linie abhängig zu machen. In der Hauptsache handelte es sich bei diesem ersten praktischen Versuche nur um eine Ermässigung der Fahrgeschwindigkeit, und zwar wurde diese zunächst für alle fünf Linien gleichmässig auf 15 km pro Stunde festgesetzt, wobei allerdings zu bemerken ist, dass auf einigen dieser Linien später wieder aus Rücksichten auf den Fahrplan eine mässige Erhöhung der Fahrgeschwindigkeit stattgefunden hat.

Im übrigen beschränkten sich die Aenderungen im Betriebe auf die Einschränkung des Personalbestandes, auf Vereinfachung des Signaldienstes (Beseitigung der Glockensignalisirung, Einziehung der optischen Signale), Beseitigung der Schlagbäume an den Niveauübergängen und den Wegfall der ersten Wagenklasse in den Sekundärbahnzügen. Die erleichternden Bestimmungen, welche die Bahnordnung rücksichtlich der baulichen Anlage enthält, waren selbstredend für diese Linien, die sämmtlich als Hauptbahnen ausgebaut waren, in der Hauptsache gegenstandslos. Ebenso konnten auch diejenigen Vereinfachungen, die bei den späteren sächsischen Sekundärbahnen in Ansehung der Fahrkarten- und Gepäckabfertigung durchgeführt worden sind, im vorliegenden Falle noch keine Anwendung finden, da die zur Verwendung kommenden Hauptbahnwagen die Interkommunikation während der Fahrt nicht gestatteten.

Zu diesen Bahnen — auf denen der sekundäre Betrieb am 15. Oktober 1878 eingeführt wurde — kam im Laufe der Zeit noch eine grössere Anzahl Nebenlinien hinzu, die in ihrer Mehrzahl gleichfalls als Hauptbahnen ausgebaut waren und erst später — auf Grund gleicher Gesichtspunkte — zu Sekundärbahnen im Sinne der Bahnordnung für Deutsche Eisenbahnen untergeordneter Bedeutung erklärt wurden. Es sind dies folgende:

| | Länge km | | Länge km |
|---|---|---|---|
| Werdau-Weida-Mehltheuer | 67,66 | Deubner Kohlenbahn | 0,57 |
| Herlasgrün-Falkenstein | 22,10 | Hänichener Kohlenbahn | 12,48 |
| Grossbothen-Wurzen | 25,22 | Rippiener Kohlenbahn | 1,00 |
| Stollberg-St. Egidien | 19,46 | Windberg-Kohlenbahn | 1,06 |
| Plagwitz-Gaschwitz | 9,79 | Segen-Gottesschacht-Kohlenbahn | 0,83 |
| Höhlteich-Wüstenbrand | 13,06 | Carolaschacht-Kohlenbahn | 0,93 |
| Jägersgrün-Adorf | 32,41 | Staatskohlenbahnen bei Oelsnitz i/E. | 2,03 |
| Zwota-Klingenthal | 8,04 | Staatskohlenbahnen bei Lugau | 0,78 |
| Rosswein-Hainichen | 19,92 | Privatkohlenbahnen bei Oelsnitz i/E. und bei Lugau | 11,61 |
| Weipert-Annaberg | 19,05 | | |
| Reitzenhain-Pockau | 30,23 | Altenburg-Zeitzer Bahn mit den anschliessenden Privatkohlenbahnen | 40,91 |
| Bienenmühle-Moldau | 13,27 | und endlich | |
| Riesa-Nossen | 33,53 | | |
| Zeithain-Elsterwerda | 21,65 | Gaschwitz-Meuselwitzer Bahn mit den anschliessenden Privatkohlenbahnen | 29,27 |
| Neustadt-Dürrröhrsdorf | 16,06 | | |

*Die mit Klammer versehenen Positionen (Deubner, Hänichener, Rippiener, Windberg, Segen-Gottesschacht, Carolaschacht): bei Potschappel*

Alle diese Linien, welche in Gemeinschaft mit den oben erwähnten 5 Strecken eine Gesammtlänge von 499,49 km ergeben, können aus den im Eingange dieses Abschnittes angegebenen Gründen nicht als Sekundärbahnen im eigentlichen Sinne angesehen werden.

Von den vorgenannten Linien sind im Laufe der Zeit wiederum zu Hauptbahnen erklärt worden: von Stollberg-St. Egidien die Theilstrecke Höhlteich-St. Egidien = 14,27 km, Jägersgrün-Adorf = 32,41 km und von Weipert-Annaberg die Theilstrecke Buchholz-Annaberg = 2,69 km.

Als eigentliche Sekundärbahnen, also als Bahnen, die als Sekundärlinien gebaut sind und nach der Bahnordnung für die Nebeneisenbahnen Deutschlands betrieben werden, kommen in Sachsen zur Zeit folgende Linien in Betracht:

| a) mit normaler Spurweite (1,435 m) | Länge km | b) mit schmaler Spurweite (0,750 m) | Länge km |
|---|---|---|---|
| Leipzig-Plagwitz | 7,06 | Wilkau-Saupersdorf-Wilzschhaus | 34,30 |
| Meuselwitz-Ronneburg | 25,41 | Hainsberg-Kipsdorf | 25,51 |
| Schönberg-Schleiz | 14,90 | Oschatz-Döbeln mit Mügeln-Nerchau= Trebsen | 54,85 |
| Schönberg-Hirschberg a. S. | 19,94 | Radebeul-Radeburg | 16,55 |
| Falkenstein-Muldenberg | 10,21 | Klotzsche-Königsbrück | 19,49 |
| Johanngeorgenstadt-Schwarzenberg | 17,33 | Zittau-Markersdorf | 13,52 |
| Buchholz-Schwarzenberg | 24,11 | Mosel-Ortmannsdorf | 13,94 |
| Waltersdorf-Crottendorf | 5,18 | Potschappel-Wilsdruff | 10,90 |
| Zwönitz-Stollberg | 16,59 | Wilischthal-Ehrenfriedersdorf m. Herold-Thum | 15,81 |
| Waldheim-Rochlitz | 20,69 | Schönfeld-Geyer | 9,04 |
| Berthelsdorf-Grosshartmannsdorf | 11,75 | Grünstädtel-Oberrittersgrün | 9,36 |
| Brand-Langenau | 4,21 | Mügeln-Geising=Altenberg | 36,10 |
| Freiberg-Halsbrücke | 7,45 | Oschatz-Strehla mit Elbkaibahn in Strehla | 11,81 |
| Pirna-Berggiesshübel | 14,92 | Wolkenstein-Jöhstadt-Landesgrenze | 24,33 |
| Pirna-Grosscotta | 6,36 | Taubenheim-Dürrhennersdorf | 12,04 |
| Grosspostwitz-Cunewalde | 7,59 | Hetzdorf-Eppendorf | 9,77 |
| Kamenz-Elstra | 8,00 | Herrnhut-Bernstadt | 10,10 |
| Bautzen-Königswartha | 17,87 | | |
| Seidau-Seidau (Theilstr. d. Spreethalbahn) | 1,33 | | |
| Dresdner Elbzweigbahnen | 3,68 | | |
| Dresdner Elbkai- und Hafenbahn | 4,54 | | |
| Löbau-Weissenberg | 15,49 | | |
| Altchemnitz-Stollberg | 21,02 | | |
| Olbernhau-Neuhausen | 11,49 | | |
| Reichenbach-Mylau | 8,89 | | |

Ausserdem sind gegenwärtig innerhalb des sächsischen Bahnbereiches noch folgende Sekundärbahnen zum Bau genehmigt:

| | | |
|---|---|---|
| Limbach-Wüstenbrand (vollspurig) | 12,8 km lang |
| Waldheim-Kriebethal „ | 3,1 „ „ |
| sowie | |
| Cranzahl-Oberwiesenthal (schmalspurig) | 17,6 „ „ |
| Kohlmühle-Hohnstein „ | 12,6 „ „ |
| Mulda-Sayda „ | 16,2 „ „ |
| und Wilzschhaus-Carlsfeld „ | 7,3 „ „ |

Von den im Betriebe befindlichen Schmalspurlinien — von denen in den vorliegenden Ausführungen allein die Rede sein soll — verbinden 1. Oschatz-Döbeln mit Mügeln-Nerchau=

Trebsen die Hauptbahnlinien: Leipzig-Riesa-Dresden, Leipzig-Döbeln-Dresden, Riesa-Chemnitz und Glauchau-Wurzen; 2. Wilkau-Saupersdorf-Wilzschhaus die Hauptbahnlinien: Schwarzenberg-Zwickau und Chemnitz-Aue-Adorf sowie 3. Taubenheim-Dürrhennersdorf die Hauptbahnlinien: Oberoderwitz-Wilthen und Ebersbach-Löbau mit einander, während alle übrigen Linien Sackbahnen sind.

Die im Betrieb befindlichen schmalspurigen Staatseisenbahnen Sachsens besitzen zur Zeit eine Gesammtlänge von 327,42 km = 11,64 Prozent, während das normal ausgebaute Eisenbahnnetz (einschliesslich der vollspurigen Sekundärbahnen) eine Länge von 2485,15 km = 88,36 Prozent umfasst.

Hieraus ist ohne weiteres ersichtlich, welche grosse Entwickelung der Ausbau des sächsischen Schmalspurnetzes im Laufe des letzten Jahrzehntes genommen hat und man wird kaum fehlgehen, wenn man annimmt, dass dieser Entwickelungsgang noch längst nicht abgeschlossen sein wird.

Die Mehrzahl der Schmalspurbahnen schliesst sich — ebenso wie ein Theil der vollspurigen Sekundärbahnen — soweit als möglich dem Laufe öffentlicher Strassen an, indem sie theils auf diesen selbst, theils neben denselben auf besonderem Bahnkörper angelegt sind. Sie dienen sämmtlich dem Personen- und Güterverkehr, und zwar zeigt sich fast bei allen — im Gegensatz zu der Mehrzahl der Vollspurbahnen — eine verhältnissmässig starke Entwickelung des Personenverkehrs. Denn während bei den Vollspurbahnen beispielsweise im Jahre 1894 die Einnahmen aus dem Personenverkehr 33 Prozent, die Einnahmen aus dem Güterverkehr aber 67 Prozent der Gesammteinnahme ausmachten, betrug bei den Schmalspurbahnen innerhalb des gleichen Zeitraums die Einnahme — für die im Betrieb befindlichen Linien gemeinschaftlich — aus dem Personenverkehr 51 Prozent, die Einnahme aus dem Güterverkehr aber nur 49 Prozent der Gesammteinnahme.

Der lokale Charakter der sächsischen Schmalspurbahnen tritt hauptsächlich darin hervor, dass dieselben — einschliesslich derjenigen Strecken, die geographisch zwei Hauptbahnlinien verbinden — für den durchgehenden Verkehr nicht in Betracht kommen, sondern ihre Bestimmung lediglich in der Bedienung der örtlichen Verkehrsbedürfnisse finden.

An Massengütern kommen auf den sächsischen Schmalspurbahnen hauptsächlich in Betracht: Kohlen, Holz und Holzwaaren, Erzeugnisse der Möbelfabrikation, Wolle, Garne, Webwaaren, Chamottesteine, Thon- und Glaswaaren, Baumaterialien, Abfälle, Düngemittel, Maschinen, Kalk, Mühlenfabrikate, Stroh- und Holzstoffe, Papier, Pappen, Lohe, landwirthschaftliche Produkte, Leder und Lederwaaren, Farbhölzer und Farbstoffe, Säuren.

## II. Konstruktionsverhältnisse.

### a) Unter- und Oberbau.

Die sächsischen Schmalspurbahnen besitzen eine Spurweite von 0,750 m (Vollspurweite: 1,435 m).

Der Unter- und Oberbau der Schmalspurbahnen unterscheidet sich von demjenigen der Vollspurbahnen im allgemeinen nur durch die geringere Breite der Planie und durch die dem geringeren Raddruck (2600—3625 kg) entsprechenden Abmessungen sämmtlicher das rollende Material tragenden Theile.

Inwieweit es bei der Ausführung der schmalspurigen Nebenbahnen möglich geworden ist, den Bahnkörper auch in den Neigungs- und Richtungsverhältnissen — namentlich in enggewundenen Flussthälern — dem gegebenen Gelände anzupassen, ist aus den nachfolgenden Uebersichten zu ersehen.

### 1.

Von der Länge sämmtlicher in Krümmungen liegenden sächsischen Staatseisenbahn-strecken befinden sich:

| in Bögen mit Halbmessern | bei vollspurigen Bahnen | bei schmalspurigen Bahnen |
|---|---|---|
| von 3 000 m und darüber | 1,48 v. H. | 0,09 v. H. |
| „ weniger als 3 000 bis einschl. 2 000 m | 2,06 „ „ | 0,48 „ „ |
| „ „ „ 2 000 „ „ 1 500 „ | 3,59 „ „ | — „ „ |
| „ „ „ 1 500 „ „ 1 000 „ | 11,92 „ „ | 1,50 „ „ |
| „ „ „ 1 000 „ „ 500 „ | 28,42 „ „ | 8,11 „ „ |
| „ „ „ 500 „ „ 400 „ | 14,60 „ „ | 3,34 „ „ |
| „ „ „ 400 „ „ 300 „ | 20,32 „ „ | 8,25 „ „ |
| „ „ „ 300 m | 17,61 „ „ | 78,23 „ „ |

Der geringste Halbmesser der Vollspurbahnen mit Personenverkehr beträgt 170 m, derjenige der Schmalspurbahnen 50 m. Bei den neuesten Schmalspurlinien sind geringere Halbmesser als 100 m auf der freien Strecke im allgemeinen nicht mehr zur Anwendung gekommen, da die scharfen Bögen einerseits einen starken Verschleiss der Schienen, andererseits grössere Unterhaltungskosten und Betriebserschwernisse verursachten.

### 2.

Von der Gesammtlänge der Bahnen Sachsens liegen

| in Steigungen | bei vollspurigen Bahnen | bei schmalspurigen Bahnen |
|---|---|---|
| im Verhältniss von 1 : 1 000 und darunter | 5,11 v. H. | 0,85 v. H. |
| „ „ „ mehr als 1 : 1 000 bis einschl. 1 : 400 | 7,84 „ „ | 5,80 „ „ |
| „ „ „ „ „ 1 : 400 „ „ 1 : 200 | 18,41 „ „ | 10,34 „ „ |
| „ „ „ „ „ 1 : 200 „ „ 1 : 100 | 40,73 „ „ | 21,02 „ „ |
| „ „ „ „ „ 1 : 100 „ „ 1 : 80 | 12,09 „ „ | 6,98 „ „ |
| „ „ „ „ „ 1 : 80 „ „ 1 : 60 | 8,12 „ „ | 24,44 „ „ |
| „ „ „ „ „ 1 : 60 „ „ 1 : 40 | 7,54 „ „ | 25,11 „ „ |
| „ „ „ „ „ 1 : 40 | 0,16 „ „ | 5,46 „ „ |

Die stärkste Steigung bei den vollspurigen Bahnen mit Personenverkehr beträgt hiernach 1 : 40, bei den schmalspurigen Bahnen 1 : 30.

### 3.

Was die Lage der Planie zu dem Gelände betrifft, so liegen von sämmtlichen Bahnen Sachsens

| | bei den vollspurigen Bahnen | bei den schmalspurigen Bahnen |
|---|---|---|
| im Auftrag . . . | 56,62 v. H. | 55,54 v. H. |
| im Abtrag . . . | 35,07 „ „ | 26,23 „ „ |
| in Geländehöhe . | 8,31 „ „ | 18,23 „ „ |

### 4.

Von sämmtlichen in Schienenhöhe liegenden Uebergängen der schmalspurigen Bahnen sind 2 185 nicht bewacht; von diesen Uebergängen dienen 448 dem öffentlichen und 1 737 dem nichtöffentlichen Verkehr. Es kommt sonach durchschnittlich auf je 150 m Bahnlänge ein solcher Uebergang.

Hinsichtlich des Unterbaues der Schmalspurbahnen ist auf die bezüglichen Angaben in dem die einzelnen Linien behandelnden zweiten Theil dieses Werkes zu verweisen; betreffs des Oberbaues derselben ist noch folgendes anzuführen:

Die Bettung besteht in der Hauptsache aus einer Packlagerschicht von Bruchsteinen, auf welcher der zum Stopfen nothwendige Klarschlag in einer Stärke von etwa 6,5 cm aufgebracht ist. Die Stärke des Packlagers schwankt infolge des Gefälles der Bettungssohle von 1:29,5 zwischen 15 und 20 cm. Die Breite der Bettung stellt sich, in der Bettungssohle gemessen, auf 2,95 m und in der Höhe der Schwellenoberkante auf 1,75 m. Die Breite des Unterbaues betrug bei den bis zum Jahre 1894 gebauten Schmalspurlinien 2,95 m, bei den neueren Strecken ist sie auf 3,45 m festgesetzt worden, damit das Herunterfallen von Bettungsmaterial vermieden und das Begehen der Planie seiten der Aufsichtsbeamten erleichtert wird.

Zu den Gleisen wurden bis zum Jahre 1888 folgende Oberbaumaterialien verwendet:

1. 7,5 m lange Schienen Profil Ia aus Flussstahl von etwa 60 kg Zerreissfestigkeit auf das qmm und ein Gewicht von 15,6 kg auf das Meter. Das Profil Ia hat eine Breite von 80 mm im Fuss und von 40 mm im Kopf, eine Stegstärke von 9 mm und eine Gesammthöhe von 87 mm. Die Schienen sind an den schwebenden Stössen auf der Aussenseite mit gefrässten Nuthen versehen, um das Wandern zu vermeiden. Das Widerstandsmoment, bezogen auf die waagerechte Schwerachse, beträgt 45 (cm);

2. Flachlaschen aus Flussstahl von 450 mm Länge, mit einem Gewicht von 2,2 kg für das Stück;

3. Laschenschrauben aus Schweisseisen von 19 mm Bolzenstärke und einem Gewicht von 0,34 kg, nebst zugehörigem Federringe;

4. Hakennägel aus Schweisseisen von 115 mm Länge, 12 mm Stärke und einem Gewicht von 0,11 kg für das Stück;

5. parallelflächige Unterlagsplatten aus Schweisseisen von 180 mm Länge, 129 mm Breite, 9 mm Stärke und einem Gewichte von 1,57 kg für das Stück, mit 3facher, den Nuthen an den Schienen entsprechender Lochung;

6. mit Zinkchlorid imprägnirte, kieferne, gefalzte Querschwellen nach Form A in Längen von 1,50 m mit einer Auflagebreite von mindestens 17 cm für die Platten und Schienen und einer Stärke von nur 13 cm.

Auf eine Schienenlänge von 7,5 m wurden verwendet 9 Stück Querschwellen mit einem grössten Mittenabstand von 0,90 m und einem geringsten Abstand von 0,50 m an den Stössen. Die Unterlagsplatten wurden auf eine Schienenlänge hierbei dergestalt vertheilt, dass in gerader Linie je 1 Stück auf den beiden Stoss- und der Mittelschwelle lag; dagegen wurde in Bögen von 100 bis 300 m Halbmesser ausser den auf den beiden Stossschwellen lagernden Platten auf jeder zweiten Schwelle je eine Unterlagsplatte angebracht. In Bögen unter 100 m Halbmesser wurden sämmtliche Schienenlager mit Platten versehen.

Wegen der im Jahre 1885 auf der Linie Hainsberg-Kipsdorf erfolgten Einführung von Maschinen mit grösserem Raddrucke als 2600 kg wurde zunächst auf dieser Linie der Oberbau in der Weise verstärkt, dass pro Schienenlänge die Schwellenanzahl — namentlich in den Bögen — im allgemeinen um 2 Stück vermehrt und ausserdem in Kurven von mehr als 100 m Halbmesser Unterlagsplatten auf allen Schwellen aufgebracht wurden. Vom Jahre 1888 ab sind für den Oberbau neuer Schmalspurlinien — infolge der Erhöhung des Raddruckes der neu zu erbauenden Lokomotiven bis auf 3625 kg — folgende stärkere Oberbaumaterialien verwendet worden:

1. 9,0 m lange ungenuthete Schienen Profil Ib aus Flussstahl mit einem Gewicht von 17,63 kg für das m. Die Schienen, welche mit schwebendem Stoss zur Verlegung kommen, haben eine Breite von 80 mm im Fusse und von 42 mm im Kopfe, eine Stegstärke von 9 mm und eine Gesammthöhe von 91 mm. Der Laschenanlauf beträgt 1:3, das Widerstandsmoment, bezogen auf die waagerechte Schwerachse, ist 54 (cm);

2. innere Winkellaschen aus Flussstahl mit Nuthung, als Schutz gegen das Wandern, mit einer Länge von 548 mm und einem Gewicht von 4,08 kg;

3. äussere Winkellaschen aus Flussstahl mit einer Länge von 484 mm und einem Gewicht von 4,525 kg;

(das Profil der unter 2 und 3 genannten Laschen ist so gewählt worden, dass dieselben auch bei Schienen Profil Ia ohne weiteres Verwendung finden können);

4. Laschenschrauben von Schweisseisen von 19 mm Bolzenstärke und einem Gewicht von 0,313 kg, nebst zugehörigem Federringe;

5. Doppelkopfnägel aus Schweisseisen, 137 mm lang, 14 mm stark und einem Gewicht von 0,19 kg;

6. doppelrandige, keilförmige, dreifach gelochte Unterlagsplatten aus Schweisseisen mit Rippen an der Unterfläche der Platten und einem Gewicht von 1,83 kg;

7. mit Zinkchlorid imprägnirte, kieferne Querschwellen, 1,50 m lang, 17 cm geringster Auflagebreite für die Platten bei Schwellen nach der Form A und 14 cm bei dergleichen nach Form B sowie 13,5 cm Stärke.

An Stelle dieser Schwellen sind seit 1893 zur weiteren Verstärkung des Oberbaues 1,7 m lange, 16 cm starke und je nach der Form, A oder B, 20 oder 16 cm breite Querschwellen zur Einlegung gelangt, welche aus geeigneten, bei Gleisumlegungen auf Vollspurbahnen gewonnenen Hauptbahnquerschwellen durch Verschnitt gewonnen werden. Auf eine Schienenlänge von 9,0 m entfallen in gerader Linie und in Bögen über 100 m Halbmesser: 12 Stück Schwellen mit einem grössten Mittenabstand von 0,80 m und einem geringsten Abstand am Schienenstoss von 0,50 m. In Bögen von 100 m Halbmesser und weniger kommen 13 Stück Schwellen mit einer grössten Entfernung von 0,72 m und einem geringsten Abstand am Stoss von 0,50 m zur Verwendung. Sämmtliche Schwellen werden sowohl in gerader Linie als in den Bögen mit Unterlagsplatten versehen.

Die vorstehenden Angaben entsprechenden geringeren Schwellenabstände sind auf den mit 7,5 m langen Schienen ausgestatteten älteren Linien in sämmtlichen Bögen und soweit Lokomotiven von grösserem Raddruck als 2 600 kg verkehren, bereits durchweg zur Einführung gelangt, auch ist in diesen Fällen die Anbringung von Unterlagsplatten auf jeder Schwelle erfolgt, während anderwärts die betreffende Verstärkung in allmählicher Ausführung begriffen ist.

Die Entfernung der Gleise auf Stationen beträgt bei den neueren Schmalspurbahnen 3,5 m und soweit Rollbockverkehr in Frage kommt, 4 m. Die Weichen werden mit geringen Ausnahmen mit einem Halbmesser von 60 m und einer Herzstückneigung von 1 : 7 hergestellt. Die Länge der Weiche zwischen Zungen- und Herzstückspitze beträgt 9,75 m. Die Zungenvorrichtung selbst ist eine symmetrische, also ohne weiteres sowohl für rechts- als auch für linksabgehende Weichen verwendbar. Die 2,75 m langen Anschlagschienen bestehen je nach der Konstruktion der Gleise aus Schienen Profil Ia bez. Ib, die 2,50 m langen Weichenzungen aus Blockschienen von 42 mm Breite und 70 mm Höhe. Der gleichlaufend mit dem Gleise stehende Weichenbock hat keine Signalvorrichtung. Die Weichenschwellen haben durchweg 17 cm Auflagefläche und 14 cm Stärke. Auf den älteren Linien wurden anfangs in untergeordneten Nebengleisen einfache Schleppweichen aus Schienen Profil Ia verlegt; diese Bauart ist aber sehr bald wieder verlassen worden. Die Herzstücke werden sämmtlich aus Hartguss hergestellt.

Die Zwangschienen bestanden bei den zuerst gebauten Schmalspurbahnen aus gewöhnlichen entsprechend abgebogenen Schienen Profil Ia, die mit der Fahrschiene durch 4 Bolzen und Einsatzstück verbunden waren. An Stelle dieser Schienen traten jedoch sehr bald 2,1 m

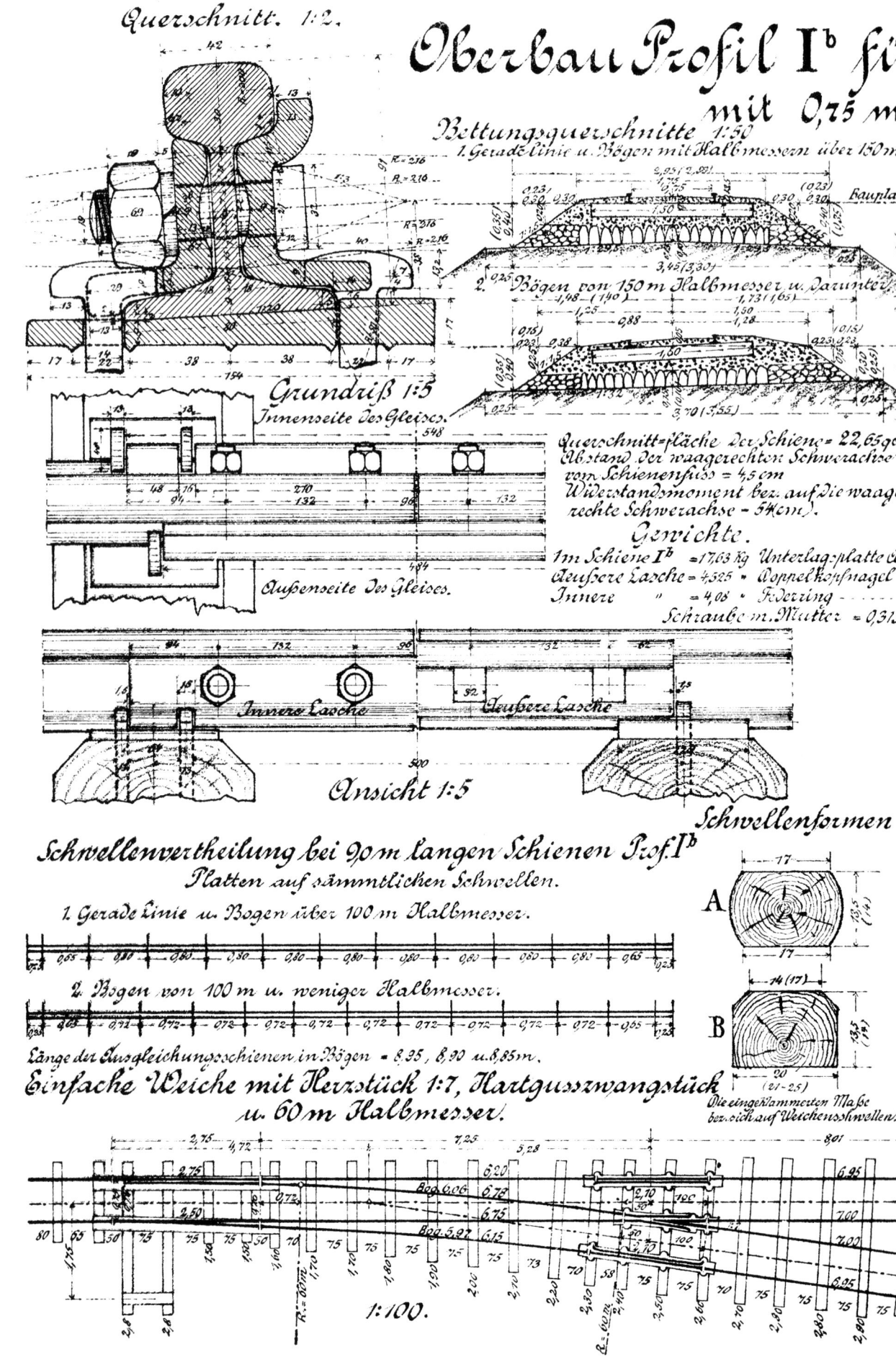

# Oberbau Profil I^b für ... mit 0,75 m ...

**Querschnitt. 1:2.**

**Bettungsquerschnitte 1:50**
1. Gerade Linie u. Bögen mit Halbmessern über 150 m
2. Bögen von 150 m Halbmesser u. darunter.

**Grundriß 1:5**
Innenseite des Gleises.

Außenseite des Gleises.

Querschnitt=fläche der Schiene = 22,65 qc
Abstand der waagerechten Schwerachse
vom Schienenfuss = 4,5 cm
Widerstandsmoment bez. auf die waage
rechte Schwerachse = 54 cm).

**Gewichte.**
1m Schiene I^b = 17,63 kg  Unterlag=platte a
Äeußere Lasche = 4,525 »  Doppelkopfnagel
Innere   »   = 4,08 »  Federring
Schraube m. Mutter = 0,313

Innere Lasche     Äeußere Lasche

**Ansicht 1:5**

**Schwellenvertheilung bei 9,0 m langen Schienen Prof. I^b**
Platten auf sämmtlichen Schwellen.

1. Gerade Linie u. Bogen über 100 m Halbmesser.

2. Bogen von 100 m u. weniger Halbmesser.

Länge der Ausgleichungsschienen in Bögen = 8,95, 8,90 u. 8,85 m.

**Schwellenformen**

A

B

Die eingeklammerten Masse
bez. sich auf Weichenschwellen.

**Einfache Weiche mit Herzstück 1:7, Hartgusszwangstück
u. 60 m Halbmesser.**

**1:100.**

# Schmalspurbahnen

urweite).

## Feststehende u. Mindestmasse für die Stellung u. Größe von Bauten an Schmalspur- gleisen.

a.  b.

1:50.

a für Linien mit Rollbockverkehr
b   "     "    ohne   "   "
u. für die Nebengleise der Stationen
(Güterschuppen, Rampen, Kohlen-
gleise u. s. w.), auf welchen kein
Rollbockverkehr stattfindet.

———————— Lademasse
———————— Umgrenzungs-
linien des lichten Raumes.

Die Mindestmasse sind zum Unterschiede
von den feststehenden Massen unterstrichen.

Erweiterung bei 50 m Halbmesser.

Fußbodenhöhe d. Kohlen- u. Güterschuppen-
ladebahnen.

Höhe d. Rampen f. Ein- u. Ausladen von
Vieh, Fahrzeugen u. s. w.

In den Bogen sind die Breiten der
Umgrenzungslinie b nach der Formel, Erweiterung = 100·50 mm
bis zu 100 mm zu vergrößern. Bei Linien mit Langholztransporten muss sowohl die
Umgrenzungslinie a als b auf der inneren Seite den Halbmessern entsprechend ver-
größert werden.

A   E

in geklammerten
... gelten für Holz-
... schnitte.

0,15
0,63
0,15
1,35
1,75
1,60
1,52
1,10
2,30
3,835
4,525
3,10
0,545
0,275

0,10
0,50
0,10
0,65
0,30
1,15
1,25
2,10
0,70
1,30
1,54
1,70
3,25

83 kg
19 "
0,175 "

1:10.
30  1,40  40
30

Verschlußvorrichtung
630
1450

## Symmetrische Blockzungenvorrichtung
## K, I°
## 1:25.

Anschlagschiene gerade = 2750
Zunge i. d. Fahrkante gerade = 2500

Mitte Hauptgleis.
Mitte Nebengleis.

Zunge i. d. Fahrkante gerade = 2500
Anschlagschiene gerade = 2750

750
160
750
740

500  750  750  750  500

lange Hartgusszwangstücke, bei welchen Fahrschiene und Zwangschiene zu einem Stücke
vereinigt sind. Die Spurrinne zwischen der Fahr- und Zwangschiene beträgt in gerader Linie
an dem mittleren Theil 33 mm, was einer Entfernung von 0,717 m zwischen Fahrkante im
Herzstück und der Leitkante im Zwangstück entspricht. Sowohl an stark befahrenen, als auch
an den Uebergängen in Schienenhöhe, welche die Strassen unter einem schärferen Winkel als
55 Grad durchschneiden, sind entweder Schutzhölzer oder Schutzschienen angebracht, letztere
werden jedoch nur in dem inneren Strange von Bögen mit weniger als 150 m Halbmesser
verwendet. Die Spurrinne zwischen der Fahrschiene und Schutzschiene beträgt in gerader
Linie 45 mm, in Bögen 55 mm. An solchen Stellen, wo gemischte, aus drei Schienensträngen
hergestellte Spur vorhanden ist, oder da, wo die schmalspurige Linie ein Vollspurgleis kreuzt,
werden nur die Oberbaumaterialien der Vollspur verwendet. Der Winkel derartiger Kreuzungen ist in der Regel 1:4,25. In den betreffenden Kreuzungsstücken sind zur Beseitigung
des Schlages der Räder der Schmalspurfahrzeuge beim Uebergang über die führungslose
Stelle innerhalb der Schmalspurrinne Gusseinlagen eingebracht worden, welche ein Auflaufen
der Radflantschen zulassen.

Die Spurweite in der geraden Linie beträgt, wie schon erwähnt, 750 mm. In den
Bögen von weniger als 300 m Halbmesser tritt eine Vergrösserung der Spurweite von 5 mm
ein, welche mit der Verminderung des Halbmessers zunimmt und eine grösste Erweiterung
von 20 mm erreicht. Die infolge des Betriebes eintretenden grösseren Spurerweiterungen
dürfen nicht mehr als 25 mm betragen. Die Uebergänge aus der geraden Linie in die Kreis-
bögen werden durch kubische Parabeln vermittelt.

Die Ueberhöhung des äusseren Gleisstranges in den Bögen ist von der Geschwindigkeit der die betreffende Strecke befahrenden Züge abhängig gemacht und wird nach der Formel

$$h = 6{,}2 \, \frac{v^2}{r}$$

ausgeführt, in welcher h die Ueberhöhung in mm, r den Halbmesser des Bogens in m und
v die Geschwindigkeit in km für eine Stunde bedeutet. Bogen über 600 m Halbmesser werden
ohne Ueberhöhung hergestellt. Geschwindigkeiten über 25 km für eine Stunde sind nur auf
Strecken mit Krümmungshalbmessern von mehr als 80 m in Anwendung.

## b) Fahrbetriebsmittel.

### 1. Allgemeines.

Die konstruktionellen Abweichungen der Fahrbetriebsmittel der Schmalspurbahnen von
denjenigen der vollspurigen Bahnstrecken sind zumeist auf die Verschiedenheit der Spurweite,
zum Theil aber auch auf technische und betriebliche Erwägungen allgemeiner Art zurückzuführen, welche mit der Spurweite selbst in keinem ursächlichen Zusammenhange stehen. Im
ganzen wiederholt sich Dasjenige, was bei den Hauptbahnen im grossen vorhanden ist, bei
den Schmalspurbahnen — wo der Rücksicht auf möglichst geringe Inanspruchnahme des
Unter- und Oberbaues durch Annahme wesentlich geringerer Raddrucke besondere Rechnung
zu tragen war — im kleinen. Abgesehen von den Lokomotiven und Personenwagen, trifft dies
namentlich auch bei den Güterwagen zu, rücksichtlich deren aus in der Natur der Sache
liegenden Gründen auch für die Schmalspurbahnen die Unterscheidung zwischen bedeckten
und offenen Wagen aufrecht zu erhalten war. Als Neuerung grundsätzlicher Natur
treten auf den Schmalspurbahnen nur die abhebbaren Wagenkästen und die sog. Rollböcke hervor — Beides Einrichtungen, welche den Zweck haben, für besonders empfindliche
Güter und solche Güter, deren Umladung nach ihrer natürlichen Beschaffenheit mit besonderen
Schwierigkeiten verbunden sein würde, die Umladung auf der Anschlussstation entbehrlich
zu machen und den direkten Uebergang der in Hauptbahn-Wagenkästen bez. in Hauptbahn-

wagen verladenen Sendungen von der Hauptbahn auf die Schmalspurbahn und umgekehrt zu ermöglichen.

Die Beschaffung dieser Spezialbetriebsmittel ist in der Regel und dort, wo es galt, einem allgemeineren Bedürfnisse in dieser Hinsicht zu entsprechen, auf Kosten der Verwaltung erfolgt; nur in denjenigen Fällen, wo die Einstellung solcher Fahrzeuge lediglich im Interesse eines speziellen Fabrikunternehmens sich nöthig machte, ist diesem letzteren die Beschaffung dieser Fahrbetriebsmittel auf eigene Kosten überlassen worden.

Ueber die bei den Schmalspurbahnen in Verwendung befindlichen Fahrbetriebsmittel enthalten die Tafeln I—XI spezielle Angaben.

Die Lokomotiven der Schmalspurbahnen sind von den mit der Ausführung betrauten Fabriken unter Mitwirkung der Maschinen-Hauptverwaltung und auf Grund der von derselben aufgestellten Unterlagen, die Wagen aber nach den Entwürfen der Maschinen-Hauptverwaltung in den Werkstätten der sächsischen Staatseisenbahnen ausgeführt worden. Die auf einigen Linien zur Verwendung kommenden Rollböcke wurden in der Maschinenfabrik Esslingen den ertheilten Vorschriften gemäss angefertigt.

Für die Fahrbetriebsmittel der zuerst gebauten Linien wurde — entsprechend der für diese maassgebenden Umgrenzung A des lichten Raumes von 2,1 m Breite und 3,1 m Höhe — die Umgrenzungslinie I der Tafel I eingehalten. Bei den später erbauten Fahrbetriebsmitteln ward die Umgrenzungslinie II nicht überschritten, welche sich der weiterhin zur Anwendung gekommenen Umgrenzung des lichten Raumes (B in Tafel I) anpasst.

Die bei den zuerst erbauten Linien eingehaltene enge Umgrenzung des lichten Raumes wurde fast durchgängig nachträglich nach B, Tafel I erweitert, für Linien mit Rollbockverkehr aber die Umgrenzung des lichten Raumes nach C, Tafel I festgestellt.

Entsprechend den bei den meisten Linien vorkommenden starken Kurven besitzen die auf allen Linien ausschliesslich verwendeten Tenderlokomotiven entweder in kurzer Entfernung festgelagerte Achsen oder bei Anwendung längerer Radstände lenkbare Achsen oder Motorendrehgestelle. Kurzen festen Radstand haben ferner die Spezialwagen zur Beförderung von Langholz und Rüben, sowie die Rollböcke zur Beförderung vollspuriger Wagen, während die übrigen Wagen zur Abminderung des Zugwiderstandes in den Kurven und zur Ermöglichung der Anwendung grösserer Radstände mit Lenkachsen ausgerüstet sind. Die meisten dieser Wagen besitzen gekuppelte Lenkachsen nach der Bauweise der sächsischen Maschinen-Hauptverwaltung; nur die in neuerer Zeit erbauten Wagen ohne Bremse sind mit freien Lenkachsen, welche bei der angewendeten Bauart der Bremsen nur für ungebremste Wagen verwendbar sind, ausgestattet worden. Die vierachsigen Wagen besitzen zweiachsige Drehgestelle.

Bei den zweiachsigen Wagen mit gekuppelten Lenkachsen ist jede Achse in einem leichten unbelasteten Drehgestelle gelagert, dessen Drehachse sich über der Achsmitte befindet. Die Achsbüchsen gleiten in den Gabeln des Drehgestells und sind mit den Bunden der in gewöhnlicher Weise mit Gehängen an den Langträgern befestigten Federn durch in sie eingreifende Zapfen verbunden. Die Achsbüchsen bleiben daher bei radialer Einstellung der Achse zu dieser in richtiger Stellung, verdrehen sich aber gegen die Federn und verschieben dieselben in der Längsrichtung.

Bei dieser Verschiebung erhalten die Federgehänge eine ungleiche Schräglage, welche das auf den Federn ruhende Kastengewicht wieder auszugleichen sucht. Hierdurch wird die Rückstellung der Feder und damit der Achse in ihre Mittellage bewirkt, sobald der Wagen in das gerade Gleis kommt. Die gleiche Wirkung erhält die Achsen in normaler Lage zum geraden Gleise.

Infolge der Verkuppelung der Drehgestelle durch Stangen und Gegenlenker oder durch eine diagonal liegende Stange können sich beide Gestelle nur gleichzeitig um ihre Drehzapfen bewegen; es stellen sich daher beide Achsen in den Kurven gleichzeitig ein und unterstützen sich in der Erhaltung der Mittellage beim Laufe im geraden Gleise.

Um die Einstellung der Achsen in den Kurven durch die Bremswirkung nicht nachtheilig zu beeinflussen, sind die Bremsklötze an den Drehgestellen aufgehängt und die Zugstange der Bremse in die Längsachse des Wagens gelegt.

Die Radsätze der Personen- und Postwagen haben geschmiedete Speichenräder oder stählerne Scheibenräder mit aufgelegten Radreifen, die Güterwagen Scheibenräder aus Flussstahl. Früher angewendete Hartgussscheibenräder haben sich nicht bewährt. Die Achsen bestehen aus Flussstahl.

Ein Radsatz mit Speichenrädern und Stahlreifen wiegt 250 kg, ein solcher mit Flussstahl-Scheibenrädern 175 bez. 280 kg. Letztere sind in den Laufringen so stark gehalten, dass sie nach Abnutzung dieser mit Stahlreifen belegt werden können.

Alle Wagenuntergestelle sind mit Ausnahme derjenigen einiger Personenwagen, welche hölzerne Langträger erhielten, völlig aus Eisen, die Oberkasten der Personen- und Postwagen aus Holzgerippe, die der bedeckten Güter- und Packmeisterwagen aus eisernen Eckrungen und im übrigen aus Holz, die der offenen Wagen aber aus Eisenrungen hergestellt. Als Verschalung ist nur Holz verwendet worden und zwar haben die Personen- und die in neuerer Zeit gebauten Post- und Packmeisterwagen äussere und innere, alle anderen Wagen aber nur einfache Verschalung erhalten. Zu den Gestellen ist Eiche und amerikanische Kiefer, zu der Verschalung der Personenwagen Fichte oder amerikanische Pappel, zu den freiliegenden Bord- und Bodenbrettern deutsche Kiefer verwendet worden.

Die Stirnseiten sämmtlicher Fahrzeuge mit Ausnahme der Rollböcke sind nach der von der Maschinen-Hauptverwaltung entworfenen Stoss- und Kuppeleinrichtung mit Mittelbuffern ausgerüstet, welche an den Enden der durchgehenden Zugstange sitzen. Der Antrieb des Wagens durch die Zugstange erfolgt mittels einer Spiralfeder. Zur Kuppelung dient ein festes Zugeisen, welches in den in der Länge verschiedenen Hälsen der Buffer eingebolzt und bei Nichtbenutzung in den längeren Bufferhals so weit eingeschoben wird, dass ein Zusammenstossen der Buffer zweier Wagen anstandslos erfolgen kann.

Die Anwendung dieser Stoss- und Kuppeleinrichtung bedingt, dass die Fahrbetriebsmittel stets in bestimmter Richtung eingestellt werden, und zwar geschieht dies derart, dass der kurze Buffer bei der Bergfahrt voransteht.

Für eine demnächst in Betrieb kommende Schmalspurlinie ist die Verwendung der Wendt'schen selbstthätig wirkenden Kuppelung in entsprechender Anpassung in Aussicht genommen.

Bei allen Zügen der Schmalspurbahnen ist die durchgehende Heberleinbremse in Anwendung, welche in der Regel vom Lokomotivführer durch die über den ganzen Zug gespannte Leine (in neuerer Zeit schwaches Drahtseil) gehandhabt wird.

Bei gespannter Leine sind sämmtliche Bremsen gelöst, beim Nachlassen der Leine ziehen sie sich selbstthätig an. Ueberdies kann auch die Bremsung vom Zugführerwagen aus erfolgen, nicht aber die Entbremsung; auch kann bei Ausschaltung aus der Bremsleine jede Wagenbremse für sich mit der Hand bedient werden. Bei Zugtrennungen oder sonstigem Reissen der Leine kommen alle eingeschalteten Bremsen selbstthätig zur Wirkung.

Das Anziehen der Bremse erfolgt durch Niederlassen einer an die Leine angehängten belasteten Stange, wobei sich eine Reibungsrolle an die auf der Achse befestigte Treibrolle anpresst. Die Reibungsrolle zieht alsdann die Bremse durch eine sich aufwickelnde Kette an. Das Lösen der Bremse bei wieder abgehobener Reibungsrolle erfolgt durch das Eigengewicht der entsprechend aufgehängten Bremstheile unter Mitwirkung eines Gegengewichtes.

Zur Ausschaltung einer Bremse wird die Bremshubstange in gehobenem Zustande an einer an der Wagenstirnwand befestigten Schleife eingehängt, aus welcher sie sich bei weiterer

Hebung der Stange durch Straffziehen der Leine von selbst wieder auslöst. Es werden sonach sämmtliche Wagen, bei denen die Bremse behufs Rangirung oder Fortbewegung mit der Hand ausgeschaltet werden musste, nach erfolgter Einstellung in den Zug durch Anspannen der Leine wieder in bremsfertigen Zustand gebracht.

Die Bremshubstangen der Zugführerwagen sind mit einem Auslösehaken ausgerüstet, bei dessen Lösung ein allgemeines Schlaffwerden der Zugleine und damit ein Bremsen des ganzen Zuges eintritt.

Die Bremse des Zugführerwagens kann überdies auch durch Schraube und Kurbel bedient werden, um beim Halten von Zügen auf Haltestellen mit Gefälle ein beim Abkuppeln der Lokomotive sonst leicht eintretendes kurzes Zurücklaufen des Zuges zu verhindern. An allen Wagen sind an den Stirnseiten Doppelhaken zum Befestigen des Leinenendes beim Laufe des Wagens am Zugende angebracht.

Die Lokomotiven besitzen durchaus nur Handbremse und den Leinenhaspel zur Bedienung der Zugbremse. Von den Wagen sollen

bei Neigungen von 1 : 30 : 100 Prozent<br>
„     „     „  1 : 40 : 67  „<br>
„     „     „  1 : 60 : 50  „<br>
„     „     „  1 : 80 : 33  „<br>
„     „     „  1 : 100 : 25  „

gebremst werden.

Wenn möglich sollen jedoch auch dann nicht unter 50 Prozent der Wagen gebremst werden, wenn die grösste Neigung der Linie an sich die Einschaltung einer geringeren Anzahl von Bremsen zulässt.

Zur Ausführung kleinerer Ausbesserungen an den Fahrbetriebsmitteln dienen kleine mit dem Heizhause der Anfangsstation in Verbindung stehende Werkstätten, in denen auch die Revisionen, abwechselnd mit den in der Bezirkswerkstätte auszuführenden, erfolgen.

Die Beförderung der Schmalspurwagen nach den Bezirkswerkstätten zur Vornahme der dort auszuführenden Revisionen und grösseren Ausbesserungen erfolgt durch Verladung auf offenen vollspurigen Güterwagen; die der Schmalspur-Lokomotiven auf besonders hierzu erbauten vollspurigen Plateauwagen. Zur leichteren Be- und Entladung der zum Transport dienenden Wagen, sind auf den Anschlussstationen mit Schmalspurgleisen versehene Rampen von $1/12$ Neigung angelegt, an deren Stirnseite die Ueberführung auf den Transportwagen beziehentlich das Abrollen von demselben erfolgt. Die Höhe dieser Rampen entspricht der Bodenhöhe der Vollspurbahnwagen. Die Ueberleitung der schmalspurigen Fahrzeuge von der Rampe auf den Transportwagen und umgekehrt wird durch abnehmbare Schienenstücke vermittelt.

### 2. Lokomotiven.
#### (Uebersicht A und Tafel II—V.)

Die für die ersten Schmalspurbahnen beschafften Lokomotiven waren solche nach laufender No. 2 der Uebersicht A und Tafel II mit drei gekuppelten Achsen und 1,8 m festem Radstand. Ausserdem wurde von einem Bauunternehmer eine zweiachsige Lokomotive (lfd. No. 1 der Uebersicht A) mit 1,7 m Radstand erkauft und soweit erforderlich in den Werkstätten umgebaut. Diese zweiachsige Lokomotive fand indess wegen zu geringer Leistungsfähigkeit nur beschränkte Verwendung.

Die dreiachsigen Lokomotiven wurden mit aussenliegenden Rahmen und Federn hergestellt, um die Schwankungen der Lokomotive in den Federn möglichst niedrig zu halten.

Wenn sich diese dreiachsigen Lokomotiven auch im allgemeinen bewährt haben, so zeigen sie doch eine starke Abnutzung der Radreifen und der Schienen, sowie bei neuen Schienen und frischgedrehten Reifen die Neigung zum Entgleisen der einen Druckausgleicher nicht besitzenden Vorderachse.

Vier der Maschinen (lfd. No. 3 der Uebersicht A und Tafel II) wurden in beiden Richt-ungen durch Einwechselung einer lenkbaren Kuppelachse nach Bauart Klien-Lindner an Stelle der festgelagerten Vorderachse erheblich verbessert. Bei diesen Lokomotiven ist die Reifen-abnutzung noch nicht halb so gross wie früher und überdies die Belastung beider Räder der lenkbaren Achse infolge der als Druckausgleicher für beide Räder wirkenden Hohlachse stets gleich. Hierdurch wird die Entlastung eines Vorderrades und die damit verbundene Ent-gleisungsgefahr beseitigt.

Insoweit die übrigen dreiachsigen Lokomotiven nicht nachträglich diese lenkbare Kuppelachse erhalten, sollen die Federn der Vorderachse mit einem Druckausgleicher ver-sehen werden, um die Neigung zum Entgleisen zu beseitigen.

Die starke Abnutzung der Schienen in gekrümmtem Gleise durch die dreiachsigen Loko-motiven mit festgelagerten Achsen und die rasche Abnutzung der Radreifen an diesen Loko-motiven, überdies auch der Umstand, dass die Zugkraft der Lokomotiven mit drei gekuppelten Achsen für manche verkehrsstarke Linie nicht vollständig ausreichte, führten später zur An-wendung von Lokomotiven mit lenkbaren Achsen und solchen mit Motorgestellen.

Es wurden zunächst zwei Fairlie-Lokomotiven (lfd. No. 4 der Uebersicht A und Tafel III) beschafft, welche einen Doppelkessel und zwei Motorgestelle besitzen und bei welchen der Führer und der Feuermann ihre Stellung rechts und links vom Kessel in der Mitte der Loko-motive haben.

Diese durch die Bauart bedingte äusserst ungünstige Stellung der Bedienungsmannschaft sowie das aussergewöhnlich hohe Gewicht dieser Lokomotiven liessen davon absehen, in der Beschaffung solcher Maschinen weiter vorzugehen; man entschloss sich deshalb bei weiterem Bedarf von leistungsfähigeren Lokomotiven zur Verwendung solcher nach Bauart Klose (lfd. No. 5 und 6 der Uebersicht A und Tafel IV) überzugehen.

Diese Lokomotiven besitzen drei stark belastete gekuppelte Achsen und eine hinten-gelegene Laufachse. Die mittlere gekuppelte Achse ist festgelagert, während die beiden anderen Kuppelachsen und die Laufachse lenkbar und in ihrer Lenkbewegung gekuppelt sind.

Diese einen vollständig richtigen Kurvenlauf ergebenden Lokomotiven weisen ziemlich verwickelte Mechanismen auf; auch genügte die Zugkraft derselben infolge der drei ge-kuppelten Achsen nicht allen Ansprüchen, so dass bei weiterem Lokomotivbedarf wieder solche mit vier, paarweise in zwei Motorgestellen gekuppelten Achsen nach der Bauart Meyer, be-schafft wurden. Bei diesen Lokomotiven wurde erstmalig eine erhebliche Verbesserung der Dampfrohrführung durchgeführt, deren bis dahin nur bekannte unzweckmässige Ausführungs-weise die frühere Beschaffung derartiger Lokomotiven verboten hatte.

Diese Lokomotiven (lfd. No. 7 der Uebersicht A und Tafel V) besitzen einen einfachen Kessel, weisen der Bedienungsmannschaft den gewöhnlichen angemessenen Standort an der Hinterseite des Kessels an und arbeiten nach dem Verbundsystem. Der Dampf wirkt hierbei zunächst in den beiden Hochdruckcylindern, welche an dem unter der Feuerbüchse ange-ordneten Drehgestell befestigt sind, sodann aber mit abgemindertem Drucke nochmals in den am vorn angeordneten Drehgestell befestigten Niederdruckcylindern.

Derartige nach dem Verbundsystem arbeitende Lokomotiven erfordern, um aus jeder Stellung mit voller Kraft anfahren zu können, eine besondere Anfahreinrichtung, welche bei diesen Lokomotiven nach der bei der Maschinen-Hauptverwaltung entwickelten Bauart Lindner ausgeführt ist.

Diese Maschinen ergeben, gegenüber den Fairlie-Lokomotiven, trotz kleineren Kessels, eine Kohlenersparniss von 25 Prozent bei gleichem Dienste zu gleicher Jahreszeit auf gleicher Strecke.

Die Zahl der bislang überhaupt beschafften Lokomotiven und deren Hauptabmessungen ergeben sich aus nachstehender Uebersicht A.

2*

A. Loko

| Lfde. No. | Tafel. | Anzahl der Lokomotiven Ende 1895. | Jahr der Beschaffung. | Fabrik. | Preis Mark. | Cylinder durchmesser d mm | Hub l mm | Zahl der Achsen Treib- und Kuppel-Achsen. | Lauf-achsen. | über-haupt | Länge von Bufferfläche zu Bufferfläche. m | Ge-sammt-Radstand. m | Laufkreis-Durchmesser der Treib-räder D mm | Lauf-räder. mm |
|---|---|---|---|---|---|---|---|---|---|---|---|---|---|---|
| 1 | — | 1 | 1872 | Chr. Hagans in Erfurt. | 17 400 | 200 | 300 | 2 | — | 2 | 5,530 | 1,700 | 650 | — |
| 2 | II. | 35 | 1881÷-92 | Sächs. Maschinenfabrik (Hartmann) in Chemnitz. | 15 418—19 869 | 240 | 380 | 3 | — | 3 | 5,480—5,740 | 1,800 | 750 | — |
| 3 | II. | 4 | 1886 u.-88 | „ | 15 236—17 496 | 240 | 380 | 3 | — | 3 | 5,630 | 1,800 | 750 | — |
| 4 | III. | 2 | 1885 | R. & W. Hawthorn in Newcastle. | 51 771 | 215 | 355 | 4 | — | 4 | 9,200 | 5,690 | 813 | — |
| 5 | IV. | 2 | 1889 | Krauss & Co., Aktien-Gesellsch., München. | 30 031 | 324 | 400 | 3 | 1 | 4 | 8,980 | 5,750 | 855 | 760 |
| 6 | IV. | 4 | 1891 | Sächs. Maschinenfabrik (Hartmann) in Chemnitz. | 35 216 | 324 | 400 | 3 | 1 | 4 | 9,000 | 5,750 | 855 | 760 |
| 7 | V. | 23 | 1892÷-95 | „ | 32 452—33 028 | {240 {370 | 380 | 4 | — | 4 | 9,000 | 6,200 | 750 | — |
| . | . | 71 | . | . | . | . | . | 237 | 6 | 243 | . | . | . | . |

### 3. Personenwagen.
(Uebersicht B und Tafel VI und VII.)

Die Personenwagen haben an jeder Stirnseite einen geräumigen überdeckten Auftritt, welcher zum Ein- und Aussteigen dient und Stehplätze für drei Personen bietet. Dieser Auftritt ist durch umlegbare Eisenstangen abgeschlossen.

Die Seitenauftritte dienen zugleich für das Uebertreten des Schaffners von einem Wagen zum andern.

Der Zugang zum Innern des Wagens erfolgt durch Schiebethüren von den Auftritten aus.

Jeder Wagen trägt einen fast über die ganze Länge des Kastens reichenden Oberlicht-Aufbau mit seitlichen Klappfenstern, welche dem inneren Raume Luft und Licht zuführen. Die an den Langseiten des Wagens angebrachten Fenster sind nur zur kleineren Hälfte in die Seiten-wand herablassbar, so dass die Reisenden am Hinausbeugen des Oberkörpers verhindert sind.

Die älteren Wagen enthalten je eine Sitzreihe an den beiden Langseiten.

Die Sitzplätze der von der Abtheilung III. Klasse durch Scheidewand getrennten Ab-theilung II. Klasse bestehen in Sitz und Rücklehne aus leichten mit Rohrgeflecht überspannten

m o t i v e n.

| Dampf überdruck p | Siederohre Zahl. | Siederohre lichte Weite | Siederohre frei liegende Länge | Heizfläche der Siederohre | Heizfläche Feuerbüchse. | Heizfläche zusammen. | Vorrathsraum für Wasser. | Vorrathsraum für Kohlen. | Achsdruck der Treib- und Kuppel-Achsen = Reibungsgewicht. | Achsdruck der Laufachse. | Gesammtgewicht leer. | Gesammtgewicht dienstfertig. | Zugkraft der dienstfertigen Lokomotive. | Bemerkungen. |
|---|---|---|---|---|---|---|---|---|---|---|---|---|---|---|
| Atm. | | mm | mm | qm | qm | qm | cbm | cbm | kg | kg | kg | kg | kg | |
| 12,0 | 91 | 35 | 2 210 | 22,10 | 1,98 | 24,08 | 1,50 | 0,52 | 10 800 | — | 8 050 | 10 800 | 1 330 | Zugkraft: $Z = \dfrac{0{,}006 \cdot d^2 \cdot l \cdot p}{D}$ |
| 12,0 | 108 | 40 | 1 960 | 26,61 | 3,11 | 29,72 | 1,50 | 0,60 | 15 450 / 16 800 | — | 11 900 / 13 250 | 15 450 / 16 800 | 2 100 | Zugkraft: Wie bei lfd. No. 1. |
| 12,0 | 108 | 40 | 1 960 | 26,61 | 3,11 | 29,72 | 1,42 | 0,60 | 16 320 | — | 12 850 | 16 320 | 2 100 | Zugkraft: Wie bei lfd. No. 1. Die vordere Kuppelachse ist drehbar. Die mit den Treibkurbeln versehene und im Hauptrahmen gelagerte Achse (Kernachse) liegt in einer hohlen die Räder tragenden Achse und sind beide Achsen in der Mitte durch ein Kugelgelenk mit Treibzapfen verbunden. |
| 10,0 | 194 | 35,5 | 2 394 | 51,78 | 5,96 | 57,74 | 2,86 | 1,10 | 28 900 | — | 22 300 | 28 900 | 2 420 | Zugkraft: $Z = \dfrac{0{,}012 \cdot d^2 \cdot l \cdot p}{D}$. Doppellokomotiven mit je zwei zweiachsigen Maschinengestellen. |
| 10,0 | 97 | 40 | 3 500 | 42,44 | 3,82 | 46,26 | 2,0 | 2,0 | 18 900 | 6 700 | 19 700 | 25 600 | 2 950 | Zugkraft: Wie bei lfd. No. 1. Die Kuppelachsen und die Laufachse sind gekuppelte Lenkachsen; die Treibachse ist Steifachse. |
| 10,0 | 97 | 40 | 3 500 | 42,44 | 3,85 | 46,29 | 2,0 | 2,0 | 19 200 | 7 100 | 20 400 | 26 300 | 2 950 | |
| 12,0 | 104 | 40 | 3 500 | 45,74 | 4,07 | 49,81 | 2,4 | 1,0 / 1,2 | 26 740 / 26 960 | — | 21 700 / 21 750 | 26 740 / 26 960 | 3 500 | Zugkraft: $Z = \dfrac{0{,}01 \cdot d^2 \cdot l \cdot p}{D}$. Verbund - Doppellokomotiven mit zwei zweiachsigen Maschinengestellen. |

Holzrahmen, welche mit losen Rosshaarkissen belegt sind. Der mittlere Sitz ist zum Aufklappen eingerichtet, so dass die Reisenden — falls nur vier Personen oder weniger in dieser Abtheilung fahren — sich nach Belieben in der Richtung bez. in der Gegenrichtung des Zuges setzen können.

Die Sitzbänke der III. Klasse sind aus Eschenholzlatten hergestellt.

Durch Einlegen von Polsterkissen werden Abtheilungen III. Klasse nach Bedarf in Abtheilungen II. Klasse umgewandelt; in diesem Falle wird die äussere Klassenaufschrift des Wagens durch ein Umsteckschild entsprechend abgeändert.

In den neueren Wagen sind die Sitze, unter Verbreiterung des Kastens quer zum Wagen angeordnet und zwar einsitzig an der einen, zweisitzig an der anderen Längswand. Hierdurch ist für das Publikum eine grössere Bequemlichkeit erzielt worden, weil höhere Rücklehnen angebracht werden konnten, der Reisende mehr gegen Zugluft geschützt ist und eine freiere Aussicht geniesst.

Die Stühle dieser Wagen sind in den Abtheilungen II. Klasse im Sitz und Rücken gepolstert, während die Stühle der Abtheilungen III. Klasse aus dicht zusammenstehenden Eschenholzlatten hergestellt sind und sich der Körperform gut anpassen.

Die Beleuchtung erfolgt durch grosse Rüböllaternen, welche bei den älteren Wagen in den Stirn- bez. Scheidewänden, bei den neueren Wagen dagegen behufs besserer Lichtvertheilung im Oberlicht-Aufbau angebracht sind.

B. Personen-

| Lfde. No. | Tafel. | Zahl der Wagen Ende 1895 ohne Bremse. | mit Bremse. | Jahr der Beschaffung. | Preis Mark. | Zahl der Achsen. | Gesammt-Radstand. m | Art der Lenkbarkeit der Achsen. | Länge von Bufferfläche zu Bufferfläche. m | Länge von Innenfläche zu Innenfläche Stirnwand. m | Breite von Innenfläche zu Innenfläche Seitenwand. m | Anordnung der Sitze. | Abtheilungen Zahl. | Klasse. |
|---|---|---|---|---|---|---|---|---|---|---|---|---|---|---|
| 1 | VI. | — | 1 | 1883 | 4 384 | 4 | 8,80 | 2 zweiachs Drehgestelle. | 10,62 | 8,16 | 1,620 | längs | {1 / 1 | II. / III.} |
| 2 | — | — | 1 | 1885 | 3 987 | 4 | 8,40 | „ | „ | „ | „ | „ | {2 / 1 | II. / III.} |
| 3 | — | 1 | 1 | 1886 | 3 657—3 971 | 4 | „ | „ | „ | „ | 1,610 | „ | {1 / 1 | II. / III.} |
| 4 | — | — | 1 | 1887 | 3 791 | 4 | „ | „ | „ | „ | „ | „ | {1 / 2 | II. / III.} |
| 5 | — | — | 1 | 1890 | 4 960 | 4 | „ | „ | „ | „ | 1,884 | quer | {1 / 2 | II. / III.} |
| 6 | VI. | — | 13 | 1891÷-95 | 4 646—5 084 | 4 | „ | „ | „ | „ | „ | „ | {1 / 1 | II. / III.} |
| 7 | — | — | 3 | 1892 | 4 867—5 110 | 4 | „ | „ | „ | „ | „ | „ | {1 bez. / 2} | III. |
| 8 | — | 2 | 13 | 1890÷-94 | 2 588—3 285 | 2 | 3,80 | mit Br.: 2 einachs. Drehgestelle. ohne Br.: Freie Lenkachsen. | 7,11 | 4,65 | „ | „ | {1 bez. / 2} | II. |
| 9 | — | — | 1 | 1888 | 2 488 | 2 | „ | 2 einachs Drehgestelle. | 6,52 | 4,06 | 1,620 | längs | 1 | „ |
| 10 | — | — | 5 | 1881÷-83 | 2 515—2 759 | 2 | „ | „ | „ | „ | „ | „ | {1 / 1 | II. / III.} |
| 11 | VII. | 14 | 24 | 1884÷-89 | 2 107—2 588 | 2 | „ | „ | „ | „ | „ | „ | {1 / 1 | II. / III.} |
| 12 | — | — | 1 | 1886 | 2 155 | 2 | „ | „ | „ | „ | „ | „ | {1 / 1 | II. / Post. |
| 13 | VII. | 1 | 7 | 1890÷-95 | 2 639—2 912 | 2 | „ | „ | 7,11 | 4,65 | 1,884 | quer | {1 / 1 | II. / III.} |
| 14 | — | 4 | — | 1881÷-83 | 2 089—2 099 | 2 | 3,30 | „ | 5,335 | 4,06 | 1,620 | längs | {1 / 1 | II. / III.} |
| 15 | — | — | 7 | „ | 2 195—2 520 | 2 | 3,80 | „ | 6,52 | „ | 1,610 | „ | 1 | III. |
| 16 | — | 20 | 42 | 1884÷-89 | 1 894—2 295 | 2 | „ | „ | „ | „ | 1,620 | „ | 1 | „ |
| 17 | — | 8 | 70 | 1890÷-95 | 1 949  2 980 | 2 | „ | 76 Wagen mit 2 einachs.Drehgestellen, 2 Wagen mit freien Lenkachsen. | 7,11 | 4,65 | 1,884 | quer | {1 bez. / 2} | „ |
| 18 | — | 4 | 8 | 1881÷-83 | 1 943—2 234 | 2 | 3,30 | 2 einachs. Drehgestelle. | 5,515 | 4,06 | 1,620 | längs | 1 | „ |
| 19 | — | — | 2 | 1888 u.-90 | 1 986 u. 2 039 | 2 | 3,80 | „ | 7,02 | 4,56 | 1,750 | quer | 1 | „ |
| . | . | 54 | 201 | . | . | 554 | . | . | . | . | . | . | . | . |
|  |  | 255 |  |  |  |  |  |  |  |  |  |  |  |  |

#### 4. Zugführerwagen.
(Uebersicht C und Tafel VIII.)

Die Zugführerwagen sind zugleich Verkaufsstelle für die Fahrkarten an den Haltestellen, wo eine Fahrkartenausgabe nicht vorhanden ist. Sie besitzen einen Raum, welcher den erforder-

Die Heizung geschieht durch Reguliröfen, die mit einem Gemisch von Kokes und Holz-
kohlen geheizt werden und deren Aufstellung im Winter durch Herausnahme je eines Sitzes
ermöglicht wird.

w a g e n.

| Zahl der Sitze | | Sitzbreite m | | Zahl der Stirnauftritte. | Stehplätze | | Gesammtzahl der Plätze | | Eigengewicht ohne | mit Bremse. | | Bemerkungen. |
|---|---|---|---|---|---|---|---|---|---|---|---|
| II. Kl. | III. Kl. | II. Kl. | III. Kl. | | II. Kl. | III. Kl. | II. Kl. | III. Kl. | kg | kg | |
| 6 | 28 | 0,538 | 0,462 | 2 | 3 | 3 | 9 | 31 | . | 4 700 | |
| 20 | 8 | 0,535 | 0,601 | 2 | 3 | 3 | 23 | 11 | . | 5 400 | |
| 16 | 16 | 0,505 | 0,505 | 2 | 3 | 3 | 19 | 19 | 5 300 | 5 650 | |
| 10 | 22 | 0,481 | 0,459 | 2 | 3 | 3 | 13 | 25 | . | 5 400 | |
| 12 | 18 | 0,450 | 0,450 | 2 | . | 6 | 12 | 24 | . | 6 100 | |
| 9 | 21 | 0,450 | 0,450 | 2 | 3 | 3 | 12 | 24 | . | 6 525 | |
| . | 30 | . | 0,450 | 2 | . | 6 | . | 36 | . | 6 675 | |
| 18 | . | 0,450 | . | 2 | 6 | . | 24 | . | 3 500 | 3 600 | |
| 14 | . | 0,580 | . | 2 | 6 | . | 20 | . | . | 2 725 | |
| 6 | 10 | 0,553 | 0,464 | 2 | 3 | 3 | 9 | 13 | . | 2 825 | |
| 6 | 10 | „ | „ | 2 | 3 | 3 | 9 | 13 | 2 625 | 2 825 | |
| 6 | . | „ | . | 2 | 3 | . | 9 | . | . | 3 425 | Wagen mit Postraum. |
| 6 | 12 | 0,450 | 0,450 | 2 | 3 | 3 | 9 | 15 | 3 325 | 3 650 | { Je 2 Wagen sind unter sich oder mit Wagen der lfd. No. 18 durch Dreh bolzen mit einander verbunden. |
| 6 | 10 | 0,537 | 0,477 | 1 | 3 | . | 9 | 10 | 2 375 | . | |
| . | 16 | . | 0,507 | 2 | . | 6 | . | 22 | . | 2 625 | |
| . | 16 | . | „ | 2 | . | 6 | . | 22 | 2 550 | 2 825 | |
| . | 18 | . | 0,450 | 2 | . | 6 | . | 24 | 3 300 | 3 525 | |
| . | 16 | . | 0,507 | 1 | . | 3 | . | 19 | 2 225 | 2 500 | { Je 2 Wagen sind unter sich oder mit Wagen der lfd. No. 14 durch Dreh- bolzen mit einander verbunden. |
| . | 24 | . | 0,430 | 2 | . | 6 | . | 30 | . | 2 600 u. 2 950 | Wagen zur Beförderung von Arbeitern. |
| 817 | 3 785 | . | . | . | 318 | 1 161 | 1 135 | 4 946 | . | . | |

lichen Platz für das Gepäck und überdies ein Schreibpult, eine Federwaage für das Handgepäck und einen Fahrkartenschrank enthält.

Bei zwei Zugführerwagen ist überdies ein verschliessbarer Postraum vorhanden.

C. Zugführer

| Lfde. No. | Tafel. | Zahl der Wagen Ende 1895. | Jahr der Be-schaffung. | Preis Mark. | Zahl der Ach-sen. | Ge-sammt Rad-stand. m | Art der Lenkbarkeit der Achsen. | Länge von Buffer-fläche zu Buffer-fläche m | Des Gepäckraums mit Einrichtung zum Fahrkarten-Verkauf lichte Länge. m | lichte Breite. m |
|---|---|---|---|---|---|---|---|---|---|---|
| 1 | VIII. | 29 | 1883—1895 | 1 420—2 048 | 2 | 3,80 | {2 einachs. Dreh-gestelle.} | 6,48 | {5,800 / *5,700 | 1,655 / *1,555 |
| 2 | — | 11 | 1886, 1889 | 1 710 u. 1 910 | 2 | „ | „ | „ | 4,860 | 1,530 |
| 3 | — | 1 | 1884 | 1 531 | 2 | „ | „ | „ | 3,665 | 1,655 |
| 4 | — | 1 | 1886 | 1 710 | 2 | „ | „ | „ | 3,160 | 1,530 |
| 5 | — | 1 | 1892 | 1 485 | 2 | 3,00 | „ | „ | 5,800 | 1,655 |
| 6 | — | 1 | 1882 | 1 318 | 2 | 2,70 | „ | 4,78 | 4,050 | 1,655 |
| Zusammen | . | 44 | . | . | 88 | . | . | . | . | . |

### 5. Güterwagen und Umladeeinrichtungen.

(Uebersichten D und E sowie Tafeln VIII—XI.)

Die hauptsächlich in Betracht kommenden Bauarten der Güterwagen und deren Verhältnisse sind aus den Tafeln VIII und IX und den Uebersichten D und E zu entnehmen.

Vier der bedeckten Güterwagen sind zur Beförderung der Post eingerichtet.

Die Bauart der offenen Wagen ist der Natur der verschiedenen zu befördernden Güter thunlichst angepasst.

Ein bedeckter und ein offener Wagen besitzen auf zwei zweiachsigen Drehgestellen ruhende umsetzbare Wagenkästen für die Beförderung zerbrechlicher Güter. Diese Umsetzkästen werden auf der Anschlussstation von den schmalspurigen Drehgestellen

D. Bedeckte

| Lfde. No. | Tafel. | Zahl der Wagen Ende 1895 ohne Bremse. | mit Bremse. | Jahr der Be-schaffung. | Preis Mark. | Zahl der Ach-sen. | Ge-sammt-Rad-stand. m | Art der Lenkbarkeit der Achsen. | Länge von Buffer-fläche zu Buffer-fläche m. | Des Laderaums lichte Länge. m | lichte Breite. m |
|---|---|---|---|---|---|---|---|---|---|---|---|
| 1 | VIII. | 42 | 132 | 1883—1891 | 1 014—1 555 | 2 | 3,80 | {173 Wagen: 2 einachs. Dreh-gestelle / 1 Wagen: freie Lenkachsen.} | 6,48 | 5,80 | 1,655 |
| 2 | — | 1 | 1 | 1888 | 1 154—1 434 | 2 | „ | 2 einachs. Drehgestelle. | „ | „ | 2,078 |
| 3 | — | 3 | 4 | 1892 | 1 076—1 485 | 2 | 3,00 | {mit Br.: 2 einachs. Drehge-stelle. / ohne Br.: freie Lenkachsen.} | „ | „ | „ |
| 4 | — | 18 | 74 | 1892—1895 | 966—1 503 | 2 | „ | {mit Br.: 2 einachs. Drehge-stelle. / ohne Br.: freie Lenkachsen.} | „ | „ | 1,655 |
| 5 | — | . | 4 | 1881 | 1 407 | 2 | 2,70 | 2 einachs. Drehgestelle. | 4,78 | — | — |
| 6 | — | 1 | 7 | 1881, 1882 | 1 111—1 407 | 2 | „ | 2 „ „ | „ | 4,50 | 1,655 |
| 7 | X. | 1 | . | 1884 | 2 204 | 4 | 7,90 | 2 zweiachs. Drehgestelle. | 9,68 | 8,92 | 2,36 |
| Zusammen | . | 66 | 222 (288) | . | . | 578 | . | | . | . | . |

w a g e n.

| Des Postraums | | Bodenfläche | | Lade-gewicht. | Eigengewicht mit Bremse | Bemerkungen. |
|---|---|---|---|---|---|---|
| lichte Länge. | lichte Breite. | Gepäckraum mit Einrichtung zum Fahrkarten-Verkauf. | Postraum. | | | |
| m | m | qm | qm | kg | kg | |
| — | — | 9,6 \ *8,9 ⌡ | — | 5 000 | 3 000, 3 325 | * Der Wagenkasten besitzt doppelte Verschalung. |
| — | — | 7,4 | — | „ | 3 250 | |
| 2,135 | 1,655 | 6,1 | 3,5 | „ | 3 000 | Wagen mit Postraum. |
| 1,700 | 1,530 | 4,8 | 2,6 | „ | 3 250 | Wagen mit Postraum. |
| — | — | 9,6 | — | „ | 3 000 | |
| — | — | 6,7 | — | „ | 2 400 | |
| . | . | . | . | . | . | |

abgehoben und auf vollspurige Drehgestelle übergesetzt, um ohne Umladung auf der Vollspurbahn weiter befördert zu werden.

Das Gewicht des bedeckten Umsetzkastens beträgt 4 000 kg, das des offenen Umsetzkastens 3 425 kg.

Die Einrichtung für das Umsetzen der Kasten ist auf Tafel X dargestellt.

Zur Beförderung von vollspurigen Güterwagen auf Schmalspurbahnen dienen die Langbein'schen Rollböcke (Tafel XI), auf welche die Güterwagen mit Hilfe der dargestellten Gleiseinrichtung aufgeschoben werden. Auf diesen Rollböcken werden nur zweiachsige Vollspurbahn-Güterwagen befördert und es dient je ein Rollbock zur Unterstützung einer Achse des Güterwagens.

G ü t e r w a g e n.

| Des Postraums | | Bodenfläche | | Lichte Höhe an der Seitenwand. | Fassungsraum. | Lade-gewicht. | Eigengewicht | | Bemerkungen. |
|---|---|---|---|---|---|---|---|---|---|
| lichte Länge. | lichte Breite. | Lade-raum. | Post-raum. | | | | ohne Bremse. | mit Bremse. | |
| m | m | qm | qm | m | cbm | kg | kg | kg | |
| — | — | 9,0 | — | 1,745 | 15,74 | 5 000 | 2 400 | 2 600 | Wagen für Massengut. |
| — | — | 11,4 | — | „ | 19,92 | „ | 2 725 | 2 950 | Wagen für sperriges Gut. |
| — | — | „ | — | „ | „ | „ | 2 550 | 2 925 | Wagen für Massengut. |
| — | — | 9,0 | — | „ | 15,74 | „ | 2 350 | 2 700 | Wagen für Massengut. |
| 4,050 | 1,655 | — | 6,4 | „ | 11,17 | „ | — | 2 525 | Wagen mit Posteinrichtung. |
| — | — | 6,4 | — | „ | „ | „ | 1 925 | 2 175 | Wagen für Massengut |
| — | — | 21,0 | — | 1,92 | 40,37 | 10 000 | 5 950 | — | Wagen mit Umsetzkasten für sperriges Gut. |
| . | . | . | . | . | . | . | . | | |

Die Rollböcke sind kleine zweiachsige Fahrzeuge mit einem um einen Mittelzapfen drehbaren Balken, auf welchen die Achse des Vollspurwagens aufgefahren und befestigt wird.

Die Anwendung der Rollböcke in den Zügen ist eine beschränkte, da aus Gründen der Betriebssicherheit nicht mehr als zwei vollspurige Wagen in einem Zuge mitgeführt werden dürfen. Zwischen diesen Wagen soll stets wenigstens ein Schmalspurwagen laufen. Die Verkuppelung des Vollspurfahrzeugs mit dem benachbarten Schmalspurwagen erfolgt durch eine Steifkuppel, welche in der Mitte der Normalachse angreift. Ein Theil der Rollböcke

**E. Offene**

| Lfde. No. | Tafel. | Zahl der Wagen Ende 1895 ohne Bremse. | mit Bremse. | Jahr der Beschaffung. | Preis Mark. | Zahl der Achsen. | Gesammt-Rad-stand. m | Art der Lenkbarkeit der Achsen. | Länge von Buffer-fläche zu Buffer-fläche. m | Lichte Länge. m |
|---|---|---|---|---|---|---|---|---|---|---|
| 1 | VIII. | 130 | 220 | 1882—1895 | 803—1 264 | 2 | 3,80 | 349 Wagen mit 2 einachs. Drehgestellen. 1 „ „ freien Lenkachsen. | 6,48 | 5,75 |
| 2 | — | 38 | 91 | 1892—1895 | 768—1 249 | 2 | 3,00 | mit Br.: 2 einachs. Drehgestelle. ohne Br.: Freie Lenkachsen. | „ | „ |
| 3 | — | 71 | 139 | 1881—1893 | 778—1 339 | 2 | 2,70 | 184 Wagen mit 2 einachs. Drehgestellen. 26 „ „ freien Lenkachsen. | 4,78 | 4,04 |
| 4 | IX. | 45 | 70 | 1894, 1895 | 695 u. 963 | 2 | 2,10 | mit Br.: Nicht lenkbar. ohne Br.: Freie Lenkachsen. | 4,98 | 4,24 |
| 5 | — | 38 | 32 | 1884 | 772 u. 1 100 | 2 | 1,75 | Nicht lenkbar. | 4,18 | 3,44 |
| 6 | — | 13 | — | 1882—1894 | 1 359—1 822 | 4 | 7,90 | 2 zweiachs. Drehgestelle. | 9,68 | 9,00 |
| 7 | — | — | 4 | 1882, 1883 | 1 269 | 2 | 3,80 | 2 einachs. Drehgestelle. | 6,48 | 5,75 |
| 8 | — | 13 | 34 | 1882—1889 | 793—1 332 | 2 | „ | 2 „ „ | „ | „ |
| 9 | — | 4 | 13 | 1884, 1888 | 865 u. 1 275 | 2 | „ | 2 „ „ | „ | 5,74 |
| 10 | — | — | 4 | 1892, 1895 | 1 257 | 2 | 3,00 | 2 „ „ | „ | „ |
| 11 | — | 1 | — | 1892 | 713 | 2 | „ | Freie Lenkachsen. | „ | „ |
| 12 | — | — | 2 | 1881 | 1 339 ohne Kessel | 2 | 2,70 | 2 einachs. Drehgestelle. | 4,78 | 4,10 |
| 13 | IX. | 12 | 50 | 1890—1895 | 902—1 451 | 2 | „ | mit Br.: 2 einachs. Drehgestelle. ohne Br.: Freie Lenkachsen. | „ | 4,05 |
| 14 | — | 6 | — | 1881, 1882 | 632—641 | 2 | 1,50 | Nicht lenkbar. | 3,68 | 3,00 |
| 15 | IX. | 8 | — | 1884—1886 | 536—656 | 2 | 1,20 | „ „ | 2,98 | 2,30 |
| 16 | XI. | 6 | 8 | 1885—1894 | 2 190—3 970 | 2 | 0,80 | „ „ | — | — |
| 17 | X. | 1 | — | 1884 | 1 975 | 4 | 7.90 | 2 zweiachs. Drehgestelle. | 9,68 | 8,92 |
| Zusammen | | 386 | 667 | . | . | 2 134 | . | . | . | . |
| | | | 1 053 | | | | | | | |

**F. Güterwagen im**

| | | | | | | | | | | |
|---|---|---|---|---|---|---|---|---|---|---|
| 1 | — | 2 | 5 | 1892 | ? | 2 | 2,80 | 2 einachs. Drehgestelle. | 4,98 | 4,30 |
| 2 | IX. | — | 3 | 1881 | ? | 2 | 2,70 | 2 „ „ | 4,78 | 4,10 |
| 3 | XI. | 6 | 2 | 1887, 1888 | ? | 2 | 0,80 | Nicht lenkbar. | — | — |
| Zusammen | | 8 | 10 | . | . | 36 | . | . | . | . |
| | | | 18 | | | | | | | |

besitzt Bremse, zu deren Bedienung die Leine unter dem Gestell des Vollspurwagens durchgeführt werden muss.

Zum Zwecke der Umladung von Wagenladungsgütern aus den Vollspur- in die Schmalspurwagen und umgekehrt sind auf den Anschlussstationen die für die Ueberladung bestimmten Gleise der Schmalspurbahn erhöht und den vollspurigen Ladegleisen möglichst nahe angelegt. Diese Ueberladegleise sind zum Theil überdeckt. Die Umladung des Stückgutes erfolgt in Güterhallen, in welche ein Schmalspurgleis von entsprechender Länge eingeführt ist.

**Güterwagen.**

| Lichte Breite. | Bodenfläche. | Lichte Höhe an der Seitenwand. | Fassungsraum. | Ladegewicht. | Eigengewicht | | Bemerkungen. |
|---|---|---|---|---|---|---|---|
| | | | | | ohne Bremse. | mit Bremse. | |
| m | qm | m | cbm | kg | kg | kg | |
| 1,61 | 9,3 | 0,75 | 6,94 | 5 000 | 2 300 | 2 525 | Wagen für Massengut. |
| „ | „ | „ | „ | „ | 2 150 | „ | Wagen für Massengut. |
| 1,64 | 6,6 | 1,05 | 6,96 | „ | 1 900 | 2 150 | Wagen für Massengut. |
| 1,85 | 7,8 | 0,90 | 7,06 | „ | 1 950 | 2 175 | Wagen für Rüben und sonstiges Massengut. |
| 1,64 | 5,6 | 1,35 | 7,61 | „ | 1 725 | 1 925 | Wagen für Rüben und sonstiges Massengut. |
| 1,67 | 15,0 | — | — | 7 500 | 3 175 | — | Wagen mit Rungen für sperriges Gut. |
| 1,61 | 9,3 | 0,75 | 18,52 | 5 000 | — | 2 575 | Wagen mit hohen Stirnbords und Spriegeln für sperriges Gut. |
| „ | „ | 1,50 | 13,90 | „ | 2 375 | 2 600 | Aufsatzbordwagen für Vieh und Kokes. |
| „ | 9,2 | „ | 13,86 | „ | 2 400 | 2 525 | Hochbordwagen für Vieh und Kokes. |
| „ | „ | „ | „ | „ | — | 2 650 | Hochbordwagen für Vieh und Kokes. |
| 2,054 | 11,8 | 0,20 | 2,36 | „ | 2 000 | — | Niederbordwagen für sperriges Gut. |
| 1,84 | — | — | — | „ | — | 3 050 | Kesselwagen. |
| 1,64 | 6,6 | 1,05 | 6,97 | „ | 1 850 bez. 2 025 | 2 225 bez. 2 350 | als Wagen für Langholz. als Wagen für Massengut. |
| 1,05 | — | — | — | „ | 1 350 | — | Wagen für Langholz. |
| „ | — | — | — | „ | 1 225 | — | Wagen für Langholz. |
| — | — | — | — | 10 000 | 780—858 | 1 120—1 400 | Rollböcke. |
| 2,33 | 20,7 | 2,00 | 41,47 | „ | 5 450 | — | Wagen mit Umsetzkasten für sperriges Gut. |
| · | · | · | · | · | · | | |

**Privatbesitz.**

| | | | | | | | |
|---|---|---|---|---|---|---|---|
| 1,84 | — | — | — | 5 000 | 3 050 | 3 425 | Kesselwagen ⎫ Eigenthum der Düngerexport-Gesellschaft zu Dresden. |
| „ | — | — | — | „ | — | 3 050 | Kesselwagen ⎭ |
| — | — | — | — | 10 000 | 900 130 | 1 400 | Rollböcke ⎰ Eigenthum der Papierfabrik Wilischthal (Patentpapierfabrik Penig) und Eigenthum der Erzgeb. Dynamitfabrik, Akt.-Ges. zu Geyer. |
| · | · | · | · | · | · | | |

#### 6. Güterwagen im Privatbesitz.
(Uebersicht F sowie Tafel IX und XI.)

Für die Beförderung der Fäkalien von Dresden nach auswärts besitzt die Dresdner Düngerexport-Gesellschaft eine Anzahl vollspuriger Wagen mit je zwei abnehmbaren Kesseln, welche im Bahnhof Klotzsche, mit der zum Umsetzen der Wagenkästen dienenden Hebevorrichtung, auf die Schmalspurwagen — je ein Kessel auf einen Wagen — umgesetzt werden.

Diese schmalspurigen Wagen sind auf Tafel IX dargestellt; ihre Abmessungen sind aus vorstehender Uebersicht F ersichtlich.

Diese Uebersicht enthält auch eine Darstellung der im Privatbesitz befindlichen Rollböcke (Tafel XI).

#### 7. Postwagen der Reichspostverwaltung.
(Uebersicht G.)

Ausser den der Reichspostverwaltung leihweise überlassenen kleinen bedeckten Güterwagen und Abtheilungen in einem Personen- und zwei Zugführerwagen besitzt dieselbe für die Linien mit stärkerem Postverkehr noch besondere Postwagen, deren Abmessungen aus nachstehender Uebersicht G zu ersehen sind.

G. Postwagen der Reichspostverwaltung.

| | Zahl der Wagen Ende 1895. | Jahr der Beschaffung. | Preis. Mark. | Zahl der Achsen. | Gesammt-Radstand. m | Art der Lenkbarkeit der Achsen. | Länge von Bufferfläche zu Bufferfläche. m | Lichte Länge. m | Lichte Breite. m | Bodenfläche. qm | Zahl der Stirnauftritte. | Ladegewicht. kg | Eigengewicht mit Bremse. |
|---|---|---|---|---|---|---|---|---|---|---|---|---|---|
| | 20 | 1883÷92 | 2 470—3 450 | 2 | 3,80 | { 2 einachs.- Drehgestelle} | 6,480 | 5,710 | 1,610 | 9,19 | — | 4 000 | 3 275 u. 3 950 |
| Zusammen | 20 | . | . | 40 | . | . | . | . | . | . | . | . | . |

# Umgrenzungslinie des lichten Raumes u. der Betriebsmittel

**Erste Ausführung.**  **Spätere Ausführung.**

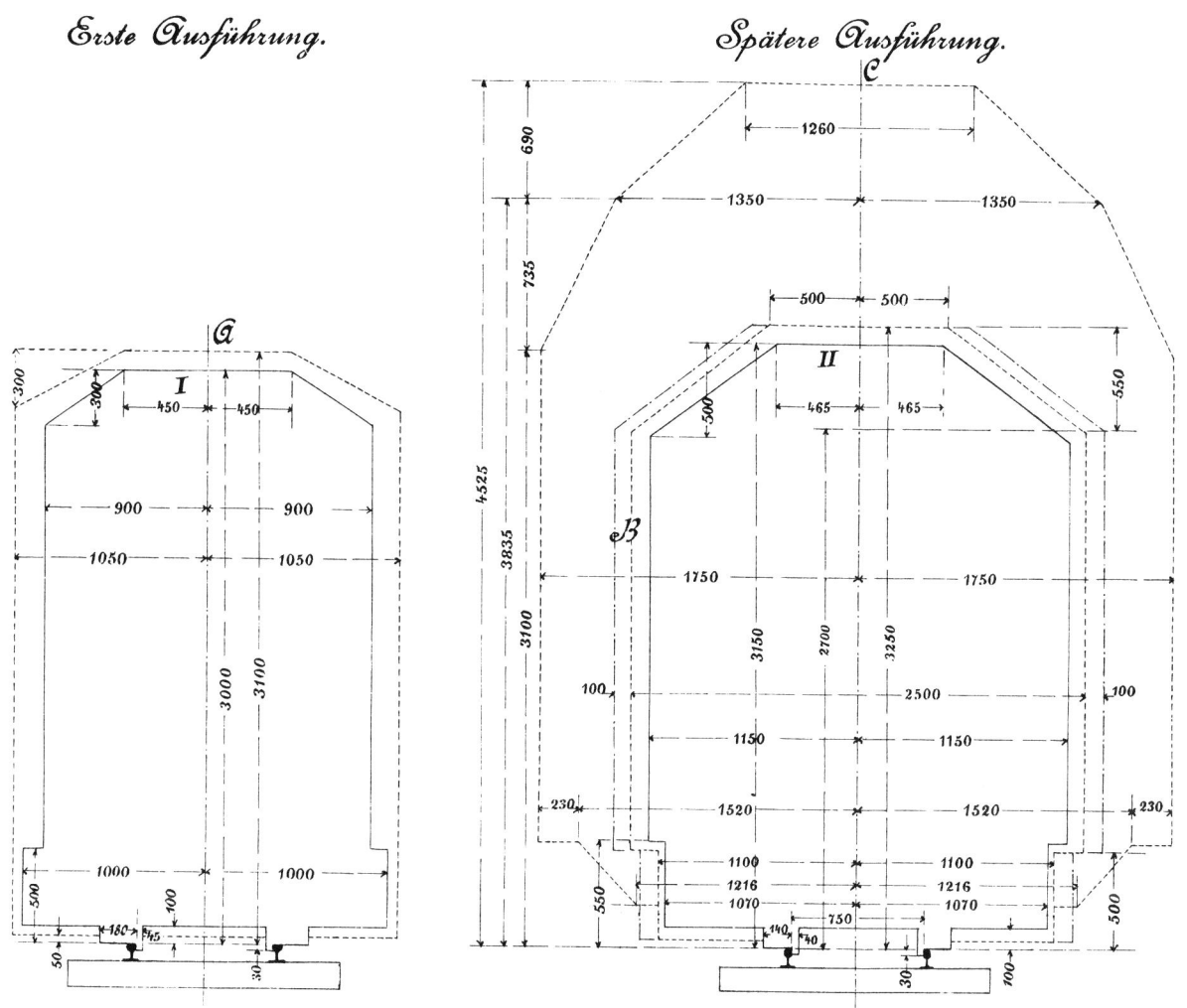

———— I, II Umgrenzungslinie der Betriebsmittel.

------- A, B, C Umgrenzungslinie des lichten Raumes.

————— Erweiterung der Umgrenzungslinie des lichten Raumes in Krümmungen.

Die Erweiterung ist nach der Formel $e = 100 \frac{50}{z}$ mm zu berechnen, wobei $z$ den Halbmesser der Krümmung in m bedeutet.

In Krümmungen ist auf die Spurerweiterung und die Ueberhöhung der äußeren Schiene Rücksicht zu nehmen.

Die freien Strecken und die Durchfahrtsgleise der Stationen derjenigen Linien mit Rollbockverkehr, welche mit langen Fahrzeugen befahren werden sollen, haben in den Krümmungen ebenfalls die vorstehend berechnete Erweiterung in der unteren Stufe der Umgrenzungslinie C zu erhalten.

Bei Linien mit Langholztransporten tritt überdies eine der Länge entsprechende Beschränkung der Ladebreite ein.

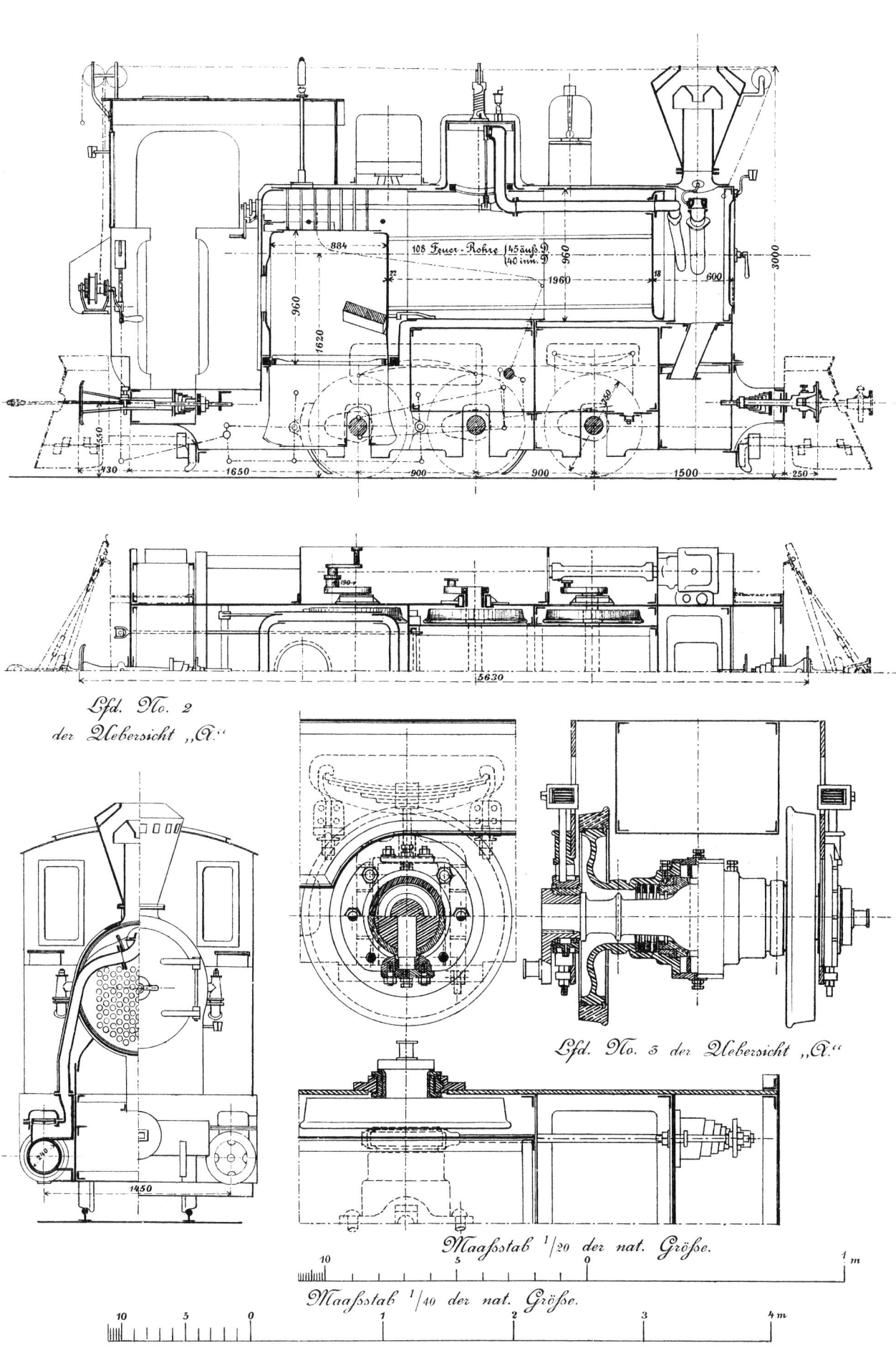

Lfd. No. 2
der Uebersicht „A."

Lfd. No. 3 der Uebersicht „A."

Maaßstab ¹/₂₀ der nat. Größe.

Maaßstab ¹/₄₀ der nat. Größe.

Lfd. No. 3 der Uebersicht „A."

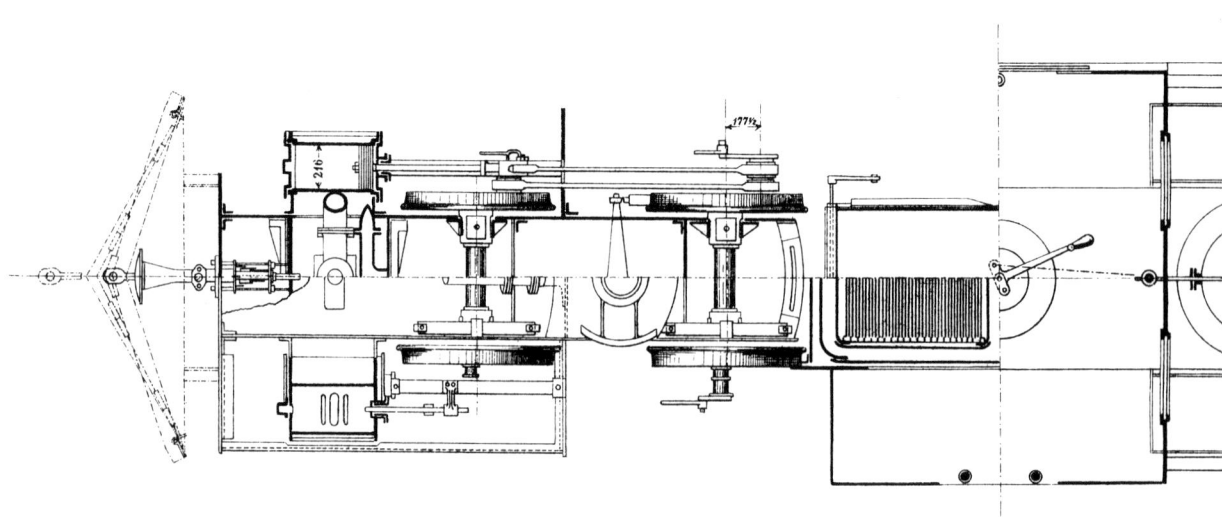

97 Feuer-Rohre
35½ inn Durchm.
40 äuss. "
775
2394
970
1162
1425
850
813
430
1416
1372
2944
9200

216
177½

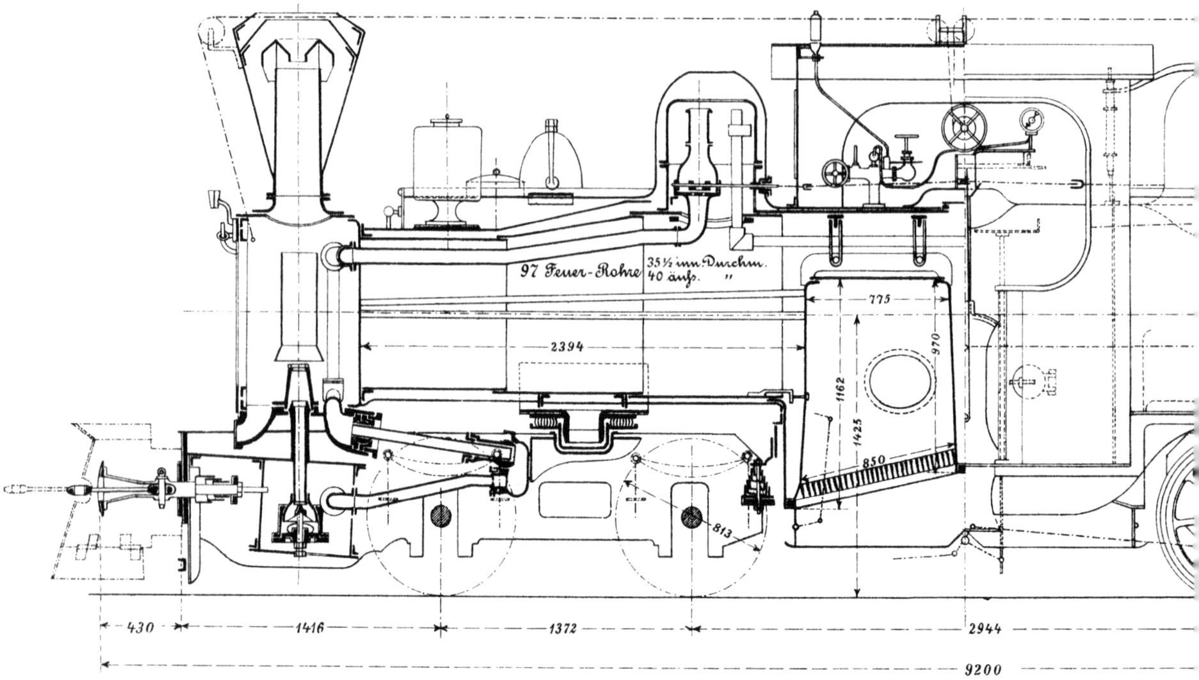

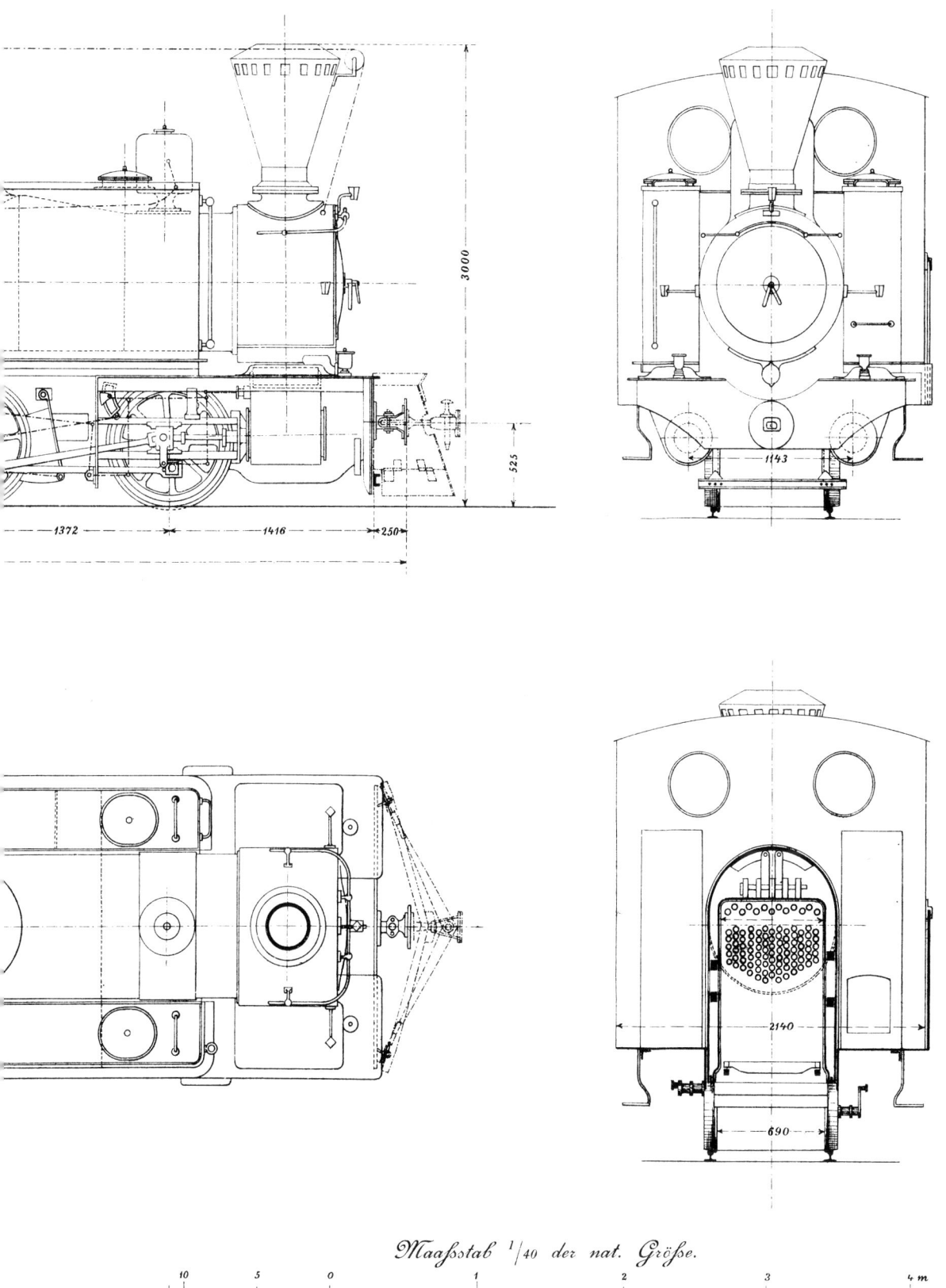

3000

525

1372

1416

250

1143

2140

690

Maaßstab ¹/₄₀ der nat. Größe.

10   5   0   1   2   3   4 m

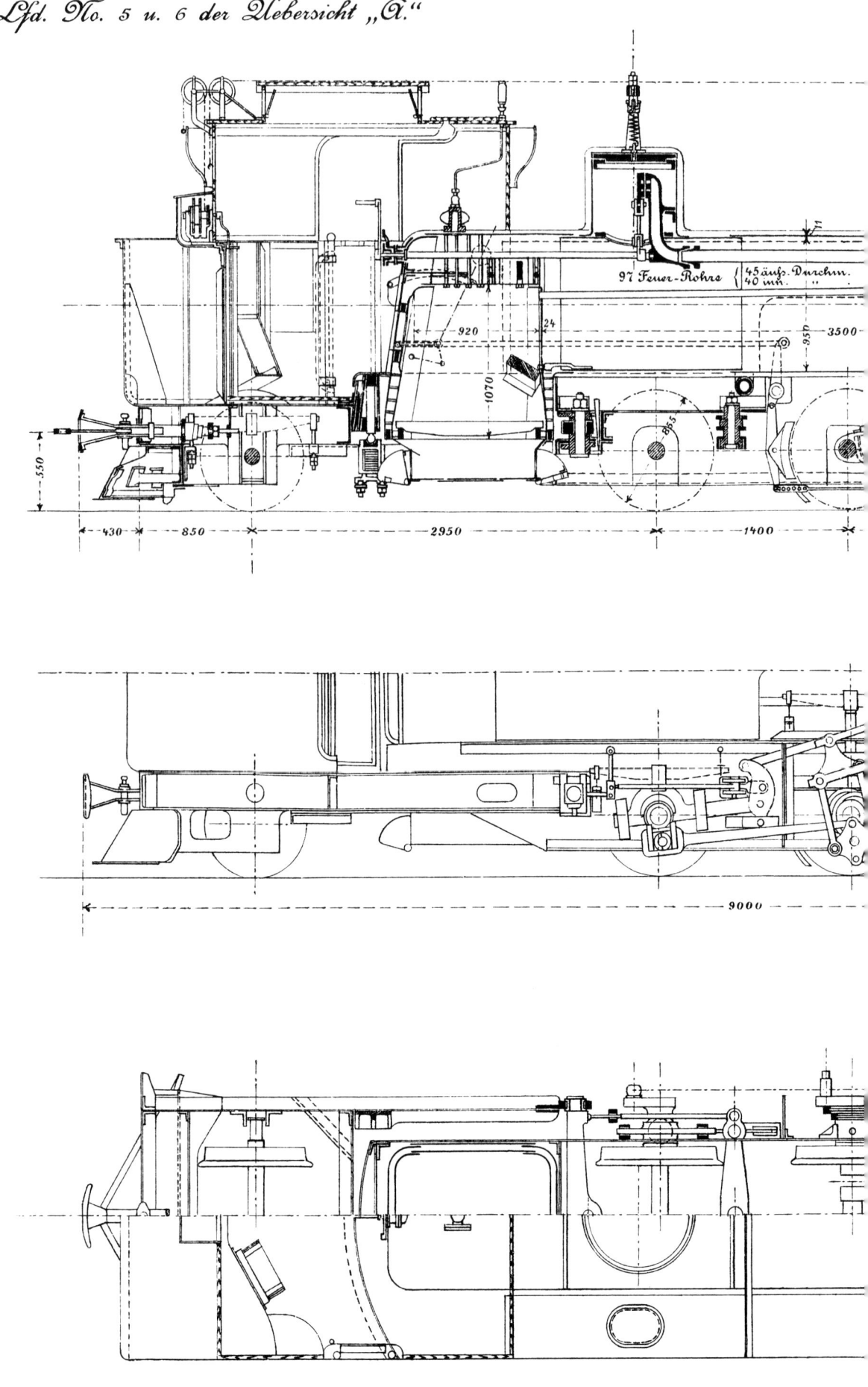

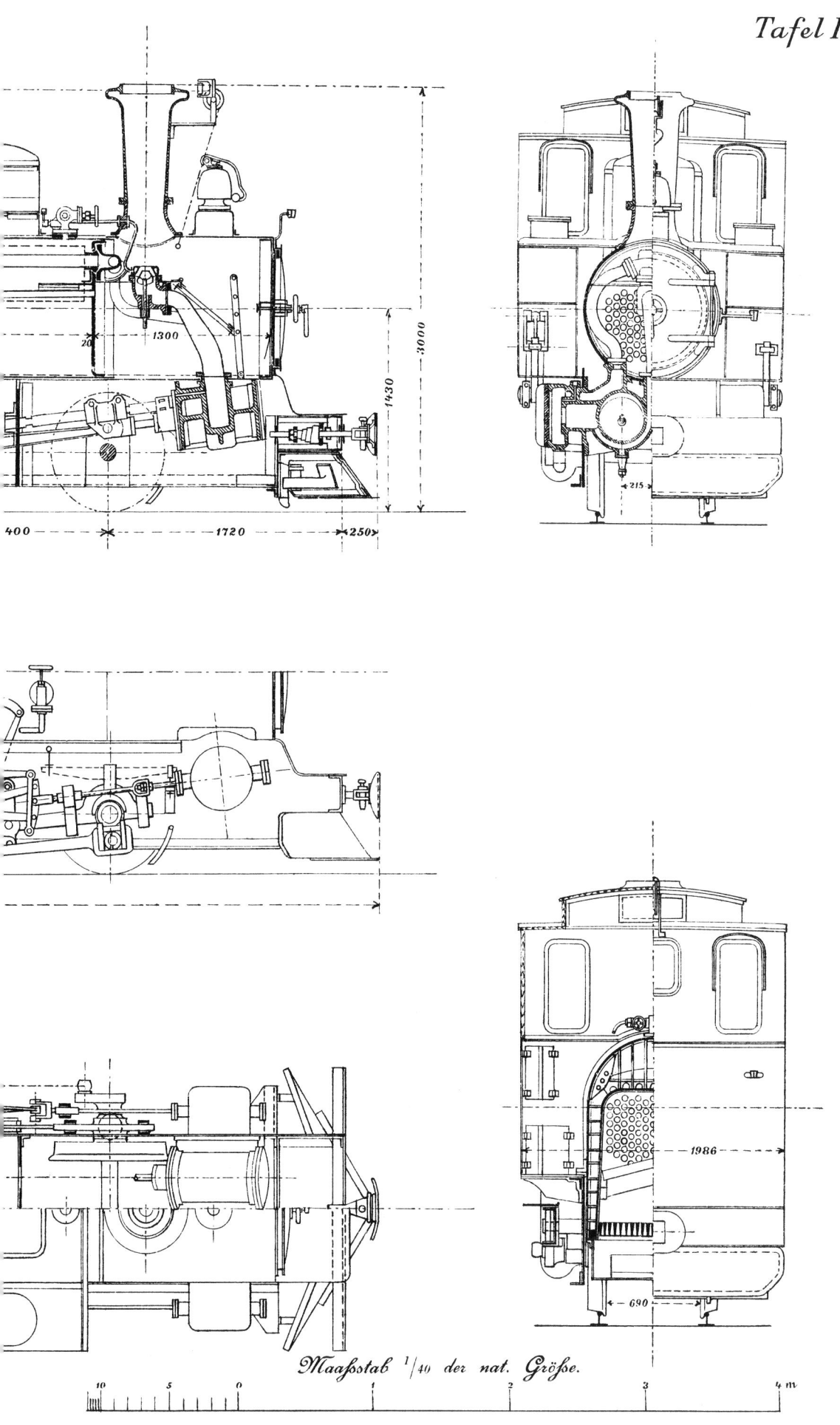

*Maaßstab* ¹/₄₀ *der nat. Größe.*

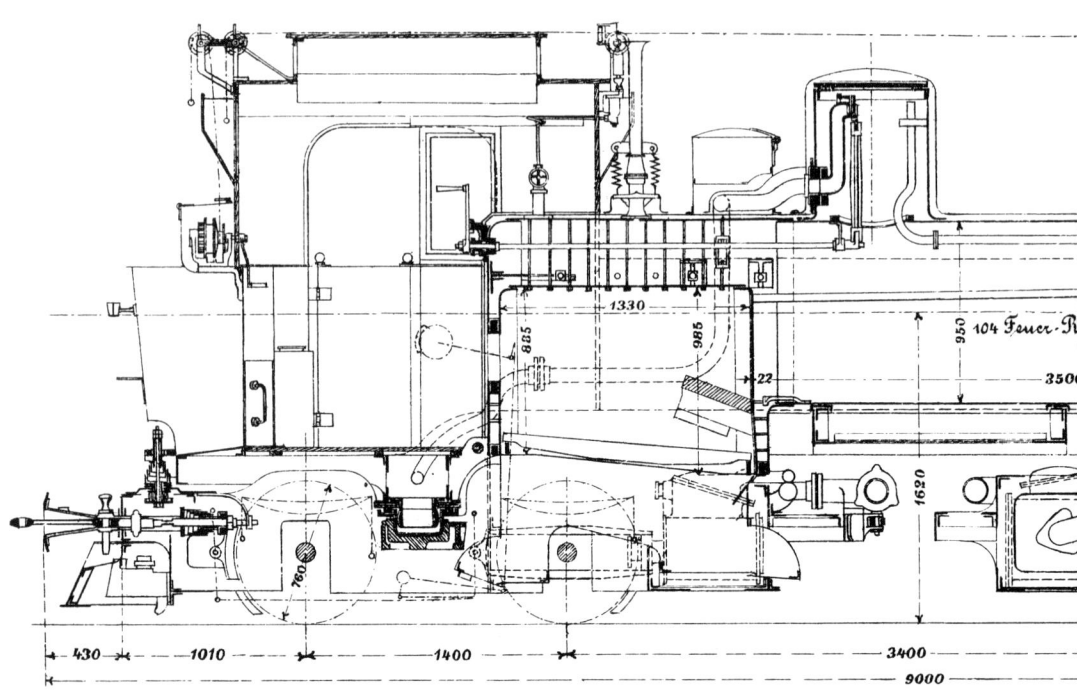

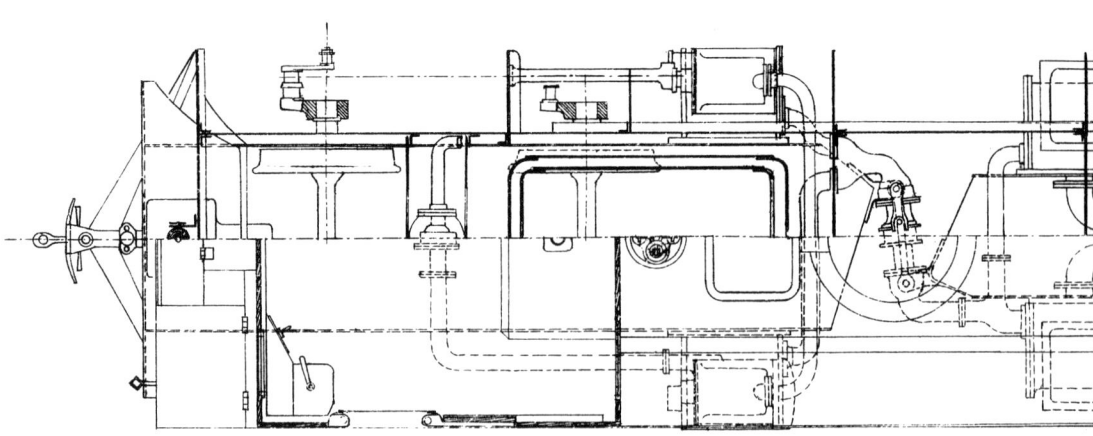

Tafel V.

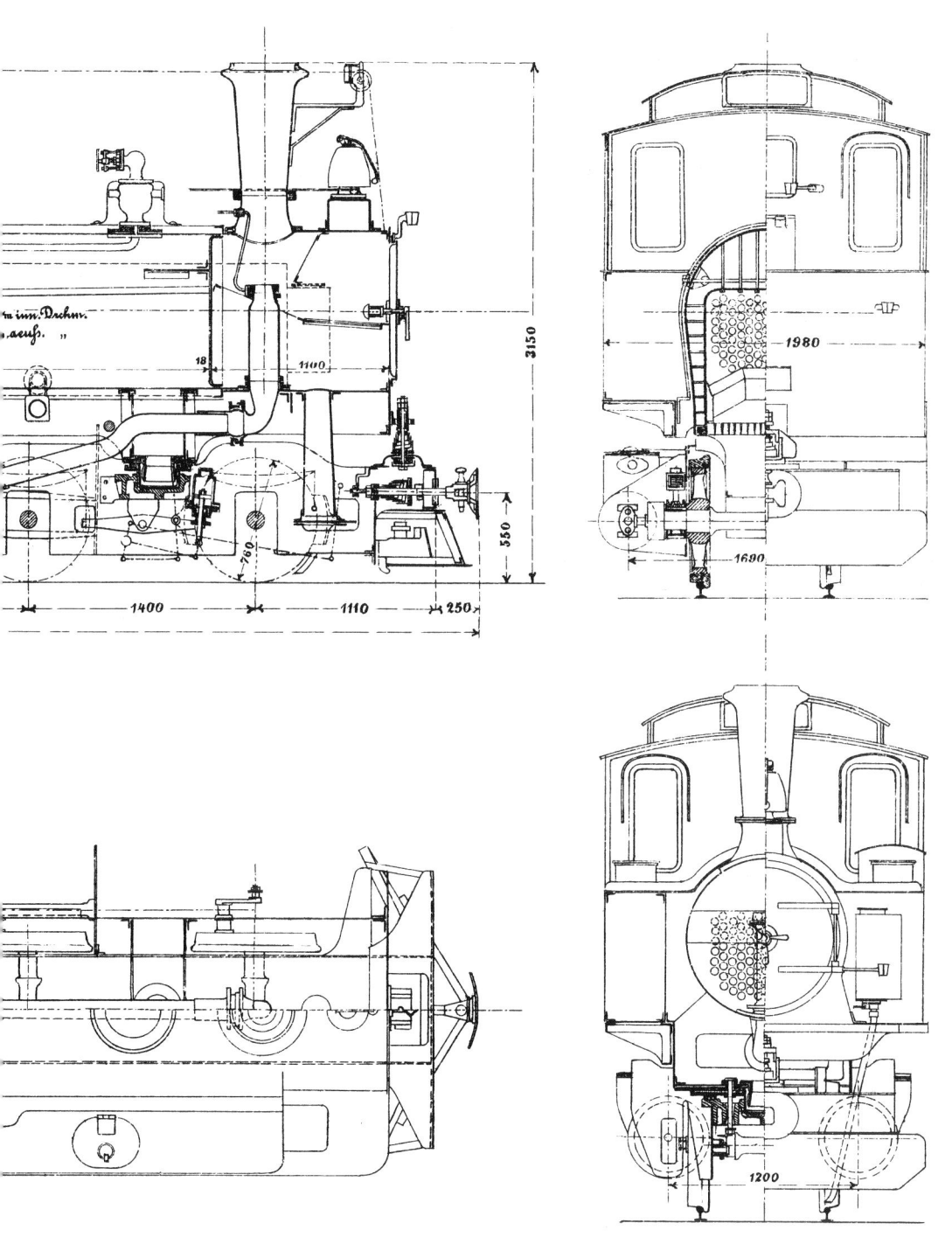

3150

550

18

1100

760

1400

1110

250

1980

1690

1200

Maaßstab $^1/_{40}$ der nat. Größe.

10    5    0    1    2    3    4 m

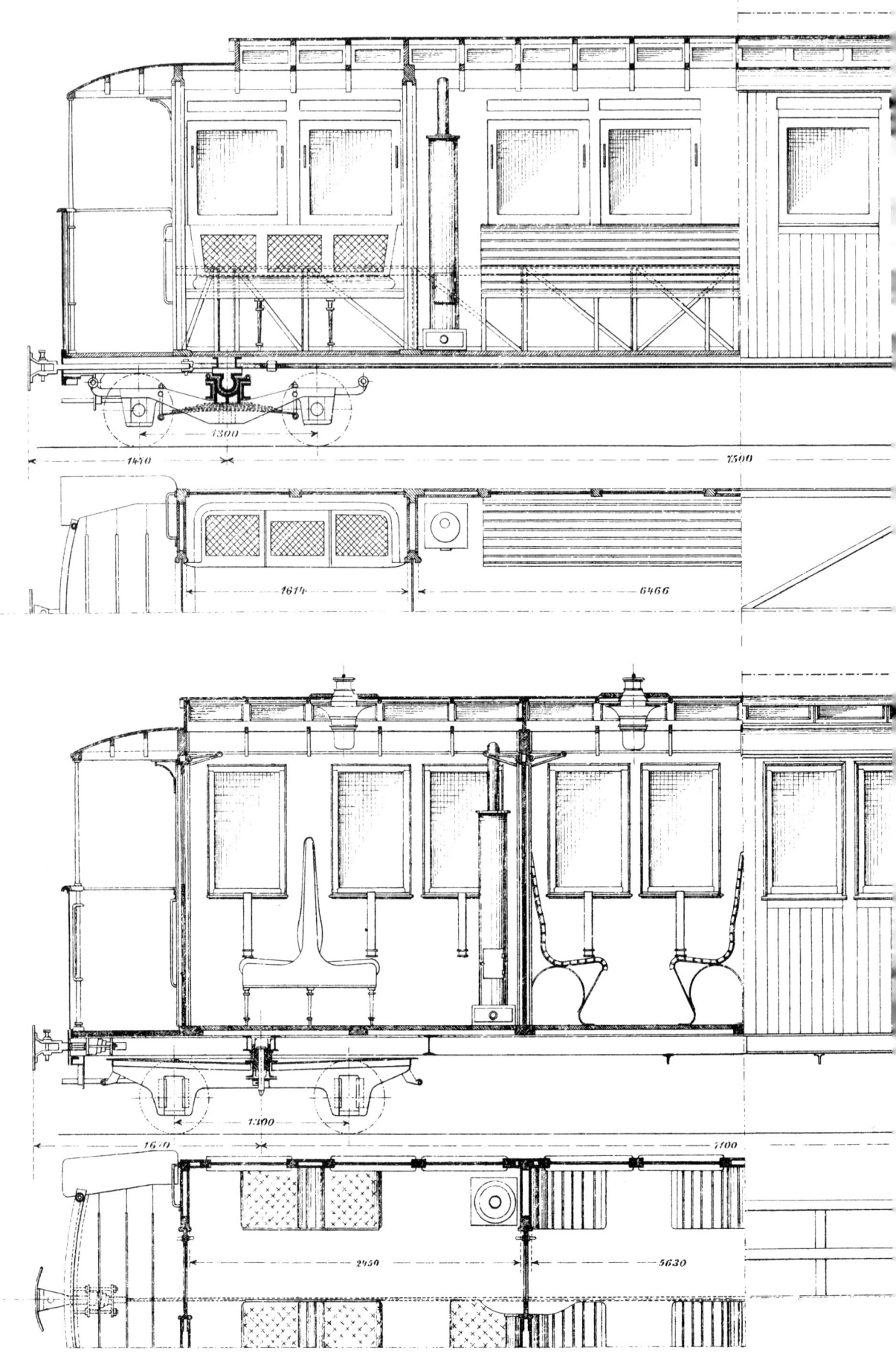

1710

1650

Lfd. No. 1 der Uebersicht „B.‟

1330
1384
2070

1850

Lfd. No. 6 der Uebersicht „B.‟

Maaßstab 1/40 der nat. Größe.

10          5          0                    1                    2                    3                    4 m

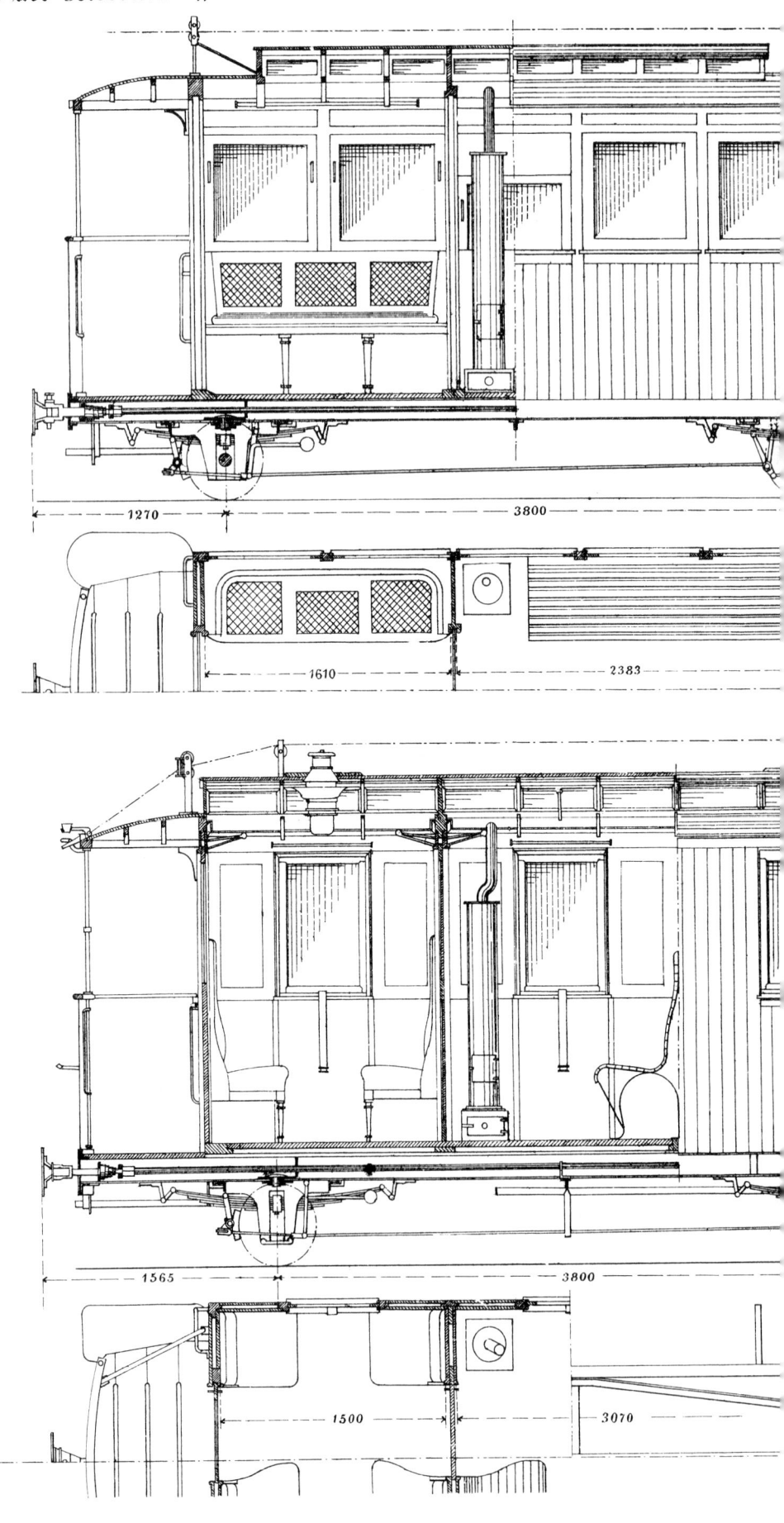

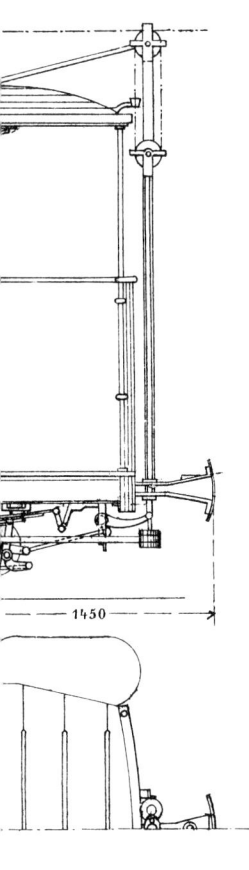

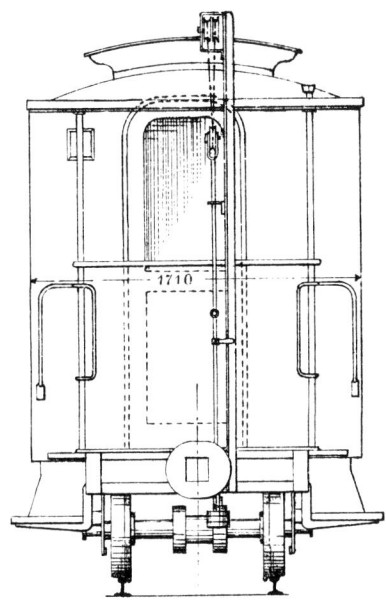

1710

*Lfd. No. 11 der Uebersicht „B."*

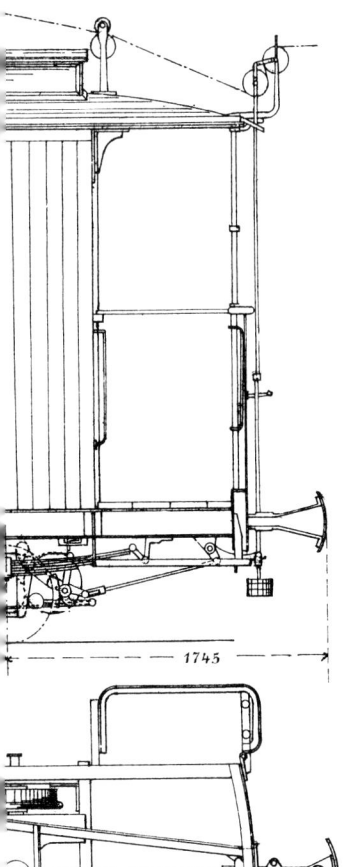

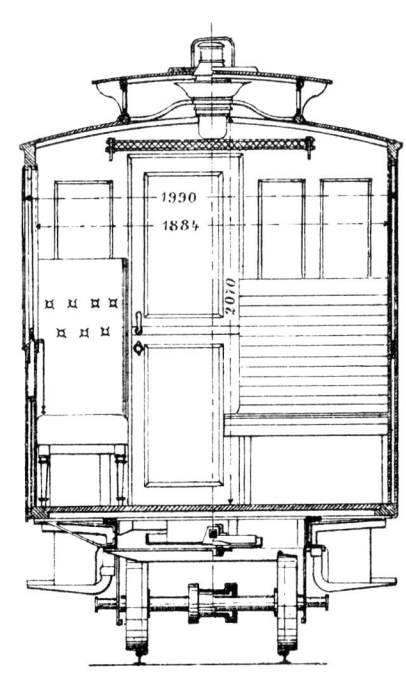

1930
1884
20·0

1450

1745

*Lfd. No. 13 der Uebersicht „B."*

*Maaßstab ¹/₄₀ der nat. Größe.*

10    5    0         1         2         3      4 m

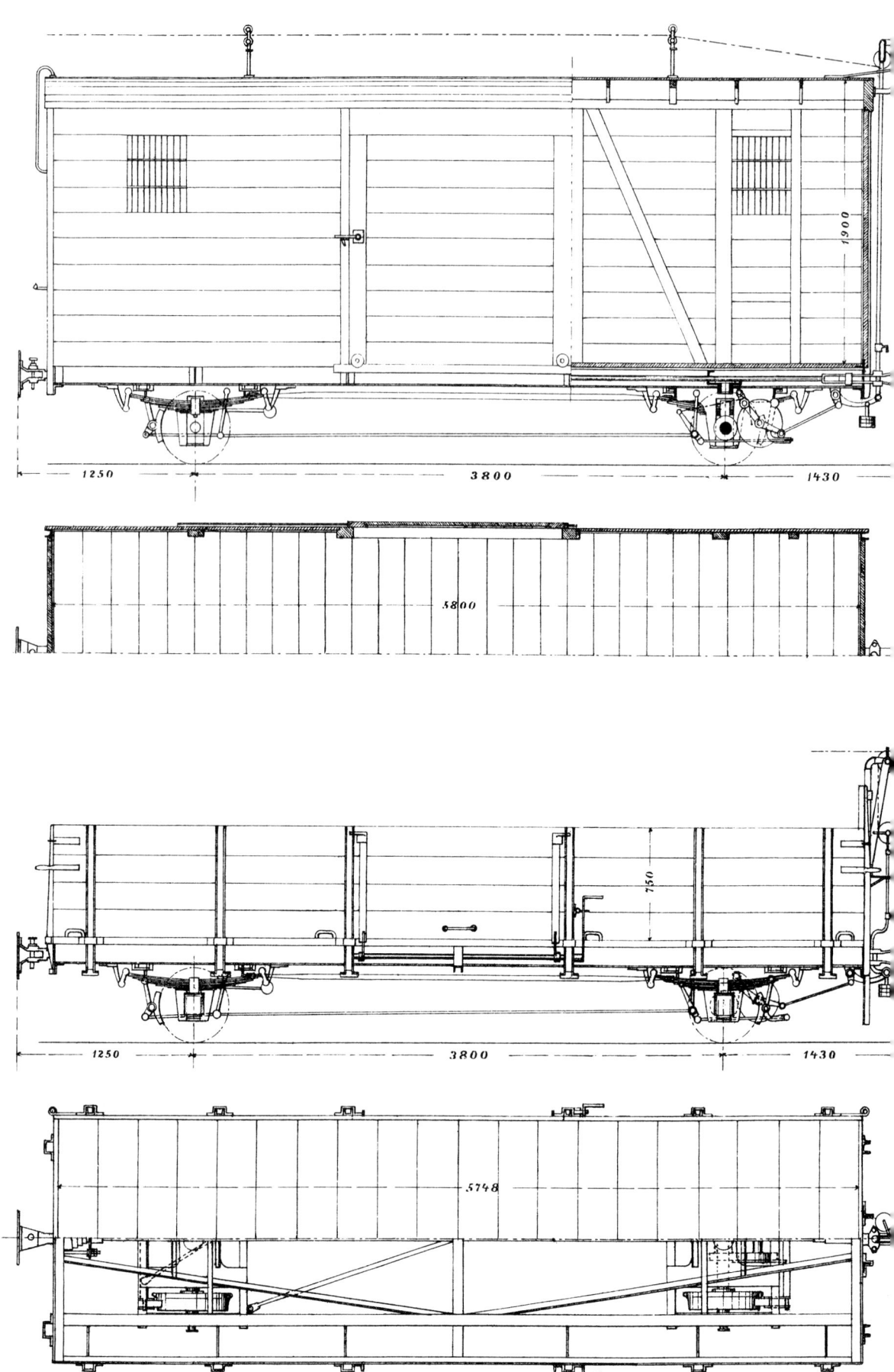

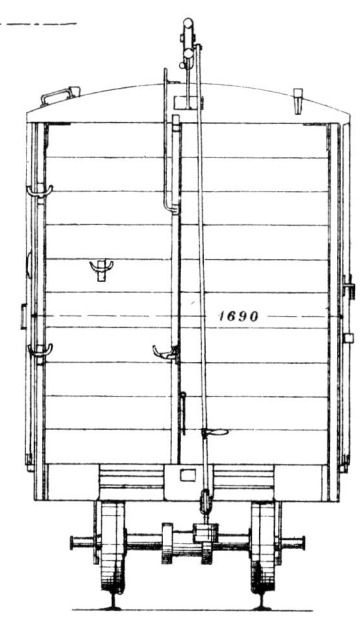

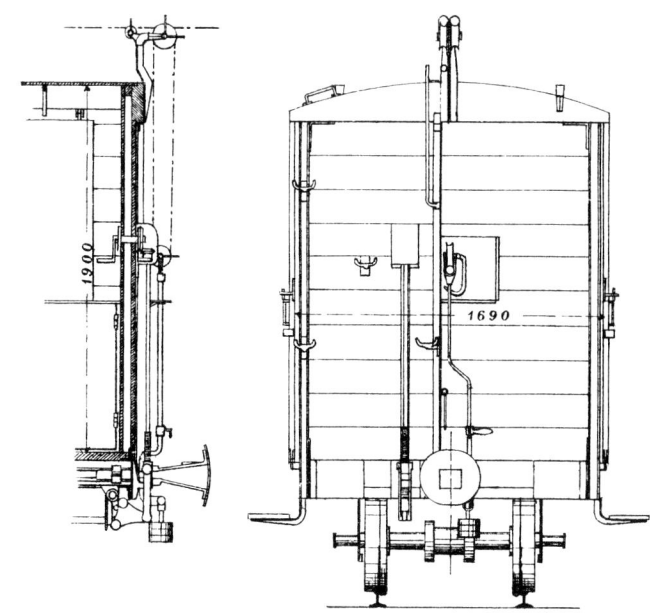

*Lfd. No. 1*
*der Uebersicht „D."*

*Lfd. No. 1*
*der Uebersicht „C."*

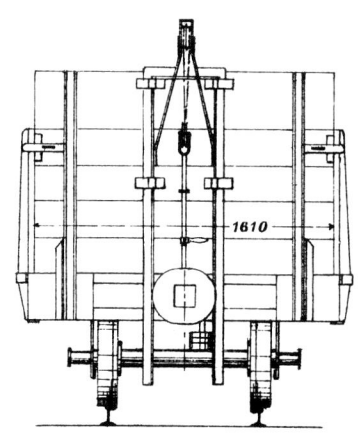

*Lfd. No. 1*
*der Uebersicht „E."*

*Maaßstab* $^{1}/_{40}$ *der nat. Größe.*

10    5    0    1    2    3    4 m

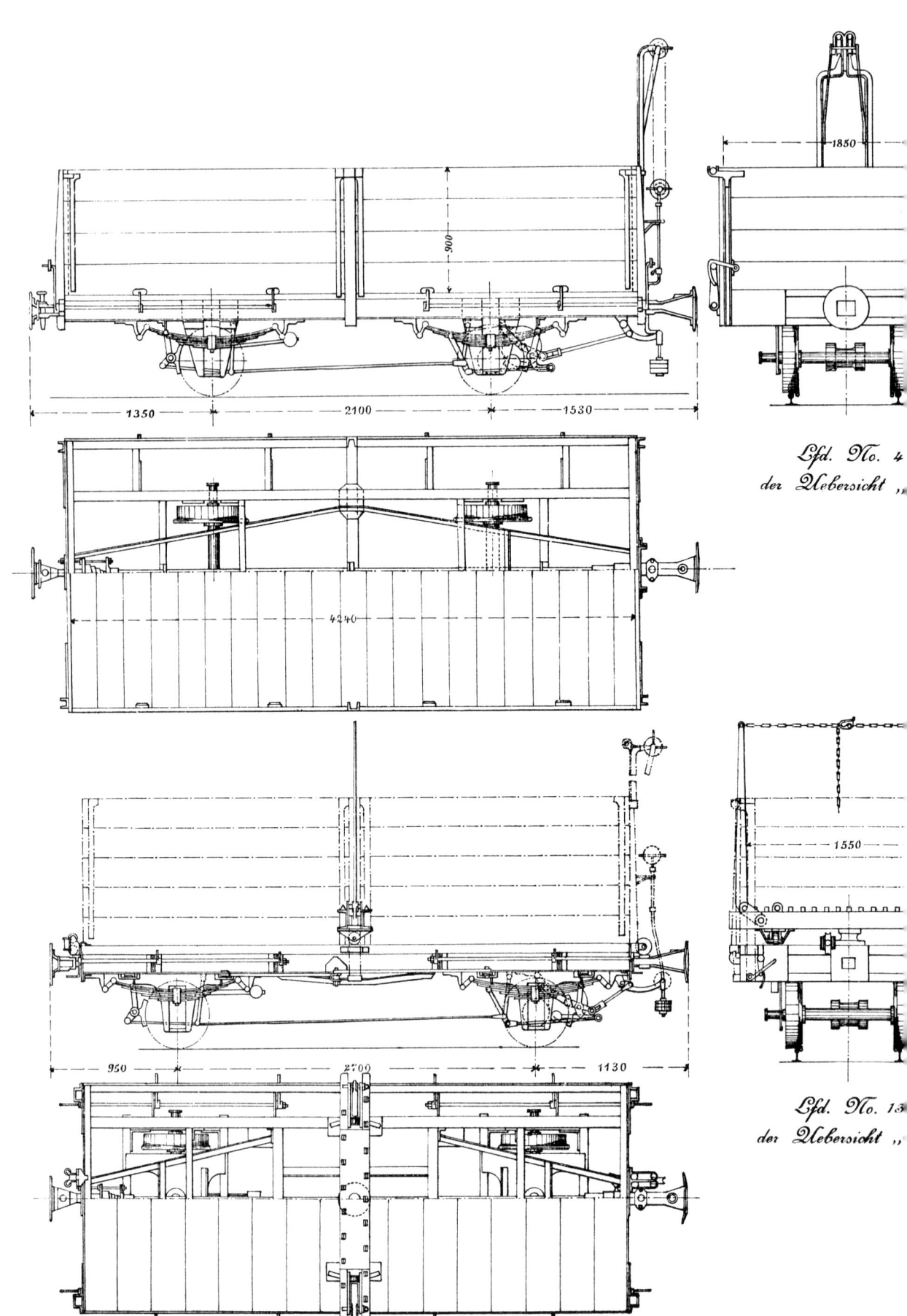

Lfd. No. 4, 13 u. 15 der Uebersicht „E."
Lfd. No. 2 der Uebersicht „F."

900

1850

1350    2100    1530

4240

Lfd. No. 4
der Uebersicht „

1550

950    2700    1130

Lfd. No. 13
der Uebersicht „

Lfd. No. 2
der Uebersicht „F."

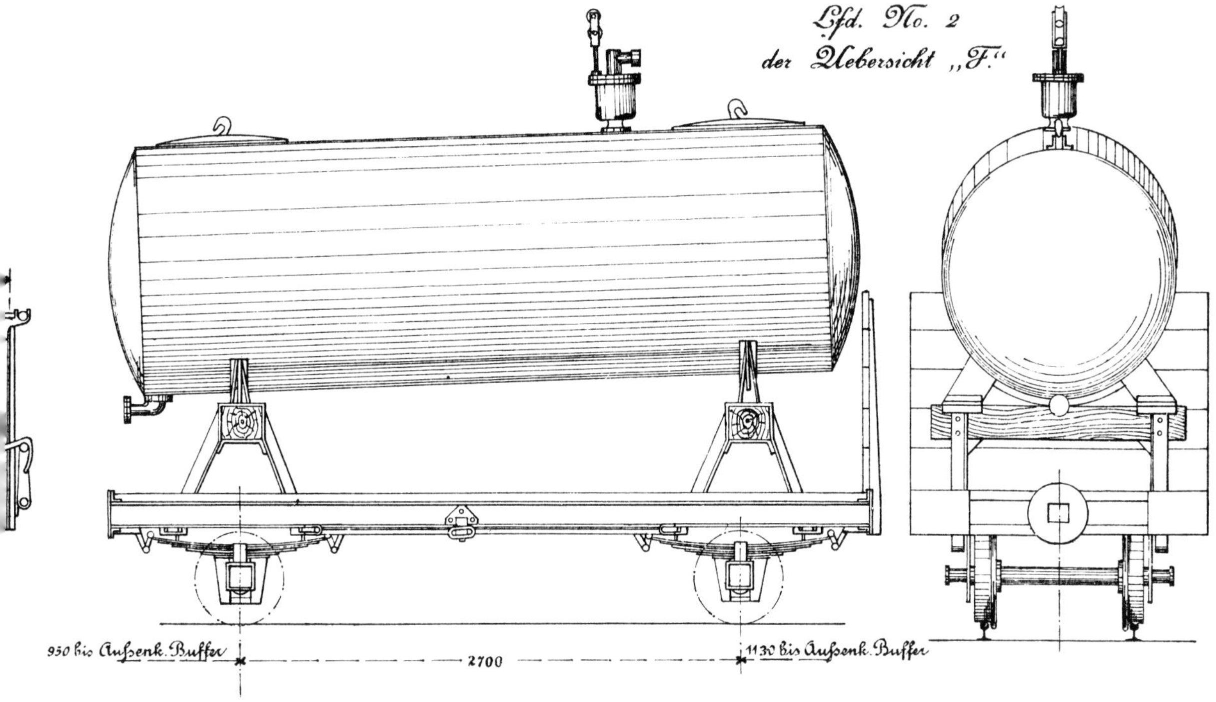

950 bis Außenk. Buffer    2700    1130 bis Außenk. Buffer

Maaßstab ¹/₄₀ der nat. Größe.

10    5    0    1    2    3    4 m

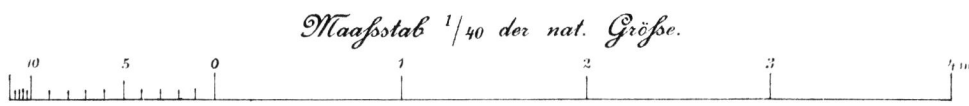

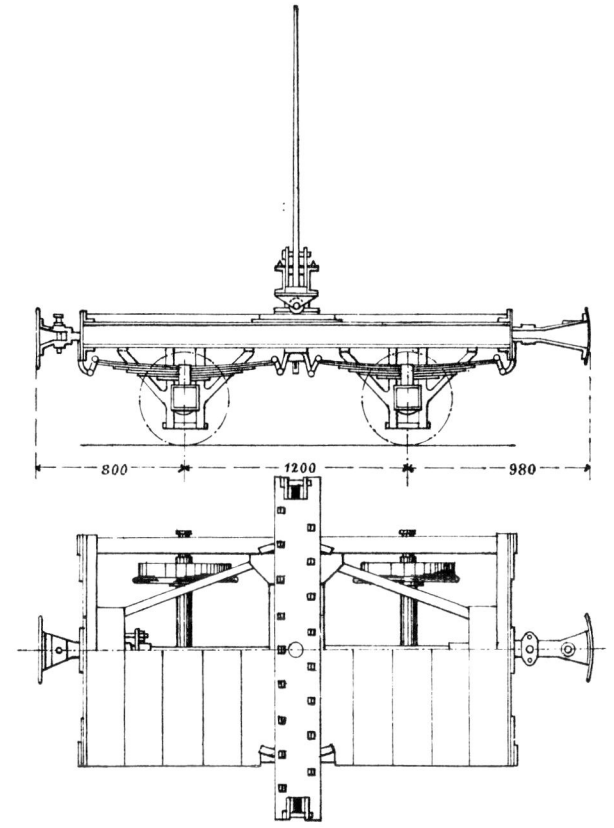

800    1200    980

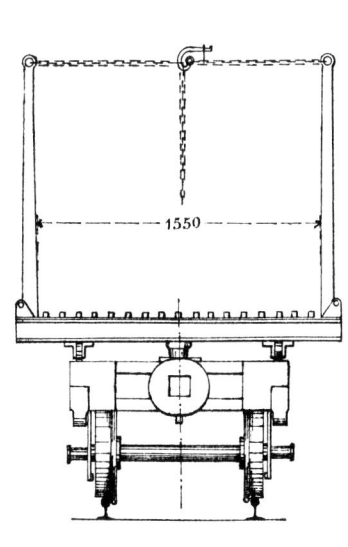

1550

Lfd. No. 15
der Uebersicht „E."

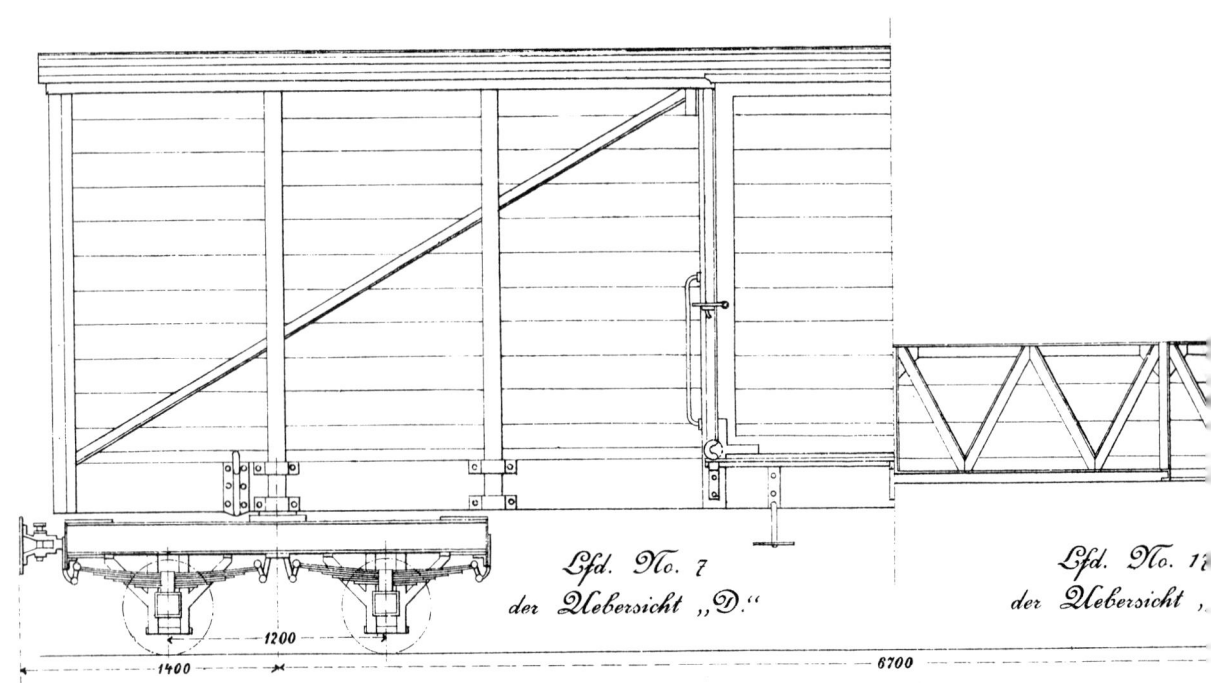

Lfd. No. 7 der Uebersicht „D."

Lfd. No. 17 der Uebersicht „E."

1200
1400
6700

Lfd. No. 7 der Uebersicht „D."

Lfd. No. 17 der Uebersicht „E."

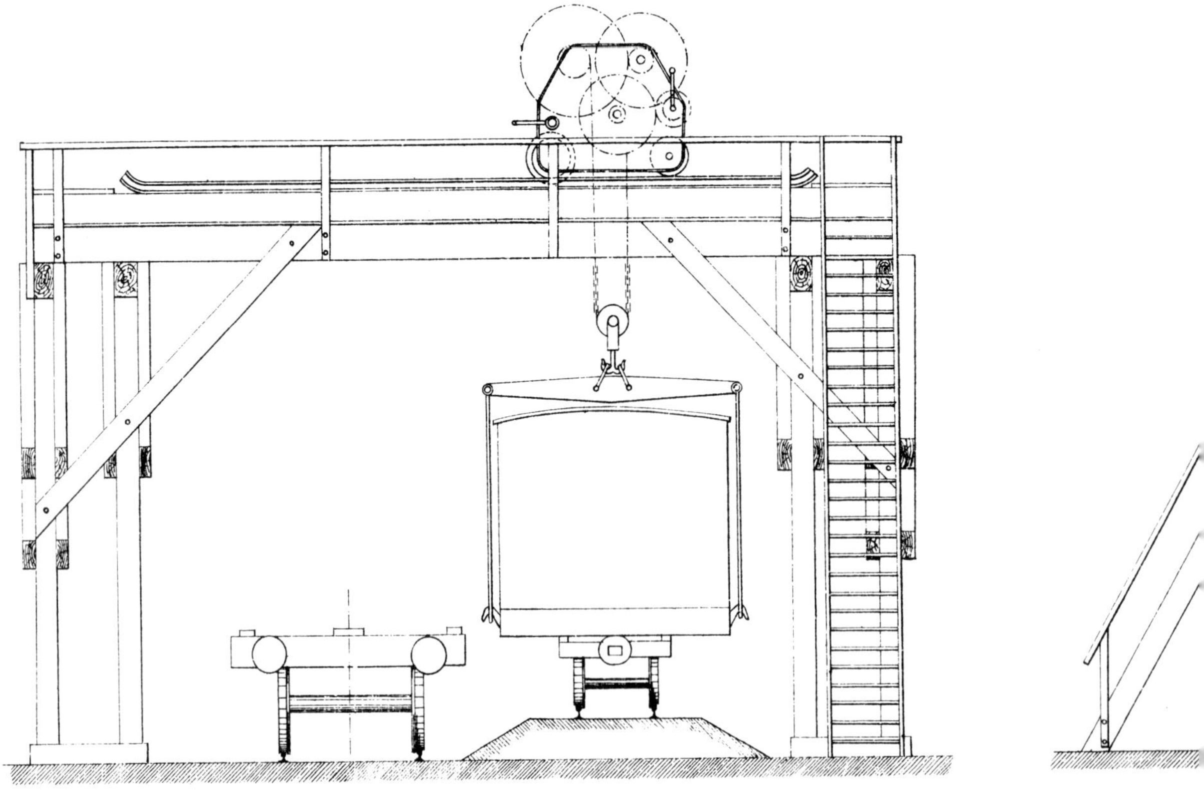

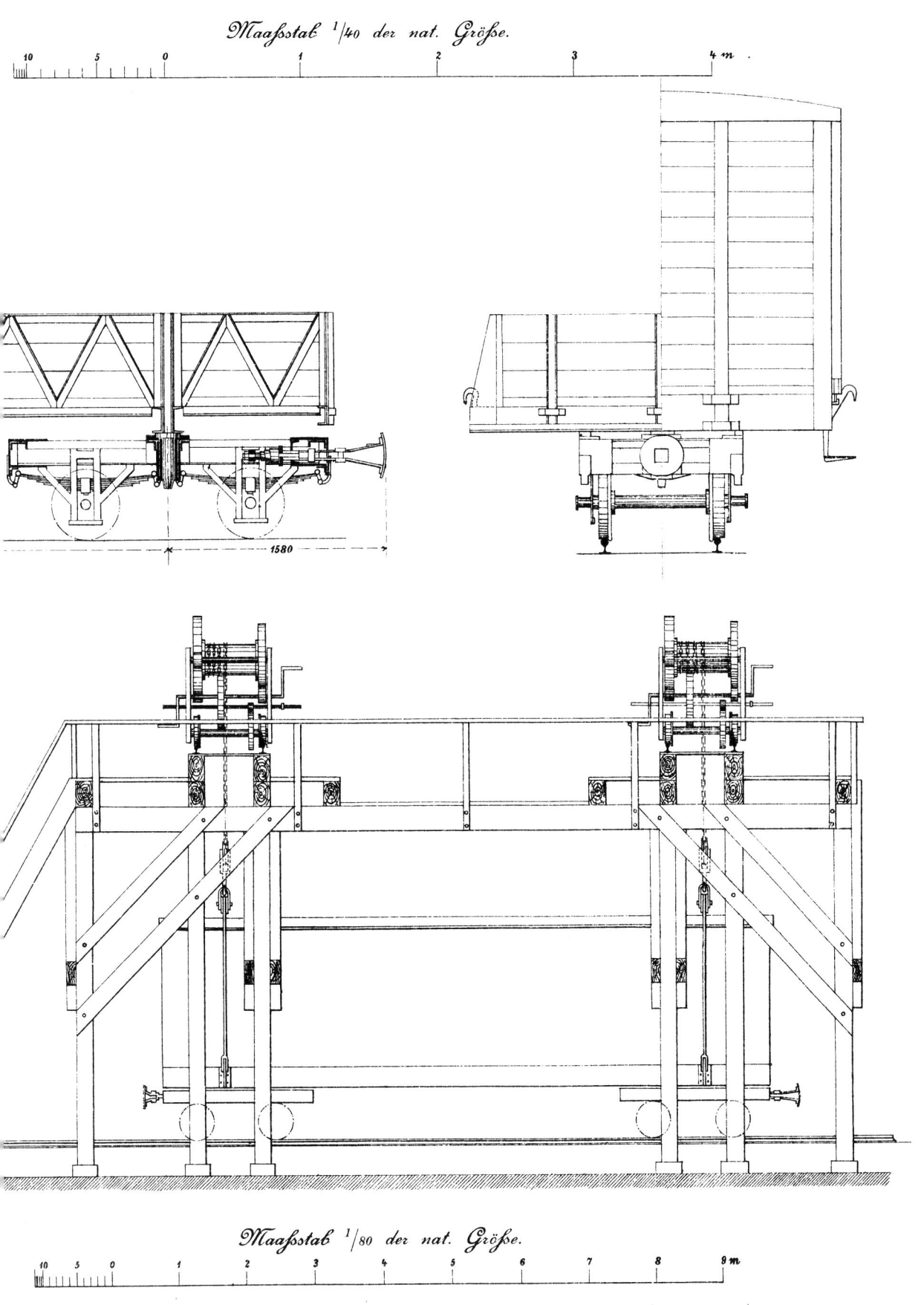

Maaßstab $^1/_{40}$ der nat. Größe.

10  5  0  1  2  3  4 m.

1580

Maaßstab $^1/_{80}$ der nat. Größe.

10  5  0  1  2  3  4  5  6  7  8  9 m

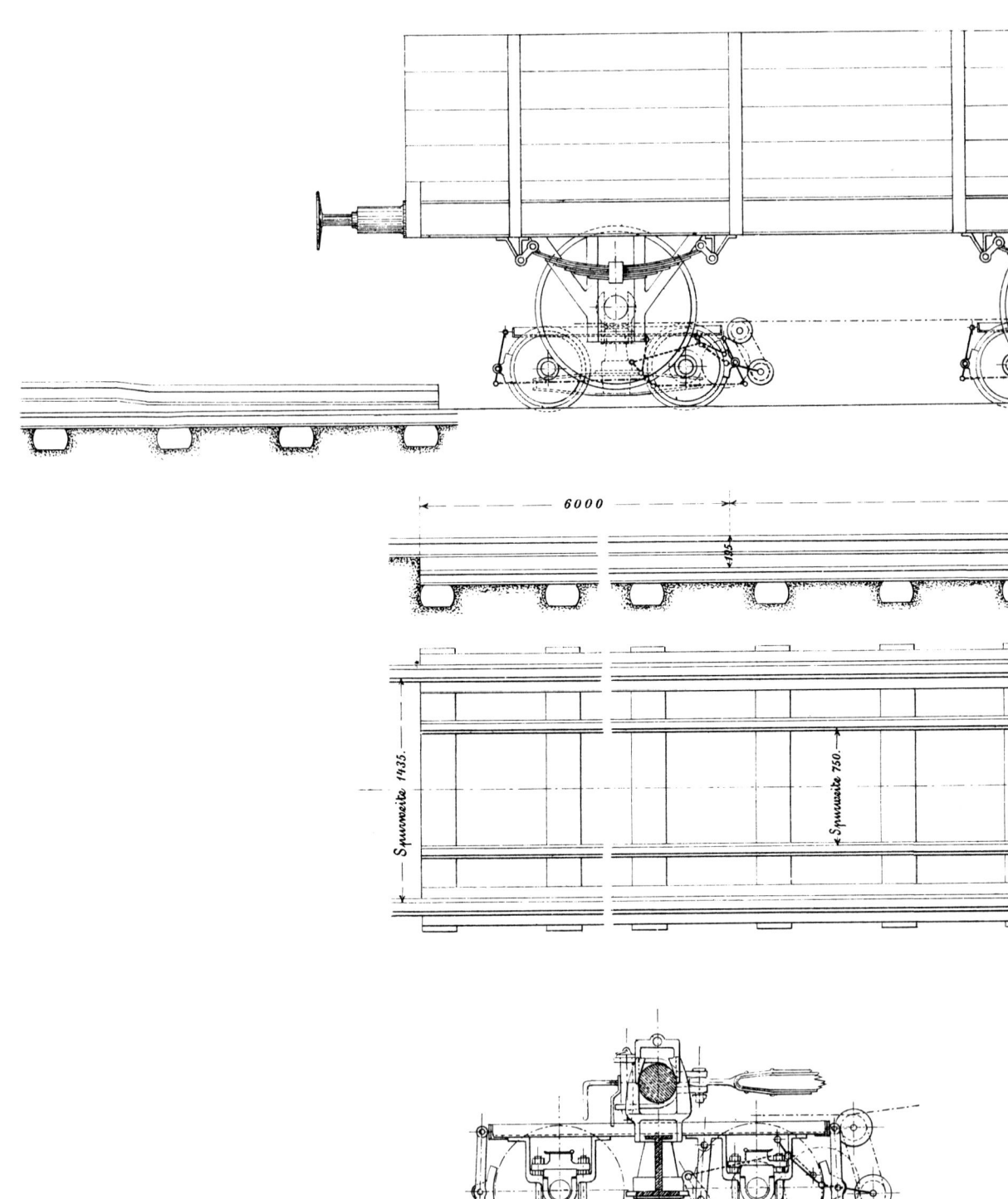

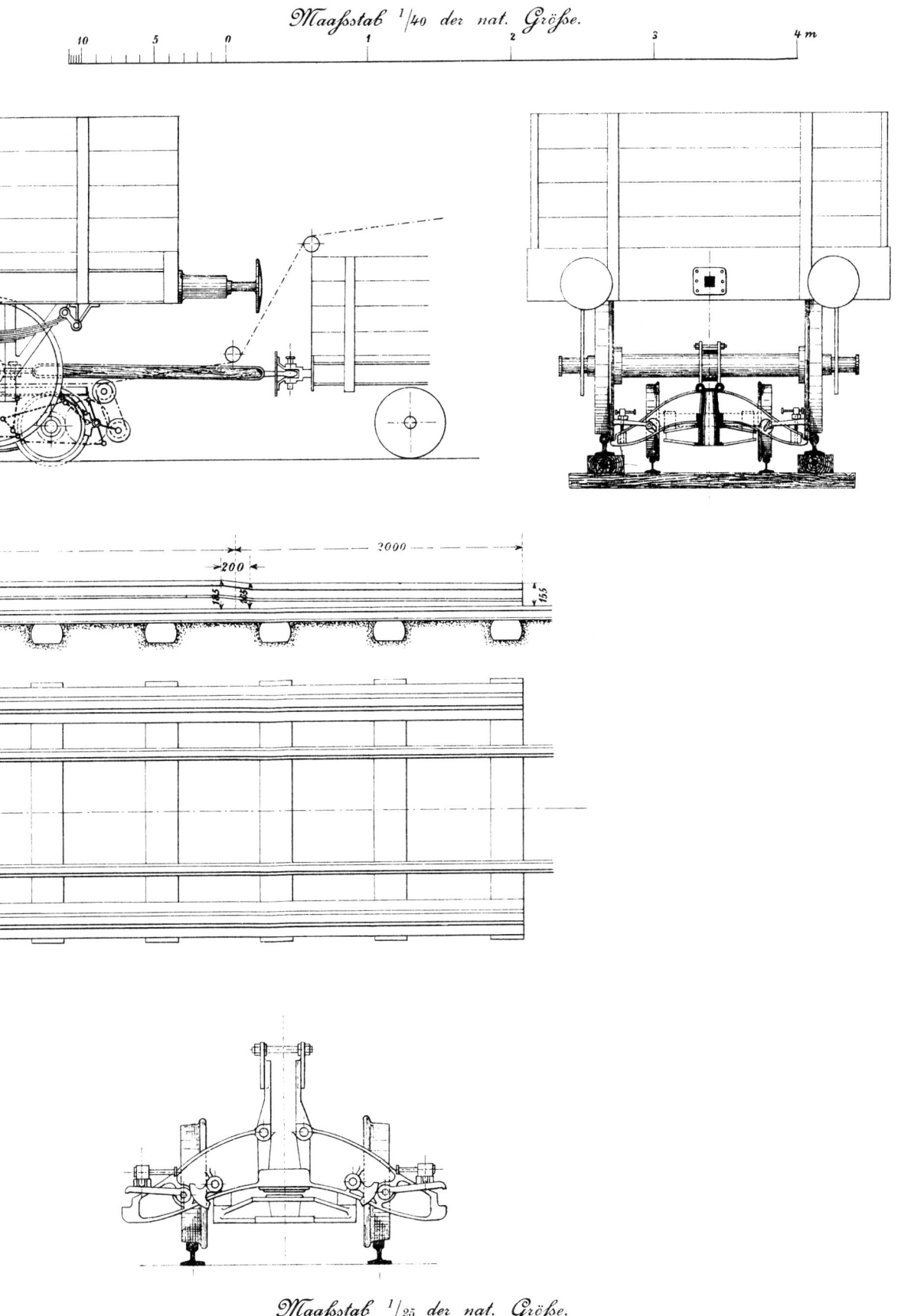

*Maaßstab* ¹/₂₅ *der nat. Größe.*

10  5  0  1  2 m

### III. Stationsanlagen und Streckenausrüstung.

#### a) Stationsanlagen.

Die Zahl der Verkehrsstellen ist bei dem lokalen Charakter der Schmalspurbahnen sehr zahlreich bemessen worden. Ihre Ausrüstung ist auf das nothwendigste Maass beschränkt. Bahnsteiganlagen sind nur in vereinzelten Fällen vorhanden, da die geringe Höhe der Wagentrittbretter das Aus- und Einsteigen der Reisenden auch ohne Anschüttung der Bahnsteige gestattet. An Stellen mit lebhafterem Personenverkehr sind besondere aus Holzwerk bestehende offene und bedeckte Warteräume, auf den grösseren Verkehrsstellen mit Sitzen ausgestattete heizbare Wartezimmer eingerichtet. Für den Restaurationsbetrieb sorgt die Bahnverwaltung nicht.

Drehscheiben sind auf den Schmalspurbahnen überhaupt nicht vorhanden und auch nicht nöthig, da sämmtliche Maschinen als Tendermaschinen erbaut sind. Ebenso fehlen in der Regel auch Stationsuhren; das Zeichen zum Einsteigen wird vom Lokomotivführer mit der an der Maschine angebrachten Dampfglocke gegeben.

Für den Güterverkehr auf den Zwischenstationen genügt in der Regel ein Abstell-, Rückstoss- oder Ausweichegleis. Das Absetzen und Abholen der Güterwagen besorgt die Zugmaschine. Zur Bergung der Stückgüter dienen zumeist verschliessbare grosse Oberkästen von ausrangirten bedeckten Güterwagen, welche auf Steinsockeln aufgestellt sind. Nur auf den Stationen mit lebhafterem Güterverkehre sind besondere Güterschuppen aus Fachwand mit eingebauten kleinen Expeditionen vorhanden. Je nach Bedarf sind Holz- oder Steinladerampen, auch Gleiswaagen u. s. w. hergestellt.

Die Einfahrtsweichen und die nach dem Hauptgleise führenden Nebengleisweichen auf den Verkehrsstellen, einschliesslich der Streckenweichen, sind mit Verschlussvorrichtungen versehen, zu welchen der Zugführer, oder wenn Weichenwärter ausnahmsweise vorhanden sind, letztere den Schlüssel besitzen; soweit in den Nebengleisen Weichen mit anschliessenden Gleisstumpfen nicht vorhanden sind und daher auf dem Zweig- oder Nebengleise befindliche Fahrzeuge nach dem Hauptgleise abrollen können, sind zum Schutze des letzteren verschlossene Gleisvorleger in dem Nebengleise angebracht, bei welchen der Verschluss in Abhängigkeit mit denjenigen der Weichen im Hauptgleise steht, so dass hierdurch der unbedingte Verschluss der Gleisvorleger gewährleistet ist.

Da, wo Fabrikanlagen durch Zweiggleise mit der Schmalspurbahn verbunden sind, werden auf denselben nicht nur Wagenladungsgüter, sondern zum Theil auch Stückgüter ab- und zugeführt.

Der Sitz der Betriebsleitung für jede einzelne Schmalspurbahn befindet sich in der Regel an der, dem Anschlusse an die Hauptbahn entgegengesetzten Endstation. Hier sind je nach Bedarf grössere oder kleinere Stationsgebäude mit Expeditionen, Güterschuppen, Warteräumen und Wirthschaftsgebäuden errichtet. In denselben befinden sich auch die Dienstwohnungen für die Bahnverwalter. Auf der im zweiten Theile befindlichen Zeichnung für die Wilkau-Saupersdorf-Wilzschhauser Linie ist die Einrichtung eines grösseren und eines kleineren Stationsgebäudes veranschaulicht. Die Maschinenhäuser und Wasserstationen, welche letztere mit Ejektoren-Anlagen zum Wasserheben versehen sind, befinden sich ebenfalls in der Regel auf den Endstationen.

Erforderlichenfalls sind in den Stationsgebäuden, ausnahmsweise auch in besonderen hierzu errichteten Häusern, Wohnungen für Lokomotiv- und Zugführer beschafft worden.

Auf den Uebergangsstationen zu den vollspurigen Bahnen sind besondere Umladevorrichtungen, die in Abschnitt II b näher beschrieben sind, errichtet.

#### b) Streckenausrüstung.

Auf der freien Strecke werden die Neigungswechsel durch Holztafeln bezeichnet, auf denen die Länge und das Verhältniss der Neigungen angeschrieben ist. Ausserdem sind an

denjenigen Orten, wo der Lokomotivführer wegen zu befahrender Wegübergänge in Schienenhöhe vorschriftsmässig das Lokomotiv-Läutewerk in Thätigkeit zu setzen hat, Tafeln aufgestellt, auf deren beiden Seiten die Buchstaben A (Anfang — nämlich des Läutens) und für
die Gegenrichtung E (Ende) angeschrieben sind.

An verkehrsreichen in Schienenhöhe liegenden Wegübergängen stehen Warnungstafeln
mit der Aufschrift: „Halt! beim Nahen der Maschine", Schranken sind an dergleichen Uebergängen nicht vorhanden, auch findet eine Bewachung solcher Uebergänge nicht statt.

### c) Signaleinrichtungen.

Die Signaleinrichtungen beschränken sich darauf, dass auf den End- sowie den frequen-
testen Zwischenstationen gemäss § 41 der Bahnordnung für die Nebeneisenbahnen Deutschlands elektrische Sprechapparate (vorwiegend Morsewerke, daneben nach Bedarf Fernsprecher),
unter sich durch Telegraphenleitung verbunden, aufgestellt sind. An der Einmündung der
Schmalspurbahn in den Hauptbahnhof, in dessen Bereich die Schmalspurbahn hinsichtlich der
Sicherheitsvorkehrungen ähnlich wie die Hauptbahn behandelt wird, gilt ausserdem die Aufstellung eines optischen Abschlusstelegraphen als Regel.

Insbesondere tritt die Nothwendigkeit einer zuverlässigen Betriebssicherung da ein,
wo das Schmalspurbahngleis sich vor dem Bahnhofe auf eine längere Strecke mit dem Haupt-
bahngleise vereinigt, wie dies auf der Strecke Gadewitz-Grossbauchlitz-Döbeln der Linie
Oschatz-Döbeln der Fall ist. Der Gabelpunkt wird in diesem Falle nach aussen hin durch
Abschlusstelegraphen gedeckt, welche von der Station (Grossbauchlitz) durch Blockapparate
abhängig sind.

### IV. Administrative Organisation der sächsischen Schmalspurbahnen.

Wie beim Bau, so war auch bei der betrieblichen Einrichtung der sächsischen Schmalspurbahnen — so sehr auch im übrigen selbstredend daran festzuhalten war, dass Dasjenige,
was der Verkehr erforderte, geschaffen ward — das Bestreben der Verwaltung auf thunlichste
Sparsamkeit gerichtet. Dieses zeigt sich nicht nur in der Einfachheit der Verkehrseinrichtungen,
welche, wie beispielsweise der Fahrplan, das Fahrkartenwesen und die Wagenklassen-Abstüfung,
dem Publikum gegenüber zur Erscheinung kommen, sondern namentlich auch im inneren
Dienste, wo sowohl bezüglich der Beamtenzahl, als auch rücksichtlich des Abfertigungswesens
von vornherein ganz erhebliche Vereinfachungen durchgeführt worden sind, welche in ihrer
Gesammtwirkung nicht unwesentliche Kostenersparnisse ermöglichten.

### a) Organisation im allgemeinen.

Die Organisation des Dienstes im allgemeinen weicht von den bei den übrigen Staatseisenbahnen bestehenden Einrichtungen insofern ab, als die unmittelbare Betriebsleitung der Schmalspurbahnen von derjenigen des sonstigen Eisenbahnnetzes getrennt worden ist. Während bei
den Linien mit Vollspurbetrieb meist schon infolge ihrer räumlichen Ausdehnung, sowie der
grösseren Komplizirtheit der Verkehrsgestaltung die grundsätzliche Abgrenzung der einzelnen
Betriebszweige nicht zu umgehen ist, erschien bei den — unter ungleich einfacheren Verhältnissen zu betreibenden — Schmalspurbahnen die thunlichste Konzentrirung der einzelnen
Dienstzweige aus geschäftlichen und wirthschaftlichen Gründen gleich wünschenswerth. Maassgebend war hierbei der Gedanke, dass bei den Schmalspurbahnen die strengste Individualisirung der Betriebsmaassnahmen nach den örtlichen und zeitlichen Erfordernissen unbedingt
nothwendig sei. Diese Individualisirung kann aber nur dann erreicht werden, wenn — unter
thunlichster Vermeidung von jedwedem Schematismus — demjenigen Organe, dem die Betriebsleitung in erster Linie zusteht, eine gewisse Freiheit und Selbstständigkeit in seinen Maassnahmen gewahrt bleibt. Gerade bei den Schmalspurbahnen, wo es gilt, mit möglichst wenig

Mitteln möglichst viel zu erreichen, muss die Thätigkeit des Betriebsleiters einen vorzugsweise kombinirenden, ausgleichenden Charakter haben, denn es ist seine Aufgabe, den stetig wachsenden Bedürfnissen der einzelnen Verkehrszweige durch eine möglichst umsichtige, den einzelnen Fällen angepasste Vertheilung der vorhandenen Arbeitskräfte und Fahrbetriebsmittel zu entsprechen, und durch die Schnelligkeit und Zweckmässigkeit seiner Maassnahmen im einzelnen Falle die naturgemäss beschränktere wirthschaftliche und betriebliche Ausrüstung der Bahn möglichst vergessen zu lassen.

Von diesem Gesichtspunkte aus erschien es aber zweckmässig, den vielgliederigen Verwaltungsorganismus, der für das ausgedehnte und verkehrsreiche Hauptbahnnetz des Königreichs Sachsen besteht, auf die Linien der neuen Gattung nicht im vollen Umfange Anwendung finden zu lassen. Infolgedessen ist die Verwaltung einem Beamten — dem Bahnverwalter — übertragen worden, der die gesammte Exekutive des Dienstes unter eigener Vertretung wahrzunehmen hat. Diese Vereinigung erstreckt sich indess nur auf die rein exekutiven Seiten des Betriebes, also vorzugsweise auf das Beförderungs- und Stationswesen, sowie auf die Leitung der Bahnunterhaltung, während dagegen die Geschäfte der Kontrolverwaltung sowie die in das Bereich der Buchhalterei, des Verkehrsbüreaus und der Hauptkasse einschlagenden Geschäfte auch rücksichtlich der Schmalspurbahnen von den hierzu überhaupt berufenen Ressortverwaltungsstellen wahrzunehmen sind.*) Hiernach hat der Bahnverwalter nicht nur die dienstliche Aufsicht über das an der Schmalspurbahn angestellte Stations-, Lokomotiv-, Fahr- und Bahnbewachungspersonal zu führen, sondern namentlich auch — neben der Besorgung des auf den Hauptbahnen den Bauinspektionen obliegenden Bahnunterhaltungsdienstes — das gesammte Transportwesen zu leiten und zu diesem Behufe auch alle auf das Wagenwesen bezüglichen Maassnahmen zu treffen.

Die Aufsicht über den Betrieb der von Bahnverwaltern geleiteten Schmalspurbahnen wurde in der ersten Zeit der neuen Verkehrseinrichtung unmittelbar durch die Generaldirektion der Staatseisenbahnen geführt. Nachdem aber die Schmalspurbahnen durch Neubau wesentlich vermehrt worden waren und Linien in fast allen Theilen des Landes entstanden waren, erschien eine allen Erfordernissen gerecht werdende Aufsicht ohne Unterstützung und Vermittelung der oberen Dienststellen nicht mehr durchführbar. Es wurden deshalb vom 1. August 1892 ab die Bahnverwalter und die von ihnen verwalteten Bahnbezirke den oberen Dienststellen der Hauptbahnen mit unterstellt und zwar dergestalt, dass die Bahnverwalter für ihre Person dienstlich und disciplinell den Betriebs-Oberinspektionen sowie die gesammte Leitung des Betriebes der Aufsicht und Bestimmung der letzteren unterstehen, während die Bezirks-Bauinspektion, das Ingenieur-Hauptbüreau, die Maschinen-Oberinspektion, die Transport-Oberinspektion, die Bezirks-Maschinenmeisterei und die Maschinen-Hauptverwaltung, sowie die Betriebs-Telegraphen-Oberinspektion innerhalb ihrer Zuständigkeit Vorgesetzte des Bahnverwalters sind.

---

*) Anmerkung.

Die Verkehrskontrolen I und II der sächsischen Staatsbahnen prüfen die von den Fahrkarten-, Gepäck- und Güterexpeditionen erhobenen Gebühren nach Maassgabe der Tarife und bearbeiten die Unterlage für die Jahresrechnung betreffs der Einnahmen aus dem Personen- und Güterverkehr.

Das Verkehrsbüreau bearbeitet die Gütertarife, führt die allgemeine Aufsicht über die Bedienung des Güterverkehrs und erörtert diesbezügliche Beschwerden und Reklamationen.

Die Hauptbuchhalterei führt Buch und Rechnung über den gesammten Betrieb der Staatsbahnen, prüft alle Ausgaben vor deren Zahlung auf ihre rechnerische und verfassungsmässige Richtigkeit und kontrolirt die Einhaltung der auf Einhebung und Zahlung von Geldern bezüglichen Anweisungen.

Die Hauptkasse hat den gesammten Geldverkehr der Staatseisenbahnen zu besorgen. In sie fliessen alle Einnahmen aus dem Güter-, Personen- und Gepäckverkehr, aus Veräusserungen u. s. w.; ebenso werden aus derselben alle Ausgaben bestritten.

Für die Stellung der Bahnverwalter wird neben technischer Befähigung eine gründliche Ausbildung im Betriebsdienste erfordert. Sie beziehen ein Einkommen, das sich — einschliesslich des Reiseaufwandäquivalentes und des Bekleidungsgeldes — je nach den Dienstaltersstufen zwischen 2 770 und 4 000 Mark bewegt, und rangiren in der 8. Bekleidungsklasse der sächsischen Staatseisenbahnbeamten (mit Bahnhofsinspektoren II. Kl., Billeteuren, technischen Betriebssekretären u. s. w.).

### b) Stationsdienst.

Der Stationsdienst der Schmalspurbahnen wird nur auf den wichtigeren Verkehrsstellen durch besondere Stationsbeamte besorgt, auf den minder frequenten Haltestellen dagegen — soweit dies im einzelnen Fall angängig — durch Privatpersonen.

Auf der wichtigsten Station — und zwar ist dies in der Regel zugleich diejenige, von welcher der Betrieb der Schmalspurbahn ausgeht — wird der Dienst vom Bahnverwalter versehen, welcher insofern neben seiner Stellung als Betriebsleiter auch die Funktionen des Stationsvorstandes wahrzunehmen hat. Er untersteht in dieser Eigenschaft allen Vorschriften und Bestimmungen, die für den Stationsdienst im allgemeinen erlassen sind, und ist namentlich auch, was das Buchungswesen, die Stations-Kassenführung und die Materialverwaltung betrifft, an die allgemeinen Instruktionen gebunden. Dabei sind ihm zu seiner Unterstützung bezw. Vertretung je nach Bedarf Beamte und Hilfskräfte beigegeben, die unter seiner Leitung und Verantwortlichkeit die speziellen Geschäfte des Personen- und Güterwesens besorgen.

Auf den übrigen Verkehrsstellen der Schmalspurbahnen wird, soweit auf diesen Beamte überhaupt vorhanden sind, der Dienst durch sogenannte Aufseher besorgt, welche ebenso wie das sonstige Personal der Schmalspurbahn dem Bahnverwalter dienstlich unterstellt sind. Diese Beamten rangiren mit Stationsassistenten I. und II. Klasse und beziehen ein Diensteinkommen, welches sich einschliesslich der Nebenbezüge von etwa 1 500 bis auf etwa 2 600 Mark pro Jahr steigert. Hilfskräfte für den Expeditionsdienst sind auf diesen Verkehrsstellen in der Regel nicht vorhanden, nur für den Güterbodendienst sowie zur Besorgung der groben Stationsarbeiten werden dem Aufseher in der Regel ein oder mehrere Arbeiter beigegeben.

Der Stationsdienst auf den Anschlussstationen — wo die Schmalspurbahn mit der Hauptbahn zusammentrifft — wird ausschliesslich von den Organen der Hauptbahn besorgt, welche sich mit dem Bahnverwalter der Schmalspurbahn in fortlaufendem Einvernehmen zu erhalten haben.

Auf den für Güter- und Personenverkehr eingerichteten Haltestellen der Schmalspurbahnen, wo keine Beamten vorhanden sind, wird der Dienst — wie erwähnt — durch Privatleute besorgt, welche dieses Geschäft vertragsmässig übernommen haben und als Entschädigung dafür gewisse, weiter unten näher zu behandelnde Gebührensätze beziehen. Die Zahl der bei den sächsischen Schmalspurbahnen auf diese Weise bedienten Haltestellen ist verhältnissmässig gross; von den 95 gemischten Verkehrsstellen der in Frage kommenden 17 Linien werden — abgesehen von den Anschlussstationen und den Stationen, wo der Bahnverwalter den Stationsdienst besorgt — 16 von Beamten, 79 aber von solchen als Güteragenten bezeichneten Privatpersonen verwaltet.

Die Güteragenten sind vorwiegend Wirthe, Gewerbtreibende und Kommunalbeamte, die in der Nähe der Haltestelle wohnen und die Besorgung des Agenturdienstes als Nebenbeschäftigung übernommen haben. Sie haben die Stationsanlagen in Ordnung zu erhalten und sich während der Stunden, wo Züge auf der Haltestelle verkehren, dort einzufinden und das Ein- und Ausladen der Stückgüter zu besorgen, sowie ausserdem beim Wagenan- und Absetzen und beim Weichenstellen hilfreiche Hand zu leisten. Die den Güteragenten obliegenden Abfertigungsarbeiten im Güterwesen werden weiter unten des näheren behandelt werden; die hierfür geltenden Vorschriften sind in einer besonderen, den Güteragenten ertheilten Geschäftsanweisung zusammengestellt. Für die Bezahlung der Frachtgelder und

Spesen für alle auf der Haltestelle angekommenen und aufgegebenen Güter ist der Güteragent der Staats-Eisenbahnverwaltung gegenüber verantwortlich. Die Ablieferung der Gelder an den Bahnverwalter oder an die hierfür bestimmte Güterexpeditionskasse erfolgt alltäglich, die Abrechnung und Ausgleichung mit dieser Kassenstelle aber in der Regel in Zeiträumen von zehn zu zehn Tagen. Bei Wagenbedarf, in Beschwerde- und Reklamationsfällen, sowie wegen etwaiger sonstiger aussergewöhnlicher Fragen hat sich der Güteragent anweisungsgemäss an den vorgesetzten Bahnverwalter zu wenden und von dort Verhaltungsmaassregeln für den einzelnen Fall einzuholen. Jeder Güteragent hat bei der Staatseisenbahn-Hauptkasse eine entsprechende Kaution — 200 bis 600 Mark — zu hinterlegen. Für die Vertragsaufkündigung ist eine dreimonatliche Frist festgesetzt; die Staatsbahnverwaltung kann ausserdem ihre Zusicherungen ohne weiteres dann widerrufen, wenn sich dies aus eisenbahnbetrieblichen Rücksichten erforderlich macht oder der Güteragent seinen Verpflichtungen nicht nachkommt.

Eine Vergütung wird dem Güteragenten für die ihm obliegenden Geschäfte seitens der Staats-Eisenbahnverwaltung nicht gewährt. Demselben ist aber gestattet, von den Versendern der auf der Haltestelle zur Beförderung aufgegebenen und den Empfängern der dort eingehenden Sendungen neben den tarifmässigen Sätzen eine Gebühr einzuheben, welche in der Regel

1. für Wagenladungssendungen (Güter oder Vieh) 1 Mark — Pf.,
2. für Langholzsendungen 1 Mark 20 Pf.,
3. für Stückgutsendungen — Mark 5 Pf. für je 100 kg (angefangene 100 kg für voll gerechnet), soweit sich nicht die Wagenladungsgebühr zu 1 billiger stellt,
4. für 1 Stück Grossvieh (Pferd oder Rind) — Mark 20 Pf.,
5. für ein Mastschwein — Mark 10 Pf.,
6. für 1 mageres Schwein oder für ein Stück sonstiges Kleinvieh — Mark 5 Pf.

beträgt.

Ihre Rechtfertigung findet diese Gebühr, welche ausschliesslich dem Güteragenten zu Gute kommt, darin, dass der Verkehr der in dieser Weise verwalteten Haltestellen in der Regel nicht gross genug ist, um die Errichtung besonderer Verkehrsstellen mit eigenen Beamten u. s. w. gerechtfertigt erscheinen zu lassen. Mithin können für derartige kleinere Verkehrsplätze Haltestellen nur dann in Frage kommen, wenn sich die Interessenten zur wenigstens antheiligen Uebertragung des durch den Bestand der Haltestellen verursachten Aufwandes bereit finden lassen und diese Uebertragung soll durch die an die Güteragenten zu zahlende Gebühr herbeigeführt werden.

Allerdings ist das Institut der Güteragenten oder vielmehr die Gebühr, welche die Interessenten an die Güteragenten zu zahlen haben, gerade neuerdings vielfach zum Gegenstand von Anfechtungen gemacht worden; man bezieht sich darauf, dass durch die Einhebung dieser Gebühren — welche bei den primär betriebenen Linien entfallen — die Frachtinteressenten der Schmalspurbahnen gegenüber denjenigen der Vollspurbahnen benachtheiligt würden. Demgegenüber ist auf die oben angeführte allgemeine Motivirung der Agentureinrichtung Bezug zu nehmen. Bei der grossen Dichtigkeit der Güterverkehrsstellen an den Schmalspurbahnen kommen den Interessenten bis zu einem gewissen Grade ohne weiteres dieselben Vortheile zu Gute, welche auf den Hauptbahnen durch Herstellung kostspieliger Privatgleisanlagen erkauft werden müssen. Sollte die Staatseisenbahnverwaltung genöthigt werden, auf den 79 Schmalspurstationen, welche jetzt durch Agenten verwaltet werden, besondere Bedienstete anzustellen, oder wenigstens die Gebühren, welche an die Agenten zu zahlen sind, zu eigenen Lasten zu übernehmen, so würde hiermit eine weitere und zwar nicht unbeträchtliche Verminderung der ohnehin mässigen Schmalspurbahnrente verbunden sein. In diesem Falle müsste es fraglich werden, ob die grosse Anzahl der Güterverkehrsstellen an den Schmalspurlinien — welche doch ausschliesslich den Lokalinteressenten zum Vortheil gereicht —

wirthschaftlich überhaupt zu rechtfertigen sei. Bei den Vollspurbahnen entfällt auf 5,52 km, bei den Schmalspurbahnen auf 2,44 km Bahn durchschnittlich eine Güterverkehrsstelle. Schon aus diesem Verhältnisse geht ohne weiteres hervor, dass die Interessenten der Schmalspurbahnen betreffs der Verkehrsstellenzahl wesentlich günstiger gestellt sind, als die Hauptbahninteressenten, und dass insofern das Opfer, welches den ersteren in der fraglichen Gebührenerhebung zugemuthet wird, zumeist durch entsprechende Vortheile ausgeglichen wird.

Ausser den von Güteragenten verwalteten, für den Güter- und Personenverkehr eingerichteten Haltestellen der Schmalspurbahn giebt es auf den einzelnen Linien noch Verkehrsstellen, welche nur für den Personenverkehr eingerichtet sind. Dieselben sind nur mit kleinen offenen Wartehallen von Holzfachwerk ausgerüstet. Dienstpersonal ist auf solchen Haltestellen, deren Zahl bei den jetzt in Betrieb befindlichen Schmalspurbahnen insgesammt 43 beträgt, überhaupt nicht vorhanden.

## c) Zugdienst.

### 1. im allgemeinen.

Der Zugdienst regelt sich nach dem für jede Schmalspurbahn maassgebenden Fahrplan. Dabei ist die Zahl der täglichen Zugverbindungen auf der einzelnen Linie genau dem vorhandenen Verkehrsbedürfnisse angepasst worden. Auch wird auf einigen der Schmalspurbahnlinien zwischen dem Sommer- und Winterfahrplan unterschieden, insofern, als im Interesse des Personenverkehrs die Zahl der täglichen Zugverbindungen während des Sommerhalbjahres entsprechend vermehrt wird.

Auf den zur Zeit im Betrieb befindlichen Schmalspurbahnen verkehren gegenwärtig als fahrplanmässige Züge in jeder Richtung

|  |  |  | während des Winterhalbjahres | während des Sommerhalbjahres |
|---|---|---|---|---|
| auf der Linie | Hainsberg-Kipsdorf | . . . . . . . . . | 4 | 4[1) Züge |
| " " " | Radebeul-Radeburg | . . . . . . . . . | 4 | 4[2) " |
| " " " | Döbeln-Mügeln | . . . . . . . . | 4 | 4 " |
| " " " | Klotzsche-Königsbrück | . . . . . . . | 4 | 4 " |
| " " " | Zittau-Reichenau-Markersdorf | . . . . . . | 4 | 5[3) " |
| " " " | Wermsdorf-Oschatz | . . . . . . . . | 5[4) | 5 " |
| " " " | Wermsdorf-Nerchau=Trebsen | . . . . . . | 4 | 4 " |
| " " " | Potschappel-Wilsdruff | . . . . . . . | 4 | 4 " |
| " " " | Wilischthal-Ehrenfriedersdorf | . . . . . . | 4 | 4 " |
| " " " | Oberherold-Thum | . . . . . . . . | 6 | 6[5) " |
| " " " | Schönfeld-Geyer | . . . . . . . . | 4 | 4 " |
| " " " | Grünstädtel-Oberrittersgrün | . . . . . . | 4 | 4 " |
| " " " | Mügeln-Geising=Altenberg | . . . . . . | 4 | 4[6) " |
| " " " | Oschatz-Strehla | . . . . . . . . | 4 | 4 " |
| " " " | Wolkenstein-Jöhstadt | . . . . . . . | 3 | 3 " |
| " " " | Taubenheim-Dürrhennersdorf | . . . . . . | 4 | 4 " |
| " " " | Hetzdorf-Eppendorf | . . . . . . . . | 3 | 3 " |
| " " " | Herrnhut-Bernstadt | . . . . . . . . | 3 | 3 " |
| " " " | Mosel-Ortmannsdorf | . . . . . . . | 5 | 5 " |
| " " " | Wilzschhaus-Kirchberg | . . . . . . . | 4 | 4 " |
| " " " | Kirchberg-Wilkau | . . . . . . . . | 9 | 9 " |

---

[1) Ausserdem je zwei Sonn- und Festtagspersonenzüge. — [2) Ausserdem fünf Sonn- und Festtagspersonenzüge. — [3) Hiervon verkehren drei Züge bis bezw. von Markersdorf. — [4) Davon verkehrt einer nur zwischen Mügeln und Oschatz. — [5) Ausserdem je ein Sonn- und Festtagspersonenzug. — [6) Ausserdem vom Mai bis mit Oktober je ein Sonn- und Festtagspersonenzug.

Die Schmalspurbahnzüge verkehren fast durchgängig als gemischte Züge, d. h. sie dienen der Personen- und Güterbeförderung. Separate Personenzüge werden in vereinzelten Fällen, z. B. bei Jahrmärkten u. s. w. eingelegt; besondere Güterzüge kommen nur auf einzelnen Schmalspurbahnen vor. So machen auf der Strecke Mügeln-Döbeln der Oschatz-Döbelner Schmalspurbahn die bedeutenden Rübentransporte nach der in Grossbauchlitz bei Döbeln gelegenen Aktien-Zuckerfabrik für die Monate September bis Dezember die Einlegung besonderer Rübenextrazüge nöthig.

Die Fahrgeschwindigkeit ist für die einzelne Schmalspurlinie zunächst nach den örtlichen Verhältnissen bemessen worden. Dieselbe beträgt 15 bis 25 km pro Stunde, je nachdem frequente Bahnübergänge oder solche, deren örtliche Lage besondere Vorsicht erfordert, vorhanden sind. Hiernach ergeben sich für die einzelnen Schmalspurstrecken folgende Geschwindigkeiten:

| | | |
|---|---|---|
| Hainsberg-Kipsdorf | 25 bez. | 20 km |
| Radebeul-Radeburg | 18 „ | 25 „ |
| Döbeln-Mügeln | 15 „ | 25 „ |
| Klotzsche-Königsbrück | | 25 „ |
| Zittau-Reichenau-Markersdorf | 22 „ | 25 „ |
| Wermsdorf-Oschatz | 15 „ | 25 „ |
| Wermsdorf-Nerchau=Trebsen | | 25 „ |
| Potschappel-Wilsdruff | 12 „ | 20 „ |
| Wilischthal-Ehrenfriedersdorf | 15 „ | 20 „ |
| Oberherold-Thum | 15 „ | 20 „ |
| Schönfeld-Geyer | 15 „ | 25 „ |
| Grünstädtel-Oberrittersgrün | 15 „ | 25 „ |
| Mügeln-Geising=Altenberg | 15 „ | 25 „ |
| Oschatz-Strehla | | 25 „ |
| Wolkenstein-Jöhstadt | | 20 „ |
| Taubenheim-Dürrhennersdorf | | 20 „ |
| Hetzdorf-Eppendorf | | 20 „ |
| Herrnhut-Bernstadt | 15 „ | 20 „ |
| Mosel-Ortmannsdorf | 20 „ | 25 „ |
| Wilzschhaus-Kirchberg | 15 „ | 25 „ |
| Kirchberg-Wilkau | 18 „ | 25 „ |

pro Stunde.

Dagegen beträgt die durchschnittliche Fahrgeschwindigkeit der Schnellzüge auf den sächsischen Hauptbahnen 56,5 km, die der reinen Personenzüge 45,5 km und die der gemischten Züge 33,0 km pro Stunde.

### 2. Zugbegleitungsdienst.

Das Zugbegleitungspersonal der einzelnen Schmalspurbahn besteht in der Regel aus einem zugführenden Schaffner und einem Bremser. Der zugführende Schaffner besitzt Beamteneigenschaft und wird meist aus den zugbegleitenden Schaffnern der Hauptbahn ausgewählt. Dagegen steht der Bremser im Tagelohn. Die Dienstobliegenheiten des Schaffners sind vielseitig; neben dem eigentlichen Zugführerdienste hat er die Fahrkarten- und Gepäckabfertigung auf den Haltestellen vorzunehmen, die Fahrkartenkontrole während der Fahrt zu besorgen und — soweit es seine Zeit erlaubt — sich auch an dem Ein- und Ausladen der Stückgüter auf den Verkehrsstellen der Schmalspurbahn zu betheiligen.

Auch liegt ihm auf den Haltestellen ohne Stationsbeamten die Weichenbedienung, in Gemeinschaft mit dem Güteragenten, ob. Hiernach vereinigt der Zugführer auf der Schmalspurbahn — im Vergleich zu dem Betriebsdienste auf den Hauptbahnen — die Funktionen des Billeteurs, des Gepäckexpedienten, des Fahrkartenschaffners, des Zugführers, des Packers,

3*

sowie des Weichenstellers in einer Person. Er wird bei Ausübung dieser Dienstgeschäfte unterstützt von dem ihm beigegebenen, gleichzeitig als Wagenwärter fungirenden Bremser und kann auch, soweit dies im einzelnen Falle nöthig, das Maschinenpersonal zur Beistandleistung heranziehen.

Das Diensteinkommen des zugführenden Schaffners beträgt im Durchschnitt etwa 1200 Mark jährlich; er erhält ausserdem die üblichen Kilometergelder (als Entschädigung für den Aufwand während der Fahrt) und für den Fahrkartenverkauf ein Zählgeld im Betrag von 1 Prozent der Einnahme.

Im allgemeinen ist daran festzuhalten, dass die Gesammtdienstzeit des Schmalspurbahn-Zugführers und des Bremsers die auch für die Hauptbahnen angenommene Maximaldienst-dauer nicht übersteigt. Hiernach regelt sich auch die Zahl der dienstfreien Tage für den einzelnen Bediensteten. Gewöhnlich erfolgt die Ablösung des Personals nach jedesmaliger Dienstleistung von zwei oder drei Tagen, und zwar wird auf denjenigen Schmalspurbahnlinien, wo nur e i n e Fahrdienstsektion vorhanden ist, das Ablösungspersonal von der Hauptbahn — unter Verschreibung des Aufwandes auf das Konto der Schmalspurbahn — gestellt. Dieses Ablösungs-kommando wird in der Regel für jede einzelne Linie aus d e m s e l b e n Personale gebildet; es geschieht dies, um den Bediensteten Gelegenheit zu geben, sich mit den eigenartigen Verhält-nissen des Schmalspurbahndienstes vertraut zu machen. Ausser den regelmässigen Ablösungs-kommandos machen sich zu Zeiten lebhafteren Verkehrs auf den frequenteren Schmalspurbahn-linien nicht selten ausserordentliche Verstärkungskommandos nothwendig; diese werden auf Antrag des Bahnverwalters von der nächstgelegenen Fahrdienststation der Hauptbahn gestellt.

Die Kontrolirung des fahrkartenverkaufenden Zugführers liegt in erster Reihe dem Bahn-verwalter ob; derselbe hat zu diesem Behuf häufige Fahrkartenrevisionen in den Zügen selbst — und zwar entweder auf freier Strecke oder nach Ankunft der Züge auf den Verkehrsstellen — vorzunehmen und über die Ergebnisse in monatlichen Rapporten durch die Betriebsober-inspektion an die Transportoberinspektion Anzeige zu erstatten. Unterstützt wird der Bahn-verwalter in dieser Funktion von den ihm untergeordneten Haltestellenaufsehern sowie von dem Vorstande der Anschlussstation.

### 3. Zugförderungsdienst.

Der L o k o m o t i v f ü h r e r d i e n s t auf den Schmalspurbahnen ist Reserveführern (geprüften Feuermännern) übertragen. Dieselben werden in der Regel aus dem jüngeren Maschinen-personale der Hauptbahnen entnommen und kehren zum Hauptbahnbetriebe zurück, sobald sie ihrem Dienstalter nach zu Lokomotivführern zu befördern sind. Ihr Einkommen beträgt, aus-schliesslich der üblichen Kilometergelder, der Ersparnissprämien und des Bekleidungszuschusses, 1140—1500 Mark pro Jahr.

Dem Lokomotivführer ist ein Feuermann beigegeben, der ihn in allen Dienstobliegen-heiten zu unterstützen und sich auf den Stationen, soweit sein eigentlicher Dienst dies gestattet, beim Ein- und Ausladen der Stückgüter sowie beim An- und Abschieben von Wagen zu be-theiligen hat. Zu dieser Funktion werden verpflichtete, im Tagelohn stehende Maschinen-putzer verwendet, welche auch in letzterer Eigenschaft thätig sein müssen. Ihr Einkommen beträgt einschliesslich der Nebenbezüge durchschnittlich etwa 1 050 Mark pro Jahr.

Der Dienst und die durchschnittliche Dienstdauer ist auf den Schmalspurbahnen je nach der Zahl und Lage der Züge etwas verschieden; im allgemeinen gelten hierfür die nämlichen Grundsätze, wie beim Zugbegleitungspersonal.

Die Kohlen für die Maschinen werden ausschliesslich auf den Anschlussstationen ent-nommen; zu diesem Zwecke sind daselbst kleinere Kohlenschuppen errichtet worden, soweit diese Stationen nicht schon in ihrer Eigenschaft als Maschinenstationen für den Hauptbahn-dienst mit derartigen Einrichtungen versehen waren.

Maschinenhäuser befinden sich auf denjenigen Verkehrsstellen der Schmalspurbahnen, von welchen der Betrieb ausgeht, ausserdem aber auch auf den Anschlussstationen. Die Wasserbeschaffung in die Cisternen geschieht meist durch die Lokomotive selbst vermittelst aufgestellter Ejektoren, welche pro Stunde etwa 25 bis 30 cbm Wasser liefern, so dass der geringe Wasserbedarf von 6 bis 10 cbm pro Tag und Maschine innerhalb kurzer Zeit zu beschaffen ist. An einigen Orten sind auch Wasserleitungen von höher belegenen Quellen aus hergestellt worden.

Kleinere Reparaturen an den Fahrbetriebsmitteln der Schmalspurbahnen werden an Ort und Stelle ausgeführt. Zu diesem Behufe befinden sich in den Heizhäusern der Anschlussstationen kleine Werkstätten, welche jedoch nicht ständig, sondern nur im Bedarfsfalle mit Arbeiterpersonal aus der nächst belegenen Hauptbahnwerkstätte besetzt werden. Zur Vornahme von grösseren Reparaturen werden die Fahrbetriebsmittel der Schmalspurbahnen — unter Verwendung vollspuriger, besonders dazu eingerichteter Transportwagen — der nächsten Bezirks- oder der Hauptwerkstätte (in Chemnitz) zugeführt.

### d) Bahnunterhaltungs- und Bahnaufsichtsdienst.

Die Beaufsichtigung des Bahnunterhaltungsdienstes liegt — wie bereits im Eingange dieses Abschnittes erwähnt — dem Bahnverwalter ob. Derselbe hat hiernach im allgemeinen die nämlichen Dienstgeschäfte wahrzunehmen, wie solche auf den Hauptbahnlinien den Bauinspektoren zufallen, als:

a) die Unterhaltung und Beaufsichtigung der Bahn sammt Zubehör an Kunst- und Hochbauten, Oberbau, Wegeanlagen u. s. w.,
b) die Beaufsichtigung der Bahn hinsichtlich der bestehenden Betriebs- und bahnpolizeilichen Vorschriften,
c) die Beaufsichtigung und bestmögliche Ausnutzung des Grundeigenthums,
d) die Anfertigung der Bahnunterhaltungsvoranschläge,
e) die Beschaffung der Materialien,
f) die Führung der Material- und Inventarbücher und
g) die Anfertigung der Zahlungsbelege.

Hinsichtlich der Bahnunterhaltung hat der Bahnverwalter die Geschäfte des Bahnmeisters mit zu besorgen — nur auf der umfänglichen Bahnverwalterei Mügeln-Geising=Altenberg ist dem Bahnverwalter ein Bahnmeister beigegeben — und steht auch in dieser Eigenschaft unter der zuständigen Betriebsoberinspektion. Mitunter — namentlich wenn grössere Ausbesserungsarbeiten an der Strecke oder an den Stationsanlagen nothwendig geworden sind — wird auch der der Schmalspurbahn zunächst stationirte Bauinspektor der Hauptbahn für den einzelnen Fall mit Ausführung der bezüglichen Arbeiten beauftragt. Ebenso steht die gesammte Anschlussstation einschliesslich der dort befindlichen Schmalspuranlagen unter der technischen Aufsicht des zuständigen Hauptbahn-Bauinspektors.

Die periodischen Bahnrevisionen werden auch auf den Schmalspurbahnen von den hierzu überhaupt berufenen Aufsichtsorganen vorgenommen.

Die unmittelbaren Arbeiten der Bahnunterhaltung werden auf den Schmalspurbahnen — wie auf den Hauptbahnlinien — von Bahnwärtern besorgt. Diese Beamten haben unter der Leitung des Bahnverwalters den Streckenrevisionsdienst zu versehen, ausserdem müssen sie sich aber auch mit den eigentlichen Bahnunterhaltungsarbeiten beschäftigen, damit die Annahme besonderer Streckenarbeiter thunlichst eingeschränkt werden kann. Sie beziehen je nach der Dienstaltersstufe einen Gehalt von 840 bis 1080 Mark und ausserdem die übliche Bekleidungsgebühr, sowie eine Dienstaufwandentschädigung in Höhe von 60 oder 100 Mark pro Jahr, je nachdem der Wärter Dienstwohnung hat oder nicht. Die im einzelnen Falle zur Verwendung kommenden Streckenarbeiter sind dem Bahnwärter, welcher als Vorarbeiter thätig ist, dienstlich unterstellt.

Dienstwohnungen für die Bahnwärter sind auf den Schmalspurbahnen in den meisten Fällen nicht vorhanden; die Wärter haben dann in den der Bahn zunächst gelegenen Ortschaften Unterkommen zu suchen. Wo Wohnungen in der Nähe der Bahn nicht zu finden sind, wird mit allmählicher Beschaffung von Wärter-Dienstwohnungen vorgegangen.

Die dem Bahnwärter auf der Schmalspurbahn zugetheilte durchschnittliche Streckenlänge beträgt 4,0 km, während dieselbe auf den Hauptbahnen — je nachdem der Wärter noch Nebenfunktionen wie Haltestellen- oder Schlagdienst zu besorgen hat — zwischen 1 und 2,5 km schwankt.

Uebergangsbewachung ist auf den Schmalspurbahnen nur in einigen wenigen Fällen mit besonders ungünstiger Oertlichkeit, sonst nicht vorhanden. Bei der Annäherung des Zuges an die Uebergänge in Schienenhöhe hat der Maschinenführer — in Gemässheit des § 21 der Bahnordnung für die Nebeneisenbahnen Deutschlands vom 5. Juli 1892 — das Läutewerk der Lokomotive in Thätigkeit zu setzen und darin bis nach Passiren des Wegeüberganges zu erhalten. Für diejenigen Uebergänge, welche von den Zügen aus nur in kurzer Entfernung zu übersehen sind, besteht noch die besondere Einrichtung, dass die Züge an der betreffenden Stelle auf kurze Zeit zum Halten zu bringen sind und ihre Fahrt erst dann wieder fortsetzen dürfen, wenn sich ein Hinderniss nicht zeigt.

Das Betreten der Bahnanlagen seitens des Publikums ist auch bei den Schmalspurbahnen nur an den zur Ueberfahrt und zum Uebergang bestimmten Stellen gestattet.

### e) Güterumladung.

Die Umladung der von den schmalspurigen Eisenbahnlinien auf die Vollspurbahnen oder umgekehrt von den Vollspurbahnen auf die Schmalspurbahnen übergehenden Güter erfolgt auf den Anschlussstationen theils durch Organe der Eisenbahnverwaltung selbst, theils durch hierfür angenommene Unternehmer, welche dieses Geschäft gegen Gewährung entsprechender Akkordsätze (pro Wagenladung bezw. pro 100 kg Stückgut) vertragsmässig übernommen und unter Aufsicht der betreffenden Stationsverwaltung zu besorgen haben. In den bezüglichen Verträgen verpflichtet sich der Unternehmer, jederzeit die nöthige Anzahl Arbeiter zu stellen, damit die täglich vorliegende Arbeit in den vorgeschriebenen Arbeitsstunden bezw. in den von der Stationsverwaltung bestimmten Zeiten erledigt werden kann. Er ist auch gehalten, im Bedarfsfalle und auf Erfordern der Stationsverwaltung zu aussergewöhnlichen Zeiten, namentlich während der Nachtstunden, arbeiten zu lassen, ohne deshalb eine höhere Vergütung als die ihm überhaupt zugebilligte beanspruchen zu können. Kommt der Unternehmer diesen Verpflichtungen nicht nach, so ist die Stationsverwaltung berechtigt, die nöthigen Arbeitskräfte auf seine Kosten zu beschaffen und ihm den dadurch erwachsenen Aufwand an den ihm zukommenden Vergütungsbeträgen zu kürzen. Das Maass und die Reihenfolge der täglich zu leistenden Arbeit bestimmt die Stationsverwaltung. Dabei hat sich der Unternehmer verbindlich zu machen, Arbeiter, welche nach dem Urtheile der Stationsverwaltung gegen die Ordnung verstossen oder aus sonstigen Gründen als ungeeignet anzusehen sind, auf Verlangen der Verwaltung sofort aus der Arbeit zu entlassen. Ausserdem ist der Unternehmer für seine Person und zugleich für seine Leute dafür haftbar, dass die zur Behandlung kommenden Güter und Betriebsmaterialien pfleglich behandelt werden. Er hat für Verlust und Beschädigungen aufzukommen, die durch ihn oder seine Leute infolge unpfleglicher Behandlung, mangelhafter, unrichtiger oder unterlassener Aus- und Einladung oder sonst durch mangelhafte Erfüllung seiner vertragsmässigen Obliegenheiten entstehen. Insbesondere hat er auch für alle Verluste und Beschädigungen von Gütern einzustehen, welche in der Zwischenzeit von dem Uebergange in seine Behandlung bis zur Wiederablieferung eintreten oder von ihm bezw. von seinen Leuten nicht sofort bei Uebernahme der betreffenden Güter der Stationsverwaltung angezeigt worden sind.

Die Aufschreibung der zur Behandlung kommenden Transportmassen erfolgt täglich nach dem wirklichen Gewicht auf Grund der Frachtkarten gemeinschaftlich vom Stationsvorstande und dem Akkordunternehmer. Die hiermit gewonnene Nachweisung wird nach Ablauf einer bestimmten Zeit abgeschlossen und die sich ergebende Gewichtsmenge der Gebührenberechnung zu Grunde gelegt.

Die zur Umladung erforderlichen Ausrüstungsgegenstände, als Ketten, Hebebäume und dergleichen sind vom Unternehmer zu beschaffen; dagegen hat die Eisenbahnverwaltung für Stellung der erforderlichen Krahnvorrichtung zu sorgen.

Zur Sicherung der Eisenbahnverwaltung für alle vom Unternehmer übernommenen Verpflichtungen hat letzterer eine entsprechende Sicherstellung bei der Staatseisenbahn-Hauptkasse zu hinterlegen.

## V. Einrichtungen für den Güter-, Personen- und Gepäckverkehr.

### a) Güterverkehr.

#### 1. im allgemeinen.

Eine wichtige Rolle in der Entwickelung des deutschen Sekundärbahnwesens spielte von Anfang an die Frage, in welcher Weise die Gütertarife derartiger Bahnen und zwar speziell der Schmalspurbahnen zu gestalten seien. Es handelte sich hierbei namentlich darum, ob das für die Hauptbahnen bestehende Tarifsystem mit allen seinen verschiedenen Klassen auf die Sekundärbahnen übertragen werden könne, oder ob nicht statt dessen für die Bahnen dieser Gattung ein einfacheres System zur Einführung zu gelangen habe. Dabei erschien es auch zweifelhaft, ob die für die Hauptbahnen bestehenden allgemeinen Vorschriften über die Anwendung der Tarife sowie über die Genehmigung der Aufsichtsbehörde zu Tarifänderungen, namentlich zu Tariferhöhungen, auch für die Sekundärbahnen beizubehalten seien, oder ob nicht den Bahnen dieser Gattung grundsätzlich die freiere Gestaltung ihrer Tarife — nach Befinden selbst durch Verträge mit Privaten — gestattet werden müsse und nur gegen den etwaigen Missbrauch dieser Freiheit gesetzliche bezw. vertragsmässige Garantien zu beanspruchen seien.

Da die fachmännischen Ansichten, die hierüber laut wurden, zum Theil auseinander gingen, sah sich der Verein Deutscher Eisenbahnverwaltungen im Jahre 1880 veranlasst, diese Angelegenheit in den Kreis seiner Berathungen zu ziehen, und überwies dieselbe zunächst der Kommission für Angelegenheiten des Güterverkehrs zur weiteren Behandlung. Die Vereinsorgane liessen sich hierbei von der Erwägung leiten, dass die Regelung dieser Tariffragen nicht nur formell zur Kompetenz des Vereins gehöre, sondern dass auch die einzelnen Vereinsverwaltungen, von welchen schon damals viele im Besitze derartiger Lokalbahnen sich befanden, ein lebhaftes Interesse an der baldigen und sachgemässen Lösung der noch vorhandenen Zweifelsfragen besässen.

Leider gelangten die Berathungen, welche infolgedessen von der bezeichneten Kommission bezw. der von dieser eingesetzten Subkommission gepflogen wurden, zu keinem bestimmten Abschluss. Gleichwohl hatte aber die vom Verein gegebene Anregung den Erfolg, dass ein sehr umfangreiches und werthvolles Material über diese Frage gesammelt wurde, dessen Benutzung den einzelnen Verwaltungen nachmals von grossem Werth gewesen ist. Auch trugen die wiederholten Berathungen innerhalb der Kommission dazu bei, wenigstens im allgemeinen unter den betheiligten Verwaltungen eine Uebereinstimmung betreffs der bei der Tarifbildung für Sekundärbahnen in Betracht kommenden allgemeinen Gesichtspunkte herbeizuführen.

Es wurde hierbei zunächst anerkannt, dass die Wahl des Tarifsystems — wie dies in den thatsächlichen Verhältnissen selbst begründet ist — für jede einzelne Sekundärbahn an erster Stelle von den im einzelnen Falle vorhandenen technischen Voraussetzungen speziell von der Spurweite abhängig zu machen sei. Bekanntlich stützt sich das in einem grossen Theile des Vereinsgebietes gültige und auch für den internationalen Verkehr mannigfach adoptirte Tarifsystem auf den Grundsatz der Ausnutzung eines Ladegewichtes von 10 000 kg. Hieraus ergiebt sich von selbst, dass auf solchen Linien, wo Wagen von 10 000 kg nicht verkehren können, auch das normale Tarifschema nicht eingeführt werden kann. In der Regel wird dieser Fall aber bei allen schmalspurigen Bahnen eintreten; für solche Bahnen kann mithin die Annahme des Tarifsystems der Hauptbahn gemeinhin nicht in Frage kommen.

Anders liegen die Verhältnisse bei Sekundärbahnen mit voller Spurweite. Hier wird präsumtiv die gedachte Voraussetzung — nämlich die Verwendbarkeit von Wagen zu 10 000 kg Ladegewicht — immer vorhanden sein, da die volle Spur erfahrungsgemäss in der Hauptsache vorzugsweise zu dem Zwecke gewählt wird, um den Uebergang der Fahrbetriebsmittel zwischen Haupt- und Nebenbahn zu ermöglichen. Im allgemeinen kann also für derartige Bahnen gesagt werden, dass dieselben das Tarifsystem der Hauptbahnen einführen können, nicht einführen müssen.

Hiernächst war — wie auch bei den Berathungen innerhalb der Vereinskommission allseitig anerkannt wurde — vor allem darauf Gewicht zu legen, dass auch rücksichtlich der vollspurigen Nebenbahnen kein bestimmtes, ein für allemal bindendes Tarifsystem statuirt werde. Denn die Nothwendigkeit, sich den individuellen Verhältnissen der von der Bahn erschlossenen und durchzogenen Landschaft nicht nur in technischer, sondern auch in merkantiler Hinsicht anzuschliessen, folgt so sehr aus dem Charakter der Sekundärbahn, dass ein Zwang betreffs einheitlicher Regelung der Tariffrage dem Zwecke und der Aufgabe solcher Bahnen direkt entgegenlaufen würde.

Die Entscheidung der Frage, ob die vollspurige Sekundärbahn das System der Hauptbahn annehmen solle oder nicht, ist hiernach zunächst immer von dem Charakter und der geographischen Lage der einzelnen Bahnlinie abhängig zu machen. Ist die Bahn hauptsächlich bestimmt, direkte Verkehrsbeziehungen mit der Hauptbahn zu vermitteln und schliesst sie unmittelbar an die Hauptbahn an oder verbindet sie sogar zwei Hauptbahnen miteinander, so wird die Einführung des allgemeinen Tarifsystems und der allgemeinen Tarifvorschriften immer die grosse Regel zu bilden haben. Denn was für den Durchlauf des Wagens spricht, das spricht auch für die durchgehende Berechnung des durchlaufenden Wagens.

Neben dieser Regel können aber Fälle vorkommen, wo auch die vollspurige Sekundärbahn trotz des direkten Anschlusses an die Hauptbahn doch mehr den Charakter einer blossen Zweiggleisanlage trägt, und aus diesem Grunde die Annahme des komplizirten allgemeinen Tarifsystems nicht angezeigt erscheint. Für solche Fälle sowie auch dann, wenn ein direkter Anschluss an die Hauptbahn nicht besteht, noch auch zu erwarten ist, ist die Frage betreffs Annahme des Tarifsystems je nach den Verhältnissen des einzelnen Falles zu entscheiden.

Anders gestaltet sich die Frage bei schmalspurigen Sekundärbahnen, da hier — wie erwähnt — Wagen von 10 000 kg Ladegewicht, wie solche das Tarifsystem der Hauptbahn voraussetzt, nicht vorhanden sind, oder wo dies ausnahmsweise der Fall sein sollte, doch nicht auf eigenen Rädern auf die Hauptbahn übergehen können. Hier ist also die Annahme eines abweichenden Tarifsystems geboten und zwar ist die Entscheidung über die Natur dieses Tarifschemas sowie namentlich auch über die Höhe der einzurechnenden Einheitssätze in noch höherem Maasse als sonst von den besonderen Verhältnissen des einzelnen Falles abhängig zu machen. Als allgemeines Erforderniss ist nur aufzustellen, dass das zu wählende Schema einerseits thunlichst einfach, andererseits aber mit Rücksicht auf die Beziehungen zur Hauptbahn mit dem allgemeinen Tarifschema unschwer vereinbar sei. Aus diesem Grunde ist auch bei allen deutschen Schmalspurbahnen das Ladegewicht der Güterwagen zumeist auf je 5 000 kg bemessen worden, so dass zwei Wagenladungen der Schmalspurbahn in der Regel zu einer Wagenladung der Hauptbahn von 10 000 kg und umgekehrt vereinigt werden, und die einfachen Ladungen zu 5 000 kg, die für dieses Gewicht vorgesehenen Tarifklassen nicht nur der Schmalspurbahnen, sondern auch der Hauptbahnen geniessen können. Für sperrige Güter sind bei einzelnen deutschen Schmalspurbahnen auch Wagen mit einem Ladegewicht von 7 500 kg beschafft worden.

### 2. Gütertarife der sächsischen Sekundärbahnen.

In wesentlicher Uebereinstimmung mit den vorstehend entwickelten allgemeinen Gesichtspunkten ist die Frage betreffs des für die sächsischen Schmalspurbahnen anzunehmenden Tarifschemas in jedem einzelnen Fall besonders erörtert und entschieden worden.

Es war hierbei die Ueberzeugung maassgebend, dass die Bahnen untergeordneter Bedeutung ihren Zweck, verkehrsärmeren Gegenden die Wohlthaten einer besseren Verbindung mit den Hauptbahnen zu verschaffen, nur dann erfüllen können, wenn sich die Verwaltung die Füglichkeit vorbehält, den eigenartigen Verhältnissen der einzelnen Sekundärbahnen nöthigen Falls auch in tarifarischer Hinsicht möglichst Rechnung zu tragen. Dabei wurde für die Bemessung der Tarifhöhe der leitende Grundsatz aufgestellt, dass hierbei einmal die Menge des zu erwartenden Verkehres, sodann aber auch die Höhe der Beförderungskosten auf dem mit der Bahn im einzelnen Falle konkurrirenden Verkehrswege (Landstrasse, Wasserweg) in Berücksichtigung zu ziehen sei.

Demgemäss ist für die im Betrieb befindlichen vollspurigen Sekundärbahnen das allgemeine Tarifschema der Hauptbahn zur Annahme gelangt. Für Linien solcher Art stellte sich diese Modalität als die vortheilhafteste heraus; auch boten die Betriebs- und Verkehrsverhältnisse, die bei den vollspurigen Sekundärbahnen in Betracht kamen, keinen Anlass, von den für den Güterverkehr im allgemeinen maassgebenden Grundsätzen abzuweichen, wie denn auch schon in Rücksicht auf den zwischen diesen Linien und den Hauptbahnen stattfindenden Wagenübergang, sowie die nicht zu vermeidende Erstellung direkter Tarife für gewisse Transportartikel das Festhalten an den allgemeinen tarifarischen und reglementären Vorschriften besonders wünschenswerth erscheinen liess.

Bei Bearbeitung der Schmalspurbahntarife war, was die äussere Form anlangt, hauptsächlich Werth darauf zu legen, dass die Berechnung der Schmalspurbahntaxen mit derjenigen für die Tarife der anschliessenden Vollspurbahnen in leichter und übersichtlicher Weise zu vereinigen sei. Um dies zu erreichen, wurden die Tarife so konstruirt, dass immer eine Klasse des Schmalspurbahntarifs mit einer oder mehreren Klassen des Vollspurbahntarifs korrespondirt, z. B. Klasse A des Schmalspurbahntarifs mit den Klassen A[1] und B des Hauptbahntarifs, die Specialtarife I, II, III der Schmalspurbahn (für Sendungen von 5 000 kg) mit den gleichnamigen Specialtarifen der Hauptbahnen (für Sendungen von 10 000 kg) und der Klasse A[2] der Hauptbahnen (für Sendungen von 5 000 kg).

(Siehe hierüber auch nachstehend unter „Tarifklassen".)

Rücksichtlich der Höhe der für die einzelnen Schmalspurbahnen eingerechneten Taxen kommen mehrfache Verschiedenheiten in Betracht. Die Staatsbahnverwaltung hielt es im allgemeinen für richtig und im Interesse der gleichmässigen Beachtung aller Landestheile für angemessen, bei der Konstruktion der Tarife auch hier von gleicher Grundlage auszugehen und dieselbe nur insoweit zu verlassen, als zwingende Rücksichten der oder jener Art hierzu Veranlassung gaben. Eine solche Rücksicht lag namentlich bei den schmalspurigen Eisenbahnlinien Döbeln (Grossbauchlitz)-Mügeln-Oschatz, Mügeln-Nerchau=Trebsen und Oschatz-Strehla sowie Wilkau-Kirchberg-Wilzschhaus vor, auf deren Tarife die Sätze der dasselbe Verkehrsgebiet durchziehenden und dieselben Endpunkte — Döbeln-Oschatz-Nerchau=Trebsen und Wilkau-Wilzschhaus — verbindenden Hauptbahnen nicht ohne wesentlichen Einfluss bleiben konnten. Bei den übrigen Schmalspurbahnen — einschliesslich der geographisch gleichfalls zwei Hauptlinien verbindenden Strecke Taubenheim-Dürrhennersdorf — ist es bisher möglich gewesen, den zum Ausdruck gekommenen lokalen Bedürfnissen in Form von Ausnahmetarifen Rechnung zu tragen. Hierin ist der Grund zu erblicken, warum für den grössten Theil der zeither dem Betrieb übergebenen Schmalspurlinien dieselben Einheitssätze Anwendung finden konnten. Die näheren Modalitäten werden weiter unten erwähnt werden.

Hiernach sind die

### Tarifklassen

folgendermaassen geordnet worden:

1. die allgemeinen Wagenladungsklassen A¹ und B des Hauptbahntarifs sind zu einer allgemeinen Wagenladungsklasse (A) verschmolzen worden. Die Klasse A kommt zur Anwendung bei Aufgabe von 5 000 kg auf einen Wagen oder Frachtzahlung für dieses Gewicht;

2. die Specialtarife I, II und III, sowie der Ausnahmetarif für Holz gelten bei Aufgabe von 5 000 kg auf einen Wagen oder Frachtzahlung für dieses Gewicht;

3. die Tarifklasse A² des Normaltarifs fällt aus;

4. die Eilgutklasse der Vollspurbahnen ist in den Tarifen der Schmalspurbahnen — da hier eine Güterbeförderung mit reinen Personenzügen in Ermangelung derartiger Zugverbindungen nicht stattfindet — überhaupt in Wegfall gelangt. Für Güter mit Eilfrachtbriefen wird die Fracht, wie für Güter mit gewöhnlichem Frachtbriefe berechnet.

Die

### Tarifbildung

erfolgt nach Analogie des Hauptbahntarifs durch Zusammenstossung eines Strecken-Frachtsatzes für das Kilometer und 100 kg sowie einer Abfertigungsgebühr. Dabei wird — was den Verkehr mit der Hauptbahn betrifft — die Gebühr für die bahnseitig zu besorgende Umladung in den Tarifsätzen selbst mit berücksichtigt und zwar in der Weise, dass für Wagenladungen eine den Selbstkosten entsprechende Gebühr von 0,02 Mark für 100 kg, von der nur bei Ausnahmetarifen abgewichen werden darf, eingerechnet wird. Diese Berechnungsweise bietet den Vortheil, dass für den Uebergangsverkehr zwischen Voll- und Schmalspurbahn nur Transitsätze für die Uebergangsstation der Nebenbahn zu bilden sind, die Sätze der Hauptbahn aber ganz unverändert bleiben können. Die Sätze der Anschlussstation der Hauptbahn gelten ohne weiteres auch für den Transitverkehr, indem die Hälfte der Abfertigungsgebühr der Schmalspurbahn zugeschieden wird. Der Transitsatz der Schmalspurbahn aber wird gebildet auf Grund der für diese geltenden Einheitssätze zuzüglich der Umladegebühr. Für Stückgüter gelangt eine Umladegebühr nicht zur Einrechnung, weil Umladung von Stückgütern auch im Verkehr von Vollspurbahn zu Vollspurbahn — soweit eine solche aus betrieblichen Gründen nöthig — unentgeltlich besorgt wird.

### Tarifsätze.

Bei Beurtheilung der Frage, in welcher Höhe die für die Schmalspurbahnen zu erstellenden Tarifsätze zu bemessen seien, waren die bereits oben besprochenen Verhältnisse in Betracht zu ziehen. Man gelangte dazu, als Regel folgende Grundsätze anzunehmen: Die Sätze für Stückgut wurden, da für diese Tarifklasse in den Verhältnissen des Schmalspurbetriebs kein Moment vorhanden ist, welches eine Abweichung von den allgemein giltigen Normen angezeigt erscheinen liesse, in derselben Höhe bemessen, wie bei den Vollspurbahnen. In Betreff der Wagenladungsklassen hatten nach den oben entwickelten allgemeinen Tarifgrundsätzen verschiedene Sätze in Betracht zu kommen und zwar:

a) für die allgemeine Wagenladungsklasse,
b) für die Güter des Specialtarifs I,
c) „ „ „ „ „ II,
d) „ „ „ „ „ III sowie
e) „ „ „ „ Ausnahmetarifs für Holz.

Ein Frachtunterschied zwischen den Gütern der allgemeinen Wagenladungsklasse und der Specialtarife sowie des Ausnahmetarifs für Holz rechtfertigte sich schon durch den wesentlich höheren Werth der ersteren, sowie durch die erhöhte Leistung und Haftpflicht der Eisenbahnverwaltung, welche bei Gütern der zuerst gedachten Art Platz greift (Beförderung in bedeckt gebauten Wagen).

Für die allgemeine Wagenladungsklasse A wurde der Durchschnitt zwischen den regulären Taxen der Klasse A$^1$ und B des Normaltarifs =

|  |  |
|---|---|
| | 0,635 Pfennige |
| für Specialtarif I ein Einheitssatz von . . . . 0,50 „ |
| „ „ II „ „ „ . . . . 0,40 „ |
| „ „ III „ „ „ . . . . 0,30 „ |
| „ Ausnahmetarif 1 (Holz) ein Einheitssatz von 0,30 „ |

für 100 kg

als Grundlage angenommen. Als Abfertigungsgebühren werden im allgemeinen diejenigen der vollspurigen Linien (für den Binnenverkehr) eingerechnet. Wo mit Rücksicht auf die Tarife konkurrirender Hauptbahnlinien, wie bei den Linien Döbeln-Mügeln-Oschatz, Mügeln-Nerchau=Trebsen und Oschatz-Strehla sowie Wilkau-Kirchberg-Wilzschhaus auf Erhöhungen zuzukommen war, ist dies in den Sätzen der Schmalspurbahn zum Ausdruck gebracht worden. Wo jedoch im Hinblick auf örtliche Absatz- und Verkehrsbedürfnisse Ermässigungen geboten erschienen, sind solche, wie bereits oben angedeutet, in Form von Ausnahmetarifen durchgeführt worden. Besondere direkte Gütertarife waren dem Gesagten zufolge für die sächsischen Schmalspurbahnen nicht zu erstellen. Denn da die Sätze der Uebergangsstation der Hauptbahn ganz unberührt bleiben und auch im Verkehre mit Stationen der Schmalspurbahn im vollen Betrage — unter Zusammenstossung mit den Transitsätzen der Schmalspurbahn — zur Erhebung kommen, so erledigte sich die Erstellung direkter Schmalspurbahnsätze für den Uebergang im Lokal- und Verbandsverkehre.

Für die Erhebung der Nebengebühren sind die jeweilig für die sächsischen Staatsbahnen im allgemeinen geltenden Sätze in der Hauptsache auch für die Schmalspurbahnen angenommen worden.

### 3. Verkehrsordnung und Zusatzbestimmungen.

In Ansehung der in den Güterverkehren der Schmalspurbahnen anzuwendenden reglementären Bestimmungen gelten als Norm die allgemeinen Vorschriften der Verkehrsordnung für die Eisenbahnen Deutschlands, sowie die für die vollspurigen sächsischen Staatsbahnen jeweilig geltenden allgemeinen und besonderen Bestimmungen. Ausnahmen hiervon sind nur da zulässig erachtet, wo solche durch die besonderen Verhältnisse der Schmalspurbahnen und namentlich durch die schmale Spurweite selbst geboten sind. Als Ausnahmen solcher Art sind vorzugsweise folgende Bestimmungen zu erwähnen:

#### Zu § 42 der Verkehrsordnung.

Die Beförderung von Leichen im Uebergangsverkehre nach und von der Hauptbahn erfolgt nur, wenn die Umladung von den Begleitern besorgt wird.

#### Zu §§ 44—46.

Wilde Thiere werden auf der Schmalspurbahn überhaupt nicht und Vieh in Wagenladungen nur insoweit zur Beförderung angenommen, als sich die vorhandenen Wagen und Verladeeinrichtungen hierzu eignen, und die Umladung der von und nach Stationen der Hauptbahn zur Beförderung kommenden Sendungen von den Viehbegleitern besorgt wird. Vieh ohne Begleitung wird zur Beförderung nicht zugelassen. Gestellung besonders eingerichteter Stallungswagen findet nicht statt.

#### Zu § 50.

Ausgeschlossen von der Beförderung sind alle in der Anlage B der Verkehrsordnung für die Eisenbahnen Deutschlands unter lfdr. No. XXXVI aufgeführten explodirbaren Gegenstände, ferner untheilbare Lasten (z. B. Dampfkessel), zu deren Beförderung die Wagen der Schmalspurbahn nicht die erforderliche Tragkraft besitzen oder sonst ungeeignet sind.

Unverpackte Güter, deren Umladung mit besonderen Schwierigkeiten verbunden ist, z. B. loses Topfgeschirr, Glas, Stroh und Heu, können auf der Schmalspurbahn von dem Uebergangsverkehr nach der Hauptbahn zurückgewiesen werden; auch ist die Staatseisenbahnverwaltung berechtigt, solche anderwärts nach der Schmalspurbahn aufgegebene Güter den Adressaten auf der Uebergangsstation zur Verfügung zu stellen.

Die Beförderung von Eisenbahnfahrzeugen, sowie von Fahrzeugen, die nach den für die Hauptbahn giltigen Bestimmungen bei der Gepäckabfertigung aufgegeben werden, ist ausgeschlossen. Fahrzeuge, für welche die Fracht nach den Bestimmungen des Güterverkehrs zu berechnen ist, werden dagegen insoweit zur Beförderung angenommen, als sich die Wagen der Schmalspurbahn hierzu eignen.

### Zu §§ 51, 52 und 56.

Eilfrachtbriefe begründen für die schmalspurige Bahn keine anderen Ansprüche auf Annahme, Abfertigung, Beförderung und Auslieferung wie für gewöhnliches Frachtgut.

### Zu § 63.

Die Lieferfrist für Güter aller Art auf der Schmalspurbahn ist die nämliche wie auf der Hauptbahn für gleiche Entfernungen.

Im Uebergangsverkehre ist die Lieferfrist nach der Gesammtentfernung zu ermitteln mit der Maassgabe, dass für Wagenladungen wegen der nöthigen Umladung die Frist um einen Tag verlängert wird und die Lieferfrist während der Sonn- und Feiertage ruht, falls aus ihrem Anlass das Umladen Aufschub erleidet.

### Zu §§ 66 und 68.

Wegen Avisirung und Zuführung der Eilgüter gilt die Ausnahmebestimmung zu § 56.

Trotz der vorhandenen Schwierigkeiten ist es doch für angezeigt gehalten worden, die Schmalspurbahnen dem internationalen Uebereinkommen über den Eisenbahn-Frachtverkehr zu unterstellen (Oktober 1893). Hierfür war hauptsächlich die Erwägung maassgebend, dass die auf die Schmalspurbahnen angewiesenen Interessenten bei dem Ausschlusse des internationalen Uebereinkommens vielfach ungünstiger gestellt worden wären, als die Adjacenten der vollspurigen Linien.

#### 4. Güterabfertigung.

Das Abfertigungsverfahren im Güterwesen regelt sich auch auf den Schmalspurbahnen im allgemeinen nach denselben Grundsätzen, welche für die Güterabfertigung auf den sächsischen Staatsbahnen überhaupt maassgebend sind. Nur in einigen Beziehungen sind mit Rücksicht auf die beschränktere Personalausstattung der Schmalspurbahnen Vereinfachungen durchgeführt worden, die jedoch vorwiegend blos den Wegfall gewisser, nicht unbedingt nothwendiger Formular- und Registerführungen rein interner Natur betreffen und mithin dem Publikum gegenüber überhaupt nicht zur Erscheinung kommen. Wesentlichere Abweichungen von dem allgemeinen Verfahren sind nur für diejenigen Haltestellen angenommen worden, deren Dienst nicht von Beamten, sondern von hiermit vertragsmässig beauftragten Privatleuten — Güteragenten — besorgt wird. Hier erschien es nothwendig, sowohl betreffs der Aufgabe als auch der Auslieferung der Güter ein besonders einfaches Verfahren festzusetzen, welches — gegenüber den naturgemäss ziemlich komplizirten Vorschriften der Verkehrsordnung und der allgemeinen Geschäftsanweisungen — die expeditionelle Thätigkeit des Agenten auf das zulässig niedrigste Maass beschränkt. Das Verfahren regelt sich hiernach auf solchen Haltestellen im allgemeinen folgendermaassen:

Das zur Aufgabe kommende Gut ist vom Güteragenten ordnungsgemäss zu übernehmen und der Frachtbrief in der gewöhnlichen Weise abzustempeln. Eine Kartirungsbefugniss steht dem Agenten nicht zu; er hat vielmehr die Frachtbriefe in unverschlossenem, durch das Zugpersonal zu befördernden Briefumschlage derjenigen Station zuzustellen, welche die Kartirung der Güter für die Haltestelle vorzunehmen hat. Diese Kartirungsstationen wurden von Haus aus für die einzelnen Haltestellen besonders bestimmt; in der Regel ist die Kartirung Sache der in der Richtung des Transportes zunächst gelegenen Station oder Uebergangsstation.

Bis zur Kartirungsstation dienen die Frachtbriefe als Begleitpapier.

Kommen Sendungen zwischen Haltestellen der Schmalspurbahnen untereinander ohne Berührung einer Station vor, so müssen gleichwohl die Frachtbriefe der vorgeschriebenen Kartirungsstation zugestellt werden. Die Kartirung wird diesfalls auf der der Bestimmungshaltestelle nächstgelegenen Station vorgenommen und zwar unter Bezeichnung der Transportstrecke, für welche die Frachtberechnung zu erfolgen hat.

Die Frachten werden stets zu Lasten der zuständigen Station berechnet, erfolgt die Bezahlung auf einer Haltestelle, so wird letztere mit der Kassirung durch Avise beauftragt.

Güter nach Haltestellen von einer Station werden mittelst Begleitscheins, aus welchem der Agent u. a. auch ersehen kann, welchen Betrag er vom Empfänger des Gutes einzuheben hat, abgefertigt. Die zugehörige Frachtkarte geht aber an die zuständige Station. Die Auslieferung des Gutes an den Empfänger erfolgt auf den Haltestellen durch den Güteragenten gegen Einhebung der auf dem Frachtbrief haftenden Spesen. Dabei hat der Empfänger im Quittungsbuche der Haltestelle über den Empfang des Gutes schriftliche Quittung zu leisten.

Aus allen Frachtkarten muss die Beförderungsstrecke, für welche die Frachtberechnung stattfindet, also auch die Empfangsstelle des Gutes, ersichtlich sein.

Die einkassirten Gelder hat der Agent an die zuständige Station (gewöhnlich diejenige, an welcher der Bahnverwalter seinen Sitz hat) und zwar alltäglich abzuliefern. Dieser Station ist jederzeit aus den Karten, durch welche sie mit den Beträgen belastet wird, genau bekannt, was der Agent abzuliefern hat.

Die allgemeine Beschränkung, dass für alle von Stationen nach Haltestellen gehenden Güter Vorausbezahlung der Fracht u. s. w. (Frankatur) verlangt werden kann, und dass die von Haltestellen abgehenden Güter in der Regel nur unfrankirt und ohne Nachnahmebelastung angenommen werden, gilt auch für die Haltestellen der Schmalspurbahnen.

Insoweit Ausnahmen hiervon statthaft sind, wie z. B. rücksichtlich der reglementmässig dem Frankaturzwange unterliegenden Sendungen (nach der Hauptbahn und weiter) erfolgt die Regulirung durch direktes Einvernehmen zwischen der Haltestelle und der vorgesetzten Station, für Frankaturbeträge z. B. in der Art, dass die Uebergangs- (Anschluss-) Station der betreffenden Haltestelle eine Rechnung zur Einkassirung zustellt und sich durch Nachnahme auf die zuständige (d. i. die der Haltestelle vorgesetzte) Station Deckung verschafft.

Im Gegensatz hierzu besteht für die Binnenverkehre der Schmalspurbahnen die Bestimmung, dass hier die Vorschriften über Frankaturzwang keine Anwendung zu finden haben. Es kann deshalb solchenfalls die Annahme der franko gestellten und der mit Nachnahme belasteten Sendungen abgelehnt werden.

Spezielle Nachweise u. s. w. für die Hauptverwaltung hat der Güteragent überhaupt nicht anzufertigen. Seine Thätigkeit in dieser Richtung beschränkt sich auf die Führung eines Verzeichnisses über die aufgegebenen Sendungen, welches nach Monatsschluss an die Verkehrskontrole II — behufs vorschriftsmässiger Prüfung der Frachtberechnung — einzureichen ist. Die vorschriftsmässige Rapportirung der Karten ist Sache der zuständigen Stationen.

Die Abrechnung zwischen dem Agenten und der zuständigen Station hat dekadenweise, vor Ablauf einer Dekade aber dann zu erfolgen, wenn und sobald Fracht und Spesenbeträge, für welche er vertragsmässig der Bahnverwaltung aufzukommen hat, bis zur Höhe der bestellten Kaution angewachsen sind.

Alle an einer Schmalspurbahn belegenen Stationen — welchen in diesem Sinne auch die mit einem Beamten besetzten Haltestellen mit Kartirungsbefugniss und selbstständiger Kassenführung beizählen — liefern die Einnahmen an diejenige Station ab, an welcher der Bahnverwalter seinen Sitz hat. Der Bahnverwalter stellt die Einnahmen in die Abrechnung ein und liefert die Gelder zur Hauptkasse ab.

Eine Ausnahme hiervon machen nur die Anschlussstationen an die Hauptbahn, welche mit der Hauptkasse selbstständig abrechnen.

Im Uebergangsverkehr der Schmalspurbahnen nach den Verkehrsstellen der Hauptbahn findet direkte Kartirung von Gütern auf Grund der zusammenzustossenden Transitfrachttarife der Schmalspurbahn und der Frachttarife für die Uebergangsstationen zur Hauptbahn statt.

Bezüglich der von Güteragenten bedienten Haltestellen hat jedoch die Kartirung nicht durch diese, sondern — in analoger Weise wie im Binnenverkehr der Schmalspurbahn durch die im einzelnen Fall besonders vorgeschriebene Kartirungsstation — durch Vermittelung der Uebergangsstation mit ab Haltestelle zu datirenden Frachtkarten zu erfolgen.

Die nach den zusammengestossenen Tarifsätzen sich ergebenden Frachten (Stückgut- oder Wagenladungsfracht) werden in der Regel in einer Summe auf den Frachtkarten vermerkt. Nur dann, wenn infolge besonderer Umstände — wie z. B. in dem Falle, wenn auf der Schmalspurbahn infolge der Beschaffenheit des Gutes mehr Wagen zu einer Frachtbriefsendung zu verwenden waren, als zur Erlangung der Wagenladungsfracht statthaft ist — die Frachtberechnung auf Hauptbahn und Schmalspurbahn nicht nach gleichen, bezw. den einander entsprechenden Klassen zu bewirken ist, muss die Fracht für beide getrennt berechnet und in der Karte angegeben werden, wenn nicht zur Vermeidung von Rapportirungsschwierigkeiten in diesem Falle überhaupt indirekter Kartirung der Vorzug gegeben wird.

Direkte Tarifsätze zwischen den einzelnen Schmalspurbahnen unter sich bestehen ebenso wenig, wie zwischen den Schmalspurbahnen und aussersächsischen Stationen; es erfolgt diesfalls vielmehr durchweg Umkartirung in der Uebergangsstation unter Anwendung der gewöhnlichen Transitsätze für die Schmalspurlinien. Die Vorfracht ist in diesen Fällen bei der Weiterkartirung ab Uebergangsstation als Nachnahme in Ansatz zu bringen.

### b) Personen- und Gepäckverkehr.

#### 1. Personentarife im allgemeinen.

Während nach den vorstehenden Ausführungen die Entscheidung darüber, ob für den Güterverkehr der Schmalspurbahnen das allgemeine Tarifsystem Anwendung zu finden habe, auf die verschiedenartigsten Gesichtspunkte Rücksicht zu nehmen war, gestaltete sich diese Frage in Ansehung des Personenverkehrs von vornherein bei weitem einfacher. Die Leistung der Eisenbahn auf dem Gebiete der Personenbeförderung bleibt sich im wesentlichen gleich, mag nun die Beförderung auf der vollspurigen Bahn oder auf der Schmalspurbahn stattfinden, und weder die Bauart der Fahrbetriebsmittel noch auch die Anschlussfrage sind an sich geeignet, in dieser Beziehung eine unterschiedliche Behandlung der Interessenten zu rechtfertigen. Die alleinigen Unterschiede, die zwischen der Beförderung auf der Vollspurbahn und derjenigen auf der Schmalspurbahn in der hier fraglichen Hinsicht obwalten, bestehen darin, dass dem Reisenden auf der Schmalspurbahn infolge räumlicher Beschränktheit und einfacherer Ausstattung der Wagen in der Regel ein geringeres Maass an Bequemlichkeit geboten werden kann, wie in den Abtheilen der Hauptbahnen, sowie dass die Fahrgeschwindigkeit auf den Schmalspurstrecken eine geringere zu sein pflegt, als auf den vollspurigen Eisenbahnlinien, wenigstens soweit diese als Hauptbahnen betrieben werden. Die Ausnutzung der Personenwagen auf den Schmalspurbahnen ist — obwohl hier im allgemeinen kürzere Reisestrecken in Betracht kommen, als auf den Hauptbahnlinien — im Durchschnitt doch keine geringere als auf den vollspurigen Linien. Wenigstens haben die bei den sächsischen Staatsbahnen hierüber gesammelten statistischen Erfahrungen dies nachgewiesen.

Waren hiernach aber die Voraussetzungen zu einer grundsätzlichen Erhöhung der Personengeldsätze für die Schmalspurbahnen nicht vorhanden, so konnte nur die Frage entstehen, ob etwa mit Rücksicht auf die Verhältnisse des konkreten Falles bei der einzelnen Schmalsburbahn erhöhte Personentarife zu erstellen seien. Dieser Fall wird dann eintreten, wenn nach den obwaltenden Verkehrsumständen für die einzelne Linie eine so geringe Personenfrequenz zu erwarten steht, dass bei Aufrechterhaltung der gewöhnlichen Fahrgeldsätze eine befriedigende Rentabilität — entweder im allgemeinen oder auch nur in Ansehung der Personenbeförderung — voraussichtlich nicht zu erreichen wäre. Unter dieser Voraussetzung muss die Eisenbahnverwaltung zweifellos als berechtigt angesehen werden, ihr finanzielles Interesse durch Einstellung höherer Einheitssätze auch für den Personenverkehr zu wahren; doch hängt diese Frage weder mit der Bauart noch mit der Betriebsweise der einzelnen Bahnen zusammen, sie ist lediglich allgemein-ökonomischer Natur und kann unter der angegebenen Voraussetzung auch bei primär betriebenen Linien entstehen, wennschon die hier vorliegenden Verkehrsbedingungen — wenigstens was die grösseren Durchgangslinien betrifft — ein derartiges Vorgehen seltener rechtfertigen mögen, wie bei den Lokalbahnen.

## 2. Personentarife der sächsischen Schmalspurbahnen.

Für die sächsischen Schmalspurbahnen kamen zeither derartige Rücksichten — welche die Einstellung höherer Personeneinheitssätze bedingt hätten — nicht in Betracht, da sämmtliche im Betrieb befindliche Schmalspurstrecken von Anfang an die Vorbedingungen einer genügenden Personenfrequenz aufwiesen und zwar in einem Umfange, der hinter dem Durchschnittsverkehre der Hauptbahnlinien nicht zurückbleibt. Im Gegentheil zeichnet sich die Mehrzahl der sächsischen Schmalspurbahnen durch einen besonders entwickelten Personenverkehr aus, was einestheils auf die landschaftlichen Eigenschaften der von diesen Linien durchzogenen Gegenden, anderntheils auf die Nähe grösserer Verkehrsplätze zurückzuführen ist.

Mit Rücksicht auf diese Verhältnisse wurden für sämmtliche sächsische Schmalspurbahnen die normalen Personeneinheitssätze angenommen; dieselben beziffern sich folgendermaassen:

|  | für die Person und das Kilometer | | |
|---|---|---|---|
|  | II. Kl. | III. Kl. | Militärpersonen |
| bei einfachen Personenzugkarten . . . | 6 Pfennige | 4 Pfennige | 1¹/₂ Pfennige |
| „ Rückfahrkarten . . . . . . . . . | 8 „ | 5¹/₃ „ | — |

für Hundefahrkarten 1¹/₂ Pfennige für das Kilometer.

Ebenso ist für den Gepäckverkehr der normale Einheitssatz, nämlich

für je 10 kg zahlungspflichtiges Gepäck 0,₅₃₃ Pfennig

eingerechnet worden.

Abweichend hiervon stellen sich die Personeneinheitssätze für die von der sächsischen Staatseisenbahnverwaltung mitbetriebenen Privat-Schmalspurbahnen Zittau-Oybin und Bertsdorf-Jonsdorf, nämlich:

|  | für die Person und das Kilometer | |
|---|---|---|
|  | II. Kl. | III. Kl. |
| bei einfachen Personenzugkarten . . . | 8 Pfennige | 5 Pfennige |
| „ Rückfahrkarten . . . . . . . . . | 10,₆₇ „ | 6,₆₇ „ |

### 3. Verkehrsordnung und Zusatzbestimmungen.

Die Abweichungen des Schmalspurbahnbetriebes auf dem Gebiete der Personenbeförderung zeigen sich hauptsächlich in dem Wegfall der ersten und vierten Wagenklasse, in dem Wegfall besonderer Frauenkoupees und Nichtraucherkoupees — Koupees dieser letzteren Art sind nur insoweit zur Verfügung zu halten, als in den Zügen der Schmalspurbahnen mehrere Wagen oder Koupees zweiter oder dritter Klasse geführt werden — sowie in der thunlichsten Beschränkung der Verausgabung direkter Fahrkarten von und nach Stationen der Schmalspurbahnen.

Dass dem Publikum bei den Hauptbahnen gerade in der Klassenfrage sehr weitgehende Zugeständnisse gemacht worden sind, bedarf keiner näheren Begründung. Fast alle Eisenbahnverwaltungen haben die Erfahrung gemacht, dass die bestehenden Abstufungen selbst auf den verkehrsreicheren Linien über das thatsächliche Bedürfniss hinaus gehen, und dass namentlich auf denjenigen Strecken, wo auch die vierte Wagenklasse verkehrt, von einer auch nur annähernden Ausnutzung der oberen Klassen nicht die Rede ist. Die nachtheiligen Folgen, welche hiermit für das Erträgniss der einzelnen Eisenbahnlinien verknüpft sind, liegen auf der Hand und es bedarf nur eines Blickes auf die statistischen Nachweisungen über die Ausnutzung der Fahrbetriebsmittel im Personenverkehre, um sich von dem in dieser Richtung bestehenden Missverhältniss zu überzeugen.

Allerdings sprechen Gründe dafür, dass beim Eisenbahntransporte auf die Bequemlichkeit und das Wohlbefinden des Publikums auch in der hier fraglichen Beziehung mehr Rücksicht genommen werde, als dies bei anderen Transportanstalten, wie z. B. dem Omnibus- und Pferdebahntransporte, geschieht und geschehen kann. Doch ist zu beachten, dass diejenigen Rücksichten, die hierbei vorzugsweise in Betracht kommen, bei den Schmalspurbahnen — schon infolge der durchschnittlich kürzeren Fahrtdauer und des Wegfalls der Nachtfahrten — in weitaus geringerem Maasse vorliegen, wie bei den Hauptbahnen. Dies war der Grund, warum bei den sächsischen Schmalspurbahnen, ebenso wie bei den meisten übrigen deutschen Bahnen dieser Gattung, von Einstellung nicht nur der ersten Wagenklasse, sondern auch besonderer Frauen- und — unter gewissen Voraussetzungen — auch der Nichtraucherkoupees Abstand genommen worden ist.

Ebenso verkehren auf den sächsischen Schmalspurbahnen keine Personenwagen IV. Klasse. Diese Beschränkung erschien thunlich, weil auf keiner der betreffenden Linien regelmässige Arbeitertransporte, wie solche für die Einrichtung der vierten Wagenklasse ausschliesslich in Betracht kamen, sich bewegen. Auch würde schon mit Rücksicht auf die geringere Höhe und Bodenfläche der Schmalspurpersonenwagen die Beförderung von Personen ohne Sitzgelegenheit — wie dies das eigenartige Merkmal der IV. Wagenklasse ist — zu vielfachen Unzuträglichkeiten für die Reisenden selbst Anlass geben.

Die Einschränkung der direkten Fahrkartensorten ist mit Rücksicht darauf erfolgt, dass der Fahrkartenverkauf auf den sächsischen Schmalspurbahnen — mit Ausnahme der besonders frequenten Verkehrsstellen, wo der Verkauf in der gewohnten Weise durch das Stationspersonal besorgt wird — von dem Zugführer zu bewirken ist, und schon aus diesem Grunde die thunlichste Vereinfachung des Fahrkartenausgabegeschäftes unbedingt nothwendig erschien. Auch kamen hierbei räumliche Gründe in Betracht, weil die Fahrkartenschränke in den Gepäckwagen der Schmalspurbahnzüge, von wo aus der Fahrkartenverkauf besorgt wird, untergebracht werden müssen.

Aus demselben Grunde sind für mehrfache Verkehrsbeziehungen die Fahrkarten für beide Richtungen — nach dem sogenannten Viceversa-System — mit einander verschmolzen worden. Auch werden in einigen Fällen für den Verkehr zwischen mehreren Stationen, die annähernd dieselbe Entfernung von einander aufweisen und mithin gleiche Personengeldsätze bedingen, dieselben Fahrkarten ausgegeben. Die Fahrkarten haben in diesen Fällen beispielsweise folgendes Aeussere:

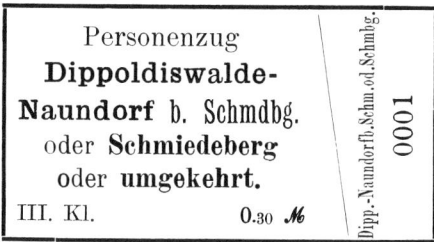

Rückfahrkarten werden auf den sächsischen Schmalspurbahnen ausgegeben und zwar unter Anwendung derselben Preisberechnung wie auf den Hauptbahnen, ebenso finden die allgemeinen Grundsätze über Zeitkarten und Fahrscheinbücher Anwendung.

Für die Personenfahrkarten ist das übliche sogenannte Edmondson'sche Kartensystem angenommen worden; nur für die Beförderung von Militärpersonen werden ebenso wie für den Hundetransport meist Blankokarten verwendet, welche von dem den Fahrkartenverkauf besorgenden Zugführer im einzelnen Falle ausgefüllt werden. Da derartige Transporte — namentlich was die Militärtransporte betrifft — auf den sächsischen Schmalspurbahnen verhältnissmässig nicht allzu häufig vorkommen, lässt sich dieses Verfahren, welches gleichfalls den Zweck der thunlichsten Einschränkung der einzelnen Fahrkartensorten verfolgt, ohne Schwierigkeit durchführen.

Der Gepäcktarif ist dergestalt festgesetzt, dass neben dem Handgepäck — soweit dessen Mitnahme in die Personenwagen nach allgemeinen Grundsätzen zulässig ist — auch die üblichen 25 kg auf jede Fahrkarte frachtfrei befördert werden. Die Aufrundung des zahlungspflichtigen Gewichtes erfolgt in der auch bei den Hauptbahnen üblichen Weise von 10 zu 10 kg.

### 4. Fahrkartenausgabe und Gepäckabfertigung.

Der Fahrkartenausgabe- und Gepäckabfertigungsdienst auf den Schmalspurbahnen — soweit derselbe durch den Zugführer besorgt wird — und die desfallsige Buch- und Kassenführung erfolgt in nachstehender Weise:

Der Bahnverwalter übergiebt dem Zugführer nach jeweiligem Bedarfe einen entsprechenden Vorrath von Fahrkarten, welche der letztere in geordneter Reihenfolge in den im Gepäckwagen befindlichen Fahrkartenschrank einzulegen hat.

Diese Fahrkarten werden in ein getrennt vom Fahrkartenjournal zu führendes „Journal über an den Zugführer ausgehändigte Fahrkarten" eingetragen, dergestalt, dass der Eintrag jeder Zeile von dem Zugführer an Quittungsstelle durch Beischreibung seines Namens bescheinigt werden kann. Beide Journale bilden die Grundlage für die Revision der Fahrkartenbestände und zwar sowohl derjenigen, welche sich noch in der Verwahrung des Bahnverwalters befinden, als auch derjenigen, die vom Bahnverwalter dem Zugführer übergeben worden sind.

4

Den nach der Nummerfolge aus dem Fahrkartenschranke zur Ausgabe kommenden Karten wird das Datum durch Abstempelung mittels der auch auf den Stationen der Hauptbahnen gebräuchlichen Datumpresse aufgedrückt.

Täglich vor Beginn des Zugdienstes wird dem Zugführer das Fahrkartenjournal, worin sämmtliche zur Ausgabe durch ihn bestimmten Fahrkarten von der niedrigsten bis zur höchsten Nummer — also auch die beim Bahnverwalter vorräthigen Karten — enthalten sind, übergeben. Nach Ankunft des letzten Zuges am Sitze der Bahnverwalterei hat der Zugführer das Fahrkartenjournal nach Eintrag der anliegenden Nummern der Fahrkarten mit dem Baarerlös für die während des Tages verkauften Fahrkarten und den Abschnitten von Kinderfahrkarten sowie den verstempelten Fahrkarten und den Stämmen von ausgefertigten Militär- und Hundeblankofahrkarten an den Bahnverwalter abzuliefern, der alsdann das Fahrgeld für die ausgegebenen Karten auf Grund der Einträge im Fahrkartenjournal berechnet. Dieses Journal wird vom Bahnverwalter nach Ablauf eines jeden Monates abgeschlossen und mit einem Rapport über die im gleichen Monat verkauften Karten an die Verkehrskontrole I eingesandt.

Ueber die abgelieferten Fahrkartengelder ertheilt der Bahnverwalter in einem besonderen, in den Händen des Zugführers verbleibenden Buche Quittung.

Die Koupirung der Fahrkarten erfolgt mittels gewöhnlicher Koupirzange mit festeingesetzter Nummer.

Die benutzten Fahrkarten werden durch den Zugführer abgenommen und geordnet an den Bahnverwalter abgeliefert, welcher sie der Verkehrskontrole I in je 10tägigen Zeitabschnitten einzuliefern hat.

Das Gewicht des zu befördernden Reisegepäcks wird Seiten des Zugführers in der Regel durch Schätzung nach dem Augenscheine bez. wo dies Verfahren zur Bestimmung des Gewichts nicht ausreicht, durch Verwiegen auf der in dem Gepäckwagen befindlichen Federwaage festgestellt. Bei der Abfertigung des Reisegepäcks zwischen den Verkehrsstellen der Schmalspurbahn bedient sich der Zugführer eines vereinfachten Gepäckregister-Formulars.

Dieses enthält:

    a) links: den mit fortlaufender Nummer (bis 100) versehenen Stamm;

    b) in der Mitte: den mit gleicher Nummer versehenen, dem Aufgeber des Reisegepäcks einzuhändigenden, bei Auslieferung des letzteren aber wieder abzunehmenden Gepäckschein;

    c) rechts: die in vierfacher Anzahl vorhandenen, mit der Nummer des Stammes und Gepäckscheins übereinstimmenden, auf der Rückseite gummirten Beklebenummern, welche der Zugführer auf die betreffenden Gepäckstücke aufklebt.

Zur Abfertigung des Reisegepäcks nach den Stationen der Hauptbahnen bedient sich der Zugführer des auf letzteren gebräuchlichen Gepäckregister-Formulars.

Am Tagesschluss liefert der Zugführer die ausgefertigten Stammnummern und die abgenommenen Gepäckscheine, sowie die vereinnahmte Fracht an den Bahnverwalter gegen Quittungsvermerk ab.

Der letztere trägt in die hierfür vorgeschriebenen Formulare

    a) den Verkehr zwischen den Verkehrsstellen der Schmalspurbahn unter einander, sowie

    b) den Verkehr von den Verkehrsstellen der Schmalspurbahn nach der einbezogenen Hauptbahnstation

tageweise ein und liefert dann am Monatsschlusse die in dieser Weise ausgefüllten und durch Addiren abgeschlossenen Nachweise an die Verkehrskontrole I ab.

Von der Verkehrskontrole I erfolgt die Buchung, revisorische Behandlung u. s. w. der Ergebnisse aus dem Personen- und Gepäckverkehr der einzelnen Schmalspurbahnen in Gemässheit der allgemeinen Bestimmungen mit der Maassgabe, dass die Monatsverkehrs- und Einnahmeübersichten der einzelnen Schmalspurbahnen mit denen für den Gesammtverkehr der sächsischen Staatseisenbahnen vereinigt werden. Ein gleiches geschieht übrigens auch hinsichtlich der Ergebnisse aus dem Fahrzeugs- und Thier-, sowie Güterverkehr.

### c) Transportleistungen der Schmalspurbahnen für Zwecke der Post- und Militärverwaltung.

Die Leistungen der Schmalspurbahnen für die Post sowie die dafür zu entrichtenden Vergütungen weichen in vielfachen Beziehungen von denjenigen der Hauptbahnlinien ab. Denn während für die Hauptbahnen durchgehends das Eisenbahnpostgesetz vom 20. Dezember 1875 mit den dazu erlassenen Vollzugsbestimmungen Anwendung findet, sind für den Postverkehr auf den sächsischen Schmalspurbahnen die „Bestimmungen des Reichskanzlers vom 28. Mai 1879, betreffend die Verpflichtungen der Eisenbahnen untergeordneter Bedeutung zu Leistungen für die Zwecke des Postdienstes" maassgebend.

Die Beförderung von Postsendungen erfolgt auf den Schmalspurbahnen entweder

 a) in Reichspostwagen, oder

 b) in besonders eingerichteten Postabtheilungen von Personen- oder Gepäckwagen, oder

 c) in Güterwagen, welche mit Posteinrichtung versehen sind und lediglich der Post dienen, oder

 d) in bestimmten Räumen von gemeinschaftlich zu Bahn- und Postzwecken benutzten Zugführerwagen ohne besondere Posteinrichtung.

Ausserdem werden Briefbeutel, sowie Brief- und Zeitungspackete durch das Zugpersonal — in einzelnen Fällen auch durch das Postpersonal — befördert.

Die Entschädigung, welche die Eisenbahnverwaltung für den Postdienst auf den Schmalspurbahnen bezieht, ist im Durchschnitt — entsprechend der geringeren Menge der zu befördernden Postgüter — erheblich niedriger als diejenige für den Postdienst auf den Hauptbahnen. Nach den hierüber für das Jahr 1894 angestellten Ermittelungen betrug die Einnahme der Eisenbahn für die Leistungen zu Gunsten der Post für das Kilometer:

   bei den Vollspurbahnen . . . . . . . . . . 143,45 Mark

   bei den Schmalspurbahnen dagegen nur . . . 47,93 „

Bezüglich der Transportleistungen im militärischen Interesse gelten für die Schmalspurbahnen dieselben Bestimmungen, welche für den Eisenbahnverkehr im allgemeinen maassgebend sind. In der Natur der Sache liegt es jedoch, dass — soweit es sich um militärische Massentransporte handelt — die beschränkte betriebliche Ausrüstung der Schmalspurbahnen in mehrfachen Beziehungen einen einschränkenden Einfluss ausüben muss. Auch im gewöhnlichen Verkehr werden gewisse militärische Transporte (wie Pferde u. s. w.) nur in beschränktem Umfange befördert.

### VI. Zweiggleis- und Weichenanschlussanlagen.

Eine besondere Fürsorge hat man auf den sächsischen Sekundärbahnen insbesondere auf den Schmalspurbahnen, dem Zweiggleiswesen zu Theil werden lassen. Schon aus dem Charakter dieser Linien, als rein lokaler Transportstrassen, ergiebt sich die Nothwendigkeit, auf die thunlichst unmittelbare Einbeziehung auch der kleineren Verkehrsquellen bedacht zu sein. Während die Hauptbahn, beziehungsweise die Station der Hauptbahn, in der Regel den Zweck hat, einem grösseren Interessentenkreis in seiner Gesammtheit die Vortheile einer gleichmässigen Verkehrserleichterung zu verschaffen, und während hier — abgesehen von denjenigen Ausnahmefällen, wo die besonderen örtlichen Verhältnisse einzelner Unternehmungen eine direkte

Schienenverbindung gestatten — von einem Aufsuchen der einzelnen Produktionsstellen selbst meist schon aus Gründen lokaler Natur nicht die Rede sein kann, findet die Nebenbahn gerade in der Berücksichtigung und Bedienung solcher spezieller Verkehrsbedürfnisse ihre vorwiegende Aufgabe. Das Vorhandensein mehrerer bedeutender Fabriken genügt in gewissen Fällen schon, um der Sekundärbahn, und namentlich der Schmalspurbahn, eine leidliche Verkehrsentwickelung zu sichern, und namentlich bei den Schmalspurbahnen wird sich das Verhältniss nicht selten so gestalten, dass nicht sowohl die Bedeutung einer Gegend oder eines Ortes im allgemeinen, als vielmehr das Vorhandensein einer Anzahl von vornherein bestimmter Fabrik-Anlagen u. s. w. für den Bau der Eisenbahnlinie überhaupt ausschlaggebend ist. Aus diesen Gründen folgt aber von selbst, dass bei den Sekundärbahnen bei Berücksichtigung der einzelnen Verkehrsquellen in der Regel weiter gegangen werden muss, wie bei den Hauptbahnen, und namentlich bei den Schmalspurbahnen sind — infolge des grösseren Spielraumes bei der Kurven- und Neigungsbestimmung — auch in technischer Hinsicht die Vorbedingungen für eine derartige Sonderberücksichtigung der einzelnen Etablissements in der Regel vorhanden. Dabei erfüllen die Zweiggleise bei den Nebenbahnen gewissermaassen denselben Zweck wie die Nebenbahnen selbst in ihrem Verhältnisse zur Hauptbahn; sie sind die Saugadern für den Verkehr der Stammbahn, und je mehr es dieser an einem hinlänglichen, allgemeinen Verkehr gebricht, um so bedeutungsvoller müssen diese Gleisanschlüsse für die Nebenbahn selbst sein, um so eifriger aber auch das Bestreben der Verwaltung, ihre Vermehrung zu fördern.

Mit Rücksicht hierauf sind bei den sächsischen Nebenbahnen die Gebühren für die Zweiggleisbedienung unter Berücksichtigung der Selbstkosten besonders niedrig bemessen worden. Es war hierbei — neben den ausgeführten Gründen allgemeiner Natur — namentlich auch der Gedanke maassgebend, dass durch die Vermehrung der Privatgleisanlagen eine weitere Vermehrung der auf Staatskosten anzulegenden öffentlichen Verkehrsplätze an der Nebenbahn vermieden werden könne. Dabei kam auch in Betracht, dass bei der verhältnissmässigen Kürze der sächsischen Nebenbahnlinien die besondere Unterstützung des Zweiggleiswesens schon zu dem Zwecke angezeigt erschien, um durch die Erbauung derartiger direkter Gleisverbindungen den Wettbewerb des Privatfuhrwerkes möglichst auszuschliessen, welche sich — wenn zwischen der Bahn und dem betreffenden Etablissement erst noch ein Achstransport der Güter nöthig ist — immerhin fühlbar macht.

Die Zweiggleise, welche bisher an den einzelnen Nebenbahnen Sachsens entstanden sind, verfolgen fast ausschliesslich den Zweck, grössere Etablissements, wie Fabriken, Mühlen und Steinbrüche, mit den Bahngleisen zu verbinden. Der Haupttheil derselben zweigt von der freien Strecke ab. Die Zuführung und Abholung der Wagen erfolgt fast ausschliesslich durch die fahrplanmässigen Züge der Nebenbahnen.

Die Herstellung der Zweiggleis- und Weichenanschlussanlage nebst Sicherheitsvorrichtungen geschieht auf Kosten der betreffenden Privaten und zwar ist der Oberbau jedenfalls durch die Staatseisenbahnverwaltung, der Unterbau mit Nebenanlagen mindestens unter Aufsicht von Staatseisenbahnbeamten herzustellen und zu unterhalten.

Die Abgangsweiche ist im Oberbausystem des Ursprungsgleises auszuführen. Die Wahl des Materials zur Zweiggleisanlage bleibt im übrigen der Staatseisenbahnverwaltung vorbehalten.

Vor Beginn der Herstellung hat der Zweiggleisbesitzer für die Kosten der Anlage nach Verlangen der Staatseisenbahnverwaltung entsprechende Sicherheit zu leisten und, insoweit durch die Gleisanlage öffentliche Wege zu überschreiten sind, die Genehmigung der zuständigen Behörde für den Bau und Betrieb des Zweiggleises ohne Zuthun der Staatseisenbahnverwaltung einzuholen.

Für die Ueberlassung von Bahnland zur Zweiggleisanlage ist nach Befinden ein Miethzins zu entrichten.

Die Abgangsweiche wird, so lange sie nicht in Benutzung ist, stets von Organen der Staatseisenbahnverwaltung unter Verschluss gehalten.

Etwa auf der Zweiggleisanlage vorhandene Sicherheitseinrichtungen werden so oft als nöthig durch Beauftragte der Staatseisenbahnverwaltung geprüft. Der Zweiggleisbesitzer hat hierfür sowie für das Reinigen und Schmieren der Weiche einen entsprechenden Pauschalbetrag zu entrichten, welcher in der Regel auf jährlich 5 Mark festgesetzt wird.

Die Schnee- und Eisbeseitigung auf den Zweiggleisanlagen, vom Herzstück ab gerechnet, und ausschliesslich des letzteren, ist Sache des Besitzers.

Die Zuführung und Abholung der Wagen hat, insoweit nichts Anderes vereinbart ist, in der Weise zu erfolgen, dass die beladenen oder leeren Wagen von Bediensteten der Staatseisenbahnverwaltung bis über die Weiche auf das Zweiggleis gebracht und von da auch wieder abgeholt werden, während die Bewegung der Wagen auf dem Zweiggleis selbst lediglich durch Leute des Zweiggleisbesitzers zu bewirken ist.

Nach und von dem Zweiggleise werden in der Regel nur Wagenladungen befördert. Sofern ausnahmsweise auf Verlangen des Zweiggleisbesitzers auch Stückgüter übergeführt werden, so wird hierfür dieselbe Zufuhrgebühr erhoben, welche für vollbelastete Wagen zur Erhebung kommt, ohne Rücksicht auf die thatsächliche Belastung des Wagens.

Machen sich in solchem Falle Umladungen auf derjenigen Verkehrsstelle, von welcher aus die Zuführung oder nach welcher die Abführung erfolgt, nothwendig, indem z. B. verschiedene Stückgutsendungen aus mehreren Wagen in einen dem Privatgleisbesitzer zuzuführenden Wagen zusammenzuladen sind, so kommen für diese Umladungen die im Binnengütertarif (Tarif für die Nebengebühren im Güterverkehr) unter No. IV, §§ 53, 56 und 60 der Verkehrsordnung ausgeworfenen Sätze in Anwendung und ausser der Zuführungsgebühr in Anrechnung.

Die Zuführung und Abholung erfolgt auf vorgängige Benachrichtigung Seiten der Staatseisenbahnverwaltung, beziehentlich des Zweiggleisbesitzers, nach Einlösung und Uebergabe der Frachtbriefe nebst Zubehör.

Die Bestimmung der Stunden, in welchen die tägliche Zuführung und Abholung der Wagen nach und von dem Zweiggleise erfolgt, bleibt dem Ermessen der Staatseisenbahnverwaltung vorbehalten; auch kann von dem Zweiggleisbesitzer nur einmalige tägliche Zuführung und Abführung beansprucht werden.

Die Bestellung leerer Wagen zur Beladung hat mindestens 12 Stunden, bevor dieselben gebraucht werden, zu erfolgen.

Für am Zweiggleis unbetheiligte Personen darf eine Zuführung oder Abholung von Wagen nur mit Genehmigung der Staatseisenbahnverwaltung bewirkt werden. Der Zweiggleisbesitzer ist auch in derartigen Fällen allenthalben in Gemässheit des Vertrages gerade so, als wenn die Zuführung oder Abholung für ihn erfolgt wäre, haftbar.

Der Zweiggleisbesitzer hat zu gestatten, dass sein Gleis, soweit dies ohne Beeinträchtigung des Zweiggleisbetriebes geschehen kann, zur Aushilfe für Zwecke der Staatseisenbahnverwaltung benutzt wird, ohne dass ihm ein Vergütungsanspruch dafür zusteht.

Ausserdem hat der Zweiggleisbesitzer auf Verlangen der Staatseisenbahnverwaltung auch anderen Geschäftsinhabern den Anschluss an das Gleis und dessen Mitbenutzung zu gestatten, jedoch gegen angemessene Beitragsleistung zu den Unkosten, welche dem Zweiggleisbesitzer aus dem Bau und dem Betriebe des Zweiggleises mit Zubehör erwachsen sind oder noch erwachsen. Kommt über die Höhe dieses von den anschliessenden Geschäftsinhabern zu entrichtenden Betrags, sowie die sonstigen Anschlussbedingungen keine Vereinigung unter den Betheiligten zu Stande, so hat sich der Zweiggleisbesitzer der von der Staatseisenbahnverwaltung darüber zu ertheilenden Entscheidung zu unterwerfen.

Für die Zuführung oder Abholung jedes beladenen Wagens ist eine Gebühr zu entrichten, deren Höhe nach den Verhältnissen des einzelnen Falles bemessen wird. Für die Bemessung dieser Gebühr gelten in der Regel folgende Grundsätze: Wenn die Zweiggleisanlage unmittelbar an die öffentliche Verkehrsstelle angrenzt, wird eine Rangirgebühr von 25 Pfennigen für einen Wagen von 5 000 kg Tragfähigkeit und von 50 Pfennigen für einen solchen grösserer Tragkraft erhoben. Ist dagegen das Zweiggleis ausserhalb der öffentlichen Verkehrsstelle in freier Strecke gelegen, so wird ausser der vorbemerkten Rangirgebühr ein Streckenfrachtsatz nach Maassgabe der Entfernung des Gleisanschlusspunktes von der vorhergelegenen Verkehrsstelle berechnet. Hierbei wird der Spezialtarif III (ohne Abfertigungsgebühr) für Schmalspurbahnen zu Grunde gelegt und eine Abrundung von 5 zu 5 Pfennigen aufwärts vorgenommen. Wenn die vorhergelegene Verkehrsstelle die Uebergangsstelle zwischen Haupt- und Schmalspurbahn ist, so wird als Entschädigung für die Umladung eine fixe Umladegebühr von 2 Pfennigen für 100 kg der Gesammtgebühr noch hinzugerechnet.

Diese Gebühr wird auch erhoben, wenn die auf Antrag des Zweiggleisbesitzers zur Beladung zugeführten leeren Wagen infolge anderweiter Verfügung des Zweiggleisbesitzers leer wieder abzuholen sind.

Die Entladung und Beladung der Wagen muss, insoweit nicht hierüber besondere Bestimmungen getroffen werden, vor Ablauf der im Binnen-Gütertarife für die Staatseisenbahnen vorgeschriebenen Fristen bei Vermeidung der dort angedrohten Nachtheile erfolgen. Die Fristen laufen in der Regel von dem Augenblicke an, in welchem die Wagen auf das Zweiggleis gestellt worden sind. Die Wagen gelten als zurückgestellt zu dem Zeitpunkt, wo sie als zur Abholung bereit angemeldet und an die Weiche gebracht werden. Wenn das Zweiggleis wegen unzureichender Länge oder aus sonstigen Gründen die für dasselbe bestimmten Wagen nicht aufnehmen kann, wird die Entladefrist vom Zeitpunkte der Benachrichtigung ab gerechnet.

Der Zweiggleisbesitzer hat anzuerkennen, dass mit der Wagenzuführung auf das Zweiggleis die Uebergabe der Wagen in unbeschädigtem Zustande an ihn erfolgt ist, es sei denn, dass von ihm oder seinen Leuten sofort bei der Zuführung das Bahnpersonal auf etwaige bereits an den Wagen vorhandene Schadhaftigkeiten aufmerksam gemacht worden ist.

Für alle Beschädigungen, welche sich an den Wagen bei deren Abholung von dem Zweiggleise vorfinden und nicht schon bei der Zuführung in der erwähnten Weise festgestellt worden sind, hat der Zweiggleisbesitzer der Staatseisenbahnverwaltung gegenüber unbedingt zu haften; auch hat er sämmtliche Reparatur- und Revisionskosten zu tragen, ausser wenn die Beschädigung der Fahrbetriebsmittel zweifellos auf naturgemässe Abnutzung zurückzuführen ist.

Die Kosten der von der Staatseisenbahnverwaltung zu bewirkenden Reparaturen an den beschädigten Eisenbahnfahrzeugen und Zubehörungen werden dem Zweiggleisbesitzer nach den unter den deutschen Eisenbahnverwaltungen für ihre gegenseitigen Beziehungen jeweilig geltenden Grundsätzen in Rechnung gestellt.

Der Zweiggleisbesitzer ist auch für die an dem sonstigen Eigenthume der Staatseisenbahnverwaltung und an dem Eigenthume Dritter, für welches die Staatseisenbahnverwaltung einzustehen hat, entstandenen Schäden haftbar, wenn die letzteren durch ein Verschulden des Zweiggleisbesitzers oder seiner Leute herbeigeführt worden sind.

Die Gestattung des Gleisanschlusses und der Zweiggleisanlage ist jederzeit widerruflich, doch soll dem Inhaber der Gleisanlage die Zurückziehung der Befugnisse zwei Monate vorher angekündigt werden.

Andererseits wird auch dem Zweiggleisbesitzer das Recht eingeräumt, unter Einhaltung einer zweimonatigen Kündigungsfrist seine Befugnisse jederzeit wieder aufzugeben.

Die Staatseisenbahnverwaltung behält sich das Recht vor, den Vertrag ohne vorherige Ankündigung sofort aufzulösen:

    a) wenn den in Bezug auf die Weichenanlage und den Gebrauch derselben ertheilten Anordnungen der Staatseisenbahnverwaltung nicht gehörig Folge geleistet wird,

    b) wenn der Zweiggleisbesitzer mit Abführung der ihm vertragsmässig obliegenden Geldleistungen 14 Tage nach der Verfallzeit im Rückstande bleibt,

    c) wenn zu seinem Vermögen Konkurs eröffnet wird.

Stirbt der Zweiggleisbesitzer, so bleiben dessen Erben an den Vertrag gebunden; dagegen steht der Staatseisenbahnverwaltung das Recht zu, ohne weiteres vom Vertrage abzugehen.

Nach Auflösung des Vertrages wird auf Kosten des Zweiggleisbesitzers durch Organe der Staatseisenbahnverwaltung der auf Bahnland liegende Theil der Anlage abgebrochen und der frühere Zustand wieder hergestellt. Die hierdurch entstehenden Kosten sind in allen Fällen vom Gleisinhaber zu tragen.

Der Zweiggleisbesitzer hat anzuerkennen, dass der Transport der für ihn ankommenden oder von ihm zu versendenden Güter zwischen derjenigen Verkehrsstelle, von welcher aus die Zuführung oder nach welcher die Abholung erfolgt, einerseits, und dem Zweiggleise andererseits, lediglich auf seine eigene Gefahr geschieht, dass mithin die reglementmässige Uebergabe ankommender oder die Aufgabe abgehender Sendungen nur bei der betreffenden Güterexpedition und auf der betreffenden Verkehrsstelle, nicht aber auf oder an dem Zweiggleise erfolgt.

Insoweit der Besitzer des Zweiggleises den Betrieb des letzteren selbst zu besorgen hat, haftet er für die dabei vorkommenden Beschädigungen von Personen und Sachen nach den bestehenden gesetzlichen Bestimmungen.

Insoweit die Staatseisenbahnverwaltung den Betrieb des Zweiggleises für dessen Besitzer auf Grund der mit dem letzteren getroffenen Vereinbarungen besorgt, bewendet es bezüglich der Haftpflicht für Unfälle und Schäden bei den gesetzlichen Bestimmungen mit der Maassgabe, dass der Zweiggleisbesitzer der Staatseisenbahnverwaltung gegenüber überall für seine Leute haftet.

## Zweiter Theil.

Die Bau- und Anlageverhältnisse sowie die Betriebs-, Verkehrs- und finanziellen Ergebnisse der einzelnen Linien.

### Einleitende Bemerkungen.

Wenn auch die Schmalspurbahnen von Haus aus nur zur Befriedigung eines geringeren Verkehrsbedürfnisses einzurichten waren, so hat sich doch im Laufe der Zeit gezeigt, dass sie mitunter auch erheblich gesteigerten Ansprüchen an ihre Leistungsfähigkeit Rechnung zu tragen vermögen. Das geringere Verkehrsbedürfniss zeigt sich zur Zeit noch bei der Mehrzahl der Bahnen in Ansehung des Güterverkehrs.

Wie schon im ersten Theile dieses Werkes hervorgehoben ist, entspringen die Verkehrseinnahmen der schmalspurigen Bahnen in ihrer Gesammtheit gegenwärtig fast zu gleichen Theilen dem Personen- und Güterverkehr, während sich das Werthsverhältniss beider Verkehrsarten für den Gesammtverkehr der sächsischen Staatsbahnen ungefähr wie 1:2 stellt. In jedem Falle ist das spezielle Verhältniss beider Verkehrsarten zu einander abhängig von dem jeweiligen Ueberwiegen des einzelnen Verkehrsbedürfnisses und daher zeitlich und örtlich wechselnd. Neue Bahnlinien finden in der Regel, wenn sie nicht lediglich zur Abfuhr von vornherein bestimmter, an gewissen Orten vorhandener Massengüter dienen, wie dies z. B. bei den Kohlenbahnen zumeist der Fall ist, zunächst einen verhältnissmässig schwachen Güterverkehr vor, so dass öfters die Personenverkehrseinnahmen — selbst bei nur gewöhnlicher Frequenz — die Einnahmen aus dem Güterverkehr übersteigen, oder wenigstens diesen Einnahmen sehr nahe kommen. Dies ist zwar an sich kein günstiges Verhältniss, aber eine ganz natürliche Erscheinung, denn während der Personenverkehr in der Hauptsache sofort von der neuen Bahn angezogen wird, müssen sich die gewerblichen Unternehmungen an der neu entstandenen Bahnlinie erst nach und nach auf die Benutzung des neuen Verkehrsweges und die hiermit in der Regel verbundene Produktionssteigerung einrichten. Hieraus ist es zu erklären, dass der Umfang des Frachtenverkehres in der Mehrzahl der Fälle erst einige Jahre nach der Eröffnung der Bahn zunimmt.

Die Ertragsfähigkeit der Bahnen in abstracto hängt vorwiegend von zwei Hauptfaktoren ab: erstens von dem vorhandenen Verkehrsbedürfniss und zweitens von den Tarifen. Beide stehen insofern mit einander in ursächlichem Zusammenhange, als niedrige Tarifsätze unter normalen Verhältnissen eine vermehrte Frequenz erzeugen, indem sie die öftere Wiederkehr des Transportbedürfnisses fördern. Dies wird beispielsweise bestätigt durch die in der neueren Zeit eingetretene Bewegung des Personenverkehrs, der durch die mannigfachen Begünstigungen, die diesem Verkehrszweige in den letzten Jahren zu Theil geworden sind, ganz ausserordentlich an Umfang gewonnen hat. Seit dem Jahre 1875, in welchem auf jeden Kopf der Bevölkerung Sachsens 6 Eisenbahnfahrten entfielen, ist dieser Durchschnitt bis zur Gegenwart trotz der inzwischen stark angewachsenen Bevölkerungszahl auf 11 Fahrten pro Jahr oder um 83 Prozent gestiegen.

In analoger Weise tritt die belebende Wirkung der Verkehrserleichterungen auf dem Gebiete des Güterverkehres hervor; hier kommt ausserdem in Betracht, dass nicht nur jede Erleichterung und Verbesserung des Verkehrswesens, sondern auch jeder Fortschritt auf dem Gebiete der Produktion selbst vortheilhaft auf den Güterumlauf einwirkt.

Der schliessliche finanzielle Erfolg der Eisenbahnen hängt, wie derjenige aller anderen Erwerbsunternehmungen, ab von der Zusammenwirkung der Erträgnisse und der Bedürfnisse des Betriebes. Der Umfang dieses Erfolges, welchem als Betriebsgewinn die Verzinsung des Anlagekapitales obliegt, wird bestimmt durch den überwiegenden Einfluss des einen oder anderen Rechnungsfaktors auf das Endergebniss.

Nicht bei allen Linien des sächsischen Eisenbahnnetzes wird ein Ueberschuss erzielt, es befinden sich darunter auch Bahnen — selbst aus früheren Bauperioden stammend —, deren Einnahmen die Kosten des Betriebes nicht decken, abgesehen von der Zahl derjenigen Linien, die ihr Anlagekapital nur schwach verzinsen. Als Bahnen von ungenügender Rentabilität kommen namentlich die in neuer Zeit erbauten Hauptlinien in Betracht; nur wenige von ihnen vermochten, nach Deckung der Betriebskosten, noch eine auch nur annähernd befriedigende Verzinsung des Anlagekapitales zu liefern. Der Grund dieser Erscheinung ist — wie noch im dritten Theile dieses Werkes ausführlicher zu entwickeln sein wird — offenbar; es handelt sich hier eben zumeist um Strecken, für welche nach den in Betracht kommenden Verkehrsverhältnissen von vornherein eine genügende Verzinsung nicht zu erwarten war, welche indess gleichwohl aus allgemeinen wirthschaftlichen Gründen zu bauen waren, um die merkantilen und industriellen Verhältnisse der betreffenden Gegenden zu heben und — soweit möglich — eine Gleichstellung aller Landestheile hinsichtlich der Produktionsfähigkeit herbeizuführen.

Durch die Vereinfachungen, die durch die Einrichtung des sekundären Betriebes und insbesondere des Schmalspurbahnbetriebes ermöglicht wurden, sowie durch die Beschränkung aller Ausgaben auf das zulässig geringste Maass, suchte man eine Besserung der allgemeinen Rentabilitätsverhältnisse herbeizuführen und thatsächlich ist auch gelungen, bei einer Anzahl von Bahnen, je nach der verschiedenen Ertragsfähigkeit derselben, einen grösseren oder kleineren Ueberschuss zu erlangen.

In neuerer Zeit hat sich das Verhältniss zwischen den Einnahmen und Ausgaben allerdings wieder ungünstiger gestaltet, so dass die bei einigen Bahnen bislang erzielten Ueberschüsse geringer und bei anderen Bahnen die Zuschüsse grösser geworden oder geringere Ueberschüsse in Zuschüsse verwandelt worden sind. Von Einfluss auf diese ungünstigere Gestaltung war die Erhöhung der Ausgaben insbesondere durch Vermehrung der Personalkosten infolge von Besoldungszulagen, Personalvermehrung, Lohnerhöhungen, Beiträgen zu den Betriebskranken- und Arbeiterpensionskassen, sowie auch durch Steigerung der Materialpreise, namentlich der Kohlen.

Dass speziell bei den Schmalspurbahnen zunächst keine besonders hohe Verzinsung des Anlagekapitales zu erwarten sei, konnte von Anfang an nicht zweifelhaft sein, da für den Bau dieser Linien, wie bereits erwähnt, von vornherein weniger eisenbahnfiskalische Rücksichten, als vielmehr Gründe allgemein-wirthschaftlicher Natur maassgebend waren.

Dass der hauptsächlichste Zweck der fraglichen Linien, nämlich der Zweck, die Produktivkraft bisher noch bahnloser Landestheile in einer möglichst wohlfeilen und das allgemeine Staatsbudget nicht allzusehr belastenden Weise zu heben, auch erreicht worden ist, ergiebt sich schon aus der Thatsache, dass der Bedeutung der Länge aller schmalspurigen Bahnen im Rahmen des sächsischen Gesammtnetzes von rund 12 Prozent nur ein Antheil von rund 4 Prozent im Gesammtanlagekapitale gegenübersteht. Zieht man nun weiter noch den Einfluss dieser Bahnen als Zufuhrbahnen auf die Erträgnisse des ganzen sächsischen Bahnnetzes in Betracht, so erscheint ihr finanzieller Werth zweifellos in einem weit besseren Lichte, als dies in der engbegrenzten ziffermässigen Darstellung der Rentabilitäts-ergebnisse für die einzelnen Linien der Fall ist.

Die kürzeren Zufuhrbahnen — und als Bahnen dieser Gattung kommen die bisher ge-bauten sächsischen Schmalspurbahnen durchgehends in Betracht — sind hinsichtlich der Aus-mittelung der Einnahmeantheile insofern ungünstiger gestellt wie die grösseren Hauptbahn-linien, als der Verkehr, den solche kleine Bahnen erwecken, ihnen selbst nur in beschränktem Umfange zum Vortheil gereicht; der Hauptgewinn aus diesem Verkehrszuwachs fällt über die engen Grenzen der Schmalspurbahn hinaus und kommt somit den anschliessenden Haupt-bahnen zu Gute. Insofern wird thatsächlich durch die Eröffnung jeder neuen, an das vor-handene Bahnnetz anschliessenden Eisenbahnlinie — gleichviel ob es sich um eine Vollspur-oder Schmalspurbahn handelt — der Verkehr des Gesammtnetzes gehoben, und speziell bei den kurzen Schmalspurbahnen wird diese verkehrsbefruchtende Wirkung in den Einnahme-ziffern der anschliessenden Hauptbahnen oft mehr zur Erscheinung kommen, wie in den eigenen, oft leider sehr unzulänglichen Rentabilitätsziffern der Schmalspurbahnen selbst.

In gewissem Zusammenhange hiermit steht es zweifellos, wenn trotz der Erbauung einer grossen Anzahl von Linien mit nur schwachem Verkehr die sächsischen Staatseisenbahnen bislang gleichwohl immer noch eine angemessene Verzinsung des Gesammtanlagekapitales geliefert haben, und zwar des Gesammtanlagekapitales in seiner vollen, durch keine regel-mässigen Abschreibungen geminderten Höhe.

Zur näheren Erläuterung der den nachstehenden Ausführungen beigefügten Uebersichten, insbesondere soweit sich dieselben auf die finanziellen Ergebnisse der Schmalspurbahnen be-ziehen, ist noch Folgendes zu bemerken.

Bei der Königlich Sächsischen Staatseisenbahnverwaltung besteht schon seit dem Jahre 1870 die Einrichtung einer sehr speziellen Berechnung und Ermittelung der Rentabilitäts-verhältnisse der einzelnen Linien. Aus diesem Grunde ist die Getrennthaltung der Nachweise über die Verkehrs- und finanziellen Ergebnisse jeder einzelnen Schmalspurbahn von Haus aus ein dienstliches Erforderniss; diese Einrichtung kommt einer genauen Darstellung jener Ergebnisse im vorliegenden Abschnitt zu statten.

Für Aufstellung der Rentabilitätsberechnungen gelten gewisse allgemeine Grundsätze ein für allemal, ohne Rücksicht darauf, ob es sich um die Rentabilitätsberechnung für voll-oder schmalspurige Eisenbahnlinien handelt. Ein solcher Grundsatz ist, dass der Berechnung der Rentenziffer nicht der Herstellungsaufwand — das sogenannte Baukapital —, sondern das für jede Linie besonders zusammengesetzte Anlagekapital zu Grunde zu legen ist. Das Anlagekapital umfasst den Herstellungsaufwand — jedoch mit Ausschluss der auf die Anschluss-bahnhöfe verwendeten Beträge — sowie den Anschaffungswerth der jeder Schmalspurbahn zugetheilten Fahrbetriebsmittel. Die auf die Anschlussbahnhöfe verwendeten Beträge werden mit den ursprünglichen Herstellungskosten dieser Bahnhöfe zu einem Ganzen vereinigt und die hierdurch gefundenen Gesammtkosten jedes Gemeinschaftsbahnhofes je nach Maassgabe der Inanspruchnahme desselben durch den Zugverkehr auf die einmündenden Linien vertheilt. Der hiernach auf die Schmalspurbahn entfallende Antheil an den Gesammtherstellungskosten wird dem der Rentabilitätsberechnung zu Grunde zu legenden Anlagekapitale zugeschlagen.

Wenn in besonderen Fällen Fahrbetriebsmittel einer Schmalspurbahn zu Gunsten einer anderen Schmalspurbahn entliehen werden, so wird dies bei Aufstellung der Rentabilitätsberech-nungen dadurch zum Ausdruck gebracht, dass der Anschaffungswerth der entliehenen Fahr-betriebsmittel — auf die Zeit der Darleihung berechnet — dem Anlagekapitale der Eigenthums-linie ab- und dem Anlagekapitale der entleihenden Bahn zugeschrieben wird. Dem Anlage-kapitale jeder Bahn werden fernerweit noch entsprechende Antheile von den Herstellungskosten der Werkstätten, der Imprägniranstalten, sowie der Administrations- und Hauptverwaltungs-gebäude in Dresden zugeschrieben.

Für die Beförderung schmalspuriger Fahrbetriebsmittel über vollspurige Linien wird denjenigen Schmalspurbahnen, die den Transport veranlassten, die halbe tarifmässige Fracht angerechnet. Den allgemeinen Grundsätzen der Rentabilitätsberechnung entsprechend, werden auch den Schmalspurbahnen Beiträge zu den Administrations- und Hauptverwaltungskosten rechnerisch zugeschrieben.

Zu den Güterverkehrsübersichten wird noch Folgendes bemerkt:

Der Lokalverkehr der schmalspurigen Bahnen, d. h. der Verkehr der Stationen und Haltestellen jeder Linie unter einander, ist verhältnissmässig gering; der Hauptverkehr bewegt sich im Uebergange nach und von den anschliessenden Hauptbahnen. Dieser sogenannte Uebergangsverkehr wird in den Güteraufzeichnungen der Schmalspurbahnen in der gleichen Gliederung nachgewiesen, wie solche im Tarifschema für die Hauptbahnen vorgeschrieben ist. Im Interesse grösserer Vollständigkeit sind die nachstehenden Güterverkehrsübersichten auf der gleichen Gliederung aufgebaut worden; entfallen konnte der Nachweis für Eilgut-transporte, da solche — wie bereits früher erwähnt — auf den Schmalspurbahnen nicht in Betracht kommen.

In den Mittheilungen über die verschiedenen Verhältnisse und Ergebnisse der in chrono-logischer Ordnung aufgeführten einzelnen Linien ist die Beschreibung der baulichen Anlagen durch beigefügte Zeichnungen erläutert worden.

Die Darstellung der Betriebs- und Verkehrsergebnisse beginnt mit dem ersten vollen Betriebsjahre jeder Linie.

Die Ergebnisse der Mügeln-Nerchau=Trebsener Linie sind mit den Ergebnissen der Döbeln-Oschatzer und die der Zweigbahn Herold-Thum mit denen der Wilischthal-Ehren-friedersdorfer Linie verschmolzen worden; dieses Vorgehen findet seinen Grund in der geographischen und wirthschaftlichen Zusammengehörigkeit der betreffenden Bahnstrecken.

In den Verkehrsübersichten beziehen sich die Einnahmen aus dem Personenverkehr lediglich auf den Erlös aus den Personenfahrkarten, die Einnahmen aus dem Güterverkehr lediglich auf den Erlös aus dem Transport der Klassengüter. Nicht berücksichtigt mithin sind in den Uebersichten die Einnahmen aus den sogenannten Nebentransporten, nämlich — soweit der Personenverkehr in Frage steht — die Erträgnisse aus dem Gepäck- und Hunde-transport, — soweit der Güterverkehr in Betracht kommt — die Erträgnisse aus der Be-förderung von Postgut, Leichen, Fahrzeugen und Vieh, sowie aus den tarifmässigen Neben-gebühren, und zwar hat man sich zu dieser Weglassung entschlossen im Interesse der Ueber-sichtlichkeit der bezüglichen Berechnungen.

Die Einnahmen aus diesen Nebentransporten einschliesslich der Nebengebühren — welche übrigens für die einzelne Schmalspurbahn von keiner ausschlaggebenden finanziellen Be-deutung sind — werden dagegen selbstredend in den Uebersichten über die finanziellen Ergebnisse mit zu berücksichtigen sein.

## 1. Linie **Wilkau - Saupersdorf - Wilzschhaus.**

Eröffnet zwischen Wilkau und Kirchberg den 17. Oktober 1881, zwischen Kirchberg und Saupersdorf den 1. November 1882 und zwischen Saupersdorf und Wilzschhaus den 16. Dezember 1893.

Diese in drei Abschnitten erbaute Bahn wurde zunächst von Wilkau an der Zwickau-Schwarzenberger Linie bis nach Kirchberg und zwar als erste schmalspurige Bahn Sachsens hergestellt. Die Wahl der schmalen Spur fand durch die nachstehend dargelegten Erwägungen ihre Begründung.

Die Stadt Kirchberg ist von der Station Wilkau nur wenig über 6 km entfernt und mit dieser durch eine vorzüglich angelegte Strasse verbunden. Nicht viel weiter liegen die Zwickauer Kohlenwerke, aus denen Kirchberg seinen Bedarf bezieht und auch bis dahin bestehen verhältnissmässig sehr gute Wegeverbindungen. Unter diesen Umständen war nicht zu erwarten, dass eine bis an den Anfang des über einen Kilometer langen Ortes herangeführte Vollspurbahn die Konkurrenz gegen die Strasse aufnehmen könne. Man entschloss sich deshalb zur Wahl der schmalen Spurweite, um die Füglichkeit zu erlangen, bis in das Herz der Stadt Kirchberg selbst vordringen und damit den einzelnen Fabriken des industriereichen Ortes die Möglichkeit von Zweiggleisanlagen bieten zu können. Auch würde bei Annahme der vollen Spurweite die ursprünglich schon geplante und bis zum Jahre 1882 auch hergestellte Fortsetzung der Eisenbahn über Kirchberg hinaus nach den Steinbrüchen bei Saupersdorf und weiter bis Saupersdorf selbst wegen der vorhandenen Terrainverhältnisse nicht ausführbar gewesen sein.

Die Erfahrung hat bald nach Eröffnung dieser Bahn gezeigt, dass auch die schmale Spur sich zur Bewältigung eines verhältnissmässig starken Verkehrs eignet und durch den unmittelbaren Anschluss industrieller Anlagen an die Bahn besondere Vortheile bietet.

Die Weiterführung der Linie von Saupersdorf nach Wilzschhaus zum Anschluss an die vollspurige Chemnitz-Aue-Adorfer Bahn erfolgte in Rücksicht darauf, dass hierdurch ein industriell entwickelter Landestheil mit etwa zwanzigtausend Einwohnern erschlossen wurde, dessen Verkehr mit der Eisenbahn bislang auf die erheblich weiter gelegenen und zumeist nur unter Ueberwindung beträchtlicher Höhenunterschiede zu erreichenden Stationen Saupersdorf, Rodewisch (Zwickau-Falkensteiner Bahn), und die im Thale der Zwickauer Mulde gelegene Station Schönheider Hammer der Linie Aue-Adorf angewiesen war.

Im allgemeinen war die Richtung, welche die Fortsetzungslinie nach Verlassen des Rödelbachthales einzuschlagen hatte, von selbst gegeben, weil die neue Strecke ihre hauptsächlichste Bestimmung darin findet, dem Orte Schönheide als dem hervorragendsten Sitze der industriellen Thätigkeit in diesem Landestheile, die Vortheile einer direkten Bahnverbindnng zu bringen. Allerdings besass dieser Ort schon früher eine eigene Eisenbahnstation an der Linie Chemnitz-Aue-Adorf; doch war die Benutzung dieser Station für den grössten Theil der Ortsinteressenten insofern mit erheblichen Erschwernissen verknüpft, als das Dorf Schönheide sich vom Muldenthale seitwärts bis auf eine Länge von ziemlich 5 km und bis zu einem Höhenunterschiede von 150 m erstreckt, und, mit Ausnahme eines an die Aue-Adorfer Eisenbahnlinie angeschlossenen Eisenwerkes, fast alle Fabriken und Betriebe in dem mittleren und oberen Ortstheile, also in denjenigen Theilen liegen, welche von der Station an der Chemnitz-Aue-Adorfer Bahn am weitesten entfernt sind.

Fraglich war es, ob die Fortsetzungslinie vorläufig ihren Endpunkt in Oberschön-heide zu finden habe, oder bis zum Anschlusse an die Aue-Adorfer Bahn weiterzuführen sei. Im Interesse des Betriebes würde es ohne Zweifel gelegen haben, wenn die Bahn, die von Wilkau bis Schönheide mit geringen Unterbrechungen fortdauernd steigt, nicht wieder in starkem Falle herab bis zu einem Anschlusse an die Aue-Adorfer Bahn geführt zu werden brauchte. Allein die Vortheile, welche dieser Anschluss für den Bezug sowohl von Braun-kohlen aus dem Falkenauer Becken, als auch von Holz aus den benachbarten Revieren des Eibenstocker und Auerbacher Forstbezirks bot, stellten sich als so überwiegend dar, dass schliesslich der Ausbau der verhältnissmässig kurzen Verbindung zwischen Schönheide und der Aue-Adorfer Bahn beschlossen wurde. Der Anschluss in Wilzschhaus wurde gewählt, weil dadurch die Möglichkeit einer künftigen Fortsetzung der Bahn nach Carlsfeld geboten war. Die Ausführung dieser Fortsetzungslinie ist inzwischen auch von der letzten Stände-versammlung genehmigt worden.

Die Länge der ganzen Linie Wilkau-Wilzschhaus stellt sich auf 34,30 km. Von Mitte zu Mitte Stationsgebäude gemessen, beträgt die Bahnlänge zwischen:

Station Wilkau und Haltepunkt Wilkau . . . . . . . . . 1,12 km
Haltepunkt Wilkau und Culitzsch . . . . . . . . . . 1,95 „
Culitzsch und Cunersdorf . . . . . . . . . . . . . 1,41 „
Cunersdorf und Station Kirchberg . . . . . . . . . . 2,02 „
Station Kirchberg und Haltepunkt Kirchberg . . . . . . 1,00 „
Haltepunkt Kirchberg und Ladestelle Saupersdorf . . . . 1,37 „
Ladestelle Saupersdorf und Haltestelle Saupersdorf . . . 1,18 „
Haltestelle Saupersdorf und Hartmannsdorf . . . . . . . 1,60 „
Hartmannsdorf und Oberhartmannsdorf . . . . . . . . 2,22 „
Oberhartmannsdorf und Bärenwalde . . . . . . . . . 1,17 „
Bärenwalde und Obercrinitz . . . . . . . . . . . . 1,75 „
Obercrinitz und Rothenkirchen . . . . . . . . . . . 4,71 „
Rothenkirchen und Oberstützengrün . . . . . . . . . 2,00 „
Oberstützengrün und Neuheide . . . . . . . . . . . 3,47 „
Neuheide und Schönheide . . . . . . . . . . . . . 1,84 „
Schönheide und Oberschönheide . . . . . . . . . . . 0,77 „
Oberschönheide und Wilzschhaus . . . . . . . . . . 4,72 „

Der Anfangspunkt der Linie bei Wilkau liegt 279,50 m und der Endpunkt bei Wilzsch-haus 595,65 m über dem Spiegel der Ostsee. Vom Anfangs- nach dem Endpunkte steigt die Linie im ganzen 417,41 m und fällt 101,26 m.

Von der Gesammtlänge befinden sich:

22,97 km = 66,97 Prozent in Steigung,
5,40 „ = 15,74 „ „ Fall und
5,93 „ = 17,29 „ „ der Horizontale.

Es vertheilt sich

die Steigung:

mit 0,12 km auf das Verhältniss von 1 : 1000 und darunter
„ 0,30 „ „ „ „ „ „ mehr als 1 : 1000 bis einschl. 1 : 400
„ 0,55 „ „ „ „ „ „ „ „ 1 : 400 „ „ 1 : 200
„ 3,77 „ „ „ „ „ „ „ „ 1 : 200 „ „ 1 : 100
„ 0,76 „ „ „ „ „ „ „ „ 1 : 100 „ „ 1 : 80
„ 3,93 „ „ „ „ „ „ „ „ 1 : 80 „ „ 1 : 60
„ 13,54 „ „ „ „ „ „ „ „ 1 : 60 „ „ 1 : 40,

der Fall:

mit 0,29 km auf das Verhältniss von 1 : 1000 und darunter
„ 0,23 „ „ „ „ „ „ mehr als 1 : 400 bis einschl. 1 : 200
„ 0,64 „ „ „ „ „ „ „ „ 1 : 200 „ „ 1 : 100
„ 1,05 „ „ „ „ „ „ „ „ 1 : 80 „ „ 1 : 60
„ 3,19 „ „ „ „ „ „ „ „ 1 : 60 „ „ 1 : 40.

# WILKAU-SAUPERSDORF-WILZSCHHAUS.

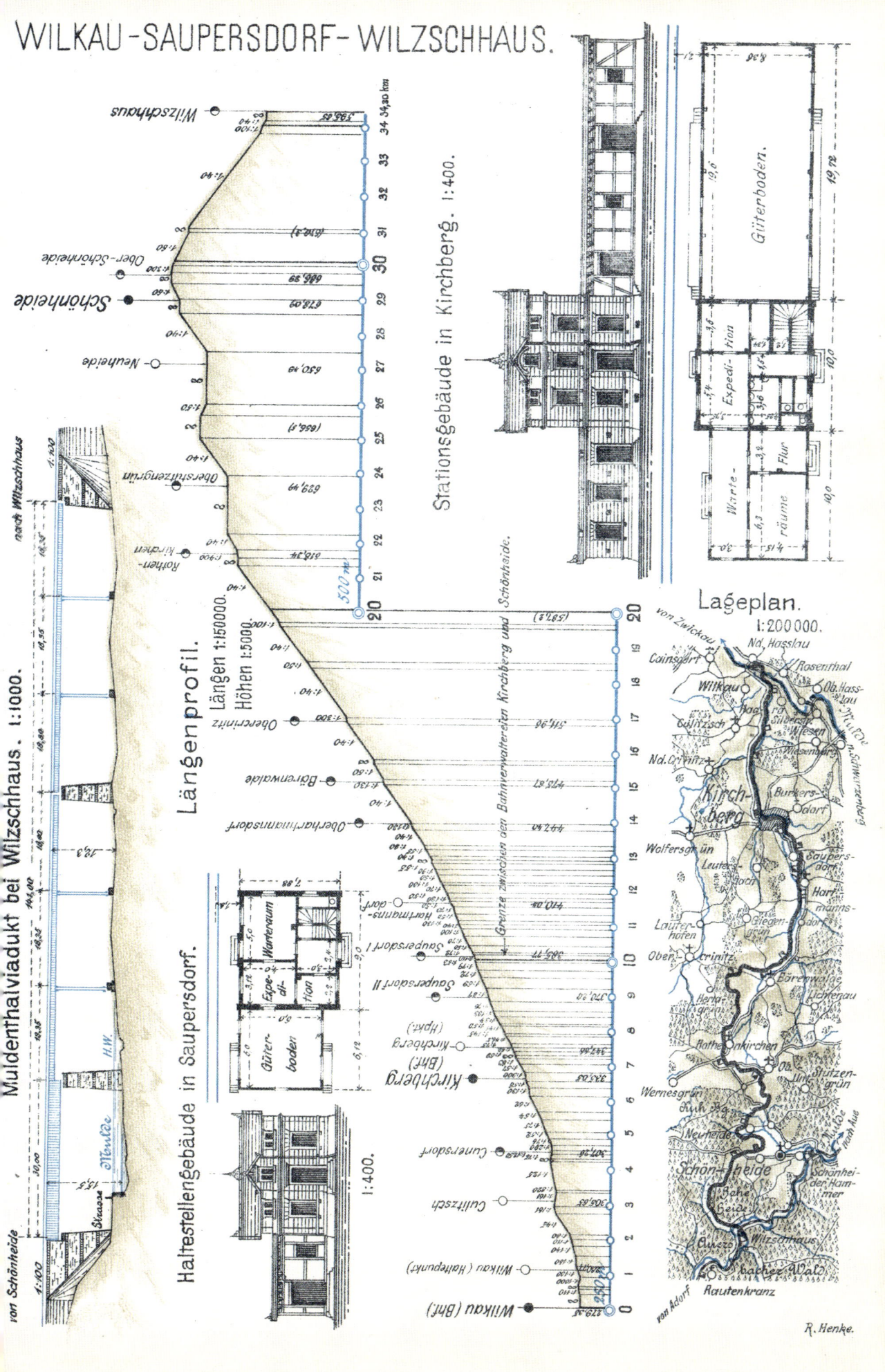

Muldenthalviadukt bei Wilzschhaus. 1:1000.

Längenprofil.
Längen 1:150000.
Längen 1:15000.
Höhen 1:5000.

Haltestellengebäude in Saupersdorf. 1:400.

Stationsgebäude in Kirchberg. 1:400.

Lageplan. 1:200000.

Güterboden.

R. Henke.

Die grösste Steigung beträgt 1 : 40 und kommt vor in einer zusammenhängenden Länge von 1 621 m; der grösste Fall 1 : 40 kommt vor auf einer zusammenhängenden Strecke von 2 760 m.

Hinsichtlich der Richtung liegen 19,96 km = 58,19 Prozent der Bahnlänge in gerader Linie und 14,34 km = 41,81 Prozent in Krümmungen, und zwar:

0,55 km in Krümmungen mit Halbmessern von weniger als 1 000 bis einschl. 500 m
0,30 „ „ „ „ „ „ „ „ „ 500 „ „ 400 „
0,31 „ „ „ „ „ „ „ „ „ 400 „ „ 300 „
13,18 „ „ „ „ „ „ „ „ 300 m

Der kleinste Krümmungshalbmesser auf freier Strecke beträgt 60 m und die Summe der Kreisbogengrade aller Krümmungen 6 689,30.

Der Unterbau hat in der Bettungssohle gemessen eine Breite von 2,95 m und ist auf eine Länge von 29,68 km durch besonderen Bahnkörper und auf eine Länge von 4,62 km durch öffentliche Strassen gebildet. Von der Bahn liegen 18,14 km im Auftrag, 6,88 km im Abtrag und 9,28 km in Geländehöhe. In Schienenhöhe führen 236 weder verschlossene, noch bewachte Wegübergänge über die Bahn.

Der Oberbau umfasst 40,98 Kilometer Gleis mit 87 Weichen.

An Kunstbauten sind ausgeführt: 4 Viadukte mit einer Gesammtlänge von 394 m, 12 Brücken mit eisernem Ueberbau mit zusammen 17 Oeffnungen von 10 bis einschl. 30 m Lichtweite, ferner 3 gewölbte Brücken und 14 Brücken mit eisernem Ueberbau mit zusammen 18 Oeffnungen von 2 bis einschl. 10 m Lichtweite, 9 Wegunterführungen und 4 Wegüberführungen, 287 Wasserdurchlässe (davon sind 52 mit Platten gedeckt, 22 sind gewölbt, 1 ist offen, 113 bestehen aus eisernen und 99 aus steinernen u. s. w. Röhren).

An Hochbauten sind ausgeführt: 2 Dienstwohngebäude für Beamte und Arbeiter, 2 Empfangsgebäude, 8 besondere bedeckte Warteräume, 11 Güterschuppen, 2 Lokomotivschuppen, 5 Wirthschaftsneben- u. s. w. Gebäude, 2 Kohlen- u. s. w. Schuppen, 1 Materialien-Depot-Gebäude, zusammen mit 2 620 qm bebauter Grundfläche.

An sonstigen Anlagen sind noch vorhanden: 15 Bahnsteige mit 5 035 qm bebauter Grundfläche, 4 Wasserstationen (1 durch Menschenkraft, 2 durch Dampf u. s. w. betrieben und 1 durch natürliches Gefälle gespeist), 3 Wasserleitungen für Wasserstationen, 2 offene, feste Laderampen (eine für Stirn-, die andere für Seitenverladung), 4 transportable Laderampen, 2 Gleisbrückenwaagen, 1 Armtelegraph.

Mit der Bahn sind 20 industrielle Anlagen durch Zweiggleise verbunden.

In technischer Beziehung ist von Interesse die Art und Weise, in welcher die Bahn durch die enggebaute Stadt Kirchberg hindurch geführt werden musste. Dabei machte sich eine grosse Zahl origineller, der Nothwendigkeit angepassten Anlagen erforderlich. Nähere Nachweise in dieser Beziehung enthält ein Aufsatz der Herren Köpcke, Bergmann und v. Lilienstern im ersten Hefte des „Jahrbuches des Sächsischen Ingenieur- und Architektenvereines" vom Jahre 1882.

Die Herstellungskosten der Bahnanlagen betragen 3 093 812,79 Mark. Davon entfallen
300 871,29 Mark auf Grunderwerb und Nutzungsentschädigung,
693 677,68 „ „ Erd-, Fels- und Böschungsarbeiten sowie Futtermauern,
300,78 „ „ Einfriedigungen,
140 926,92 „ „ Wegübergänge, Ueber- und Unterführungen,
413 444,76 „ „ Durchlässe und Brücken,
743 362,26 „ „ Oberbau nebst allen Nebensträngen und zugehörigen Ausweichen,
14 195,86 „ „ Signale,
351 568,90 „ „ Bahnhöfe und Haltestellen,
13 013,33 „ „ ausserordentliche Anlagen, als Flussverlegungen etc.
351 462,00 „ „ Verwaltungskosten,
70 989,01 „ „ Insgemein und Verzinsung des Baukapitals während der Bauzeit.

Auf ein Kilometer Bahn kommen durchschnittlich 90 198,62 Mark.

5

Das durch den Betriebsüberschuss zu verzinsende Anlagekapital im allgemeinen beträgt 3595135,13 Mark und setzt sich zusammen wie folgt:

3063284,10 Mark Herstellungskosten der Bahnanlagen ausschl. der Kosten der Gemeinschaftsbahnhöfe,

100821,67 „ antheilige Kosten der Gemeinschaftsbahnhöfe,

382596,93 „ Anschaffungskosten der Fahrbetriebsmittel,

35932,07 „ antheilige Herstellungskosten der Werkstättenanlagen,

2105,95 „ „ „ „ Imprägniranstalten,

10394,41 „ „ „ „ Administrations- und Hauptverwaltungsgebäude in Dresden.

Auf ein Kilometer Bahn kommen durchschnittlich 104814,44 Mark.

An Fahrbetriebsmitteln sind vorhanden: 9 Lokomotiven, 22 Personenwagen mit 54 Achsen und 545 Plätzen, 36 bedeckte und 126 offene Güterwagen mit 342 Achsen und 832,5 Tonnen Ladegewicht. Es berechnen sich durchschnittlich auf eine Personenwagenachse 10,1 Plätze und auf eine Güterwagenachse 2,4 Tonnen Ladegewicht.

Leistungen der Fahrbetriebsmittel.

| im Jahre | Lokomotiv- | | Achskilometer | | | durchschnitt-lich auf 1 Lokomotiv-Nutzkilometer (durchschnitt-liche Stärke der Züge). |
| | Nutz-kilometer. | Leer- und Rangir-kilometer. | der Personen-wagen. | der Güter- und Postwagen. | Zusammen. | |
| --- | --- | --- | --- | --- | --- | --- |
| 1883 | 32 890 | 7 540 | 302 678 | 338 370 | 641 048 | 19,49 |
| 1884 | 34 007 | 7 596 | 310 880 | 346 664 | 657 544 | 19,34 |
| 1885 | 34 514 | 9 580 | 282 329 | 367 202 | 649 531 | 18,82 |
| 1886 | 34 228 | 11 267 | 271 335 | 378 955 | 650 290 | 19,00 |
| 1887 | 34 347 | 18 602 | 282 952 | 439 567 | 722 519 | 21,04 |
| 1888 | 36 449 | 23 491 | 328 156 | 488 925 | 817 081 | 22,42 |
| 1889 | 36 708 | 22 891 | 345 081 | 490 127 | 835 208 | 22,75 |
| 1890 | 37 805 | 22 152 | 365 227 | 489 970 | 855 197 | 22,62 |
| 1891 | 38 658 | 20 490 | 380 177 | 487 158 | 867 335 | 22,44 |
| 1892 | 40 251 | 20 749 | 391 203 | 494 903 | 886 106 | 22,01 |
| 1893 *) | 45 429 | 26 675 | 421 873 | 560 443 | 982 316 | 21,62 |
| 1894 | 160 808 | 59 544 | 1 084 744 | 1 464 592 | 2 549 336 | 15,85 |
| Im Jahre 1894 durchschnitt-lich auf 1 km Bahn . . | 4 688 | 1 736 | 31 625 | 42 699 | 74 324 | — |

Im Jahre 1894 betrug

die Ausnutzung der bewegten Personenwagenplätze 23,39 Prozent und der bewegten Ladefähigkeit der Güterwagen 36,63 Prozent;

die Zahl der abgelassenen Züge: 10820 und zwar 19 Personen-, 8414 gemischte und 2387 Güterzüge;

das für die Lokomotiven verbrauchte Brennmaterial auf den Steinkohlenheizwerth reduzirt: 1287 Tonnen, d. i. durchschnittlich auf ein Nutzkilometer 8,00 kg und auf ein Wagenachskilometer 0,51 kg.

---

*) Einschl. der am 16 December 1893 eröffneten Theilstrecke Saupersdorf-Wilzschhaus von 24,25 km Länge. Die Erhöhung der Ergebnisse im Jahre 1894 beruht hauptsächlich auf diesem Bahnzuwachs.

## Verkehrsergebnisse.

### Personenverkehr

| im Jahre | Anzahl | | Durchschnittlich durchfahrene Weglänge | | Fahrgeld-Einnahme | | |
|---|---|---|---|---|---|---|---|
| | der beförderten Personen. | der zurückgelegten Personenkilometer. | von jeder Person km | in Prozenten der Bahnlänge. | überhaupt Mark. | durchschnittlich auf 1 Person Mark. | auf 1 Person und 1 km Pf. |
| 1883 | 135 632 | 938 573 | 6,92 | 68,86 | 31 348 | 0,23 | 3,84 |
| 1884 | 134 276 | 932 017 | 6,94 | 69,05 | 31 127 | 0,23 | 3,34 |
| 1885 | 133 800 | 914 606 | 6,84 | 68,06 | 30 977 | 0,23 | 3,39 |
| 1886 | 133 838 | 928 447 | 6,94 | 69,05 | 31 072 | 0,23 | 3,35 |
| 1887 | 140 397 | 971 231 | 6,92 | 68,86 | 32 342 | 0,23 | 3,33 |
| 1888 | 146 369 | 1 020 995 | 6,98 | 69,45 | 33 997 | 0,23 | 3,33 |
| 1889 | 152 396 | 1 073 344 | 7,04 | 70,05 | 34 541 | 0,23 | 3,22 |
| 1890 | 163 393 | 1 158 451 | 7,09 | 70,55 | 36 524 | 0,22 | 3,15 |
| 1891 | 166 037 | 1 179 964 | 7,11 | 70,75 | 37 225 | 0,22 | 3,15 |
| 1892 | 170 682 | 1 217 551 | 7,13 | 70,95 | 38 317 | 0,22 | 3,15 |
| 1893 *) | 180 585 | 1 306 904 | 7,24 | 65,17 | 41 500 | 0,23 | 3,18 |
| 1894 | 292 104 | 2 559 204 | 8,76 | 25,54 | 87 142 | 0,30 | 3,41 |
| Im Jahre 1894 durchschnittlich auf 1 km Bahn . . | 8 516 | 74 612 | — | — | 2 541 | — | — |

### Güterverkehr

| im Jahre | Stückgut | | Wagenladungsgut | | | | | | Ausnahme-Tarif 1—11 | Fracht-pflichtiges Dienstgut | Militärgut | Gut in vereinbarter Fracht | Se. |
|---|---|---|---|---|---|---|---|---|---|---|---|---|---|
| | allgemeine Klasse | Specialtarif | allgemeine Klasse A¹. | B. | Specialtarif A². | I. | II. | III. | | | | | |
| | | | | | Tonnen. | | | | | | | | |
| 1883 | 6 644 | — | 193 | 80 | 1 903 | 2 912 | 123 | 15 310 | 61 | — | — | — | 27 226 |
| 1884 | 6 929 | — | 220 | 149 | 2 150 | 2 481 | 276 | 18 678 | — | — | — | — | 30 883 |
| 1885 | 7 118 | — | 219 | 137 | 2 544 | 2 287 | 188 | 14 957 | 10 370 | 12 | — | — | 37 832 |
| 1886 | 7 888 | — | 534 | 131 | 2 011 | 2 470 | 324 | 7 706 | 12 651 | 20 | — | — | 33 735 |
| 1887 | 8 106 | 296 | 574 | 95 | 1 247 | 3 947 | 1 025 | 13 615 | 15 308 | 15 | — | — | 44 228 |
| 1888 | 8 679 | 428 | 413 | 72 | 1 163 | 4 582 | 1 104 | 12 655 | 18 063 | 171 | — | — | 47 330 |
| 1889 | 10 360 | 689 | 411 | 168 | 1 638 | 4 640 | 771 | 14 515 | 18 674 | 1 860 | — | — | 53 726 |
| 1890 | 10 824 | 767 | 338 | 71 | 1 521 | 3 404 | 748 | 17 475 | 17 804 | — | — | — | 52 952 |
| 1891 | 10 608 | 675 | 252 | 220 | 1 428 | 3 261 | 1 525 | 15 324 | 19 425 | 50 | — | — | 52 768 |
| 1892 | 11 345 | 587 | 448 | 107 | 1 413 | 2 472 | 1 480 | 17 717 | 20 076 | 162 | 3 | — | 55 810 |
| 1893 *) | 11 990 | 818 | 482 | 136 | 1 293 | 2 557 | 1 724 | 17 996 | 22 146 | 321 | 1 | — | 59 464 |
| 1894 | 14 682 | 1 295 | 432 | 204 | 2 481 | 3 434 | 1 979 | 30 159 | 28 664 | 2 274 | — | 2 290 | 87 894 |
| **Im Jahre 1894:** | | | | | | | | | | | | | |
| in Prozenten der Gesammtheit . | 16,71 | 1,47 | 0,49 | 0,23 | 2,82 | 3,91 | 2,25 | 34,31 | 32,61 | 2,59 | — | 2,61 | 100,00 |
| Tonnenkilometer . . . . | 156 967 | 15 907 | 3 119 | 1 942 | 29 043 | 40 076 | 32 162 | 436 848 | 334 592 | 42 313 | — | 57 250 | 1 150 219 |
| in Prozenten der Gesammtheit . | 13,65 | 1,38 | 0,27 | 0,17 | 2,52 | 3,48 | 2,80 | 37,98 | 29,09 | 3,68 | — | 4,98 | 100,00 |
| Tonnen ⎰ auf 1 km Bahn ⎱ | 428 | 38 | 13 | 6 | 72 | 100 | 58 | 879 | 836 | 66 | — | 67 | 2 563 |
| Tonnenkilometer ⎰ | 4 576 | 464 | 91 | 57 | 847 | 1 168 | 938 | 12 736 | 9 755 | 1 234 | — | 1 669 | 33 535 |
| durchschnittliche Transportlänge jeder Tonne . . . . km | 10,69 | 12,28 | 7,22 | 9,52 | 11,71 | 11,67 | 16,25 | 14,48 | 11,67 | 18,61 | — | 25,00 | 13,09 |
| in Prozenten der Bahnlänge . | 31,17 | 35,80 | 21,05 | 27,76 | 34,14 | 34,02 | 47,38 | 42,22 | 34,02 | 54,26 | — | 72,89 | 38,16 |
| Frachteinnahme . . . Mark | 31 218 | 2 602 | 536 | 297 | 3 167 | 4 396 | 2 357 | 33 076 | 28 681 | 1 981 | — | 1 718 | 110 029 |
| durchschnittliche Einnahme jeder Tonne . . . . Mark | 2,13 | 2,01 | 1,24 | 1,46 | 1,28 | 1,28 | 1,19 | 1,10 | 1,00 | 0,87 | — | 0,75 | 1,25 |
| durchschnittliche Einnahme für 1 Tonne und 1 km . . Pf. | 19,89 | 16,36 | 17,18 | 15,29 | 10,90 | 10,97 | 7,33 | 7,57 | 8,57 | 4,68 | — | 3,00 | 9,57 |

Die hauptsächlichsten Frachtgüter sind: Kohlen, Baumaterialien, Wolle und Wollabfälle, Tuche, Soda, Säuren, Seidenabfälle, Eisen und Eisenwaaren, Garne, Papierabfälle, Emballagen, Pappen, Packpapier, Maschinentheile, Hölzer (in- und ausländische), Bürstenwaaren und Rauhkarden.

---

*) Einschl. der am 16 December 1893 eröffneten Theilstrecke Saupersdorf-Wilzschhaus von 24,25 km Länge. Die Erhöhung der Ergebnisse im Jahre 1894 beruht hauptsächlich auf diesem Bahnzuwachs.

Umfang des Güterverkehrs der wichtigsten Verkehrsstelle

## Kirchberg.

| Jahr | Abgang Tonnen. | Ankunft Tonnen. | Jahr | Abgang Tonnen. | Ankunft Tonnen. |
|---|---|---|---|---|---|
| 1883 | 2 433 | 14 635 | 1889 | 8 149 | 27 122 |
| 1884 | 4 518 | 15 231 | 1890 | 8 775 | 26 803 |
| 1885 | 5 699 | 17 864 | 1891 | 9 309 | 26 738 |
| 1886 | 5 107 | 17 616 | 1892 | 10 345 | 28 612 |
| 1887 | 7 588 | 21 284 | 1893 | 7 895 | 30 307 |
| 1888 | 5 790 | 24 841 | 1894 | 9 136 | 28 402 |

## Finanzielle Ergebnisse.

| im Jahre | Einnahmen | | | | | Ausgaben | | | | | | | Ueberschuss | | Mehraufwand | |
|---|---|---|---|---|---|---|---|---|---|---|---|---|---|---|---|---|
| | aus dem Personenverkehre | aus dem Güterverkehre | aus sonstigen Quellen | überhaupt | durchschnittlich auf 1 Wagenachskilom. | Generalunkosten | Betriebsaufwand | für Vervollständigung der Bahnanlagen | Einlage in den Erneuerungsfonds | überhaupt | in % der Brutto-Einnahme. | durchschnittlich auf 1 Wagenachskilom. | im ganzen | in % des Anlagekapitales. | im ganzen | in % des Anlagekapitales. |
| | Mark. | Mark. | Mark. | Mark. | Pf. | Mark. | Mark. | Mark. | Mark. | Mark | | Pf. | Mark. | | Mark. | |
| 1883 | 30 957 | 51 419 | 1 143 | 83 519 | 13,03 | 1 397 | 47 921 | — | 4 176 | 53 494 | 64,1 | 8,35 | 30 025 | 4,17 | — | — |
| 1884 | 31 628 | 50 206 | 1 106 | 82 940 | 12,61 | 1 605 | 46 773 | 3 009 | 4 147 | 55 534 | 67,0 | 8,44 | 27 406 | 3,76 | — | — |
| 1885 | 31 524 | 54 683 | 1 121 | 87 328 | 13,44 | 1 859 | 46 012 | 249 | 4 366 | 52 486 | 60,1 | 8,08 | 34 842 | 4,76 | — | — |
| 1886 | 31 575 | 51 416 | 1 135 | 84 126 | 12,94 | 2 072 | 43 521 | — | 4 206 | 49 799 | 59,2 | 7,66 | 34 327 | 4,59 | — | — |
| 1887 | 32 742 | 58 456 | 1 280 | 92 478 | 12,80 | 2 446 | 53 424 | — | 4 624 | 60 494 | 65,4 | 8,37 | 31 984 | 4,24 | — | — |
| 1888 | 34 412 | 62 571 | 1 351 | 98 334 | 12,03 | 2 419 | 59 875 | 2 280 | 4 917 | 69 491 | 70,7 | 8,50 | 28 843 | 3,68 | — | — |
| 1889 | 34 968 | 64 460 | 1 568 | 100 996 | 12,09 | 3 136 | 61 098 | 640 | 5 050 | 69 924 | 69,2 | 8,37 | 31 072 | 3,88 | — | — |
| 1890 | 36 917 | 56 997 | 1 295 | 95 209 | 11,13 | 3 232 | 66 976 | 26 | 4 760 | 74 994 | 78,8 | 8,77 | 20 215 | 2,53 | — | — |
| 1891 | 37 646 | 56 297 | 2 218 | 96 161 | 11,09 | 3 447 | 70 296 | 82 | 4 808 | 78 633 | 81,8 | 9,07 | 17 528 | 2,11 | — | — |
| 1892 | 38 730 | 59 211 | 1 298 | 99 239 | 11,20 | 3 770 | 68 941 | 5 609 | 4 962 | 83 282 | 83,9 | 9,40 | 15 957 | 1,95 | — | — |
| 1893*) | 41 959 | 62 684 | 1 797 | 106 440 | 10,84 | 4 442 | 78 980 | 43 716 | 5 322 | 132 460 | 124,4 | 13,48 | — | — | 26 020 | 2,74 |
| 1894 | 87 933 | 116 176 | 4 499 | 208 608 | 8,18 | 11 500 | 190 978 | 570 | 10 430 | 213 478 | 102,3 | 8,37 | — | — | 4 870 | 0,14 |
| durchschnittl. auf 1 km Bahn im Jahre 1894 . | 2 564 | 3 387 | 131 | 6 082 | — | 335 | 5 568 | 17 | 304 | 6 224 | — | — | — | — | 142 | — |

Der Mehraufwand im Jahre 1893 ist hauptsächlich durch die hohen ausserordentlichen Aufwendungen für Vervollständigung der Bahnanlagen entstanden.

## 2. Linie **Hainsberg-Kipsdorf**.

Eröffnet zwischen Hainsberg und Schmiedeberg den 1. November 1882 und zwischen Schmiedeberg und Kipsdorf den 3. September 1883.

In verschiedenen Landestheilen, namentlich auch in der Amtshauptmannschaft Dippoldiswalde, ward die Anlage von Eisenbahnen durch die gebirgige Beschaffenheit des Terrains erschwert. Aus diesem Grunde waren im Verlaufe der Zeit die verschiedenartigsten Projekte entstanden, welche die Beseitigung jener Schwierigkeiten anstrebten. Als der von der Natur zur Verbindung dieses Landestheiles mit dem bestehenden Bahnnetz gleichsam vorgezeichnete Weg stellte sich das Thal der rothen Weisseritz dar, welches sich über Dippoldiswalde und Schmiedeberg bis in das Gebirge zu den grossen Forstrevieren dieser Gegend hinaufzieht. Für die Wahl dieser Linie kam ausserdem in Betracht, dass im Weisseritzthale zahlreiche, zum Theil erhebliche Wasserkräfte noch unbenutzt vorhanden waren, welche eine weitere Entwickelung des Verkehrs in Aussicht stellten.

Da aber dieses Thal in seinem unteren Theile durch seine Enge dem Bau einer vollspurigen Hauptbahn aussergewöhnliche Schwierigkeiten entgegengesetzt haben würde, so musste nothwendigerweise auf die schmale Spurweite zugekommen werden.

*) Einschl. der am 16. December 1893 eröffneten Theilstrecke Saupersdorf-Wilzschhaus von 24,95 km Länge. Die Erhöhung der Ergebnisse im Jahre 1894 beruht hauptsächlich auf diesem Bahnzuwachs.

Die Bahn beginnt in Hainsberg an der Dresden-Chemnitzer Linie; ihre Länge beträgt 25,₅₁ km.

Von Mitte zu Mitte der Stationsgebäude gemessen, beträgt die Bahnlänge zwischen:

Hainsberg und Cossmannsdorf . . . . . . . . . 1,₀₂ km

Cossmannsdorf und Rabenau . . . . . . . . . 3,₆₇ „

Rabenau und Spechtritz . . . . . . . . . . 1,₅₉ „

Spechtritz und Seifersdorf . . . . . . . . . 2,₀₉ „

Seifersdorf und Malter . . . . . . . . . . 2,₆₉ „

Malter und Dippoldiswalde . . . . . . . . . 3,₂₆ „

Dippoldiswalde und Ulberndorf . . . . . . . . 2,₄₆ „

Ulberndorf und Obercarsdorf . . . . . . . . 1,₂₆ „

Obercarsdorf und Naundorf . . . . . . . . . 2,₂₂ „

Naundorf und Schmiedeberg . . . . . . . . . 0,₈₄ „

Schmiedeberg und Buschmühle . . . . . . . . 1,₇₂ „

Buschmühle und Kipsdorf . . . . . . . . . . 2,₆₉ „

Der Anfangspunkt der Linie bei Hainsberg liegt 183,₂₇ m und ihr Endpunkt 533,₄₈ m über dem Spiegel der Ostsee. Vom Anfangspunkt Hainsberg bis nach dem Endpunkte Kipsdorf steigt die Linie im ganzen 350,₇₅ m und fällt 0,₅₄ m.

Von der Gesammtlänge befinden sich:

23,₆₈ km = 92,₈₃ Prozent in Steigung,

0,₀₅ „ = 0,₁₉ „ „ Fall und

1,₇₈ „ = 6,₉₈ „ „ der Horizontale.

Die Steigung vertheilt sich:

mit 0,₄₆ km auf das Verhältniss von mehr als 1:1000 bis 1:400 einschl.

„ 0,₈₁ „ „ „ „ „ „ „ 1: 400 „ 1:200 „

„ 5,₇₆ „ „ „ „ „ „ „ 1: 200 „ 1:100 „

„ 2,₂₇ „ „ „ „ „ „ „ 1: 100 „ 1: 80 „

„ 9,₃₃ „ „ „ „ „ „ „ 1: 80 „ 1: 60 „

„ 3,₁₆ „ „ „ „ „ „ „ 1: 60 „ 1: 40 „

„ 1,₈₉ „ „ „ „ „ „ „ 1: 40

Der einzige Fall kommt vor auf 0,₀₅ km Länge im Verhältniss von mehr als 1:200 bis einschl. 1:100.

Die grösste Steigung beträgt 1:33 und kommt in einer zusammenhängenden Länge von 513 m vor; der grösste Fall im Verhältniss von 1:100 besteht auf einer zusammenhängenden Strecke von 54 m.

Hinsichtlich der Richtung liegen 17,₄₀ km = 68,₂₁ Prozent der Bahnlänge in gerader Linie und 8,₁₁ km = 31,₇₉ Prozent in Krümmungen und zwar:

0,₁₁ km in Krümmungen mit Halbmessern von weniger als 1000 bis einschl. 500 m

0,₇₇ „ „ „ „ „ „ „ „ 500 „ „ 400 „

0,₅₃ „ „ „ „ „ „ „ „ 400 „ „ 300 „

6,₇₀ „ „ „ „ „ „ „ „ 300 m

Der kleinste Krümmungshalbmesser beträgt auf freier Strecke 50 m und die Summe der Kreisbogengrade aller Krümmungen 4 042,₁₀.

Der Unterbau hat in der Bettungssohle gemessen eine Breite von 2,₉₅ m und ist lediglich durch besonderen Bahnkörper gebildet; 0,₉₅ km liegen unmittelbar, jedoch auf besonderem Planum neben der vollspurigen Linie Dresden-Chemnitz und 3,₉₅ km neben öffentlichen Strassen; 5,₁₃ km befinden sich im Auftrag, 1,₀₄ km im Abtrag und 19,₃₄ km in Geländehöhe. Die vorhandenen 211 Wegübergänge in Schienenhöhe sind nicht verschlossen und unbewacht.

Der Oberbau umfasst 30,₃₂ km Gleis mit 74 Weichen.

An Kunstbauten sind ausgeführt: 1 Tunnel von 18 m Länge und 4 m Höhe mit einer 0,35 m starken Ausmauerung von Sandstein.

Das in dem enggewundenen Thale fliessende Wasser wird auf 40 Brücken verschiedener Konstruktion überschritten; theils sind sie gewölbt, theils haben sie Eisenüberbau, davon hat die eine Hälfte 24 Bögen von 10,5 bis 18,6 m Lichtweite, die andere Hälfte hat 24 Bögen von 10,0 bis 2,5 m Lichtweite herab; ferner gehen 133 Durchlässe durch die Bahn, deren einzelne Oeffnungen bis 2 m im Lichten weit sind (davon sind 53 mit Platten gedeckt, 16 sind gewölbt, 3 sind offen und 61 bestehen aus Röhren von Stein oder anderem Material).

Die bereits gekennzeichnete Gestaltung des Thales der rothen Weisseritz ist Veranlassung dazu geworden, die Kunstbautenausführungen dem jeweiligen Bedürfnisse enger anzupassen, als dies unter normalen Richtungsverhältnissen der Fall gewesen sein würde. Infolgedessen ist eine Fülle interessanter Konstruktionen entstanden, die das Studium dieses Theiles der baulichen Anlagen für den Fachmann zu einem besonders ausgiebigen machen.

Bei den Eisenüberträgerungen sind Blechträger, Blechbogenträger, abgestumpfte Parabelträger, kontinuirliche Fachwerksträger, insgesammt theils mit oben, theils mit unten liegender Fahrbahn zur Ausführung gekommen; die steinernen Brücken weisen ausser den gewöhnlichen Wölbkonstruktionen solche mit Kämpfergelenk auf, auch sind die Wölbbrücken mit Plattenabdeckung über die gesammte Planumsfläche in ihrer vollen Breitendimension versehen. Endlich finden sich Brücken mit Betonwölbbögen und Bruchsteingewölbe in Cement von grösseren Spannweiten vor.

Im übrigen verdient an dieser Linie Beachtung die Anpassung des Aeusseren der Kunstbauten an die landschaftliche Scenerie des Thales und seiner Felspartien, vermittelt durch Anwendung des Bruchsteinmauerwerkes mit unregelmässig hervorstehenden Bossen, nach Art des sogenannten Cyklopen-Mauerwerkes.

An Hochbauten sind ausgeführt: 9 Dienstwohngebäude für Beamte und Arbeiter, 3 Empfangsgebäude, 3 besondere bedeckte Warteräume, 10 Güterschuppen, 2 Lokomotivschuppen, 1 Kohlenschuppen, 12 Wirthschaftsneben- u. s. w. Gebäude, 1 Materialien-Depot-Gebäude, zusammen mit 2 207 qm bebauter Grundfläche.

An sonstigen Anlagen sind noch vorhanden: 13 Bahnsteige mit 2 614 qm bebauter Grundfläche, 3 Wasserstationen (1 durch Menschenkraft, 1 durch Dampf betrieben und 1 durch natürliches Gefälle gespeist), 1 Wasserleitung für Wasserstationen, 8 offene, feste Laderampen (1 für Stirn-, 5 für Seitenverladung und 2 für Stirn- und Seitenverladung), 3 transportable Laderampen, 2 Gleisbrückenwaagen und als Sicherheitsvorkehrung 1 Armtelegraph.

Mit der Bahn sind 5 industrielle Anlagen durch Zweiggleise verbunden.

Die Herstellungskosten der Bahnanlagen betragen 1 395 044,94 Mark. Davon kommen 130 904,06 Mark auf Grunderwerb und Nutzungsentschädigung,

| | | |
|---|---|---|
| 204 247,91 | „ | „ Erd-, Fels- und Böschungsarbeiten sowie Futtermauern, |
| 186,73 | „ | „ Einfriedigungen, |
| 29 096,14 | „ | „ Wegübergänge, Ueber- und Unterführungen, |
| 195 169,36 | „ | „ Durchlässe und Brücken, |
| 8 793,94 | „ | „ Tunnels, |
| 403 007,48 | „ | „ Oberbau nebst allen Nebensträngen und zugehörigen Ausweichen, |
| 15 093,91 | „ | „ Signale, |
| 177 181,06 | „ | „ Bahnhöfe und Haltestellen, |
| 739,75 | „ | „ ausserordentliche Anlagen, als Flussverlegungen etc. |
| 203 235,89 | „ | „ Verwaltungskosten, |
| 27 388,71 | „ | „ Insgemein und Verzinsung des Baukapitals während der Bauzeit. |

Auf ein Kilometer Bahn kommen durchschnittlich 54 686,20 Mark.

# HAINSBERG – KIPSDORF.

Lageplan. 1:200000.

Querschnitt
durch den Tunnel
bei
Rabenau.

Beamtenwohngebäude
in Kipsdorf.
1:400.

a. Stube.  b. Kammer.  c. Küche.

Längenprofil.

Längen 1:150000.
Höhen  1:5000.

R. Henke.

Kipsdorf
Holzladestelle
Buschmühle
Schmiedeberg
Naundorf
Obercarsdorf
Ulbersdorf
Dippoldiswalde
Malter  Ladestelle
Seifersdorf
Spechtritz
Rabenau
Cossmannsdorf
Hainsberg
Tunnel

150 m

25,99 km

Das durch den Betriebsüberschuss zu verzinsende Anlagekapital im allgemeinen beträgt 1 759 306,₁₁ Mark und setzt sich zusammen wie folgt:

1 339 456,₈₃ Mark Herstellungskosten der Bahnanlagen ausschl. der Kosten
  der Gemeinschaftsbahnhöfe,

14 148,₁₃ „ antheilige Kosten der Gemeinschaftsbahnhöfe,

362 204,₃₈ „ Anschaffungskosten der Fahrbetriebsmittel,

34 016,₈₈ „ antheilige Herstellungskosten der Werkstättenanlagen,

1 558,₁₄ „ „ „ „ Imprägniranstalten,

7 921,₇₅ „ „ „ „ Administrations- und
  Hauptverwaltungsgebäude in Dresden.

Auf ein Kilometer Bahn kommen durchschnittlich 68 965,₈₅ Mark.

An Fahrbetriebsmitteln sind vorhanden: 4 Lokomotiven, 33 Personenwagen mit 74 Achsen und 761 Plätzen, 27 bedeckte und 64 offene Güterwagen mit 182 Achsen und 455 Tonnen Ladegewicht. Es berechnen sich durchschnittlich auf eine Personenwagenachse 10,₃ Plätze und auf eine Güterwagenachse 2,₅ Tonnen Ladegewicht.

Leistungen der Fahrbetriebsmittel.

| im Jahre | Lokomotiv- | | Achskilometer | | | durchschnittlich auf 1 Lokomotiv-Nutzkilometer (durchschnittliche Stärke der Züge). |
| | Nutz-kilometer. | Leer- und Rangir-kilometer. | der Personen-wagen. | der Güter- und Postwagen. | Zusammen. | |
|---|---|---|---|---|---|---|
| 1884 | 64 901 | 3 860 | 658 527 | 557 412 | 1 215 939 | 18,₇₄ |
| 1885 | 63 407 | 3 470 | 660 292 | 527 907 | 1 188 199 | 18,₇₄ |
| 1886 | 62 968 | 3 440 | 706 027 | 616 457 | 1 322 484 | 21,₀₀ |
| 1887 | 69 727 | 3 686 | 789 681 | 666 880 | 1 456 561 | 20,₈₉ |
| 1888 | 76 105 | 4 085 | 869 246 | 708 964 | 1 578 210 | 20,₇₄ |
| 1889 | 75 993 | 3 286 | 916 663 | 733 138 | 1 649 801 | 21,₇₁ |
| 1890 | 87 581 | 6 014 | 946 394 | 853 814 | 1 800 208 | 20,₅₅ |
| 1891 | 94 537 | 6 032 | 969 205 | 849 114 | 1 818 319 | 19,₂₃ |
| 1892 | 94 229 | 3 713 | 935 182 | 943 363 | 1 878 545 | 19,₉₄ |
| 1893 | 94 211 | 5 403 | 951 735 | 1 003 448 | 1 955 183 | 20,₇₅ |
| 1894 | 94 192 | 7 742 | 931 718 | 1 011 174 | 1 942 892 | 20,₆₈ |
| Im Jahre 1894 durchschnittlich auf 1 km Bahn . | 3 692 | 303 | 36 524 | 39 638 | 76 162 | — |

Im Jahre 1894 betrug

die Ausnutzung der bewegten Personenwagenplätze 34,₁₄ Prozent und der bewegten Ladefähigkeit der Güterwagen 35,₂₀ Prozent;

die Zahl der abgelassenen Züge 4 070 und zwar 2 512 Personen-, 883 gemischte und 675 Güterzüge;

das für die Lokomotiven verbrauchte Brennmaterial auf den Steinkohlenheizwerth reduzirt: 682 Tonnen, d. i. durchschnittlich auf ein Nutzkilometer 7,₂₄ kg und auf ein Wagenachskilometer 0,₃₅ kg.

## Verkehrsergebnisse.

### Personenverkehr

| im Jahre | Anzahl | | Durchschnittlich durchfahrene Weglänge | | Fahrgeld-Einnahme | | |
|---|---|---|---|---|---|---|---|
| | der beförderten Personen. | der zurückgelegten Personenkilometer. | von jeder Person km | in Prozenten der Bahnlänge. | überhaupt Mark | durchschnittlich auf 1 Person Mark | auf 1 Person und 1 km Pf. |
| 1884 | 211 661 | 2 553 753 | 12,07 | 46,89 | 83 572 | 0,39 | 3,27 |
| 1885 | 195 905 | 2 370 982 | 12,10 | 47,43 | 77 322 | 0,39 | 3,26 |
| 1886 | 204 620 | 2 539 748 | 12,41 | 48,65 | 82 233 | 0,40 | 3,24 |
| 1887 | 210 430 | 2 638 459 | 12,54 | 49,16 | 83 903 | 0,40 | 3,18 |
| 1888 | 230 236 | 2 848 280 | 12,37 | 48,49 | 90 610 | 0,39 | 3,18 |
| 1889 | 253 805 | 3 143 806 | 12,39 | 48,57 | 99 289 | 0,39 | 3,16 |
| 1890 | 266 801 | 3 313 632 | 12,42 | 48,69 | 104 932 | 0,39 | 3,17 |
| 1891 | 259 680 | 3 216 784 | 12,39 | 48,57 | 99 744 | 0,38 | 3,10 |
| 1892 | 254 537 | 3 121 615 | 12,26 | 48,06 | 97 435 | 0,38 | 3,12 |
| 1893 | 259 515 | 3 166 105 | 12,20 | 47,82 | 98 925 | 0,38 | 3,12 |
| 1894 | 266 269 | 3 270 623 | 12,28 | 48,14 | 100 812 | 0,38 | 3,08 |
| Im Jahre 1894 durchschnittlich auf 1 km Bahn . . | 10 438 | 128 209 | — | — | 3 952 | — | — |

### Güterverkehr

| im Jahre | Stückgut | | Wagenladungsgut | | | | | | Ausnahme-Tarif 1—11 | Frachtpflichtiges Dienstgut | Militärgut | Gut in vereinbarter Fracht | Se. |
|---|---|---|---|---|---|---|---|---|---|---|---|---|---|
| | allgemeine Klasse | Specialtarif | allgemeine Klasse A¹. | B. | A². | Specialtarif I. | II. | III. | | | | | |
| | | | | | Tonnen. | | | | | | | | |
| 1884 | 3 604 | — | 10 | — | — | 4 039 | 1 746 | 12 357 | 5 540 | — | — | — | 27 296 |
| 1885 | 4 222 | — | 30 | — | 4 386 | 1 180 | 1 293 | 7 346 | 6 903 | 33 | — | — | 25 393 |
| 1886 | 4 739 | — | 25 | 5 | 2 451 | 1 586 | 2 304 | 10 213 | 7 466 | 21 | 39 | — | 28 849 |
| 1887 | 5 270 | 243 | 66 | — | 2 046 | 1 753 | 2 491 | 11 066 | 7 905 | 5 | — | — | 30 845 |
| 1888 | 5 586 | 500 | 96 | 15 | 2 163 | 2 597 | 3 253 | 13 506 | 7 888 | 198 | — | — | 35 802 |
| 1889 | 5 949 | 798 | 73 | 20 | 2 655 | 3 022 | 3 106 | 14 819 | 8 582 | 12 | — | — | 39 036 |
| 1890 | 6 454 | 1 237 | 83 | 10 | 3 451 | 3 385 | 3 201 | 16 226 | 9 449 | 1 553 | — | — | 45 049 |
| 1891 | 6 418 | 1 261 | 163 | 10 | 3 510 | 3 136 | 2 966 | 19 253 | 8 342 | 215 | 92 | 21 | 45 387 |
| 1892 | 6 757 | 1 451 | 176 | 41 | 3 936 | 3 351 | 2 204 | 21 508 | 7 489 | 63 | — | — | 46 976 |
| 1893 | 7 461 | 1 802 | 77 | 71 | 3 190 | 3 222 | 2 711 | 19 902 | 9 823 | 40 | — | — | 48 299 |
| 1894 | 7 275 | 1 976 | 157 | 56 | 2 851 | 3 228 | 3 265 | 20 429 | 10 125 | 35 | 1 | — | 49 398 |
| **Im Jahre 1894:** | | | | | | | | | | | | | |
| in Prozenten der Gesammtheit . | 14,73 | 4,00 | 0,32 | 0,11 | 5,77 | 6,53 | 6,61 | 41,36 | 20,50 | 0,07 | 0,00 | — | 100,00 |
| Tonnenkilometer . . . . | 96 243 | 28 444 | 2 101 | 713 | 48 544 | 40 390 | 55 800 | 357 228 | 128 828 | 755 | 15 | — | 759 061 |
| in Prozenten der Gesammtheit . | 12,68 | 3,74 | 0,28 | 0,09 | 6,40 | 5,32 | 7,35 | 47,07 | 16,97 | 0,10 | 0,00 | — | 100,00 |
| Tonnen \ auf 1 km Bahn | 285 | 77 | 6 | 2 | 112 | 127 | 128 | 801 | 397 | 1 | — | — | 1 936 |
| Tonnenkilometer / | 3 773 | 1 115 | 82 | 28 | 1 903 | 1 583 | 2 187 | 14 003 | 5 050 | 30 | 1 | — | 29 755 |
| durchschnittliche Transportlänge jeder Tonne . . . . km | 13,23 | 14,39 | 13,38 | 12,73 | 17,03 | 12,51 | 17,09 | 17,49 | 12,72 | 21,57 | 15,00 | — | 15,37 |
| in Prozenten der Bahnlänge . | 51,86 | 56,41 | 52,45 | 49,90 | 66,76 | 49,04 | 66,99 | 68,56 | 49,86 | 84,56 | 58,80 | — | 60,25 |
| Frachteinnahme . . . Mark | 17 007 | 3 893 | 265 | 93 | 4 372 | 4 319 | 4 554 | 25 139 | 10 901 | 36 | 2 | — | 70 581 |
| durchschnittliche Einnahme jeder Tonne . . . . Mark | 2,34 | 1,97 | 1,69 | 1,56 | 1,53 | 1,34 | 1,39 | 1,23 | 1,08 | 1,03 | 2,00 | — | 1,43 |
| durchschnittliche Einnahme für 1 Tonne und 1 km . Pf. | 17,67 | 13,69 | 12,61 | 13,04 | 9,01 | 10,69 | 8,16 | 7,04 | 8,46 | 4,77 | 13,33 | — | 9,30 |

Die hauptsächlichsten Frachtgüter sind: Eisenschlacken, Langholz, Bretter, Pfosten, Rohmöbel, Kohlen, Ziegel, Maschinentheile, Wolle, Roheisen, Getreide, Mehl, Holzstoff, Kokes, Dünge- und Futtermittel, Kisten, Eisenwaaren und Lohe.

Umfang des Güterverkehrs der wichtigsten Verkehrsstellen

| Jahr. | Dippoldiswalde. | | Rabenau. | | Schmiedeberg. | |
|---|---|---|---|---|---|---|
| | Abgang Tonnen | Ankunft Tonnen. | Abgang Tonnen. | Ankunft Tonnen. | Abgang Tonnen. | Ankunft Tonnen. |
| 1884 | 1 274 | 5 646 | 2 050 | 6 120 | 4 247 | 2 604 |
| 1885 | 1 933 | 6 178 | 1 948 | 6 054 | 4 246 | 1 787 |
| 1886 | 2 072 | 6 730 | 1 920 | 5 660 | 4 484 | 2 855 |
| 1887 | 2 490 | 7 031 | 2 184 | 7 183 | 3 803 | 2 473 |
| 1888 | 2 354 | 8 401 | 2 373 | 6 758 | 4 639 | 3 040 |
| 1889 | 2 839 | 10 036 | 2 476 | 7 633 | 4 441 | 2 848 |
| 1890 | 3 072 | 9 073 | 2 758 | 8 665 | 4 019 | 5 403 |
| 1891 | 3 322 | 9 576 | 2 542 | 8 329 | 4 254 | 5 057 |
| 1892 | 3 856 | 12 212 | 1 682 | 8 012 | 3 594 | 5 506 |
| 1893 | 3 838 | 10 848 | 2 181 | 8 337 | 4 565 | 6 200 |
| 1894 | 3 904 | 10 268 | 1 803 | 8 606 | 5 223 | 6 306 |

## Finanzielle Ergebnisse.

| im Jahre | Einnahmen | | | | Ausgaben | | | | | | | Ueberschuss | | Mehraufwand | |
|---|---|---|---|---|---|---|---|---|---|---|---|---|---|---|---|
| | aus dem Personenverkehre Mark. | aus dem Güterverkehre Mark | aus sonstigen Quellen Mark. | überhaupt Mark. | durchschnittlich auf 1 Wagenachskilom. Pf. | Generalunkosten Mark. | Betriebsaufwand Mark | für Vollständigung der Bahnanlagen Mark. | Einlage in den Erneuerungsfonds Mark. | überhaupt Mark | in % der Brutto-Einnahme. | durchschnittlich auf 1 Wagenachskilom. Pf. | im ganzen Mark. | in % des Anlagekapitales. | im ganzen Mark. | in % des Anlagekapitales. |
| 1884 | 85 080 | 49 107 | 3 296 | 137 483 | 11,31 | 2 652 | 68 738 | — | 6 874 | 78 264 | 56,9 | 6,44 | 59 219 | 3,70 | — | — |
| 1885 | 78 876 | 45 767 | 3 501 | 128 144 | 10,78 | 2 831 | 75 291 | 373 | 6 407 | 84 902 | 66,3 | 7,14 | 43 242 | 2,65 | — | — |
| 1886 | 83 938 | 54 567 | 2 597 | 141 102 | 10,67 | 4 172 | 73 075 | 5 715 | 7 055 | 90 017 | 63,8 | 6,81 | 51 085 | 3,14 | — | — |
| 1887 | 85 403 | 57 214 | 2 776 | 145 393 | 9,98 | 4 932 | 72 313 | 24 457 | 7 270 | 108 972 | 75,0 | 7,48 | 36 421 | 2,26 | — | — |
| 1888 | 92 119 | 64 936 | 2 895 | 159 950 | 10,13 | 4 672 | 83 004 | 1 132 | 7 998 | 96 806 | 60,5 | 6,13 | 63 144 | 3,96 | — | — |
| 1889 | 100 815 | 62 613 | 3 073 | 166 501 | 10,09 | 6 195 | 82 014 | 65 | 8 325 | 96 599 | 58,0 | 5,85 | 69 902 | 4,29 | — | — |
| 1890 | 106 493 | 66 799 | 2 836 | 176 128 | 9,78 | 6 803 | 94 705 | 60 | 8 806 | 110 374 | 62,7 | 6,13 | 65 754 | 4,01 | — | — |
| 1891 | 101 394 | 64 572 | 4 073 | 170 039 | 9,35 | 7 226 | 103 848 | 194 | 8 502 | 119 770 | 70,4 | 6,59 | 50 269 | 2,93 | — | — |
| 1892 | 99 033 | 66 525 | 3 651 | 169 209 | 9,01 | 7 993 | 105 468 | 8 720 | 8 460 | 130 641 | 77,2 | 6,96 | 38 568 | 2,23 | — | — |
| 1893 | 100 622 | 71 103 | 3 623 | 175 348 | 8,97 | 8 841 | 106 270 | 3 051 | 8 767 | 126 929 | 72,4 | 6,49 | 48 419 | 2,77 | — | — |
| 1894 | 102 663 | 78 055 | 3 829 | 184 547 | 9,50 | 8 764 | 110 841 | 597 | 9 227 | 129 429 | 70,1 | 6,66 | 55 118 | 3,13 | — | — |
| durchschnittl. auf 1 km Bahn im Jahre 1894 . | 4 024 | 3 060 | 150 | 7 234 | — | 344 | 4 345 | 23 | 362 | 5 074 | — | — | 2 160 | — | — | — |

### 3. Linie Oschatz-Mügeln-Döbeln mit Mügeln-Nerchau=Trebsen.

Eröffnet zwischen Mügeln und Grossbauchlitz den 15. September 1884, zwischen Grossbauchlitz und Döbeln den 1. November 1884, zwischen Oschatz und Mügeln den 7. Januar 1885, zwischen Mügeln und Nerchau = Trebsen den 1. November 1888.

Die Herstellung einer Eisenbahn, welche die von den Eisenbahnlinien Döbeln-Riesa-Wurzen-Grossbothen-Döbeln umschlossenen Landestheile von Döbeln aus ungefähr in diagonaler Richtung durchschneiden sollte, war von der betheiligten Bevölkerung bereits seit Langem angestrebt worden. Ursprünglich war es hauptsächlich auf eine direkte Verbindung zwischen Döbeln und Torgau abgesehen, weshalb von vielen Seiten der Anschluss der Linie an die Leipzig-Dresdener Bahn bei Dahlen befürwortet ward. Hierbei hätte indess das Bedürfniss des lokalen Verkehrs insofern zurücktreten müssen, als eine Bahn mit voller Spurweite nach den angestellten technischen Untersuchungen den vorhandenen Thalsenkungen mit ihren zahlreichen Ortschaften nicht hätte folgen können, sondern unter Ausführung umfänglicher und kostspieliger Kunstbauten vorzugsweise auf dem Höhenzuge hin und in ziemlicher Entfernung von den bedeutenderen Ortschaften zu liegen gekommen wäre. Dieser Umstand sowie die Absicht, der reichen land-wirthschaftlichen Pflege des Mügelner Kreises die Vortheile einer reinen Lokalverbindung zu verschaffen, bestimmte die Staatsregierung dazu, sich für Anlegung einer schmalspurigen Bahn und zwar zunächst von Döbeln über Mügeln nach Oschatz zu entscheiden. Zweck dieser Bahn ist hauptsächlich, den Absatz der landwirthschaftlichen Produkte in der Richtung nach Döbeln und Chemnitz sowie dem hierfür vorzugsweise in Betracht kommenden oberen Erzgebirge zu erleichtern; auch sollte den dort bestehenden, zum Theil sehr produktiven Kalkwerken eine verbesserte Absatzfüglichkeit verschafft werden.

Obschon der Bau einer schmalspurigen Flügelbahn von Mügeln nach Wermsdorf gleichzeitig mit der Herstellung der Linie Döbeln-Mügeln-Oschatz beabsichtigt war, so musste von der Ausführung desselben vorläufig abgesehen werden, weil namentlich die Ansichten über die Frage, in welcher Weise der später beabsichtigte Anschluss von Wermsdorf nach Mutzschen und weiter an das bestehende Bahnnetz am zweckmässigsten herzustellen sein werde, noch nicht hinreichend geklärt und zur Entscheidung derselben noch sehr eingehende Erörterungen nöthig waren.

Bei der Wahl des geeignetsten Anschlusspunktes musste namentlich auf die verschiedenartigsten Interessen der in Betracht kommenden Städte Mutzschen, Grimma und der Landgemeinde Wermsdorf sowie der Landesanstalt Hubertusburg Rücksicht genommen werden.

Die Erörterungen sind schliesslich zu Gunsten der an der Muldenthalbahn gelegenen Station Nerchau=Trebsen ausgefallen. Der Bau der Linie von Mügeln über Wermsdorf und Mutzschen nach Nerchau=Trebsen wurde hiernach von der Ständeversammlung von 1885/86 genehmigt.

Die Linie Döbeln-Mügeln-Oschatz benutzt von Döbeln aus über Grossbauchlitz bis zur Signalstation bei Gadewitz auf eine Länge von 4,31 km das Gleis der Riesa-Chemnitzer Vollspurbahn; um dies zu ermöglichen, ist auf dieser Strecke eine dritte Schiene zwischen den Gleisen der Vollspurbahn eingelegt worden. Dagegen wird die zwischen Bahnhof und Haltestelle Oschatz gelegene Strecke auf eine Länge von 0,22 km von der Oschatz-Strehlaer Schmalspurbahn mitbenutzt.

Die Länge der Linie Oschatz-Mügeln-Döbeln beträgt 30,91 km, Mügeln-Nerchau=Trebsen 23,94 km, zusammen 54,85 km und die Entfernungen zwischen ihren Verkehrsstellen, als:

| | | |
|---|---|---|
| Station Oschatz und Haltestelle Oschatz | . . | 2,08 km |
| Haltestelle Oschatz und Altoschatz=Rosenthal | | 1,21 „ |
| Altoschatz=Rosenthal und Kreischa=Saalhausen | | 1,05 „ |
| Kreischa=Saalhausen und Naundorf | . . . . | 2,87 „ |
| Naundorf und Schweta | . . . . . . . . | 2,66 „ |
| Schweta und Mügeln | . . . . . . . . | 1,50 „ |
| Mügeln und Lüttnitz | . . . . . . . . | 2,51 „ |
| Lüttnitz und Görlitz | . . . . . . . . | 1,91 „ |
| Görlitz und Schrebitz | . . . . . . . . | 0,76 „ |
| Schrebitz und Töllschütz | . . . . . . | 1,86 „ |
| Töllschütz und Zaschwitz | . . . . . . | 1,77 „ |
| Zaschwitz und Tronitz | . . . . . . . | 0,73 „ |
| Tronitz und Mockritz=Jessnitz | . . . . . | 1,48 „ |
| Mockritz=Jessnitz und Döschütz | . . . . | 1,61 „ |
| Döschütz und Gadewitz | . . . . . . . | 2,07 „ |
| Gadewitz und Grossbauchlitz | . . . . . | 3,97 „ |
| Grossbauchlitz und Döbeln | . . . . . . | 0,87 „ |

| | | |
|---|---|---|
| Mügeln und Altmügeln | . . . . . . . | 1,34 km |
| Altmügeln und Nebitzschen | . . . . . | 1,70 „ |
| Nebitzschen und Glossen | . . . . . . | 1,57 „ |
| Glossen und Gröppendorf | . . . . . . | 1,12 „ |
| Gröppendorf und Mahlis | . . . . . . | 2,18 „ |
| Mahlis und Reckwitz | . . . . . . . | 2,71 „ |
| Reckwitz und Wermsdorf | . . . . . . | 0,68 „ |
| Wermsdorf und Mutzschen | . . . . . | 3,04 „ |
| Mutzschen und Böhlitz=Roda | . . . . | 1,43 „ |
| Böhlitz=Roda und Wagelwitz | . . . . | 1,59 „ |
| Wagelwitz und Cannewitz | . . . . . . | 1,52 „ |
| Cannewitz und Denkwitz | . . . . . . | 1,40 „ |
| Denkwitz und Nerchau=Gornewitz | . . | 1,51 „ |
| Nerchau = Gornewitz und Nerchau= Trebsen | . . . . . . . . . . . . | 2,15 „ |

Die Station Oschatz liegt 128,71 m und Döbeln 176,10 m, ferner Mügeln 148,11 m und Nerchau=Trebsen 126,47 m über dem Spiegel der Ostsee. Die Linie Oschatz-Döbeln steigt in der Richtung vom Anfangs- nach dem Endpunkte im ganzen 119,90 m und fällt 72,51 m; in derselben Richtung steigt die Linie Mügeln-Nerchau=Trebsen im ganzen 31,87 m und fällt 53,51 m.

Von der Gesammtlänge kommen:

| | bei Oschatz-Döbeln | | bei Mügeln-Nerchau=Trebsen | |
|---|---|---|---|---|
| auf Steigung . . . | 13,30 km | = 43,03 Prozent | 5,95 km | = 24,85 Prozent |
| „ Fall . . . . | 9,87 „ | = 31,93 „ | 6,46 „ | = 26,99 „ |
| „ die Horizontale | 7,74 „ | = 25,04 „ | 11,53 „ | = 48,16 „ |

Es vertheilt sich

die Steigung:

| bei Oschatz-Döbeln | bei Mügeln-Nerchau=Trebsen | | |
|---|---|---|---|
| — | mit 0,50 km | auf das Verh. von 1 : 1 000 und darunter |
| mit 1,93 km | „ 1,09 „ | „ „ „ „ mehr als 1 : 1 000 bis 1 : 400 einschl. |
| „ 3,62 „ | „ 1,92 „ | „ „ „ „ „ „ „ 1 : 400 „ 1 : 200 „ |
| „ 2,60 „ | „ 2,44 „ | „ „ „ „ „ „ „ 1 : 200 „ 1 : 100 „ |
| „ 0,48 „ | — | „ „ „ „ „ „ „ 1 : 100 „ 1 : 80 „ |
| „ 4,67 „ | — | „ „ „ „ „ „ „ 1 : 80 „ 1 : 60 „ |

der Fall:

| bei Oschatz-Döbeln | bei Mügeln-Nerchau=Trebsen | | |
|---|---|---|---|
| mit 2,17 km | mit 0,82 km | auf das Verh. von mehr als 1 : 1 000 bis 1 : 400 einschl. |
| „ 2,79 „ | „ 2,00 „ | „ „ „ „ „ „ „ 1 : 400 „ 1 : 200 „ |
| „ 3,25 „ | „ 1,86 „ | „ „ „ „ „ „ „ 1 : 200 „ 1 : 100 „ |
| — | „ 0,13 „ | „ „ „ „ „ „ „ 1 : 100 „ 1 : 80 „ |
| „ 1,66 „ | „ 1,65 „ | „ „ „ „ „ „ „ 1 : 80 „ 1 : 60 „ |

Auf der Linie Oschatz-Döbeln beträgt die stärkste Steigung 1 : 60 und kommt zusammenhängend in grösster Länge von 1351 m vor und der stärkste Fall 1 : 60 kommt zusammenhängend in grösster Länge von 1297 m vor; auf der Linie Mügeln-Nerchau=Trebsen beträgt die stärkste Steigung 1 : 100 in grösster Länge von 480 m und der stärkste Fall 1 : 60 in grösster Länge von 738 m.

Hinsichtlich der Richtung liegen von Oschatz-Döbeln 20,32 km = 65,74 Prozent in gerader Linie und 10,59 km = 34,26 Prozent in Krümmungen; von Mügeln-Nerchau=Trebsen liegen 16,49 km = 68,88 Prozent in gerader Linie und 7,45 km = 31,12 Prozent in Krümmungen.

Es befinden sich:

| bei Oschatz-Döbeln | bei Mügeln-Nerchau=Trebsen | | |
|---|---|---|---|
| — | 0,10 km | in Krümmungen mit Halbm. v. 3000 m und darüber, |
| 0,61 km | 0,13 „ | „ „ „ „ „ „ weniger als 1500 bis einschl. 1000 m, |
| 3,50 „ | 0,93 „ | „ „ „ „ „ „ „ „ 1000 „ „ 500 „ |
| — | 0,30 „ | „ „ „ „ „ „ „ „ 500 „ „ 400 „ |
| 0,66 „ | 1,07 „ | „ „ „ „ „ „ „ „ 400 „ „ 300 „ |
| 5,82 „ | 4,92 „ | „ „ „ „ „ „ „ „ 300 m. |

Der kleinste Krümmungshalbmesser auf freier Strecke beträgt bei Oschatz-Döbeln 80 m und bei Mügeln-Nerchau=Trebsen 100 m. Die Kreisbogengrade aller Krümmungen ergeben bei Oschatz-Döbeln die Summe von 3029,76 und bei Mügeln-Nerchau=Trebsen 2443,91.

Der Unterbau beider Linien hat in der Bettungssohle gemessen eine Breite von 2,95 m. Von der Bahnlänge befinden sich 33,29 km im Auftrag, 16,57 km im Abtrag und 4,99 km in Geländehöhe. In Schienenhöhe führen 166 offene, unbewachte Wege über die Bahn.

Der Oberbau umfasst 67,65 km Gleis mit 160 Weichen.

Soweit der Bahnkörper der vollspurigen Linie Riesa-Chemnitz zugleich den der schmalspurigen Linie Oschatz-Mügeln-Döbeln bildet, hat die letztere zwischen den Schienensträngen des einen Gleises der Hauptbahn theils ihr eigenes Gleis, theils auch nur einen eigenen Schienenstrang, in welchem Falle der eine Schienenstrang der Hauptbahn gleichzeitig der Schmalspurbahn mit dient.

An Kunstbauten sind ausgeführt: 1 Viadukt mit Eisenüberbau von 21 m Länge und 6,7 m Höhe mit 2 Oeffnungen von je 11,7 m Lichtweite, dessen Mittelpfeiler auf Pfahlrost gegründet ist, 2 Brücken mit Eisenüberbau mit 4 Oeffnungen von 10 bis 30 m Lichtweite der einzelnen Oeffnungen, ferner 25 Brücken (1 gewölbt und 24 mit eisernem Ueberbau) mit zusammen 27 Oeffnungen von 2 bis 10 m Lichtweite der einzelnen Oeffnungen, 1 Wegüberführung und 3 Wegunterführungen mit eisernem Ueberbau, 254 Wasserdurchlässe (davon sind 113 mit Platten gedeckt und 7 gewölbt, 31 sind unbedeckt, 86 bestehen aus eisernen und 17 aus steinernen u. s. w. Röhren).

An Hochbauten sind ausgeführt: 4 Empfangsgebäude, 17 besondere bedeckte Warteräume, 12 Güterschuppen, 5 Lokomotivschuppen, 2 Kohlen- u. s. w. Schuppen, 11 Wirthschaftsneben- u. s. w. Gebäude und 6 Materialien-Depot-Gebäude, zusammen mit 2 646 qm bebauter Grundfläche.

An sonstigen Anlagen sind noch vorhanden: 29 Bahnsteige mit 7 034 qm bebauter Grundfläche, 3 durch Dampf u. s. w. betriebene Wasserstationen, 1 Wasserleitung, 2 Drehscheiben (1 für Lokomotiven und 1 für Wagen), 22 offene, feste Laderampen (3 für Stirnverladung und 19 für Seitenverladung), 4 Gleisbrückenwaagen und als Sicherheitsvorkehrungen 1 Blockstationstelegraph und 1 sonstiger optischer Telegraph.

Mit den Linien Oschatz-Döbeln und Mügeln-Nerchau=Trebsen sind 15 industrielle Anlagen durch Zweiggleise verbunden.

Von hervorragend technischer Bedeutung ist die Anlage des Anschlussbahnhofes Grossbauchlitz bei Döbeln, welcher in seiner bisherigen vollspurigen Gestaltung von der Schmalspurbahn durchschnitten wird und deshalb zumeist dreischienig angelegt werden musste.

Das Weichennetz der Station Grossbauchlitz bietet infolgedessen eine Fülle von Konstruktionen gemischtspuriger Gleis-, Weichen- und Kreuzungsanlagen, welche — abgesehen von der Grössenausdehnung — an Vielseitigkeit den auf den gemischtspurigen Bahnen Englands ausgeführten derartigen Anlagen nicht nachstehen und gegen letztere noch manches Neue bieten.

Das 8. Heft des „Civil-Ingenieurs" vom Jahre 1885 behandelt in einer von den Herren Köpcke und Pressler verfassten fachwissenschaftlichen Darstellung das Interessanteste dieser Anlagen.

Die Herstellungskosten der Bahnanlagen betragen 2 761 101,72 Mark. Davon kommen 466 128,09 Mark auf Grunderwerb und Nutzungsentschädigung,

| | | |
|---|---|---|
| 362 225,56 | „ „ | Erd-, Fels- und Böschungsarbeiten sowie Futtermauern, |
| 15 363,34 | „ „ | Einfriedigungen, |
| 68 874,00 | „ „ | Wegübergänge, Ueber- und Unterführungen, |
| 134 985,12 | „ „ | Durchlässe und Brücken, |
| 913 894,75 | „ „ | Oberbau nebst allen Nebensträngen und zugehörigen Ausweichen, |
| 20 789,89 | „ „ | Signale, |
| 357 203,00 | „ „ | Bahnhöfe und Haltestellen, |
| 4 590,19 | „ „ | ausserordentliche Anlagen, als Flussverlegungen etc. |
| 369 835,92 | „ „ | Verwaltungskosten, |
| 47 211,86 | „ „ | Insgemein und Verzinsung des Baukapitals während der Bauzeit. |

Auf ein Kilometer Bahn kommen durchschnittlich 50 339,14 Mark.

Das durch den Betriebsüberschuss zu verzinsende Anlagekapital im allgemeinen beträgt 3 262 415,06 Mark und setzt sich zusammen wie folgt:

| | | |
|---|---|---|
| 2 657 294,94 | Mark | Herstellungskosten der Bahnanlagen ausschl. der Kosten der Gemeinschaftsbahnhöfe, |
| 108 205,03 | „ | antheilige Kosten der Gemeinschaftsbahnhöfe, |
| 439 252,44 | „ | Anschaffungskosten der Fahrbetriebsmittel, |
| 41 252,95 | „ | antheilige Herstellungskosten der Werkstättenanlagen, |
| 3 476,51 | „ „ „ „ | Imprägniranstalten, |
| 12 933,19 | „ „ „ „ | Administrations- und Hauptverwaltungsgebäude in Dresden. |

Auf ein Kilometer Bahn kommen durchschnittlich 59 478,85 Mark.

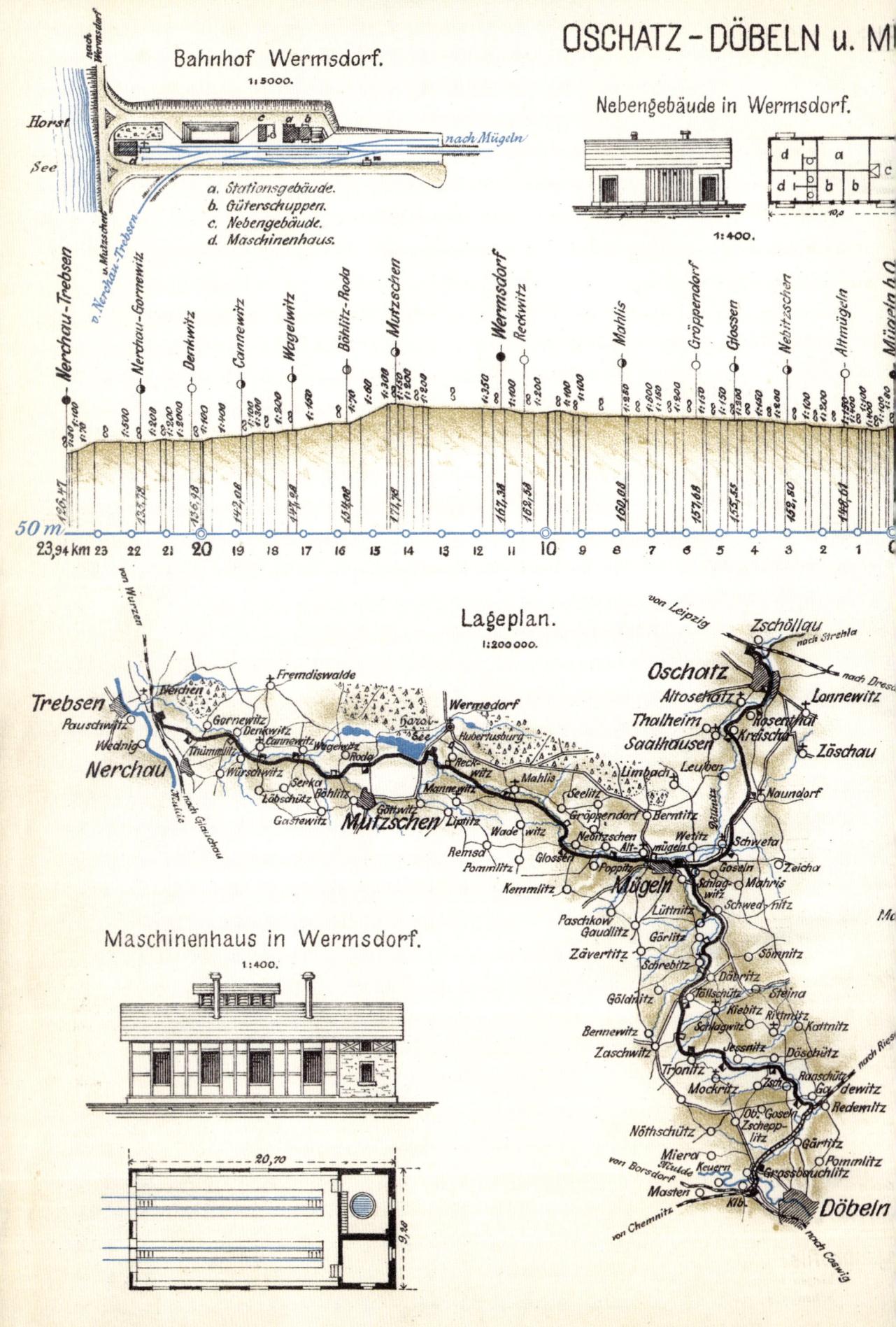

## Bahnhof Wermsdorf.
1:5000.

Horst

See

nach Mügeln

a. Stationsgebäude.
b. Güterschuppen.
c. Nebengebäude.
d. Maschinenhaus.

## Nebengebäude in Wermsdorf.
1:400.

# OSCHATZ–DÖBELN u. M

Nerchau–Trebsen
Nerchau–Gornewitz
Denkwitz
Cannewitz
Wogelwitz
Böhlitz–Roda
Mutzschen
Wermsdorf
Reckwitz
Mahlis
Gröppendorf
Glossen
Nebitzschen
Altmügeln
Mügeln

50 m

23,94 km 23  22  21  20  19  18  17  16  15  14  13  12  11  10  9  8  7  6  5  4  3  2  1

## Lageplan.
1:200 000.

## Maschinenhaus in Wermsdorf.
1:400.

20,70

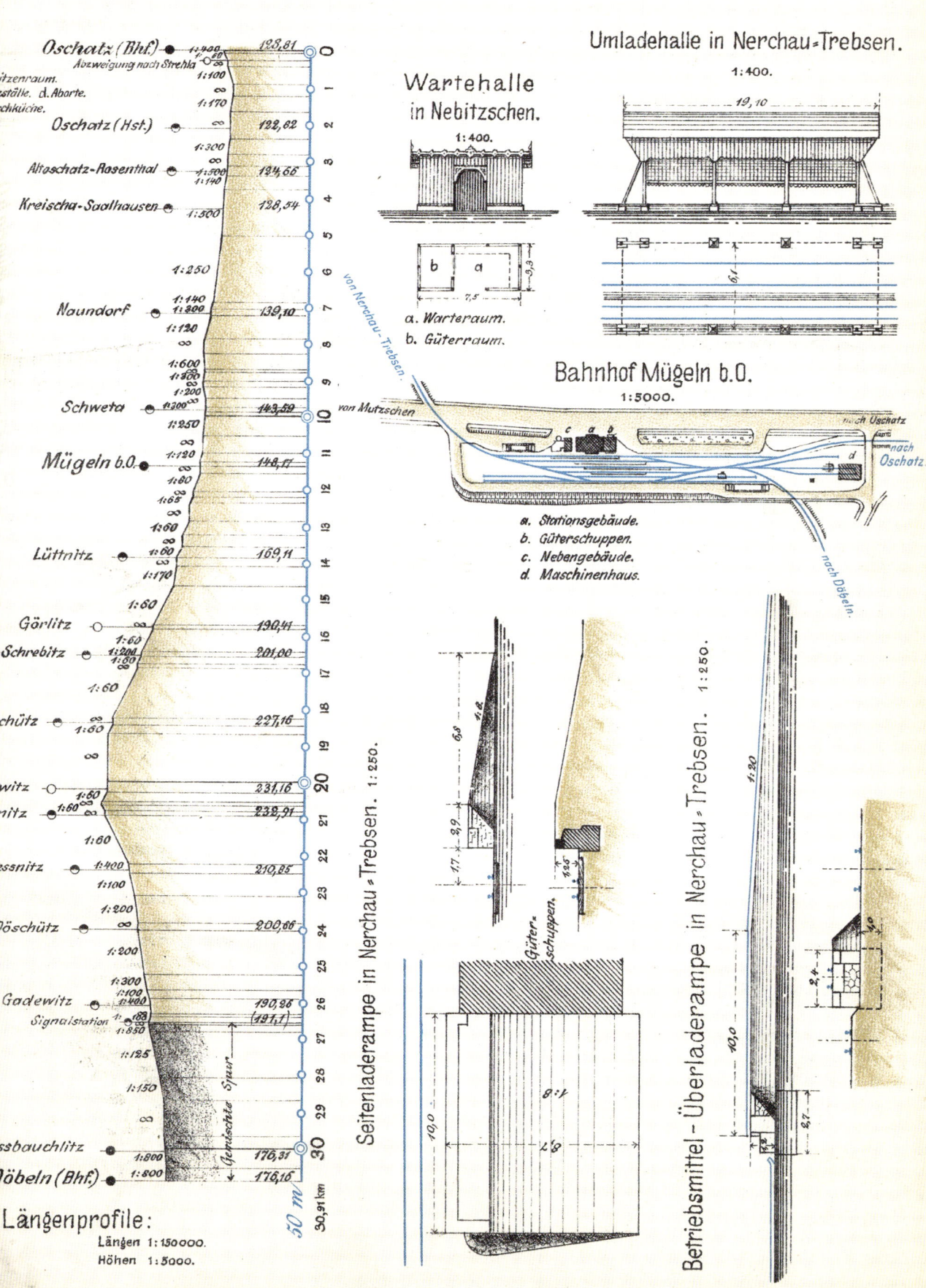

# LN = NERCHAU = TREBSEN.

## Längenprofile:
Längen 1:150000.
Höhen 1:5000.

Oschatz (Bhf.)   1:400   133,81   0
Abzweigung nach Strehla
itzenraum.   1:100
ställe. d. Aborte.   1:170
schküche.
Oschatz (Hst.)   ∞   122,62   2
   1:300
Altoschatz-Rosenthal   ∞   124,66   3
   1:500   1:140
Kreischa-Saalhausen   1:500   128,54   4
   5
   1:250   6
Naundorf   1:140   139,10   7
   1:300
   1:120
   ∞   8
   1:600
   1:400   9
   1:200
Schweta   1:300   143,59   10
   1:250
Mügeln b.O.   1:120   148,11   11
   1:80
   1:65   12
   ∞
   1:60   13
   ∞
Lüttnitz   1:60   169,11   14
   1:170
   15
   1:60
Görlitz   190,41   16
Schrebitz   1:60   201,00   17
   1:200
   1:60
   1:60   18
schütz   ∞   227,16
   1:60   19
   ∞
witz   231,16   20
nitz   1:60   232,91   21
   1:60   ∞
   1:60
ssnitz   1:400   210,85   22
   1:100   23
   1:200
öschütz   ∞   200,66   24
   1:200   25
   1:300
   1:100
Gadewitz   1:400   190,36   26
   (191,1)
Signalstation   1:100   27
   1:850
   1:125   28
   1:150   29
   ∞
ssbauchlitz   1:800   176,31   30
öbeln (Bhf.)   1:800   176,16

50 m
30,91 km

Gemischte Spur

### Wartehalle in Nebitzschen.
1:400.

b | a

7,5 | 9,3

a. Warteraum.
b. Güterraum.

von Nerchau-Trebsen.
von Mutzschen.

### Umladehalle in Nerchau=Trebsen.
1:400.

19,10

6,1

### Bahnhof Mügeln b.O.
1:5000.

nach Uschatz
nach Oschatz
nach Döbeln.

c a b
d

a. Stationsgebäude.
b. Güterschuppen.
c. Nebengebäude.
d. Maschinenhaus.

### Seitenladerampe in Nerchau=Trebsen. 1:250.

6,8
4,0
8,9
1,7
12,5

Güterschuppen.

10,0
6,7
1:8

### Betriebsmittel = Überladerampe in Nerchau = Trebsen. 1:250.

1:20

10,0
2,7
1,3

4,0
2,4

R. Henke.

An Fahrbetriebsmitteln sind vorhanden: 9 Lokomotiven, 26 Personenwagen mit 52 Achsen und 572 Plätzen, 41 bedeckte und 189 offene Güterwagen mit 460 Achsen und 1 150 Tonnen Ladegewicht. Es berechnen sich durchschnittlich auf eine Personenwagenachse 11,0 Plätze und auf eine Güterwagenachse 2,5 Tonnen Ladegewicht.

Leistungen der Fahrbetriebsmittel.

| im Jahre | Lokomotiv- | | Achskilometer | | | |
|---|---|---|---|---|---|---|
| | Nutz-kilometer | Leer-und Rangir-kilometer. | der Personen-wagen. | der Güter-und Postwagen. | Zusammen. | durchschnitt-lich auf 1 Lokomotiv-Nutzkilometer (durchschnitt-liche Stärke der Züge). |
| 1885 | 97 402 | 15 570 | 617 634 | 838 859 | 1 456 493 | 14,95 |
| 1886 | 93 323 | 14 898 | 602 235 | 774 632 | 1 376 867 | 14,75 |
| 1887 | 94 859 | 16 201 | 588 982 | 730 370 | 1 319 352 | 13,91 |
| 1888 *) | 114 338 | 20 910 | 680 569 | 1 007 068 | 1 687 637 | 14,76 |
| 1889 | 173 521 | 30 660 | 1 139 065 | 1 373 305 | 2 512 370 | 14,48 |
| 1890 | 181 935 | 35 914 | 1 175 793 | 1 459 528 | 2 635 321 | 14,48 |
| 1891 | 183 644 | 42 749 | 1 203 649 | 1 629 066 | 2 832 715 | 15,43 |
| 1892 | 178 795 | 42 878 | 1 190 187 | 1 688 333 | 2 878 520 | 16,10 |
| 1893 | 180 292 | 48 085 | 1 208 124 | 1 870 535 | 3 078 659 | 17,08 |
| 1894 | 184 642 | 55 904 | 1 207 360 | 1 964 638 | 3 171 998 | 17,18 |
| Im Jahre 1894 durchschnitt-lich auf 1 km Bahn . . | 3 366 | 1 019 | 22 012 | 35 818 | 57 830 | — |

Im Jahre 1894 betrug

die Ausnutzung der bewegten Personenwagenplätze 21,00 Prozent und der bewegten Ladefähigkeit der Güterwagen 38,00 Prozent;

die Zahl der abgelassenen Züge: 13 023 und zwar 24 Personen-, 12 545 gemischte und 454 Güterzüge;

das für die Lokomotiven verbrauchte Brennmaterial auf den Steinkohlenheizwerth reduzirt: 1 022 Tonnen, d. i. durchschnittlich auf ein Nutzkilometer 5,54 kg und auf ein Wagen-achskilometer 0,32 kg.

Verkehrsergebnisse.

Personenverkehr

| im Jahre | Anzahl | | Durchschnittlich durchfahrene Weglänge | | Fahrgeld-Einnahme | | |
|---|---|---|---|---|---|---|---|
| | der beförderten Per-sonen. | der zurück-gelegten Personen-kilometer. | von jeder Person km | in Prozenten der Bahn-länge | über-haupt Mark. | durchschnittlich | |
| | | | | | | auf 1 Person Mark. | auf 1 Person und 1 km Pf. |
| 1885 | 126 398 | 1 411 512 | 11,17 | 36,14 | 47 423 | 0,38 | 3,36 |
| 1886 | 116 181 | 1 297 067 | 11,16 | 36,10 | 44 210 | 0,38 | 3,41 |
| 1887 | 120 034 | 1 306 624 | 10,89 | 35,23 | 44 818 | 0,37 | 3,43 |
| 1888 *) | 144 387 | 1 463 929 | 10,14 | 29,05 | 52 454 | 0,36 | 3,58 |
| 1889 | 235 848 | 2 618 457 | 11,10 | 20,24 | 85 059 | 0,36 | 3,25 |
| 1890 | 233 352 | 2 630 428 | 11,27 | 20,55 | 84 389 | 0,36 | 3,21 |
| 1891 | 244 661 | 2 793 391 | 11,42 | 20,82 | 88 601 | 0,36 | 3,17 |
| 1892 | 236 466 | 2 701 271 | 11,42 | 20,82 | 86 483 | 0,37 | 3,20 |
| 1893 | 242 016 | 2 780 880 | 11,49 | 20,95 | 88 674 | 0,37 | 3,19 |
| 1894 | 241 740 | 2 789 019 | 11,54 | 21,04 | 88 172 | 0,36 | 3,16 |
| Im Jahre 1894 durchschnitt-lich auf 1 km Bahn . . | 4 407 | 50 848 | — | — | 1 608 | — | — |

---

*) Einschl. der am 1. November 1888 eröffneten 23,94 km langen Linie Mügeln-Nerchau=Trebsen. Die Er-höhung der Ergebnisse im Jahre 1889 beruht hauptsächlich auf diesem Bahnzuwachs.

Güterverkehr

| im Jahre | Stückgut allgemeine Klasse | Stückgut Special-tarif | Wagenladungsgut allgemeine Klasse A¹. | Wagenladungsgut allgemeine Klasse B. | Specialtarif A². | Specialtarif I. | Specialtarif II. | Specialtarif III. | Aus-nahme-Tarif 1—11 | Fracht-pflich-tiges Dienst-gut | Mili-tär-gut | Gut in verein-barter Fracht | Se. |
|---|---|---|---|---|---|---|---|---|---|---|---|---|---|
| | | | | | | | | | | | | Tonnen. | |
| 1885 | 2 684 | — | 10 | — | 2 894 | 2 105 | 708 | 30 486 | 486 | 1 | 10 | — | 39 384 |
| 1886 | 3 621 | — | 11 | — | 805 | 3 601 | 622 | 35 130 | 666 | 20 | — | — | 44 476 |
| 1887 | 3 809 | 189 | 5 | — | 718 | 4 529 | 1 490 | 34 365 | 644 | 50 | 25 | — | 45 824 |
| 1888 *) | 3 699 | 330 | 31 | — | 887 | 3 497 | 2 137 | 40 265 | 970 | 602 | — | 5 867 | 58 285 |
| 1889 | 5 790 | 783 | 150 | 40 | 1 227 | 4 413 | 1 842 | 64 356 | 2 344 | 179 | 342 | — | 81 466 |
| 1890 | 4 999 | 850 | 74 | 31 | 1 315 | 4 429 | 1 721 | 56 366 | 1 510 | 108 | 1 | — | 71 404 |
| 1891 | 5 413 | 1 094 | 184 | 33 | 1 610 | 5 049 | 2 104 | 44 800 | 22 822 | 115 | — | — | 83 224 |
| 1892 | 5 541 | 1 070 | 178 | 43 | 1 432 | 5 506 | 2 393 | 41 737 | 17 838 | 66 | — | 820 | 76 624 |
| 1893 | 6 265 | 1 154 | 647 | 22 | 1 484 | 4 850 | 1 907 | 42 632 | 32 306 | 167 | 213 | 60 | 91 707 |
| 1894 | 6 143 | 1 123 | 720 | 53 | 1 153 | 5 399 | 1 885 | 43 850 | 43 877 | 91 | 2 | — | 104 296 |

im Jahre 1894:

| | allgemeine Klasse | Special-tarif | A¹. | B. | A². | I. | II. | III. | Aus-nahme-Tarif 1—11 | Dienst-gut | Mili-tär-gut | | Se. |
|---|---|---|---|---|---|---|---|---|---|---|---|---|---|
| in Prozenten der Gesammtheit . | 5,89 | 1,08 | 0,69 | 0,05 | 1,10 | 5,18 | 1,81 | 42,04 | 42,07 | 0,09 | 0,00 | — | 100,00 |
| Tonnenkilometer . . . . | 97 426 | 18 306 | 9 585 | 931 | 19 312 | 99 020 | 32 687 | 676 532 | 690 658 | 1 551 | 29 | — | 1 646 037 |
| in Prozenten der Gesammtheit . | 5,92 | 1,11 | 0,58 | 0,06 | 1,17 | 6,02 | 1,99 | 41,10 | 41,96 | 0,09 | 0,00 | — | 100,00 |
| Tonnen auf 1 km Bahn | 112 | 21 | 13 | 1 | 21 | 98 | 34 | 799 | 800 | 2 | — | — | 1 901 |
| Tonnenkilometer auf 1 km Bahn | 1 776 | 334 | 175 | 17 | 352 | 1 805 | 596 | 12 334 | 12 592 | 29 | — | — | 30 010 |
| durchschnittliche Transportlänge jeder Tonne . . . . km | 15,86 | 16,30 | 13,31 | 17,57 | 16,75 | 18,34 | 17,34 | 15,43 | 15,74 | 17,04 | 14,50 | — | 15,78 |
| in Prozenten der Bahnlänge . | 28,92 | 29,72 | 24,27 | 32,03 | 30,54 | 33,44 | 31,61 | 28,13 | 28,70 | 31,07 | 26,44 | — | 28,77 |
| Frachteinnahme . . . Mark | 16 824 | 2 453 | 1 177 | 103 | 1 743 | 8 692 | 2 384 | 49 022 | 51 346 | 108 | 4 | — | 133 856 |
| durchschnittliche Einnahme jeder Tonne . . . . Mark | 2,74 | 2,18 | 1,63 | 1,94 | 1,51 | 1,61 | 1,26 | 1,12 | 1,17 | 1,19 | 2,00 | — | 1,28 |
| durchschnittliche Einnahme für 1 Tonne und 1 km . . Pf. | 17,27 | 13,40 | 12,28 | 11,06 | 9,03 | 8,78 | 7,29 | 7,25 | 7,43 | 6,96 | 13,79 | — | 8,13 |

Die hauptsächlichsten Frachtgüter sind: Rüben und Rübenschnitzel, Kohlen und Kokes, Kaolin, Getreide, Kartoffeln, Baumaterialien, Bau- und Düngekalk, Mehl, Futtermittel, Langholz, Bretter, Düngemittel und Stroh.

Umfang des Güterverkehrs der wichtigsten Verkehrsstellen

| Jahr. | Mügeln. Abgang Tonnen | Mügeln. Ankunft Tonnen. | Mockritz-Jessnitz. Abgang Tonnen. | Mockritz-Jessnitz. Ankunft Tonnen. | Wermsdorf. Abgang Tonnen. | Wermsdorf. Ankunft Tonnen. | Nebitzschen. Abgang Tonnen | Nebitzschen. Ankunft Tonnen. |
|---|---|---|---|---|---|---|---|---|
| 1885 | 5 842 | 10 482 | 1 773 | 2 040 | — | — | — | — |
| 1886 | 5 907 | 10 712 | 2 083 | 2 388 | — | — | — | — |
| 1887 | 6 666 | 11 623 | 2 180 | 2 125 | — | — | — | — |
| 1888 | 5 702 | 12 885 | 1 920 | 2 492 | — | — | — | — |
| 1889 | 4 500 | 11 591 | 3 921 | 2 443 | 484 | 5 349 | 3 681 | 917 |
| 1890 | 5 075 | 12 373 | 3 906 | 2 745 | 333 | 6 138 | 4 100 | 701 |
| 1891 | 6 522 | 12 959 | 4 119 | 2 880 | 864 | 6 565 | 5 354 | 1 032 |
| 1892 | 6 828 | 12 768 | 2 918 | 2 241 | 456 | 7 905 | 4 580 | 872 |
| 1893 | 7 382 | 14 569 | 3 587 | 2 932 | 1 231 | 7 810 | 5 982 | 1 520 |
| 1894 | 9 524 | 13 950 | 3 895 | 2 785 | 2 190 | 7 028 | 7 906 | 1 883 |

*) Einschl. der am 1. November 1888 eröffneten 23,94 km langen Linie Mügeln-Nerchau-Trebsen. Die Er-höhung der Ergebnisse im Jahre 1889 beruht hauptsächlich auf diesem Bahnzuwachs.

## Finanzielle Ergebnisse.

| im Jahre | Einnahmen | | | | | Ausgaben | | | | | | | Ueberschuss | | Mehraufwand | |
|---|---|---|---|---|---|---|---|---|---|---|---|---|---|---|---|---|
| | aus dem Personenverkehre | aus dem Güterverkehre | aus sonstigen Quellen | überhaupt | durchschnittlich auf 1 Wagenachskilom. | General-unkosten | Betriebsaufwand | für Vervollständigung der Bahnanlagen | Einlage in den Erneuerungsfonds | überhaupt | in % der Brutto-Einnahme. | durchschnittlich auf 1 Wagenachskilom. | im ganzen | in % des Anlagekapitales. | im ganzen. | in % des Anlagekapitales. |
| | Mark. | Mark. | Mark. | Mark. | Pf. | Mark. | Mark. | Mark. | Mark. | Mark. | | Pf. | Mark. | | Mark. | |
| 1885 | 48 016 | 58 197 | 1 396 | 107 609 | 7,39 | 3 940 | 84 488 | 311 | 5 380 | 94 119 | 87,5 | 6,46 | 13 490 | 0,74 | — | — |
| 1886 | 44 748 | 61 848 | 2 116 | 108 712 | 7,90 | 4 434 | 77 638 | — | 5 436 | 87 508 | 80,5 | 6,36 | 21 204 | 1,21 | — | — |
| 1887 | 45 618 | 64 251 | 1 624 | 111 493 | 8,45 | 4 467 | 78 009 | — | 5 575 | 88 051 | 79,0 | 6,67 | 23 442 | 1,35 | — | — |
| 1888*) | 53 263 | 80 283 | 2 284 | 135 830 | 8,61 | 4 669 | 89 850 | 75 | 6 791 | 101 385 | 74,6 | 6,43 | 34 445 | 1,74 | — | — |
| 1889 | 85 872 | 96 362 | 3 896 | 186 130 | 7,41 | 9 434 | 156 711 | 85 | 9 306 | 175 536 | 94,3 | 6,99 | 10 594 | 0,35 | — | — |
| 1890 | 85 203 | 106 292 | 4 839 | 196 334 | 7,45 | 9 959 | 168 888 | 108 | 9 817 | 188 772 | 96,1 | 7,16 | 7 562 | 0,25 | — | — |
| 1891 | 89 471 | 120 676 | 5 396 | 215 543 | 7,61 | 11 257 | 174 209 | 273 | 10 777 | 196 516 | 91,2 | 6,94 | 19 027 | 0,60 | — | — |
| 1892 | 87 375 | 112 678 | 5 297 | 205 350 | 7,13 | 12 248 | 175 226 | — | 10 267 | 197 741 | 96,3 | 6,87 | 7 609 | 0,24 | — | — |
| 1893 | 89 625 | 130 449 | 5 096 | 225 170 | 7,31 | 13 922 | 178 956 | — | 11 258 | 204 136 | 90,7 | 6,63 | 21 034 | 0,65 | — | — |
| 1894 | 89 139 | 147 917 | 4 611 | 241 667 | 7,62 | 14 309 | 192 681 | 254 | 12 083 | 219 327 | 90,8 | 6,92 | 22 340 | 0,69 | — | — |
| durchschnittl. auf 1 km Bahn im Jahre 1894 . | 1 625 | 2 697 | 84 | 4 406 | — | 261 | 3 513 | 5 | 220 | 3 999 | — | — | 407 | — | — | — |

### 4. Linie Radebeul - Radeburg.

#### Eröffnet den 16. September 1884.

Die Stadt Radeburg bildete den natürlichen Mittelpunkt eines fünf Quadratmeilen grossen, der Schienenwege noch entbehrenden Landestheiles, in welchem sich zahlreiche Dörfer mit lebhaft betriebener Landwirthschaft, sowie umfangreiche Waldungen befinden.

Der Mangel einer Eisenbahn machte sich für diesen Kreis mit der Zeit um so fühlbarer, als die von Dresden — wohin die hauptsächlichsten Verkehrsbeziehungen der Gegend gewiesen sind — über Reichenberg und Moritzburg nach Radeburg führende Chaussee zum Theil ungünstige Steigungsverhältnisse besitzt und der Lössnitzgrund wegen der ungenügenden Beschaffenheit seiner Wege für den Frachtenverkehr mit dem Elbthale nahezu unbenutzbar ist. Die Produkte und Bedürfnisse der dortigen Land-, Forst- und Teichwirthschaft, der Radeburger Fabriken und einer schwunghaft betriebenen Ziegel- und Mühlenindustrie liessen auf einen Gütertransport hoffen, der das Anlagekapital einer schmalspurigen Bahn mit der Zeit verzinst. Ausserdem war vorauszusetzen, dass auch die Personenfrequenz — namentlich infolge des zu erwartenden Dresdener Vergnügungsverkehrs nach dem an Naturschönheiten und historischen Reminiscenzen reichen Moritzburg — befriedigende Erträgnisse liefern werde. Der schmale Lössnitzgrund und die engen Krümmungen des Thales liessen nur die Anlage einer schmalspurigen Bahn zu.

Die Linie selbst ist 16,55 km lang. Es beträgt die Entfernung zwischen den Verkehrsstellen:

Radebeul und Haltestelle Weisses Ross . . . . . . . . . . . 1,62 km
Haltestelle Weisses Ross und Lössnitzgrund . . . . . . . . . 1,88 „
Lössnitzgrund und Dippelsdorf . . . . . . . . . . . . . . . 2,60 „
Dippelsdorf und Moritzburg = Eisenberg . . . . . . . . . . . 2,48 „
Moritzburg = Eisenberg und Cunnertswalde . . . . . . . . . . 1,72 „
Cunnertswalde und Bärnsdorf . . . . . . . . . . . . . . . . 1,27 „
Bärnsdorf und Berbisdorf . . . . . . . . . . . . . . . . . . 2,29 „
Berbisdorf und Radeburg . . . . . . . . . . . . . . . . . . 2,69 „

*) Einschl. der am 1. November 1888 eröffneten 23,91 km langen Linie Mügeln - Nerchau = Trebsen. Die Erhöhung der Ergebnisse im Jahre 1889 beruht hauptsächlich auf diesem Bahnzuwachs.

Der Anfangspunkt der Linie bei Radebeul liegt 112,72 m, ihr Endpunkt bei Radeburg 147,86 m über dem Spiegel der Ostsee.

Die Linie steigt in dieser Richtung im ganzen 74,43 und fällt 39,29 m.

Von der Gesammtlänge befinden sich:

$$5,24 \text{ km} = 31,66 \text{ Prozent in Steigung,}$$
$$3,94 \text{ „} = 23,81 \text{ „ „ Fall und}$$
$$7,37 \text{ „} = 44,53 \text{ „ „ der Horizontale.}$$

Es vertheilt sich

die Steigung:

mit 0,29 km auf das Verhältniss von mehr als 1 : 1 000 bis einschl. 1 : 400
„ 0,07 „ „ „ „ „ „ „ 1 : 400 „ „ 1 : 200
„ 0,63 „ „ „ „ „ „ „ 1 : 200 „ „ 1 : 100
„ 0,40 „ „ „ „ „ „ „ 1 : 100 „ „ 1 : 80
„ 3,85 „ „ „ „ „ „ „ 1 : 80 „ „ 1 : 60

der Fall:

mit 0,80 km auf das Verhältniss von mehr als 1 : 1 000 bis einschl. 1 : 400
„ 0,48 „ „ „ „ „ „ „ 1 : 400 „ „ 1 : 200
„ 1,25 „ „ „ „ „ „ „ 1 : 200 „ „ 1 : 100
„ 1,41 „ „ „ „ „ „ „ 1 : 80 „ „ 1 : 60.

Die stärkste Steigung 1 : 60 kommt zusammenhängend in einer grössten Länge von 1 403 m vor und der stärkste Fall 1 : 60 tritt in einer zusammenhängenden Länge von 516 m auf.

Die Linie bietet eine bemerkenswerthe Entwickelung im Lössnitzgrunde zwischen den Stationen Weisses Ross und Dippelsdorf, woselbst zur Ersteigung des Höhenplateaus der Lössnitzberge fast durchgängig das höchste Steigungsverhältniss dieser Linie von 1 : 60 zur Anwendung gelangen musste.

Hinsichtlich der Richtung liegen 12,73 km = 76,92 Prozent der Bahnlänge in gerader Linie und 3,82 km = 23,08 Prozent in Krümmungen und zwar:

0,10 km in Krümmungen mit Halbmessern von weniger als 3 000 bis einschl. 2 000 m
0,02 „ „ „ „ „ „ „ „ 1 000 „ „ 500 „
0,04 „ „ „ „ „ „ „ „ 400 „ „ 300 „
3,66 „ „ „ „ „ „ „ „ 300 m.

Der kleinste Krümmungshalbmesser auf freier Strecke beträgt 75 m und die Summe der Kreisbogengrade aller Krümmungen 2 002,14.

Dem Charakter der Schmalspurbahn entsprechend ist durch Anwendung vieler und enger Kurven jede grössere Erd- und Mauerarbeit vermieden und hierdurch ausser einer verhältnissmässig wohlfeilen auch eine rasche Bauausführung erreicht worden.

Der Unterbau hat in der Bettungssohle gemessen eine Breite von 2,95 m und ist auf eine Länge von 0,14 km durch öffentliche Strassen gebildet. Von der Bahn liegen 8,63 km im Auftrag, 5,45 km im Abtrag und 2,47 km in Geländehöhe. Die vorhandenen 126 offenen Wegübergänge in Schienenhöhe sind sämmtlich unbewacht.

Der Oberbau umfasst 20,16 km Gleis mit 44 Weichen.

An Kunstbauten sind ausgeführt: 1 Brücke mit eisernem Ueberbau und einer Oeffnung von 12,7 m Lichtweite und 16 Brücken, zum Theil gewölbt, zum Theil mit Eisenüberbau mit je einer Oeffnung von 2 bis 10 m Lichtweite; ferner 1 Wegüberführung mit Eisenüberbau und 75 Durchlässe (davon 33 mit Platten gedeckt, 9 gewölbt und 33 bestehen aus Röhren von Eisen).

Zur Verhinderung des Ausbrechens von Wild aus dem umfangreichen Thiergarten des Königlichen Jagdschlosses Moritzburg, welchen die Bahn durchschneidet, sind am Ein- und Austritte besondere Absperrvorrichtungen, bestehend in Brücken ohne Schwellenbelag, zur Ausführung gebracht worden.

# RADEBEUL – RADEBURG.

## Lageplan.
### 1:200 000.

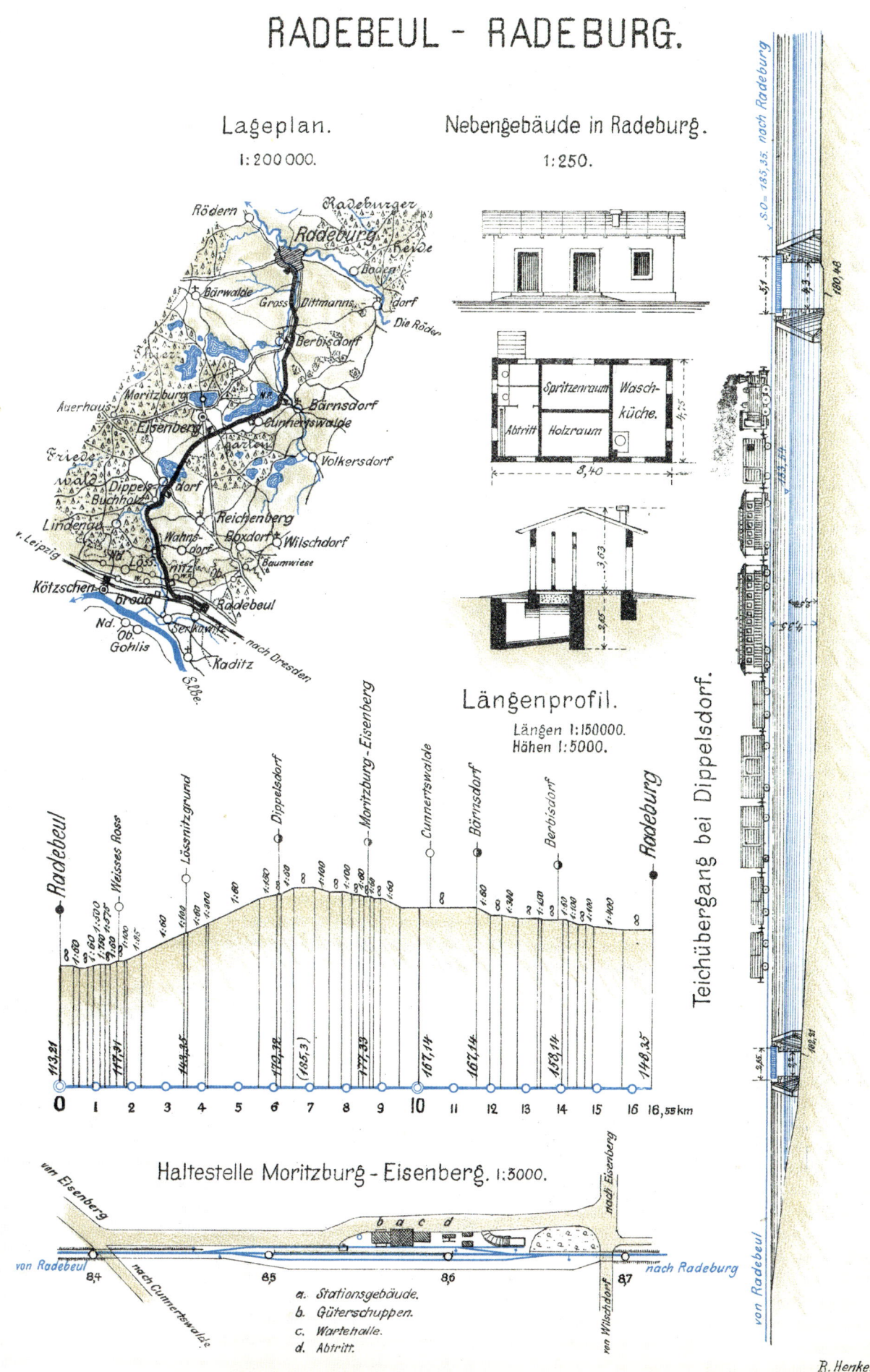

## Nebengebäude in Radeburg.
### 1:250.

## Längenprofil.
### Längen 1:150000.
### Höhen 1:5000.

## Teichübergang bei Dippelsdorf.

## Haltestelle Moritzburg-Eisenberg. 1:3000.

a. Stationsgebäude.
b. Güterschuppen.
c. Wartehalle.
d. Abtritt.

R. Henke.

An Hochbauten besitzt die Bahn: 2 Empfangsgebäude, 4 besondere bedeckte Warteräume, 2 Lokomotivschuppen, 1 Kohlen- u. s. w. Schuppen, 8 Wirthschaftsneben- u. s. w. Gebäude und 1 Materialien-Depot-Gebäude, zusammen mit 1 252 qm bebauter Grundfläche.

An sonstigen Anlagen sind noch vorhanden: 9 Bahnsteige mit 3 570 qm bebauter Grundfläche, 2 durch Dampf u. s. w. betriebene Wasserstationen, 5 offene, feste Laderampen (1 für Stirn- und 4 für Seitenverladung), 3 Gleisbrückenwaagen.

Mit der Bahn sind 4 industrielle Anlagen durch Zweiggleise verbunden.

Die Herstellungskosten der Bahnanlagen betragen 783 906,91 Mark. Davon kommen

| | | | |
|---|---|---|---|
| 84 478,98 | Mark | auf | Grunderwerb und Nutzungsentschädigung, |
| 120 050,90 | „ | „ | Erd-, Fels- und Böschungsarbeiten sowie Futtermauern, |
| 427,30 | „ | „ | Einfriedigungen, |
| 44 276,84 | „ | „ | Wegübergänge, Ueber- und Unterführungen, |
| 52 281,68 | „ | „ | Durchlässe und Brücken, |
| 250 042,40 | „ | „ | Oberbau nebst allen Nebensträngen und zugehörigen Ausweichen, |
| 5 347,79 | „ | „ | Signale, |
| 111 506,90 | „ | „ | Bahnhöfe und Haltestellen, |
| 102 072,64 | „ | „ | Verwaltungskosten, |
| 13 421,48 | „ | „ | Insgemein und Verzinsung des Baukapitals während der Bauzeit. |

Auf ein Kilometer Bahn kommen durchschnittlich 47 365,98 Mark.

Das durch den Betriebsüberschuss zu verzinsende Anlagekapital im allgemeinen beträgt 1 024 868,02 Mark und setzt sich zusammen wie folgt:

| | | |
|---|---|---|
| 745 653,25 | Mark | Herstellungskosten der Bahnanlagen ausschl. der Kosten der Gemeinschaftsbahnhöfe, |
| 24 828,08 | „ | antheilige Kosten der Gemeinschaftsbahnhöfe, |
| 226 959,99 | „ | Anschaffungskosten der Fahrbetriebsmittel, |
| 21 315,24 | „ | antheilige Herstellungskosten der Werkstättenanlagen, |
| 1 036,02 | „ | „ „ „ Imprägniranstalten, |
| 5 075,44 | „ | „ „ „ Administrations- und Hauptverwaltungsgebäude in Dresden. |

Auf ein Kilometer Bahn kommen durchschnittlich 61 925,56 Mark.

An Fahrbetriebsmitteln sind vorhanden: 4 Lokomotiven, 21 Personenwagen mit 42 Achsen und 451 Plätzen, 10 bedeckten und 51 offenen Güterwagen mit 122 Achsen und 305 Tonnen Ladegewicht. Es berechnen sich durchschnittlich auf eine Personenwagenachse 10,7 Plätze und auf eine Güterwagenachse 2,5 Tonnen Ladegewicht.

## Leistungen der Transportmittel.

| im Jahre | Lokomotiv- | | Achskilometer | | | |
|---|---|---|---|---|---|---|
| | Nutzkilometer. | Leer- und Rangirkilometer. | der Personenwagen. | der Güter- und Postwagen. | Zusammen. | durchschnittlich auf 1 Lokomotiv-Nutzkilometer (durchschnittliche Stärke der Züge). |
| 1885 | 42 620 | 9 073 | 479 862 | 312 049 | 791 911 | 18,58 |
| 1886 | 42 481 | 10 973 | 510 472 | 298 573 | 809 045 | 19,04 |
| 1887 | 43 622 | 11 781 | 527 988 | 302 713 | 830 701 | 19,04 |
| 1888 | 44 350 | 13 078 | 525 800 | 305 699 | 831 499 | 18,75 |
| 1889 | 44 106 | 17 296 | 525 202 | 328 284 | 853 486 | 19,35 |
| 1890 | 46 813 | 15 532 | 567 778 | 340 581 | 908 359 | 19,40 |
| 1891 | 51 891 | 17 691 | 614 806 | 384 562 | 999 368 | 19,26 |
| 1892 | 62 066 | 19 040 | 627 746 | 449 994 | 1 077 740 | 17,36 |
| 1893 | 62 940 | 22 029 | 631 098 | 539 773 | 1 170 871 | 18,60 |
| 1894 | 62 814 | 24 188 | 681 776 | 563 027 | 1 244 803 | 19,82 |
| Im Jahre 1894 durchschnittlich auf 1 km Bahn . . | 3 795 | 1 462 | 41 195 | 34 020 | 75 215 | — |

Im Jahre 1894 betrug

die Ausnutzung der bewegten Personenwagenplätze 27,56 Prozent und der bewegten Ladefähigkeit der Güterwagen 38,00 Prozent;

die Zahl der abgelassenen Züge: 3756 und zwar 371 Personen-, 2920 gemischte und 465 Güterzüge;

das für die Lokomotiven verbrauchte Brennmaterial auf den Steinkohlenheizwerth reduzirt: 342 Tonnen, d. i. durchschnittlich auf ein Nutzkilometer 5,45 kg und auf ein Wagenachskilometer 0,28 kg.

## Verkehrsergebnisse.

### Personenverkehr

| im Jahre | Anzahl der beförderten Personen. | Anzahl der zurückgelegten Personenkilometer. | Durchschnittlich durchfahrene Weglänge von jeder Person km | Durchschnittlich durchfahrene Weglänge in Prozenten der Bahnlänge. | Fahrgeld-Einnahme überhaupt Mark. | Fahrgeld-Einnahme durchschnittlich auf 1 Person Mark. | Fahrgeld-Einnahme durchschnittlich auf 1 Person und 1 km Pf. |
|---|---|---|---|---|---|---|---|
| 1885 | 152 155 | 1 521 470 | 10,00 | 60,42 | 49 535 | 0,33 | 3,26 |
| 1886 | 147 667 | 1 499 772 | 10,16 | 61,39 | 47 972 | 0,32 | 3,20 |
| 1887 | 150 674 | 1 539 622 | 10,22 | 61,75 | 48 960 | 0,32 | 3,18 |
| 1888 | 150 612 | 1 545 878 | 10,26 | 61,99 | 49 396 | 0,33 | 3,20 |
| 1889 | 158 171 | 1 658 059 | 10,48 | 63,32 | 52 508 | 0,33 | 3,17 |
| 1890 | 166 148 | 1 748 848 | 10,53 | 63,63 | 55 518 | 0,33 | 3,17 |
| 1891 | 173 115 | 1 803 077 | 10,42 | 62,96 | 57 037 | 0,33 | 3,16 |
| 1892 | 178 196 | 1 852 536 | 10,40 | 62,84 | 58 606 | 0,33 | 3,16 |
| 1893 | 188 021 | 2 015 466 | 10,72 | 64,77 | 62 161 | 0,33 | 3,08 |
| 1894 | 190 204 | 2 019 722 | 10,62 | 64,17 | 62 872 | 0,33 | 3,11 |
| Im Jahre 1894 durchschnittlich auf 1 km Bahn . . | 11 493 | 122 038 | — | — | 3 799 | — | — |

### Güterverkehr

| im Jahre | Stückgut allgemeine Klasse | Stückgut Specialtarif | Wagenladungsgut allgemeine Klasse A¹. | Wagenladungsgut allgemeine Klasse B. | Wagenladungsgut Specialtarif A². | Wagenladungsgut Specialtarif I. | Wagenladungsgut Specialtarif II. | Wagenladungsgut Specialtarif III. | Ausnahme-Tarif 1—11 | Frachtpflichtiges Dienstgut | Militärgut | Gut in vereinbarter Fracht | Se. |
|---|---|---|---|---|---|---|---|---|---|---|---|---|---|
| | | | | | | | | **Tonnen.** | | | | | |
| 1885 | 1 019 | — | 11 | — | 1 034 | 437 | 255 | 11 883 | 76 | 26 | — | — | 14 741 |
| 1886 | 1 096 | — | — | — | 727 | 540 | 413 | 11 325 | 310 | 21 | 15 | — | 14 447 |
| 1887 | 1 437 | 82 | 5 | — | 428 | 491 | 365 | 12 059 | 102 | 11 | — | — | 14 980 |
| 1888 | 1 487 | 159 | — | — | 441 | 542 | 561 | 14 099 | 31 | 76 | — | — | 17 396 |
| 1889 | 1 692 | 241 | — | — | 503 | 546 | 985 | 15 562 | 173 | 15 | — | — | 19 717 |
| 1890 | 1 648 | 261 | — | — | 414 | 654 | 922 | 17 065 | 15 | 237 | — | — | 21 216 |
| 1891 | 1 639 | 368 | 10 | — | 820 | 563 | 1 136 | 18 875 | 101 | 164 | — | — | 23 676 |
| 1892 | 1 708 | 320 | 5 | 10 | 766 | 828 | 1 348 | 21 421 | 141 | 10 | 112 | — | 26 669 |
| 1893 | 1 748 | 375 | — | — | 633 | 645 | 1 285 | 23 732 | 560 | 117 | — | — | 29 095 |
| 1894 | 1 762 | 412 | — | — | 655 | 577 | 1 256 | 20 203 | 2 983 | 37 | — | — | 27 885 |
| **Im Jahre 1894:** | | | | | | | | | | | | | |
| in Prozenten der Gesammtheit . | 6,32 | 1,48 | — | — | 2,35 | 2,07 | 4,50 | 72,45 | 10,70 | 0,13 | — | — | 100,00 |
| Tonnenkilometer . . . . | 26 619 | 6 126 | — | — | 10 020 | 8 017 | 20 543 | 318 569 | 44 998 | 567 | — | — | 435 459 |
| in Prozenten der Gesammtheit . | 6,11 | 1,41 | — | — | 2,30 | 1,84 | 4,72 | 73,16 | 10,33 | 0,13 | — | — | 100,00 |
| Tonnen ⎫ auf 1 km Bahn | 106 | 25 | — | — | 40 | 35 | 76 | 1 221 | 180 | 2 | — | — | 1 685 |
| Tonnenkilometer ⎭ | 1 608 | 370 | — | — | 606 | 484 | 1 241 | 19 249 | 2 719 | 34 | — | — | 26 311 |
| durchschnittliche Transportlänge jeder Tonne . . . km | 15,11 | 14,87 | — | — | 15,30 | 13,89 | 16,36 | 15,77 | 15,08 | 15,32 | — | — | 15,62 |
| in Prozenten der Bahnlänge . | 91,30 | 89,85 | — | — | 92,45 | 83,93 | 98,85 | 95,29 | 91,12 | 92,57 | — | — | 94,38 |
| Frachteinnahme . . . Mark | 4 417 | 807 | — | — | 959 | 809 | 1 541 | 22 597 | 3 264 | 46 | — | — | 34 440 |
| durchschnittliche Einnahme jeder Tonne . . . Mark | 2,51 | 1,96 | — | — | 1,46 | 1,40 | 1,23 | 1,12 | 1,09 | 1,24 | — | — | 1,24 |
| durchschnittliche Einnahme für 1 Tonne und 1 km . . Pf. | 16,59 | 13,17 | — | — | 9,57 | 10,09 | 7,50 | 7,09 | 7,25 | 8,11 | — | — | 7,91 |

Die hauptsächlichsten Frachtgüter sind: Braunkohlen, Chamottesteine, Düngemittel, Sand, Hohlglas, Getreide und Mühlenfabrikate.

Umfang des Güterverkehres der wichtigsten Verkehrsstelle

## Radeburg.

| Jahr. | Abgang Tonnen. | Ankunft Tonnen. | Jahr. | Abgang Tonnen. | Ankunft Tonnen. |
|---|---|---|---|---|---|
| 1885 | 1 101 | 9 344 | 1890 | 4 886 | 11 569 |
| 1886 | 1 403 | 9 557 | 1891 | 5 683 | 12 795 |
| 1887 | 1 606 | 9 371 | 1892 | 7 528 | 14 580 |
| 1888 | 2 380 | 10 315 | 1893 | 8 797 | 15 781 |
| 1889 | 3 281 | 11 101 | 1894 | 7 863 | 15 034 |

## Finanzielle Ergebnisse.

| im Jahre | Einnahmen | | | | | Ausgaben | | | | | | | Ueberschuss | | Mehraufwand | |
|---|---|---|---|---|---|---|---|---|---|---|---|---|---|---|---|---|
| | aus dem Personenverkehre | aus dem Güterverkehre | aus sonstigen Quellen | überhaupt | durchschnittlich auf 1 Wagenachskilom. | General-unkosten | Betriebs-aufwand | für Vervollständigung der Bahnanlagen | Einlage in den Erneuerungsfonds | überhaupt | in % der Brutto-Einnahme. | durchschnittlich auf 1 Wagenachskilom. | im ganzen | in % des Anlagekapitales. | im ganzen | in % des Anlagekapitales. |
| | Mark. | Mark | Mark. | Mark. | Pf. | Mark. | Mark. | Mark. | Mark | Mark. | | Pf. | Mark. | | Mark. | |
| 1885 | 49 959 | 24 909 | 694 | 75 562 | 9,54 | 2 130 | 39 372 | 373 | 3 778 | 45 653 | 60,4 | 5,76 | 29 909 | 3,38 | — | — |
| 1886 | 48 384 | 24 426 | 936 | 73 746 | 9,12 | 2 605 | 39 794 | — | 3 687 | 46 086 | 62,5 | 5,70 | 27 660 | 3,12 | — | — |
| 1887 | 49 360 | 25 140 | 1 034 | 75 534 | 9,09 | 2 813 | 42 596 | — | 3 777 | 49 186 | 65,1 | 5,92 | 26 348 | 2,94 | — | — |
| 1888 | 49 799 | 28 149 | 1 615 | 79 563 | 9,57 | 2 461 | 42 444 | 31 | 3 978 | 48 914 | 61,5 | 5,88 | 30 649 | 3,48 | — | — |
| 1889 | 52 898 | 28 932 | 1 549 | 83 379 | 9,77 | 3 205 | 45 937 | 35 | 4 169 | 53 346 | 64,0 | 6,25 | 30 033 | 3,31 | — | — |
| 1830 | 55 906 | 29 333 | 1 548 | 86 787 | 9,55 | 3 433 | 57 541 | 31 | 4 339 | 65 344 | 75,3 | 7,19 | 21 443 | 2,40 | — | — |
| 1891 | 57 478 | 31 571 | 1 966 | 91 015 | 9,11 | 3 971 | 57 708 | 84 | 4 551 | 66 314 | 72,9 | 6,64 | 24 701 | 2,64 | — | — |
| 1892 | 59 108 | 35 255 | 1 010 | 95 373 | 8,85 | 4 586 | 63 052 | 4 | 4 769 | 72 411 | 75,9 | 6,72 | 22 962 | 2,40 | — | — |
| 1893 | 62 647 | 37 545 | 1 063 | 101 255 | 8,65 | 5 295 | 68 741 | — | 5 063 | 79 099 | 78,1 | 6,76 | 22 156 | 2,21 | — | — |
| 1894 | 63 359 | 36 117 | 1 041 | 100 517 | 8,07 | 5 615 | 68 747 | 76 | 5 026 | 79 464 | 79,1 | 6,38 | 21 053 | 2,05 | — | — |
| durchschnittl. auf 1 km Bahn im Jahre 1894 | 3 828 | 2 182 | 63 | 6 073 | — | 339 | 4 154 | 4 | 304 | 4 801 | — | — | 1 272 | — | — | — |

## 5. Linie Klotzsche - Königsbrück.
### Eröffnet den 17. Oktober 1884.

Für die ungeachtet wenig günstiger Verhältnisse in reger Entwickelung begriffene Landwirthschaft der Umgebung von Königsbrück und für die Bewirthschaftung der umliegenden ausgedehnten Staats- und Privatforstreviere, ingleichen für die in genannter Stadt betriebenen Töpfereien, sowie für die Glaswerke und Dampf-Schneidemühlen in Moritzdorf und bezw. Schwepnitz hatte sich der Mangel einer unmittelbaren Eisenbahnverbindung schon seit Jahren fühlbar gemacht.

Diesem Bedürfnisse sollte durch die von Station Klotzsche der sächsisch-schlesischen Staatseisenbahn abzweigende Linie nach Königsbrück abgeholfen werden, und zwar wurde diese Strecke im Interesse der Kostenersparniss und mit Rücksicht auf den zur damaligen Zeit noch wenig entwickelten allgemeinen Verkehr jener Gegend als schmalspurige Bahn ausgebaut. In den letzten Jahren hat sich der Güterverkehr der Linie Klotzsche-Königsbrück nicht unwesentlich gehoben. Der Haupttheil des Versandes wird gebildet von Erzeugnissen der oben genannten Produktionszweige, sowie von Granitsteinen von Königsbrück, Laussnitz und Gräfenhain, während der Empfang der Bahn hauptsächlich in Kohlen, Kalk, Düngestoffen und anderen für die Landwirthschaft nöthigen Rohprodukten besteht.

6*

Infolgedessen sowie durch einen ziemlich gleichmässig bleibenden Personenverkehr haben sich die Einnahmen der Bahn mit der Zeit stetig gebessert.

Die Bahn ist 19,49 km lang. Es beträgt die Entfernung zwischen den Verkehrsstellen:

Klotzsche und Weixdorf . . . . . . . . . 2,77 km
Weixdorf und Lausa . . . . . . . . . . 1,64 „
Lausa und Hermsdorf . . . . . . . . . . 2,08 „
Hermsdorf und Cunnersdorf . . . . . . . . 1,49 „
Cunnersdorf und Ottendorf . . . . . . . . 1,47 „
Ottendorf und Moritzdorf . . . . . . . . . 0,75 „
Moritzdorf und Laussnitz . . . . . . . . . 7,23 „
Laussnitz und Königsbrück . . . . . . . . 2,06 „

Der Anfangspunkt der Linie bei Klotzsche liegt 191,56 m und der Endpunkt bei Königsbrück 185,28 m über dem Spiegel der Ostsee. Im ganzen steigt die Linie in der Richtung vom Anfangs- nach dem Endpunkte 47,35 m und fällt 53,63 m.

Von der Gesammtlänge befinden sich

4,97 km = 25,50 Prozent in Steigung,
5,90 „ = 30,27 „ „ Fall und
8,62 „ = 44,23 „ „ der Horizontale.

Es vertheilt sich

die Steigung:

mit 0,69 km auf das Verhältniss von mehr als 1 : 1 000 bis 1 : 400 einschl.
„ 1,00 „ „ „ „ „ „ „ „ 1 : 400 „ 1 : 200 „
„ 1,67 „ „ „ „ „ „ „ „ 1 : 200 „ 1 : 100 „
„ 0,12 „ „ „ „ „ „ „ „ 1 : 100 „ 1 : 80 „
„ 1,49 „ „ „ „ „ „ „ „ 1 : 80 „ 1 : 60 „

der Fall:

mit 0,28 km auf das Verhältniss von mehr als 1 : 1 000 bis 1 : 400 einschl.
„ 1,51 „ „ „ „ „ „ „ „ 1 : 400 „ 1 : 200 „
„ 2,27 „ „ „ „ „ „ „ „ 1 : 200 „ 1 : 100 „
„ 0,46 „ „ „ „ „ „ „ „ 1 : 100 „ 1 : 80 „
„ 1,38 „ „ „ „ „ „ „ „ 1 : 80 „ 1 : 60 „

Die grösste Neigung beträgt 1 : 60 und kommt in der Steigung auf einer zusammenhängenden Strecke von 360 m und im Fall auf einer Länge von 522 m vor.

Hinsichtlich der Richtung liegen 14,98 km = 76,86 Prozent der Bahnlänge auf geraden Strecken und 4,51 km = 23,14 Prozent in Krümmungen und zwar:

0,21 km in Krümmungen mit Halbmessern von weniger als 1 000 bis einschl. 500 m
0,24 „ „ „ „ „ „ „ „ 500 „ „ 400 „
0,53 „ „ „ „ „ „ „ „ 400 „ „ 300 „
3,53 „ „ „ „ „ „ „ „ 300 m.

Der kleinste Krümmungshalbmesser auf freier Strecke beträgt 100 m und die Summe der Kreisbogengrade aller Krümmungen 1 382,56.

Der Unterbau hat in der Bettungsohle gemessen eine Breite von 2,95 m und ist auf eine Länge von 19,13 km durch besonderen Bahnkörper, dagegen auf 0,36 km durch öffentliche Strassen gebildet. Von der Bahn liegen 9,05 km im Auftrag, 2,69 km im Abtrag und 7,75 km in Geländehöhe. Die Bahn hat 146 offene, unbewachte Wegübergänge in Schienenhöhe.

Der Oberbau umfasst 23,52 km Gleis mit 60 Weichen.

# KLOTZSCHE - KÖNIGSBRÜCK.

## Lageplan.
### 1:200 000.

## Haltestellengebäude in Cunnersdorf b/M.

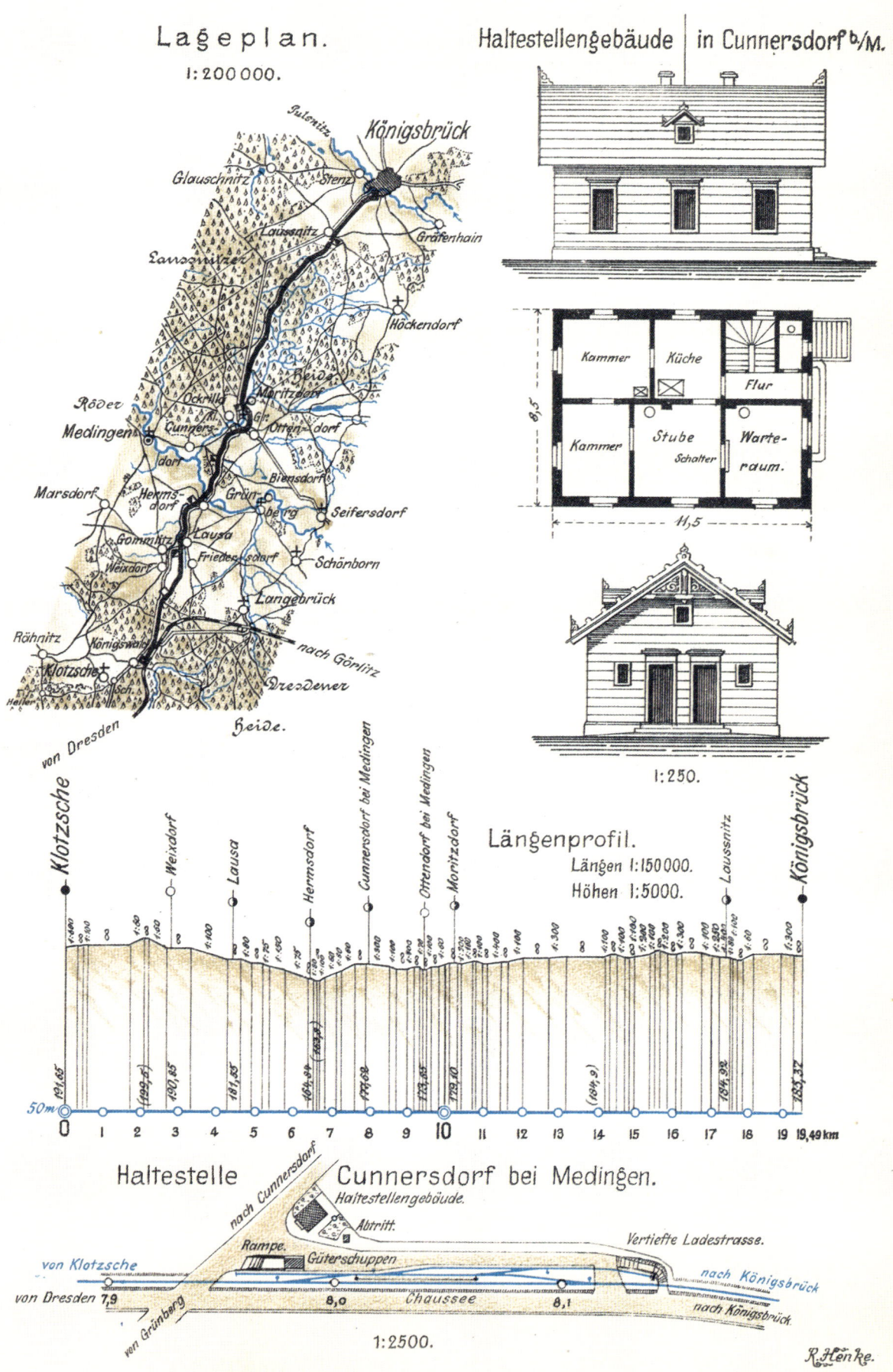

Kammer · Küche · Flur
Kammer · Stube · Warte-raum
Schalter

8,5

11,5

1:250.

## Längenprofil.
### Längen 1:150 000.
### Höhen 1:5000.

50 m

0  1  2  3  4  5  6  7  8  9  10  11  12  13  14  15  16  17  18  19  19,49 km

Klotzsche · Weixdorf · Lausa · Hermsdorf · Cunnersdorf bei Medingen · Ottendorf bei Medingen · Moritzdorf · Laussnitz · Königsbrück

## Haltestelle Cunnersdorf bei Medingen.

nach Cunnersdorf
Haltestellengebäude.
Abtritt.
von Klotzsche
Rampe.
Güterschuppen.
Vertiefte Ladestrasse.
nach Königsbrück
von Dresden  7,9
von Grünberg  8,0  Chaussee  8,1  nach Königsbrück

### 1:2500.

R. Henke.

An Kunstbauten sind ausgeführt: 2 Brücken mit Eisenüberbau mit 3 Oeffnungen von je 10 bis 30 m Lichtweite, ferner 4 Brücken (1 gewölbt und 3 mit eisernem Ueberbau) mit je einer Oeffnung von 2 bis 10 m. Durch die Bahn führen 74 Durchlässe (davon sind 32 mit Platten gedeckt, 3 sind gewölbt und 3 haben keine Bedeckung, 33 bestehen aus eisernen und 3 aus steinernen u. s. w. Röhren).

An Hochbauten sind ausgeführt: 3 Dienstwohngebäude für Beamte und Arbeiter, 2 Empfangsgebäude, 4 besondere bedeckte Warteräume, 6 Güterschuppen, 2 Lokomotivschuppen, 1 Kohlen- u. s. w. Schuppen, 4 Wirthschaftsneben- u. s. w. Gebäude, zusammen mit 1 416 qm bebauter Grundfläche.

An sonstigen Anlagen sind noch vorhanden: 9 Bahnsteige mit 1480 qm bebauter Grundfläche, 3 Wasserstationen (1 durch natürliches Gefälle gespeist und 2 durch Dampf u. s. w. betrieben), 1 Wasserleitung, 9 offene, feste Laderampen (8 für Seitenverladung und 1 für Stirn- und Seitenverladung), 2 Gleisbrückenwaagen.

Mit der Bahn sind 5 industrielle Anlagen durch Zweiggleise verbunden.

Mit Ausnahme umfangreicherer Herstellungen für den Anschluss an die Hauptbahn in Klotzsche zeichnet sich diese Linie, entsprechend der Terraingestaltung der durchschnittenen Gegend, durch eine bemerkenswerthe Einfachheit ihrer Anlagen aus. Das Schienengleis liegt — einige Flussübergänge und Dorfdurchschneidungen ausgenommen — zumeist in Geländehöhe und verfolgt auf grössere Längen Chausseen, Kommunikations- und Waldwege, deren Steigungen und Gefällen es sich in der Hauptsache anschliesst. Auch der Endbahnhof Königsbrück, entlang eines steilen Hanges so nahe als möglich an die Stadt hinangedrückt, ist den untergeordneten Verkehrsverhältnissen dieses Ortes entsprechend in grösster Einfachheit zur Ausführung gebracht worden.

Die Herstellungskosten der Bahnanlagen betragen 796 091,76 Mark. Davon kommen

| | | |
|---|---|---|
| 79 476,45 Mark | auf | Grunderwerb und Nutzungsentschädigung, |
| 80 592,48 „ | „ | Erd-, Fels- und Böschungsarbeiten sowie Futtermauern, |
| 295,26 „ | „ | Einfriedigungen, |
| 10 914,38 „ | „ | Wegübergänge, Ueber- und Unterführungen, |
| 56 896,47 „ | „ | Durchlässe und Brücken, |
| 299 616,20 „ | „ | Oberbau nebst allen Nebensträngen und zugehörigen Ausweichen, |
| 5 882,59 „ | „ | Signale, |
| 140 917,37 „ | „ | Bahnhöfe und Haltestellen, |
| 1 928,44 „ | „ | ausserordentliche Anlagen, als Flussverlegungen etc., |
| 105 141,26 „ | „ | Verwaltungskosten, |
| 14 430,86 „ | „ | Insgemein und Verzinsung des Baukapitals während der Bauzeit. |

Auf ein Kilometer Bahn kommen durchschnittlich 40 846,17 Mark.

Das durch den Betriebsüberschuss zu verzinsende Anlagekapital im allgemeinen beträgt 1 037 061,38 Mark und setzt sich zusammen wie folgt:

| | | |
|---|---|---|
| 757 630,78 Mark | Herstellungskosten der Bahnanlagen ausschl. der Kosten der Gemeinschaftsbahnhöfe, | |
| 2 379,24 „ | antheilige Kosten der Gemeinschaftsbahnhöfe, | |
| 245 718,00 „ | Anschaffungskosten der Fahrbetriebsmittel, | |
| 23 076,92 „ | antheilige Herstellungskosten der Werkstättenanlagen, | |
| 1 208,68 „ | „ „ „ „ Imprägniranstalten, | |
| 7 047,76 „ | „ „ „ „ Administrations- und Hauptverwaltungsgebäude in Dresden. | |

Auf ein Kilometer Bahn kommen durchschnittlich 53 209,92 Mark.

An Fahrbetriebsmitteln sind vorhanden: 3 Lokomotiven, 23 Personenwagen mit 48 Achsen und 526 Plätzen, 15 bedeckten und 68 offenen Güterwagen mit 166 Achsen und 415 Tonnen Ladegewicht. Es berechnen sich durchschnittlich auf eine Personenwagenachse 11,o Plätze und auf eine Güterwagenachse 2,5 Tonnen Ladegewicht.

### Leistungen der Fahrbetriebsmittel.

| im Jahre | Lokomotiv- | | Achskilometer | | | durchschnittlich auf 1 Lokomotiv-Nutzkilometer (durchschnittliche Stärke der Züge). |
| | Nutzkilometer. | Leer- und Rangirkilometer. | der Personenwagen. | der Güter- und Postwagen. | Zusammen. | |
| --- | --- | --- | --- | --- | --- | --- |
| 1885 | 43 997 | 8 550 | 393 011 | 314 964 | 707 975 | 16,09 |
| 1886 | 44 739 | 10 664 | 409 873 | 347 069 | 756 942 | 16,92 |
| 1887 | 44 550 | 11 002 | 431 698 | 387 499 | 819 197 | 18,39 |
| 1888 | 44 542 | 11 998 | 464 293 | 425 997 | 890 290 | 19,99 |
| 1889 | 44 705 | 13 621 | 506 251 | 457 368 | 963 619 | 21,56 |
| 1890 | 54 091 | 19 708 | 608 145 | 483 269 | 1 091 414 | 20,18 |
| 1891 | 60 405 | 21 083 | 674 188 | 515 600 | 1 189 788 | 19,70 |
| 1892 | 62 772 | 19 251 | 712 234 | 604 691 | 1 316 925 | 20,98 |
| 1893 | 69 010 | 22 560 | 830 078 | 646 211 | 1 476 289 | 21,39 |
| 1894 | 71 200 | 22 860 | 944 422 | 784 114 | 1 728 536 | 24,28 |
| Im Jahre 1894 durchschnittlich auf 1 km Bahn . . | 3 653 | 1 173 | 48 457 | 40 231 | 88 688 | — |

Im Jahre 1894 betrug

die Ausnutzung der bewegten Personenwagenplätze 23,45 Prozent und der bewegten Ladefähigkeit der Güterwagen 37,60 Prozent;

die Zahl der abgelassenen Züge: 3 556 und zwar 895 Personen-, 2 203 gemischte und 458 Güterzüge;

das für die Lokomotiven verbrauchte Brennmaterial auf den Steinkohlenheizwerth reduzirt: 386 Tonnen, d. i. durchschnittlich auf ein Nutzkilometer 5,42 kg und auf ein Wagenachskilometer 0,22 kg.

### Verkehrsergebnisse.
#### Personenverkehr

| im Jahre | Anzahl | | Durchschnittlich durchfahrene Weglänge | | Fahrgeld · Einnahme | | |
| | der beförderten Personen. | der zurückgelegten Personenkilometer. | jeder Person km | in Prozenten der Bahnlänge. | überhaupt Mark. | durchschnittlich | |
| | | | | | | auf 1 Person Mark. | auf 1 Person und 1 km Pf |
| --- | --- | --- | --- | --- | --- | --- | --- |
| 1885 | 82 896 | 1 042 502 | 12,58 | 64,55 | 33 578 | 0,41 | 3,22 |
| 1886 | 92 309 | 1 058 346 | 11,47 | 58,85 | 36 176 | 0,39 | 3,42 |
| 1887 | 106 872 | 1 242 462 | 11,63 | 59,67 | 40 380 | 0,38 | 3,25 |
| 1888 | 114 972 | 1 386 390 | 12,06 | 61,88 | 43 246 | 0,38 | 3,12 |
| 1889 | 124 931 | 1 496 807 | 11,98 | 61,47 | 45 971 | 0,37 | 3,07 |
| 1890 | 142 465 | 1 699 712 | 11,93 | 61,21 | 51 750 | 0,36 | 3,04 |
| 1891 | 154 252 | 1 821 873 | 11,81 | 60,60 | 55 481 | 0,36 | 3,05 |
| 1892 | 159 928 | 1 897 525 | 11,86 | 60,85 | 57 899 | 0,36 | 3,05 |
| 1893 | 175 599 | 2 114 270 | 12,04 | 61,78 | 64 081 | 0,36 | 3,03 |
| 1894 | 195 031 | 2 400 506 | 12,31 | 63,16 | 72 440 | 0,37 | 3,02 |
| Im Jahre 1894 durchschnittlich auf 1 km Bahn . . | 10 007 | 123 166 | — | — | 3 717 | — | — |

Güterverkehr

| im Jahre | Stückgut | | Wagenladungsgut | | | | | | Ausnahme-Tarif 1—11 | Fracht-pflichtiges Dienstgut | Militär-gut | Gut in verein-barter Fracht | Se. |
| | allgemeine Klasse | Spe-cial-tarif | allgemeine Klasse | | Specialtarif | | | | | | | | |
| | | | A¹. | B. | A². | I. | II. | III. | | | | | |
| | | | | | | T o n n e n. | | | | | | | |
| 1885 | 1 858 | — | — | — | 1 502 | 1 420 | 572 | 10 701 | 232 | 10 | — | — | 16 295 |
| 1886 | 2 235 | — | — | — | 1 642 | 892 | 1 139 | 14 244 | 491 | 10 | 10 | — | 20 663 |
| 1887 | 2 549 | 164 | 23 | — | 859 | 1 385 | 1 805 | 17 136 | 302 | 15 | — | — | 24 238 |
| 1888 | 2 535 | 294 | — | 10 | 1 087 | 1 747 | 1 984 | 20 088 | 557 | 10 | — | — | 28 312 |
| 1889 | 2 449 | 440 | 5 | — | 1 079 | 1 843 | 2 216 | 20 829 | 1 298 | 27 | — | — | 30 186 |
| 1890 | 2 508 | 583 | 21 | 10 | 1 264 | 1 328 | 2 265 | 22 920 | 1 152 | 55 | 7 | — | 32 113 |
| 1891 | 2 814 | 652 | 25 | 20 | 1 346 | 1 524 | 2 144 | 25 050 | 923 | 5 | 26 | — | 34 529 |
| 1892 | 2 901 | 654 | 26 | 20 | 1 298 | 1 781 | 2 542 | 31 363 | 2 502 | 24 | 102 | — | 43 213 |
| 1893 | 2 977 | 803 | 39 | 66 | 1 296 | 2 032 | 2 493 | 32 698 | 1 604 | 20 | 374 | — | 44 402 |
| 1894 | 3 393 | 981 | 63 | 20 | 1 403 | 2 396 | 3 059 | 30 772 | 7 900 | 78 | 103 | — | 50 168 |
| **im Jahre 1894:** | | | | | | | | | | | | | |
| in Prozenten der Gesammtheit . | 6,76 | 1,96 | 0,13 | 0,04 | 2,80 | 4,77 | 6,10 | 61,34 | 15,75 | 0,15 | 0,20 | — | 100,00 |
| Tonnenkilometer . . . . | 54 727 | 14 314 | 1 200 | 388 | 22 169 | 30 745 | 44 562 | 476 895 | 78 256 | 1 539 | 2 062 | — | 726 857 |
| in Prozenten der Gesammtheit . | 7,53 | 1,97 | 0,17 | 0,05 | 3,05 | 4,23 | 6,13 | 65,61 | 10,77 | 0,21 | 0,28 | — | 100,00 |
| Tonnen auf 1 km Bahn | 174 | 50 | 3 | 1 | 72 | 123 | 157 | 1 579 | 406 | 4 | 5 | — | 2 574 |
| Tonnenkilometer auf 1 km Bahn | 2 808 | 735 | 62 | 20 | 1 137 | 1 577 | 2 286 | 24 469 | 4 015 | 79 | 106 | — | 37 294 |
| durchschnittliche Transportlänge jeder Tonne . . . . km | 16,13 | 14,59 | 19,05 | 19,40 | 15,80 | 12,83 | 14,57 | 15,50 | 9,91 | 19,49 | 19,49 | — | 14,49 |
| in Prozenten der Bahnlänge | 82,76 | 74,86 | 97,74 | 99,54 | 81,07 | 65,83 | 74,76 | 79,53 | 50,85 | 100,00 | 100,00 | — | 74,35 |
| Frachteinnahme. . . Mark | 8 635 | 1 900 | 128 | 41 | 2 034 | 2 180 | 3 619 | 21 769 | 7 221 | 97 | 242 | — | 47 866 |
| durchschnittliche Einnahme jeder Tonne . . . . Mark | 2,54 | 1,94 | 2,03 | 2,05 | 1,45 | 0,91 | 1,18 | 0,71 | 0,91 | 1,24 | 2,35 | — | 0,95 |
| durchschnittliche Einnahme für 1 Tonne und 1 km . . Pf. | 15,78 | 13,27 | 10,67 | 10,57 | 9,17 | 7,09 | 8,12 | 4,56 | 9,23 | 6,30 | 11,74 | — | 6,59 |

Die hauptsächlichsten Frachtgüter sind: Braunkohlen, Düngemittel, Thon- und Glaswaaren, Getreide, Malz, Mehl, Kalk, Holz, Steine, Eisenwaaren, Thon, Sand und Holzstoff

Umfang des Güterverkehrs der wichtigsten Verkehrsstellen:

| Jahr. | Königsbrück | | Moritzdorf | | Cunnersdorf | |
| | Abgang | Ankunft | Abgang | Ankunft | Abgang | Ankunft |
| | Tonnen. | Tonnen. | Tonnen. | Tonnen. | Tonnen. | Tonnen. |
| 1885 | 2 293 | 3 793 | 696 | 3 474 | 799 | 2 125 |
| 1886 | 3 533 | 5 191 | 1 217 | 5 626 | 351 | 1 828 |
| 1887 | 3 397 | 5 911 | 1 524 | 7 071 | 659 | 1 998 |
| 1888 | 4 645 | 7 024 | 1 285 | 7 578 | 1 019 | 2 527 |
| 1889 | 4 834 | 7 702 | 1 886 | 7 589 | 869 | 3 107 |
| 1890 | 5 559 | 8 497 | 2 300 | 8 360 | 747 | 3 041 |
| 1891 | 5 136 | 9 407 | 2 012 | 7 844 | 635 | 5 130 |
| 1892 | 3 924 | 11 682 | 1 768 | 8 450 | 671 | 11 988 |
| 1893 | 3 548 | 12 495 | 1 856 | 8 823 | 707 | 10 722 |
| 1894 | 3 534 | 18 850 | 2 074 | 9 980 | 814 | 9 535 |

## Finanzielle Ergebnisse.

| im Jahre | Einnahmen | | | | | Ausgaben | | | | | | | Ueberschuss | | Mehraufwand | |
|---|---|---|---|---|---|---|---|---|---|---|---|---|---|---|---|---|
| | aus dem Personenverkehre | aus dem Güterverkehre | aus sonstigen Quellen | überhaupt | durchschnittlich auf 1 Wagenachskilom. | General-unkosten | Betriebsaufwand | für Vervollständigung der Bahnanlagen | Einlage in den Erneuerungsfonds | überhaupt | in % der Brutto-Einnahme. | durchschnittlich auf 1 Wagenachskilom. | im ganzen | in % des Anlagekapitales. | im ganzen | in % des Anlagekapitales. |
| | Mark. | Mark. | Mark | Mark. | Pf. | Mark. | Mark. | Mark. | Mark. | Mark. | | Pf. | Mark. | | Mark. | |
| 1885 | 34 196 | 26 382 | 1 100 | 61 678 | 8,71 | 1 793 | 50 251 | 124 | 3 084 | 55 252 | 89,6 | 7,80 | 6 426 | 0,76 | — | — |
| 1886 | 36 768 | 36 615 | 927 | 74 310 | 9,82 | 2 437 | 38 551 | — | 3 716 | 44 704 | 60,2 | 5,91 | 29 606 | 3,54 | — | — |
| 1887 | 40 880 | 40 444 | 815 | 82 139 | 10,03 | 2 774 | 41 874 | 3 212 | 4 107 | 51 967 | 63,3 | 6,35 | 30 172 | 3,52 | — | — |
| 1888 | 43 763 | 47 040 | 822 | 91 625 | 10,29 | 2 635 | 42 656 | 25 | 4 581 | 49 897 | 54,4 | 5,60 | 41 728 | 4,93 | — | — |
| 1889 | 46 506 | 43 235 | 709 | 90 450 | 9,39 | 3 618 | 45 340 | 32 | 4 522 | 53 512 | 59,2 | 5,55 | 36 938 | 4,18 | — | — |
| 1890 | 52 312 | 41 948 | 786 | 95 046 | 8,71 | 4 124 | 57 169 | 39 | 4 752 | 66 084 | 69,5 | 6,05 | 28 962 | 3,27 | — | — |
| 1891 | 56 100 | 45 341 | 1 035 | 102 476 | 8,61 | 4 728 | 65 484 | 86 | 5 124 | 75 422 | 73,6 | 6,34 | 27 054 | 2,90 | — | — |
| 1892 | 58 526 | 53 554 | 964 | 113 044 | 8,58 | 5 604 | 71 930 | — | 5 652 | 83 186 | 73,6 | 6,31 | 29 858 | 3,20 | — | — |
| 1893 | 64 736 | 55 288 | 1 380 | 121 404 | 8,22 | 6 676 | 71 527 | — | 6 070 | 84 273 | 69,4 | 5,71 | 37 131 | 3,69 | — | — |
| 1894 | 73 256 | 50 042 | 1 606 | 124 904 | 7,23 | 7 797 | 77 294 | 88 | 6 245 | 91 424 | 73,2 | 5,29 | 33 480 | 3,23 | — | — |
| durchschnittl. auf 1 km Bahn im Jahre 1894 . | 3 759 | 2 568 | 82 | 6 409 | — | 400 | 3 966 | 5 | 320 | 4 691 | — | — | 1 718 | | — | — |

## 6. Linie Zittau - Reichenau - Markersdorf.

### Eröffnet den 11. November 1884.

Durch diese Bahnverbindung sollte in erster Linie dem überaus industriellen Orte Reichenau der Vortheil einer direkten Verbindung mit dem sächsischen Staatseisenbahnnetze verschafft werden. In diesem Orte befinden sich zur Zeit mehr als zwanzig zum Theil bedeutende Fabrikanlagen — Orleanswebereien und Färbereien —, welche zu der nahen Industrie- und Handelsstadt Zittau lebhafte Verkehrsbeziehungen unterhalten. Ausserdem kommt in der Umgebung Reichenaus eine ziemlich stark entwickelte Mühlen-, Ziegel- und Braunkohlen-Industrie in Betracht.

Die Lage der bedeutendsten Fabrikanlagen in Reichenau und seiner unmittelbaren Umgebung ist eine derartige, dass eine direkte Gleisverbindung mit denselben nur dann ermöglicht werden konnte, wenn die Bahn noch 1,45 km über Reichenau hinaus bis in das Dorf Markersdorf geführt wurde.

Die Wahl der schmalen Spur erfolgte hauptsächlich deshalb, um den Fabriken in Reichenau möglichst nahe zu kommen und den Anschluss von Privat-Gleisanlagen nach den einzelnen Etablissements zu erleichtern. Auch wiesen die vorhandenen Terrain- und sonstigen örtlichen Verhältnisse auf die Wahl dieser Spurweite hin.

Die Bahn ist 13,52 km lang. Es beträgt die Entfernung zwischen den Verkehrsstellen:

| | | |
|---|---|---|
| Station Zittau und Haltepunkt Zittau . . . . . . . . . . | 1,15 | km |
| Haltepunkt Zittau und Kleinschönau . . . . . . . . | 1,78 | „ |
| Kleinschönau und Zittel . . . . . . . . . . . | 2,48 | „ |
| Zittel und Reibersdorf . . . . . . . . . . . | 2,23 | „ |
| Reibersdorf und Wald=Oppelsdorf . . . . . . . . . | 1,96 | „ |
| Wald=Oppelsdorf und Reichenau . . . . . . . . . . | 2,51 | „ |
| Reichenau und Markersdorf . . . . . . . . . . | 1,41 | „ |

Die Bahn beginnt in Zittau 262,83 m und endet bei Markersdorf 260,03 m über dem Spiegel der Ostsee; sie steigt im ganzen 66,23 m und fällt 69,03 m.

# ZITTAU – REICHENAU – MARKERSDORF.

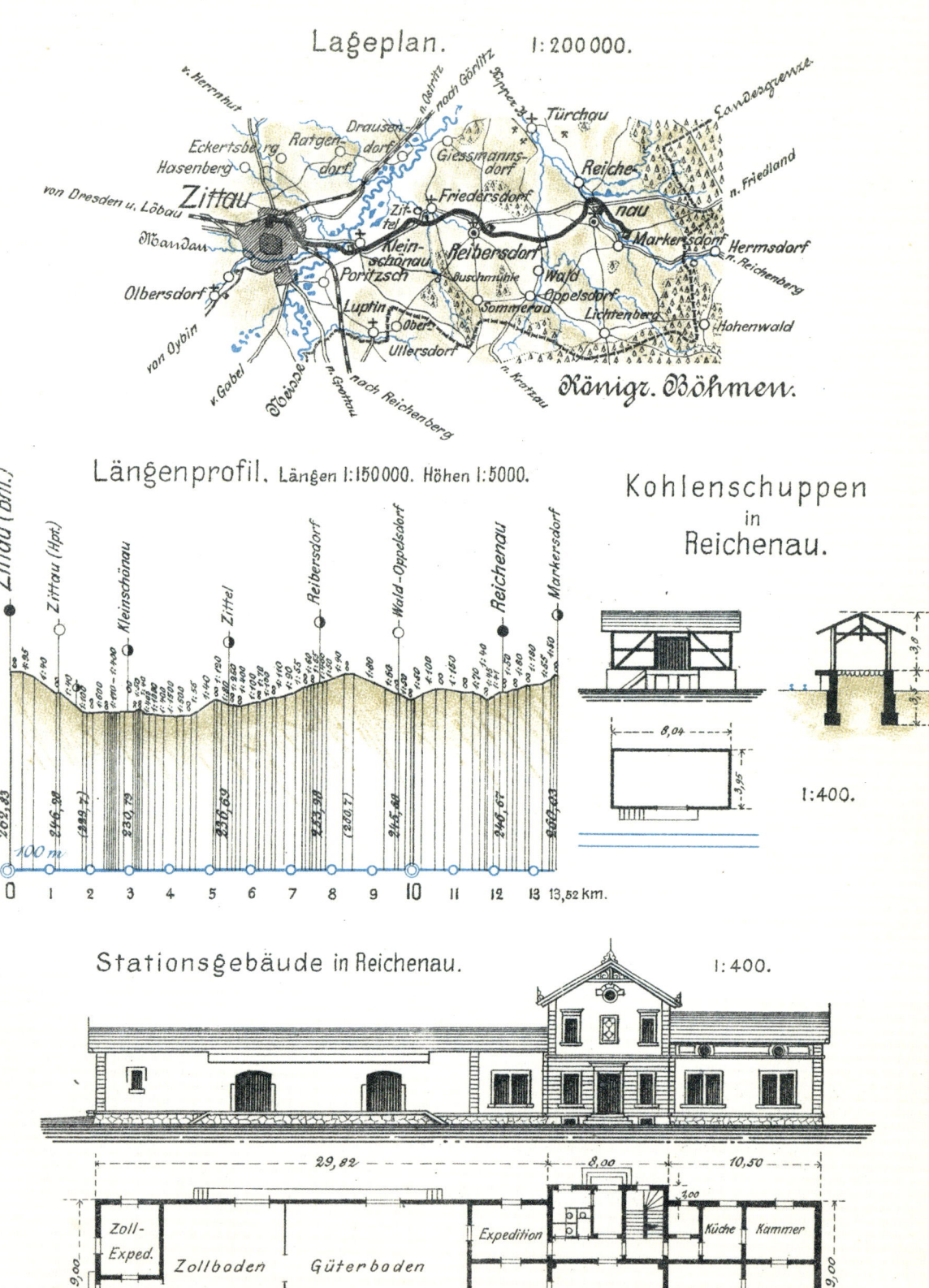

Lageplan. 1:200000.

Königr. Böhmen.

Längenprofil. Längen 1:150000. Höhen 1:5000.

Kohlenschuppen in Reichenau.

1:400.

Stationsgebäude in Reichenau. 1:400.

R. Henke.

Von der Bahnlänge befinden sich:

$$4{,}_{68} \text{ km} = 34{,}_{61} \text{ Prozent in Steigung,}$$
$$5{,}_{47} \ \text{„} \ = 40{,}_{46} \ \text{„} \quad \text{„ Fall und}$$
$$3{,}_{37} \ \text{„} \ = 24{,}_{93} \ \text{„} \quad \text{„ der Horizontale.}$$

Es vertheilt sich

die Steigung:

mit 0,₂₉ km auf das Verhältniss von mehr als 1:1000 bis einschl. 1:400

„  0,₁₃  „   „   „       „        „      „    „   1: 400  „   „   1:200

„  1,₂₉  „   „   „       „        „      „    „   1: 200  „   „   1:100

„  0,₇₉  „   „   „       „        „      „    „   1: 100  „   „   1: 80

„  0,₂₃  „   „   „       „        „      „    „   1:  80  „   „   1: 60

„  1,₉₅  „   „   „       „        „      „    „   1:  60  „   „   1: 40

der Fall:

mit 0,₄₈ km auf das Verhältniss von 1:1000 und darunter

„  0,₈₇  „   „   „       „              mehr als 1:1000 bis einschl. 1:400

„  0,₂₅  „   „   „       „        „      „    „   1: 400  „   „   1:200

„  0,₅₄  „   „   „       „        „      „    „   1: 200  „   „   1:100

„  1,₂₃  „   „   „       „        „      „    „   1: 100  „   „   1: 80

„  0,₅₂  „   „   „       „        „      „    „   1:  80  „   „   1: 60

„  1,₅₈  „   „   „       „        „      „    „   1:  60  „   „   1: 40

Die grösste Neigung beträgt 1:40 und kommt in der Steigung bei einer zusammenhängenden grössten Länge von 387 m und im Fall auf einer grössten zusammenhängenden Länge von 607 m vor.

Hinsichtlich der Richtung liegen 9,₅₈ km = 70,₈₆ Prozent der Bahnlänge in gerader Linie und 3,₉₄ km = 29,₁₄ Prozent in Krümmungen und zwar:

0,₄₅ km in Krümmungen mit Halbmessern von weniger als 1 500 bis einschl. 1 000 m

0,₃₃  „   „   „       „       „       „      „    „   1 000  „   „   500  „

1,₄₇  „   „   „       „       „       „      „    „    400  „   „   300  „

1,₆₉  „   „   „       „       „       „      „    „    300 m.

Der kleinste Krümmungshalbmesser auf freier Strecke beträgt 75 m und die Summe der Kreisbogengrade aller Krümmungen 1 127,₈₄.

Der Unterbau hat in der Bettungssohle gemessen eine Breite von 2,₉₅ m, er ist auf eine Länge von 12,₉₈ km durch besonderen Bahnkörper und auf eine Länge von 0,₅₄ km durch öffentliche Strassen gebildet. Von der Bahn liegen 7,₉₇ km im Auftrag, 4,₉₀ km im Abtrag und 0,₆₅ km in Geländehöhe. In Schienenhöhe führen 117 Wegübergänge über die Bahn, welche weder verschlossen noch bewacht sind.

Der Oberbau umfasst 16,₄₅ km Gleis mit 35 Weichen.

An Kunstbauten sind ausgeführt: 2 Brücken mit eisernem Ueberbau mit 3 Oeffnungen von je 10 bis 30 m Lichtweite und 7 Brücken mit Eisenüberbau mit 44 Oeffnungen von je 2 bis 10 m Lichtweite, 1 Wegüberführung mit eisernem Ueberbau. Durch die Bahn führen 115 Wasserdurchlässe (davon sind 35 mit Platten gedeckt, 21 sind offen und 59 bestehen aus eisernen Röhren).

An Hochbauten sind ausgeführt: 1 Empfangsgebäude, 5 besondere bedeckte Warteräume, 5 Güterschuppen, 1 Lokomotivschuppen, 1 Kohlen- u. s. w. Schuppen, 2 Wirthschafts-neben- u.s.w. Gebäude, 1 Materialien-Depot-Gebäude, zusammen mit 856 qm bebauter Grundfläche.

An sonstigen Anlagen sind noch vorhanden: 8 Bahnsteige mit 1 365 qm bebauter Grundfläche, 1 durch Dampf betriebene Wasserstation, 4 offene, feste Laderampen (davon 1 für Stirnverladung, 2 für Seitenverladung und 1 für Stirn- und Seitenverladung), 1 transportable Laderampe, 3 Gleisbrückenwaagen, 1 optischer Telegraph.

Mit der Bahn sind 3 industrielle Anlagen durch Zweiggleise verbunden.

Die Abzweigung der Schmalspurbahn aus dem Bahnhofe Zittau verursachte aussergewöhnliche Schwierigkeiten und ergab in Gemeinschaft mit 2 grösseren Flussübergängen — demjenigen über die Neisse bei Zittel und über die Kipper in Reichenau — sowie mehreren Dorfdurchschneidungen mannigfache Erschwernisse für den Bau.

Näheres hierüber findet sich im ersten Hefte des „Civil-Ingenieurs" für das Jahr 1886 in einer von den Herren Köpcke und Pressler verfassten fachwissenschaftlichen Darstellung.

Die Bahn wird von der unter sächsischer Staatsverwaltung stehenden schmalspurigen Privateisenbahn Zittau-Oybin-Jonsdorf zwischen Zittau, Bahnhof und Kleinschönau auf eine Länge von 1,65 km mitbenutzt.

Die Herstellungskosten der Bahnanlagen betragen 770 690,89 Mark. Davon kommen

107 160,64 Mark auf Grunderwerb und Nutzungsentschädigung,
112 926,27 „ „ Erd-, Fels- und Böschungsarbeiten sowie Futtermauern,
14 423,94 „ „ Wegübergänge, Ueber- und Unterführungen,
75 969,56 „ „ Durchlässe und Brücken,
224 454,96 „ „ Oberbau nebst allen Nebensträngen und zugehörigen Ausweichen,
4 468,45 „ „ Signale,
118 875,73 „ „ Bahnhöfe und Haltestellen,
6 126,85 „ „ ausserordentliche Anlagen, als Flussverlegungen u. s. w.,
91 932,05 „ „ Verwaltungskosten,
14 352,44 „ „ Insgemein und Verzinsung des Baukapitals während der Bauzeit.

Auf ein Kilometer Bahn kommen durchschnittlich 57 003,76 Mark.

Das durch den Betriebsüberschuss zu verzinsende Anlagekapital im allgemeinen beträgt 907 912,63 Mark und setzt sich zusammen wie folgt:

721 345,03 Mark Herstellungskosten der Bahnanlagen ausschl. der Kosten
der Gemeinschaftsbahnhöfe,
50 523,88 „ antheilige Kosten der Gemeinschaftsbahnhöfe,
120 502,25 „ Anschaffungskosten der Fahrbetriebsmittel,
11 317,13 „ antheilige Herstellungskosten der Werkstättenanlagen,
845,36 „ „ „ „ Imprägniranstalten,
3 378,98 „ „ „ „ Administrations- und
Hauptverwaltungsgebäude in Dresden.

Auf ein Kilometer Bahn kommen durchschnittlich 67 153,30 Mark.

An Fahrbetriebsmitteln sind vorhanden: 3 Lokomotiven, 10 Personenwagen mit 20 Achsen und 220 Plätzen, 9 bedeckten und 28 offenen Güterwagen mit 74 Achsen und 185 Tonnen Ladegewicht. Es berechnen sich durchschnittlich auf eine Personenwagenachse 11,0 Plätze und auf eine Güterwagenachse 2,5 Tonnen Ladegewicht.

### Leistungen der Fahrbetriebsmittel.

| im Jahre | Lokomotiv- | | Achskilometer | | | durchschnittlich auf 1 Lokomotiv-Nutzkilometer (durchschnittliche Stärke der Züge). |
| | Nutzkilometer. | Leer- und Rangirkilometer. | der Personenwagen. | der Güter- und Postwagen. | Zusammen. | |
|---|---|---|---|---|---|---|
| 1885 | 36 617 | 13 307 | 293 855 | 206 571 | 500 426 | 13,67 |
| 1886 | 39 339 | 13 109 | 319 663 | 205 777 | 525 440 | 13,36 |
| 1887 | 39 829 | 13 326 | 343 248 | 230 084 | 573 332 | 14,39 |
| 1888 | 39 685 | 14 583 | 353 183 | 242 531 | 595 714 | 15,01 |
| 1889 | 40 315 | 14 986 | 370 045 | 275 892 | 645 937 | 16,02 |
| 1890 | 40 188 | 14 712 | 378 485 | 270 490 | 648 975 | 16,15 |
| 1891 | 43 691 | 13 544 | 430 735 | 290 842 | 721 577 | 16,52 |
| 1892 | 44 004 | 13 461 | 441 406 | 315 926 | 757 332 | 17,21 |
| 1893 | 43 915 | 13 017 | 439 613 | 342 232 | 781 845 | 17,80 |
| 1894 | 45 847 | 13 069 | 453 850 | 374 880 | 828 730 | 18,08 |
| Im Jahre 1894 durchschnittlich auf 1 km Bahn . . | 3 391 | 967 | 33 569 | 27 728 | 61 297 | — |

Im Jahre 1894 betrug

die Ausnutzung der bewegten Personenwagenplätze 30,09 Prozent und der bewegten Ladefähigkeit der Güterwagen 29,20 Prozent;

die Zahl der abgelassenen Züge: 4 033 und zwar: 79 Personen- und 3 954 gemischte Züge;

das für die Lokomotiven verbrauchte Brennmaterial auf den Steinkohlenheizwerth reduzirt: 241 Tonnen, d. i. durchschnittlich auf ein Nutzkilometer 5,26 kg und auf ein Wagenachskilometer 0,29 kg.

## Verkehrsergebnisse.
### Personenverkehr

| im Jahre | Anzahl | | Durchschnittlich durchfahrene Weglänge | | Fahrgeld - Einnahme | | |
| | der beförderten Personen. | der zurückgelegten Personenkilometer. | von jeder Person km | in Prozenten der Bahnlänge. | überhaupt Mark. | durchschnittlich auf 1 Person Mark. | auf 1 Person und 1 km Pf. |
|---|---|---|---|---|---|---|---|
| 1885 | 105 096 | 1 102 616 | 10,49 | 77,59 | 35 130 | 0,33 | 3,19 |
| 1886 | 109 068 | 1 134 691 | 10,40 | 76,92 | 35 681 | 0,33 | 3,14 |
| 1887 | 120 147 | 1 278 131 | 10,64 | 78,70 | 38 983 | 0,32 | 3,05 |
| 1888 | 123 579 | 1 303 470 | 10,55 | 78,03 | 39 963 | 0,32 | 3,07 |
| 1889 | 129 218 | 1 369 469 | 10,60 | 78,40 | 40 564 | 0,31 | 2,96 |
| 1890 | 127 743 | 1 352 379 | 10,59 | 78,33 | 41 162 | 0,32 | 3,04 |
| 1891 | 127 571 | 1 343 055 | 10,53 | 77,88 | 40 538 | 0,32 | 3,02 |
| 1892 | 129 811 | 1 368 908 | 10,55 | 78,03 | 41 177 | 0,32 | 3,01 |
| 1893 | 139 313 | 1 481 824 | 10,64 | 78,70 | 44 195 | 0,32 | 2,98 |
| 1894 | 141 866 | 1 503 533 | 10,60 | 78,40 | 44 537 | 0,31 | 2,96 |
| Im Jahre 1894 durchschnittlich auf 1 km Bahn . . | 10 493 | 111 208 | — | — | 3 294 | — | — |

### Güterverkehr

| im Jahre | Stückgut | | Wagenladungsgut | | | | | | Ausnahme-Tarif 1—11 | Fracht-pflichtiges Dienstgut | Militärgut | Gut in vereinbarter Fracht | Se. |
| | allgemeine Klasse | Spezialtarif | allgemeine Klasse | | Spezialtarif | | | | | | | | |
| | | | A¹. | B. | A². | I. | II. | III. | | | | | |
|---|---|---|---|---|---|---|---|---|---|---|---|---|---|
| | | | | | | Tonnen. | | | | | | | |
| 1885 | 4 778 | — | 85 | — | 766 | 497 | 183 | 5 562 | 253 | 11 | — | — | 12 135 |
| 1886 | 4 939 | — | 86 | — | 416 | 1 020 | 224 | 4 808 | 151 | 41 | — | — | 11 685 |
| 1887 | 5 375 | 78 | 242 | — | 253 | 949 | 280 | 5 789 | 799 | 5 | — | — | 13 770 |
| 1888 | 5 822 | 114 | 169 | — | 236 | 1 091 | 347 | 8 224 | 113 | 16 | 34 | — | 16 166 |
| 1889 | 6 135 | 338 | 168 | 10 | 324 | 1 610 | 226 | 9 643 | 762 | 26 | — | — | 19 242 |
| 1890 | 5 878 | 366 | 189 | 41 | 241 | 1 570 | 220 | 7 809 | 953 | 41 | — | — | 17 308 |
| 1891 | 4 908 | 364 | 252 | 40 | 251 | 1 644 | 304 | 5 286 | 1 643 | 13 | — | — | 14 705 |
| 1892 | 5 310 | 464 | 269 | 31 | 232 | 1 272 | 157 | 4 828 | 1 784 | 26 | — | 7 | 14 380 |
| 1893 | 5 653 | 535 | 524 | 40 | 253 | 1 612 | 496 | 6 291 | 1 585 | 30 | — | — | 17 019 |
| 1894 | 5 728 | 494 | 409 | 41 | 254 | 1 288 | 222 | 6 977 | 2 038 | 17 | — | — | 17 468 |
| **Im Jahre 1894:** | | | | | | | | | | | | | |
| in Prozenten der Gesammtheit . | 32,79 | 2,83 | 2,34 | 0,24 | 1 45 | 7,37 | 1,27 | 39,94 | 11,67 | 0,10 | — | — | 100,00 |
| Tonnenkilometer . . . . . | 73 790 | 6 141 | 5 310 | 528 | 3 227 | 16 750 | 2 558 | 88 230 | 21 087 | 221 | — | — | 217 842 |
| in Prozenten der Gesammtheit . | 33,87 | 2,82 | 2,44 | 0,24 | 1,48 | 7,69 | 1,18 | 40,50 | 9,68 | 0,10 | — | — | 100,00 |
| Tonnen \ auf 1 km Bahn | 424 | 37 | 30 | 3 | 19 | 95 | 16 | 516 | 151 | 1 | — | — | 1 292 |
| Tonnenkilometer / | 5 458 | 454 | 393 | 39 | 239 | 1 239 | 189 | 6 526 | 1 560 | 16 | — | — | 16 113 |
| durchschnittliche Transportlänge jeder Tonne . . . . km | 12,88 | 12,43 | 12,98 | 12,88 | 12,70 | 13,00 | 11,52 | 12,65 | 10,35 | 13,00 | — | — | 12,47 |
| in Prozenten der Bahnlänge . | 95,27 | 91,94 | 96,01 | 95,27 | 93,93 | 96,15 | 85,21 | 93,57 | 76,55 | 96,15 | — | — | 92,23 |
| Frachteinnahme . . . Mark | 13 749 | 929 | 673 | 65 | 338 | 1 805 | 248 | 7 777 | 1 987 | 21 | — | — | 27 592 |
| durchschnittliche Einnahme jeder Tonne . . . . Mark | 2,40 | 1,88 | 1,65 | 1,59 | 1,33 | 1,40 | 1,12 | 1,11 | 0,97 | 1,24 | — | — | 1,58 |
| durchschnittliche Einnahme für 1 Tonne und 1 km . . Pf. | 18,63 | 15,13 | 12,67 | 12,31 | 10,47 | 10,78 | 9,70 | 8,81 | 9,42 | 9,50 | — | — | 12,67 |

Die hauptsächlichsten Frachtgüter sind: Kohlen, halb- und baumwollene Web-waaren, Ziegel, Garne und Twiste, Wolle, Leimfabrikate, Düngemittel, Salpeter, Salz- und Schwefelsäuren, Farbholz, Farbholz- und Schmackextracte, Obstwein, Fruchtsäfte, Papier- und Wollabfälle, Langhölzer, Bretter, Zuckerrüben, Sumach, Maschinentheile, Mehl und Thonerde.

Umfang des Güterverkehres der wichtigsten Verkehrsstelle

Reichenau.

| Jahr. | Abgang | Ankunft | Jahr. | Abgang | Ankunft |
|---|---|---|---|---|---|
| | Tonnen | Tonnen | | Tonnen | Tonnen |
| 1885 | 2 749 | 6 616 | 1890 | 4 945 | 9 290 |
| 1886 | 2 730 | 6 370 | 1891 | 4 706 | 6 876 |
| 1887 | 3 525 | 7 541 | 1892 | 3 807 | 7 604 |
| 1888 | 4 244 | 9 006 | 1893 | 3 670 | 10 358 |
| 1889 | 4 758 | 11 016 | 1894 | 3 996 | 10 311 |

Finanzielle Ergebnisse.

| im Jahre | Einnahmen | | | | | Ausgaben | | | | | | | Ueberschuss | | Mehr-aufwand | |
|---|---|---|---|---|---|---|---|---|---|---|---|---|---|---|---|---|
| | aus dem Per-sonen-ver-kehre | aus dem Güter-ver-kehre | aus son-stigen Quel-len | über-haupt | durch-schnitt-lich auf 1 Wagen-achs-kilom. | Gene-ral-un-kosten | Be-triebs-auf-wand | für Ver-voll-stän-digung der Bahn-an-lagen | Ein-lage in den Er-neuer-ungs-fonds | über-haupt | in % der Brutto-Ein-nahme. | durch-schnitt-lich auf 1 Wagen-achs-kilom. | im ganzen | in % des An-lage-kapi-tales. | im ganzen | in % des An-lage-kapi-tales. |
| | Mark. | Mark. | Mark. | Mark. | Pf | Mark. | Mark. | Mark. | Mark. | Mark. | | Pf. | Mark. | | Mark. | |
| 1885 | 35 498 | 25 225 | 752 | 61 475 | 12,28 | 1 282 | 42 547 | 373 | 3 074 | 47 276 | 76,9 | 9,44 | 14 199 | 1,69 | — | — |
| 1886 | 36 139 | 24 256 | 1 010 | 61 405 | 11,69 | 1 692 | 40 221 | — | 3 070 | 44 983 | 73,3 | 8,57 | 16 422 | 1,94 | — | — |
| 1887 | 39 383 | 26 503 | 767 | 66 653 | 11,63 | 1 941 | 40 865 | — | 3 333 | 46 139 | 69,2 | 8,05 | 20 514 | 2,42 | — | — |
| 1888 | 40 368 | 30 608 | 783 | 71 759 | 12,05 | 1 763 | 37 796 | 21 | 3 589 | 43 169 | 60,2 | 7,25 | 28 590 | 3,33 | — | — |
| 1889 | 41 941 | 31 631 | 868 | 74 440 | 11,53 | 2 425 | 42 842 | 24 | 3 722 | 49 013 | 65,8 | 7,59 | 25 427 | 2,91 | — | — |
| 1890 | 41 490 | 28 574 | 1 029 | 71 093 | 10,95 | 2 452 | 45 591 | 14 | 3 555 | 51 612 | 72,6 | 7,95 | 19 481 | 2,26 | — | — |
| 1891 | 40 906 | 24 290 | 9 703 | 74 899 | 10,38 | 2 868 | 51 424 | 54 | 3 745 | 58 091 | 77,6 | 8,05 | 16 808 | 1,91 | — | — |
| 1892 | 41 578 | 24 415 | 7 504 | 73 497 | 9,70 | 3 222 | 53 452 | — | 3 675 | 60 349 | 82,1 | 7,97 | 13 148 | 1,49 | — | — |
| 1893 | 44 641 | 28 024 | 4 979 | 77 644 | 9,93 | 3 536 | 53 500 | — | 3 882 | 60 918 | 78,5 | 7,79 | 16 726 | 1,85 | — | — |
| 1894 | 45 005 | 28 207 | 4 820 | 78 032 | 9,42 | 3 738 | 55 684 | 62 | 3 902 | 63 386 | 81,2 | 7,65 | 14 646 | 1,61 | — | — |
| durchschnittl. auf 1 km Bahn im Jahre 1894 . | 3 329 | 2 086 | 356 | 5 771 | — | 276 | 4 119 | 4 | 289 | 4 688 | — | — | 1 083 | — | — | — |

## 7. Linie Mosel-Ortmannsdorf.

### Eröffnet den 1. November 1885.

Bereits im Jahre 1870 wurde einer Privatgesellschaft das Expropriationsrecht für eine zu erbauende Eisenbahn von Zwickau über Mülsen und Lichtenstein nach St. Egidien bewilligt. Allein die dadurch bei der Bevölkerung des Mülsengrundes erweckten Hoffnungen sollten durch die bald darauf eingetretene wirthschaftliche Krisis und die damit im Zusammenhange stehende Stockung im Privateisenbahnbau eine herbe Enttäuschung erfahren.

Die überaus ungünstigen Erwerbsverhältnisse der hauptsächlich auf Handweberei an-gewiesenen Bewohner des Mülsengrundes beschäftigte die Königliche Staatsregierung unablässig mit der Frage, in welcher Weise dem vorhandenen Nothstande am wirksamsten abzuhelfen sei, und sie kam schliesslich zu der Ueberzeugung, dass die Bedürfnisse des Mülsengrundes zweckmässiger Weise nur durch die Erbauung einer Eisenbahn befriedigt werden konnten, die im oberen Theile desselben beginnend, ihn seiner ganzen Länge nach durchzieht und sich sodann in Mosel an die Hauptlinie von Chemnitz nach Zwickau anschliesst.

Die Annahme der schmalen Spur für die Bahn war bei der Enge des Thales, sowie der darin vorhandenen öffentlichen Strassen und bei der ziemlich dichten Besetzung des Thalgrundes mit Wohngebäuden schon durch die örtlichen Verhältnisse bedingt und im vorliegenden Falle um so mehr angezeigt, als eine schmalspurige Bahn zur Aufnahme des zu erwartenden Verkehres vollkommen ausreichend erschien, während der Umfang dieses Verkehres den höheren Kostenaufwand für eine vollspurige Bahn nicht gerechtfertigt haben würde.

Die Bahn ist 13,94 km lang und es betragen die Entfernungen zwischen ihren Verkehrsstellen, als:

Mosel und Wulm . . . . . . . . . . . . . . . . . . . 2,30 km
Wulm und Niedermülsen . . . . . . . . . . . . . . . . 1,74 „
Niedermülsen und Thurm . . . . . . . . . . . . . . . 1,78 „
Thurm und Stangendorf . . . . . . . . . . . . . . . . 0,90 „
Stangendorf und Mülsen St. Micheln . . . . . . . . . 1,93 „
Mülsen St. Micheln und Mülsen St. Jacob . . . . . . . 1,14 „
Mülsen St. Jacob und Mülsen St. Niclas . . . . . . . . 1,85 „
Mülsen St. Niclas und Ortmannsdorf . . . . . . . . . 2,30 „

Der Anfangspunkt der Linie bei Mosel liegt 257,28 m, ihr Endpunkt bei Ortmannsdorf 339,18 m über dem Spiegel der Ostsee.

Die Linie steigt in dieser Richtung im ganzen 95,30 m und fällt 13,40 m.

Von der Gesammtlänge befinden sich:

8,51 km = 61,05 Prozent in Steigung,
1,44 „ = 10,33 „ „ Fall und
3,99 „ = 28,62 „ „ der Horizontale.

Es vertheilt sich

die Steigung:

mit 0,44 km auf das Verhältniss von 1 : 1 000 und darunter
„ 0,59 „ „ „ „ „ mehr als 1 : 1 000 bis einschl. 1 : 400
„ 1,33 „ „ „ „ „ „ „ „ 1 : 400 „ „ 1 : 200
„ 1,77 „ „ „ „ „ „ „ „ 1 : 200 „ „ 1 : 100
„ 0,19 „ „ „ „ „ „ „ „ 1 : 100 „ „ 1 : 80
„ 4,19 „ „ „ „ „ „ „ „ 1 : 80 „ „ 1 : 60

der Fall:

mit 0,36 km auf das Verhältniss von mehr als 1 : 1 000 bis einschl. 1 : 400
„ 0,18 „ „ „ „ „ „ „ „ 1 : 400 „ „ 1 : 200
„ 0,33 „ „ „ „ „ „ „ „ 1 : 200 „ „ 1 : 100
„ 0,57 „ „ „ „ „ „ „ „ 1 : 80 „ „ 1 : 60

Die grösste Steigung beträgt 1 : 60 und kommt vor in einer zusammenhängenden Länge von 868 m, der grösste Fall 1 : 60 kommt vor auf einer zusammenhängenden Strecke von 538 m.

Hinsichtlich der Richtung liegen 9,59 km = 68,79 Prozent der Bahnlänge in gerader Linie und 4,35 km = 31,21 Prozent in Krümmungen und zwar:

0,21 km in Krümmungen mit Halbmessern von weniger als 3 000 bis einschl. 2 000 m
0,75 „ „ „ „ „ „ „ „ „ 1 000 „ „ 500 „
0,33 „ „ „ „ „ „ „ „ „ 500 „ „ 400 „
0,55 „ „ „ „ „ „ „ „ „ 400 „ „ 300 „
2,51 „ „ „ „ „ „ „ „ „ 300 m

Der kleinste Krümmungshalbmesser auf freier Strecke beträgt 150 m und die Summe der Kreisbogengrade aller Krümmungen 1 140,03.

Der Unterbau hat in der Bettungssohle gemessen eine Breite von 2,95 m und ist lediglich durch besonderen Bahnkörper gebildet. Von der Bahn liegen 4,60 km im Auftrag, 6,54 km im Abtrag und 2,80 km in Geländehöhe. In Schienenhöhe führen 130 weder verschlossene noch bewachte Wege über die Bahn.

Der Oberbau umfasst 17,30 km Gleis mit 39 Weichen.

An Kunstbauten sind ausgeführt: 3 Brücken mit eisernem Ueberbau mit zusammen 13 Oeffnungen von je 10 bis 30 m Lichtweite, 5 Brücken mit Eisenüberbau mit zusammen 6 Oeffnungen von je 2 bis 10 m Lichtweite, 2 Wegunterführungen ebenfalls mit eisernem Ueberbau, 142 Wasserdurchlässe (davon sind 13 mit Platten gedeckt, 2 sind gewölbt, 3 offen und 124 bestehen aus eisernen Röhren).

An Hochbauten sind ausgeführt: 1 Empfangsgebäude, 6 besondere bedeckte Warteräume, 8 Güterschuppen, 2 Lokomotivschuppen, 1 Kohlen- u. s. w. Schuppen, 2 Wirthschaftsneben- u. s. w. Gebäude, zusammen mit 1 017 qm bebauter Grundfläche.

An sonstigen Anlagen sind noch vorhanden: 9 Bahnsteige mit 2 592 qm bebauter Grundfläche, 2 Wasserstationen (davon wird die eine durch Menschenkraft und die andere durch Dampf u. s. w. betrieben), 7 offene, feste Laderampen (1 für Stirn- und 6 für Seitenverladung), 1 transportable Laderampe, 2 Gleisbrückenwaagen.

Die Herstellungskosten der Bahnanlagen betragen 936 277,14 Mark. Davon kommen 116 850,06 Mark auf Grunderwerb und Nutzungsentschädigung,

| | | |
|---|---|---|
| 118 436,28 | „ „ | Erd-, Fels- und Böschungsarbeiten sowie Futtermauern, |
| 301,11 | „ „ | Einfriedigungen, |
| 38 939,76 | „ „ | Wegübergänge, Ueber- und Unterführungen, |
| 105 130,27 | „ „ | Durchlässe und Brücken, |
| 255 578,45 | „ „ | Oberbau nebst allen Nebensträngen und zugehörigen Ausweichen, |
| 6 280,72 | „ „ | Signale, |
| 159 918,15 | „ „ | Bahnhöfe und Haltestellen, |
| 12 414,00 | „ „ | ausserordentliche Anlagen, als Flussverlegungen u. s. w., |
| 109 143,07 | „ „ | Verwaltungskosten, |
| 13 285,27 | „ „ | Insgemein und Verzinsung des Baukapitals während der Bauzeit. |

Auf ein Kilometer Bahn kommen durchschnittlich 67 164,79 Mark.

Das durch den Betriebsüberschuss zu verzinsende Anlagekapital im allgemeinen beträgt 970 010,14 Mark und setzt sich zusammen wie folgt:

| | | |
|---|---|---|
| 872 205,57 | Mark | Herstellungskosten der Bahnanlagen ausschl. der Kosten der Gemeinschaftsbahnhöfe, |
| 10 517,78 | „ | antheilige Kosten der Gemeinschaftsbahnhöfe, |
| 76 185,25 | „ | Anschaffungskosten der Fahrbetriebsmittel, |
| 7 155,04 | „ | antheilige Herstellungskosten der Werkstättenanlagen, |
| 889,04 | „ | „ „ „ Imprägniranstalten, |
| 3 057,46 | „ | „ „ „ Administrations- und Hauptverwaltungsgebäude in Dresden. |

Auf ein Kilometer Bahn kommen durchschnittlich 69 584,66 Mark.

An Fahrbetriebsmitteln sind vorhanden: 3 Lokomotiven, 7 Personenwagen mit 14 Achsen und 169 Plätzen, 11 bedeckte und 12 offene Güterwagen mit 46 Achsen und 115 Tonnen Ladegewicht. Es berechnen sich durchschnittlich auf eine Personenwagenachse 12,1 Plätze und auf eine Güterwagenachse 2,5 Tonnen Ladegewicht.

# MOSEL–ORTMANNSDORF.

Lageplan. 1:200000.

Maschinenhaus in Mosel.

13,65

13,92

6,7

1:500.

Längenprofil.

Längen 1:150000.
Höhen 1:5000.

150 m

0  1  2  3  4  5  6  7  8  9  10  11  12  13  13,94 km

Anschlussbahnhof Mosel. 1:5000.

von Zwickau
nach Glauchau
von Zwickau
nach Chemnitz
nach Mosel
nach Ortmannsdorf

Vollspur - Gleise.
Schmalspur - Gleise.

a. Stationsgebäude.
b. Nebengebäude.
c. Abort.
d. Überladehalle.
e. Güterschuppen.
f. Maschinenhaus.
g. Kohlenschuppen.
h. Betriebsmittel-Überladerampe.

Endbahnhof Ortmannsdorf. 1:5000.

von Mosel
von Mülsen
nach Ortmannsdorf

R. Menke.

Leistungen der Fahrbetriebsmittel.

| im Jahre | Lokomotiv- | | Achskilometer | | | |
| | Nutz-kilometer. | Leer- und Rangir-kilometer. | der Personen-wagen. | der Güter- und Postwagen. | Zusammen. | durchschnitt-lich auf 1 Lokomotiv-Nutzkilometer (durchschnitt-liche Stärke der Züge). |
|---|---|---|---|---|---|---|
| 1886 | 50 286 | 4 094 | 333 964 | 176 655 | 510 619 | 10,15 |
| 1887 | 50 818 | 4 198 | 335 949 | 253 714 | 589 663 | 11,60 |
| 1888 | 50 898 | 5 942 | 348 301 | 264 345 | 612 646 | 12,04 |
| 1889 | 50 809 | 9 086 | 370 169 | 285 270 | 655 439 | 12,90 |
| 1890 | 50 790 | 10 890 | 391 118 | 270 557 | 661 675 | 13,03 |
| 1891 | 50 774 | 10 859 | 403 258 | 270 255 | 673 513 | 13,26 |
| 1892 | 50 929 | 10 607 | 430 483 | 265 970 | 696 453 | 13,67 |
| 1893 | 50 902 | 11 606 | 399 180 | 321 885 | 721 065 | 14,17 |
| 1894 | 51 100 | 14 744 | 423 337 | 326 537 | 749 874 | 14,67 |
| Im Jahre 1894 durchschnitt-lich auf 1 km Bahn . . | 3 666 | 1 058 | 30 369 | 23 424 | 53 793 | — |

Im Jahre 1894 betrug

die Ausnutzung der bewegten Personenwagenplätze 18,23 Prozent und der bewegten Ladefähigkeit der Güterwagen 10,40 Prozent;

die Zahl der abgelassenen Züge: 3 650 und zwar nur gemischte Züge;

das für die Lokomotiven verbrauchte Brennmaterial auf den Steinkohlenheizwerth reduzirt: 258 Tonnen, d. i. durchschnittlich auf ein Nutzkilometer 5,04 kg und auf ein Wagen-achskilometer 0,34 kg.

Verkehrsergebnisse.

Personenverkehr

| im Jahre | Anzahl | | Durchschnittlich durchfahrene Weglänge | | Fahrgeld-Einnahme | | |
| | der beförderten Per-sonen. | der zurück-gelegten Personen-kilometer. | von jeder Person km | in Prozenten der Bahn-länge. | über-haupt Mark. | durchschnittlich | |
| | | | | | | auf 1 Person Mark. | auf 1 Person und 1 km Pf. |
|---|---|---|---|---|---|---|---|
| 1886 | 103 890 | 774 398 | 7,45 | 53,44 | 24 330 | 0,23 | 3,14 |
| 1887 | 115 165 | 884 369 | 7,68 | 55,09 | 25 912 | 0,22 | 2,93 |
| 1888 | 117 356 | 918 930 | 7,83 | 56,17 | 26 100 | 0,22 | 2,84 |
| 1889 | 123 642 | 986 579 | 7,98 | 57,25 | 27 995 | 0,23 | 2,84 |
| 1890 | 120 213 | 963 779 | 8,02 | 57,53 | 26 481 | 0,22 | 2,75 |
| 1891 | 124 596 | 1 005 065 | 8,07 | 57,89 | 27 203 | 0,22 | 2,71 |
| 1892 | 119 001 | 965 565 | 8,11 | 58,18 | 25 920 | 0,22 | 2,68 |
| 1893 | 121 563 | 974 092 | 8,01 | 57,46 | 26 742 | 0,22 | 2,75 |
| 1894 | 114 904 | 929 641 | 8,09 | 58,03 | 25 370 | 0,22 | 2,73 |
| Im Jahre 1894 durchschnitt-lich auf 1 km Bahn . . | 8 243 | 66 689 | — | — | 1 820 | — | — |

Güterverkehr

| im Jahre | Stückgut | | Wagenladungsgut | | | | | | Ausnahme-Tarif 1—11 | Frachtpflichtiges Dienstgut | Militärgut | Gut in vereinbarter Fracht | Se. |
| | allgemeine Klasse | Specialtarif | allgemeine Klasse | | Specialtarif | | | | | | | | |
| | | | A¹. | B. | A². | I. | II. | III. | | | | | |
| | | | | | T o n n e n. | | | | | | | | |
| 1886 | 1 201 | — | 107 | 62 | 368 | 702 | 205 | 1 549 | 202 | 15 | 13 | — | 4 424 |
| 1887 | 1 315 | 63 | 120 | 21 | 410 | 1 104 | 268 | 1 148 | 223 | 20 | — | — | 4 692 |
| 1888 | 1 191 | 123 | 93 | 47 | 375 | 1 231 | 208 | 1 568 | 161 | 21 | — | — | 5 018 |
| 1889 | 1 445 | 187 | 137 | 20 | 341 | 1 469 | 385 | 3 731 | 358 | 20 | — | — | 8 093 |
| 1890 | 1 285 | 222 | 147 | 15 | 422 | 1 361 | 353 | 3 275 | 353 | 10 | — | — | 7 443 |
| 1891 | 1 128 | 218 | 86 | 66 | 428 | 1 534 | 217 | 3 163 | 357 | 77 | — | — | 7 274 |
| 1892 | 1 197 | 266 | 59 | 97 | 490 | 1 213 | 294 | 2 684 | 216 | — | 1 | — | 6 517 |
| 1893 | 1 352 | 259 | 47 | 149 | 776 | 978 | 253 | 2 949 | 610 | 35 | — | — | 7 408 |
| 1894 | 1 314 | 246 | 5 | 171 | 364 | 1 091 | 318 | 2 129 | 514 | 25 | — | — | 6 177 |
| **im Jahre 1894:** | | | | | | | | | | | | | |
| in Prozenten der Gesammtheit . | 21,27 | 3,98 | 0,08 | 2,77 | 5,89 | 17,66 | 5,15 | 34,47 | 8,32 | 0,41 | — | — | 100,00 |
| Tonnenkilometer . . . . | 13 296 | 2 590 | 70 | 2 021 | 3 397 | 11 479 | 2 877 | 20 136 | 5 190 | 351 | — | — | 61 407 |
| in Prozenten der Gesammtheit . | 21,65 | 4,22 | 0,12 | 3,29 | 5,53 | 18,69 | 4,69 | 32,79 | 8,45 | 0,57 | — | — | 100,00 |
| Tonnen } auf 1 km Bahn { | 94 | 18 | — | 12 | 26 | 78 | 23 | 153 | 37 | 2 | — | — | 443 |
| Tonnenkilometer | 954 | 186 | 5 | 145 | 244 | 824 | 206 | 1 444 | 372 | 25 | — | — | 4 405 |
| durchschnittliche Transportlänge jeder Tonne . . . . km | 10,12 | 10,53 | 13,94 | 11,82 | 9,33 | 10,52 | 9,05 | 9,46 | 10,10 | 13,94 | — | — | 9,94 |
| in Prozenten der Bahnlänge . | 72,60 | 75,54 | 100,00 | 84,79 | 66,93 | 75,47 | 64,92 | 67,86 | 72,45 | 100,00 | — | — | 71,31 |
| Frachteinnahme. . . Mark | 2 176 | 396 | 9 | 272 | 409 | 1 441 | 312 | 2 001 | 501 | 26 | — | — | 7 543 |
| durchschnittliche Einnahme jeder Tonne . . . . Mark | 1,66 | 1,61 | 1,80 | 1,59 | 1,12 | 1,32 | 0,98 | 0,94 | 0,97 | 1,04 | — | — | 1,22 |
| durchschnittliche Einnahme für 1 Tonne und 1 km . . Pf. | 16,37 | 15,29 | 12,86 | 13,46 | 12,04 | 12,55 | 10,84 | 9,94 | 9,65 | 7,41 | — | — | 12,28 |

Die hauptsächlichsten Frachtgüter sind: Webwaaren, Garne, landwirthschaftliche Maschinen und Geräthe, Colonialwaaren, Korbwaaren, Getreide, Mehl, Kohlen, Feld- und Gartenfrüchte.

Umfang des Güterverkehres der wichtigsten Verkehrsstellen

| Jahr. | Mülsen St. Jacob | | Ortmannsdorf | | Thurm | |
| | Abgang Tonnen. | Ankunft Tonnen. | Abgang Tonnen. | Ankunft Tonnen. | Abgang Tonnen. | Ankunft Tonnen. |
| --- | --- | --- | --- | --- | --- | --- |
| 1886 | 247 | 1 179 | 138 | 1 011 | 31 | 591 |
| 1887 | 281 | 922 | 202 | 1 278 | 52 | 541 |
| 1888 | 175 | 1 065 | 219 | 1 322 | 55 | 531 |
| 1889 | 273 | 1 763 | 270 | 2 651 | 108 | 948 |
| 1890 | 245 | 1 792 | 258 | 1 890 | 86 | 848 |
| 1891 | 183 | 1 430 | 266 | 1 866 | 80 | 1 104 |
| 1892 | 171 | 1 561 | 198 | 1 428 | 86 | 1 009 |
| 1893 | 242 | 1 826 | 228 | 1 399 | 115 | 1 397 |
| 1894 | 283 | 1 222 | 138 | 1 178 | 109 | 1 167 |

## Finanzielle Ergebnisse.

| im Jahre | Einnahmen | | | | | Ausgaben | | | | | | | Ueberschuss | | Mehraufwand | |
|---|---|---|---|---|---|---|---|---|---|---|---|---|---|---|---|---|
| | aus dem Personenverkehre | aus dem Güterverkehre | aus sonstigen Quellen | überhaupt | durchschnittlich auf 1 Wagenachskilom. | General-unkosten | Betriebsaufwand | für Vervollständigung der Bahnanlagen | Einlage in den Erneuerungsfonds | überhaupt | in %/o der Brutto-Einnahme | durchschnittlich auf 1 Wagenachskilom. | im ganzen | in %/o des Anlagekapitales. | im ganzen | in %/o des Anlagekapitales. |
| | Mark. | Mark. | Mark. | Mark | Pf. | Mark. | Mark. | Mark | Mark | Mark. | | Pf. | Mark. | | Mark. | |
| 1886 | 24 647 | 8 087 | 641 | 33 375 | 6,54 | 1 644 | 43 751 | — | 1 669 | 47 064 | 141,0 | 9,22 | — | — | 13 689 | 1,39 |
| 1887 | 26 211 | 12 814 | 1 115 | 40 140 | 6,81 | 1 997 | 39 831 | — | 2 007 | 43 835 | 109,2 | 7,43 | — | — | 3 695 | 0,40 |
| 1888 | 26 406 | 13 803 | 1 421 | 41 630 | 6,24 | 1 974 | 42 113 | 27 | 2 082 | 46 196 | 111,0 | 6,92 | — | — | 4 566 | 0,47 |
| 1889 | 28 270 | 20 079 | 2 092 | 50 441 | 6,93 | 2 734 | 42 245 | 25 | 2 522 | 47 526 | 94,2 | 6,53 | 2 915 | 0,30 | — | — |
| 1890 | 26 708 | 18 858 | 2 071 | 47 637 | 6,32 | 2 847 | 50 033 | 16 | 2 382 | 55 278 | 116,0 | 7,34 | — | — | 7 641 | 0,78 |
| 1891 | 27 400 | 20 703 | 2 426 | 50 529 | 6,39 | 3 142 | 51 030 | 41 | 2 526 | 56 739 | 112,3 | 7,18 | — | — | 6 210 | 0,64 |
| 1892 | 26 131 | 24 365 | 3 084 | 53 580 | 6,25 | 3 650 | 52 541 | — | 2 679 | 58 870 | 109,9 | 6,86 | — | — | 5 290 | 0,54 |
| 1893 | 26 954 | 18 887 | 3 145 | 48 986 | 6,11 | 3 626 | 49 731 | — | 2 449 | 55 806 | 113,9 | 6,96 | — | — | 6 820 | 0,70 |
| 1894 | 25 611 | 7 721 | 1 362 | 34 694 | 4,63 | 3 383 | 47 160 | 65 | 1 735 | 52 343 | 150,9 | 6,98 | — | — | 17 649 | 1,82 |
| durchschnittl. auf 1 km Bahn im Jahre 1894 . | 1 837 | 554 | 98 | 2 489 | — | 243 | 3 383 | 5 | 124 | 3 755 | — | — | — | — | 1 266 | — |

Bis Mitte des Jahres 1893 war in Mosel ein längeres schmalspuriges Industriegleis an diese Linie angeschlossen, das mit Fahrbetriebsmitteln der Schmalspurbahn gegen feste Ab- und Zuführungsgebühren, die den Güterverkehrseinnahmen dieser Linie zuzuschreiben waren, bedient wurde. Infolge der Erbauung der vollspurigen Industriebahn Zwickau-Crossen-Mosel ist das schmalspurige Anschlussgleis Crossen-Mosel abgebrochen worden und damit die — finanziell sehr erhebliche — Ab- und Zuführungsgebühr der Schmalspurbahn verloren gegangen. Hieraus erklärt sich die bedeutende Verminderung der Güterverkehrseinnahmen im Jahre 1894.

### 8. Linie Potschappel-Wilsdruff.
#### Eröffnet den 1. Oktober 1886.

Entscheidend für den Bau dieser Linie war einmal der nicht unbeträchtliche Personenverkehr zwischen Wilsdruff und Dresden, sodann das längst gefühlte Bedürfniss einer leichteren Verbindung der erstgenannten Stadt und ihrer ziemlich dicht bevölkerten Umgebung mit dem Steinkohlenbecken des Plauenschen Grundes. Der Bau einer direkten Linie zwischen Dresden und Wilsdruff konnte nicht in Betracht kommen, weil dieselbe kaum eine Abkürzung gegenüber der Bahnverbindung über Potschappel ergeben und überdies dem Bedürfniss einer abkürzenden Verbindung Wilsdruffs mit den Kohlenwerken des Plauenschen Grundes nicht in zweckmässiger Weise entsprochen haben würde.

Da für die Bewältigung des zu erwartenden Verkehres eine Bahn mit schmaler Spur als vollständig ausreichend zu erachten war, eine vollspurige Bahn aber sich wesentlich theurer gestellt und ein sehr ungünstiges Verhältniss zwischen den Betriebsergebnissen und der Verzinsung des auf den Bau verwendeten Kapitales in Aussicht gestellt haben würde, so ist die Regierung im Einverständniss mit den Landständen auf den Ausbau der Linie als Schmalspurbahn zugekommen.

Von Potschappel bis Niederhermsdorf benutzt die Bahn das Gleis der bereits früher erbauten vollspurigen Kohlenbahn, welche durch Einlegung einer dritten Schiene für den Schmalspurbahnverkehr nutzbar gemacht worden ist.

Die Länge der Bahn beträgt 10,90 km und die Entfernungen zwischen ihren Verkehrsstellen, als:

Potschappel und Zauckerode . . . . . . . 1,88 km
Zauckerode und Niederhermsdorf . . . . 1,11 „
Niederhermsdorf und Kesselsdorf . . . . 3,70 „
Kesselsdorf und Grumbach . . . . . . . 2,62 „
Grumbach und Wilsdruff . . . . . . . . 1,59 „

7

Der Anfangspunkt der Linie bei Potschappel liegt 161,83 m und ihr Endpunkt bei Wilsdruff 271,37 m über dem Spiegel der Ostsee. In dieser Richtung steigt die Linie im ganzen 159,35 m und fällt 49,81 m.

Von der Gesammtlänge kommen:

6,85 km = 62,84 Prozent auf Steigung,
2,79 „ = 25,60 „ „ Fall und
1,26 „ = 11,56 „ „ Horizontale.

Es vertheilt sich

die Steigung:

mit 0,21 km auf das Verhältniss von 1 : 1 000 und darunter
„ 0,20 „ „ „ „ von mehr als 1 : 1 000 bis 1 : 400 einschl.
„ 0,17 „ „ „ „ „ „ „ 1 : 400 „ 1 : 200 „
„ 1,07 „ „ „ „ „ „ „ 1 : 200 „ 1 : 100 „
„ 0,72 „ „ „ „ „ „ „ 1 : 80 „ 1 : 60 „
„ 1,15 „ „ „ „ „ „ „ 1 : 60 „ 1 : 40 „
„ 3,33 „ „ „ „ „ „ „ 1 : 40

der Fall:

mit 0,12 km auf das Verhältniss von mehr als 1 : 400 bis 1 : 200 einschl.
„ 0,89 „ „ „ „ „ „ „ 1 : 200 „ 1 : 100 „
„ 0,04 „ „ „ „ „ „ „ 1 : 100 „ 1 : 80 „
„ 1,13 „ „ „ „ „ „ „ 1 : 60 „ 1 : 40 „
„ 0,61 „ „ „ „ „ „ „ 1 : 40

Die grösste Steigung beträgt 1 : 30 und kommt vor in einer zusammenhängenden Länge von 1 620 m, der grösste Fall 1 : 35 kommt vor auf einer zusammenhängenden Strecke von 361 m.

Hinsichtlich der Richtung liegen 7,44 km = 68,26 Prozent der Bahnlänge in gerader Linie und 3,46 km = 31,74 Prozent in Krümmungen, und zwar:

0,05 km in Krümmungen mit Halbmessern von weniger als 1 500 bis einschl. 1 000 m
0,12 „ „ „ „ „ „ „ 1 000 „ „ 500 „
0,20 „ „ „ „ „ „ „ 500 „ „ 400 „
0,21 „ „ „ „ „ „ „ 400 „ „ 300 „
2,88 „ „ „ „ „ „ „ 300 m.

Der kleinste Krümmungshalbmesser auf freier Strecke beträgt 80 m und die Summe der Kreisbogengrade aller Krümmungen 1 390,43.

Der Unterbau hat in der Bettungssohle gemessen eine Breite von 2,95 m.

Wie oben erwähnt dient der Bahnkörper der vollspurigen Kohlenbahn Potschappel-Niederhermsdorf, und zwar auf eine Länge von 2,28 km, auch gleichzeitig der Schmalspurbahn, deren Unterbau im übrigen durch besonderen Bahnkörper gebildet ist.

Von der Bahn liegen 3,94 km im Auftrag, 3,75 km im Abtrag und 3,21 km in Geländehöhe. In Schienenhöhe führen 61 weder verschlossene noch bewachte Wege über die Bahn.

Der Oberbau umfasst 14,51 km Gleis mit 39 Weichen.

An Kunstbauten besitzt die Bahn: 1 Viadukt von 62 m Länge, 1 Brücke mit Eisenüberbau mit 1 Oeffnung von 18 m Lichtweite, 35 Wasserdurchlässe (davon sind 14 mit Platten gedeckt, 2 sind gewölbt, 3 offen und 16 bestehen aus eisernen Röhren).

An Hochbauten sind ausgeführt: 1 Dienstwohngebäude für Beamte und Arbeiter, 1 Empfangsgebäude, 4 besondere bedeckte Warteräume, 4 Güterschuppen, 2 Lokomotivschuppen, 1 Kohlen- u. s. w. Schuppen, 1 Wirthschaftsneben- u. s. w. Gebäude, 1 Materialien-Depotgebäude, zusammen mit 957 qm bebauter Grundfläche.

An sonstigen Anlagen sind noch vorhanden: 6 Bahnsteige mit 1 597 qm bebauter Grundfläche, 2 durch Dampf u. s. w. betriebene Wasserstationen, 2 offene, feste Laderampen (eine für Stirn-, die andere für Seitenverladung), 1 transportable Laderampe, 2 Gleisbrückenwaagen, 1 optischer Telegraph.

Mit der Bahn sind 2 industrielle Anlagen durch Zweiggleise verbunden.

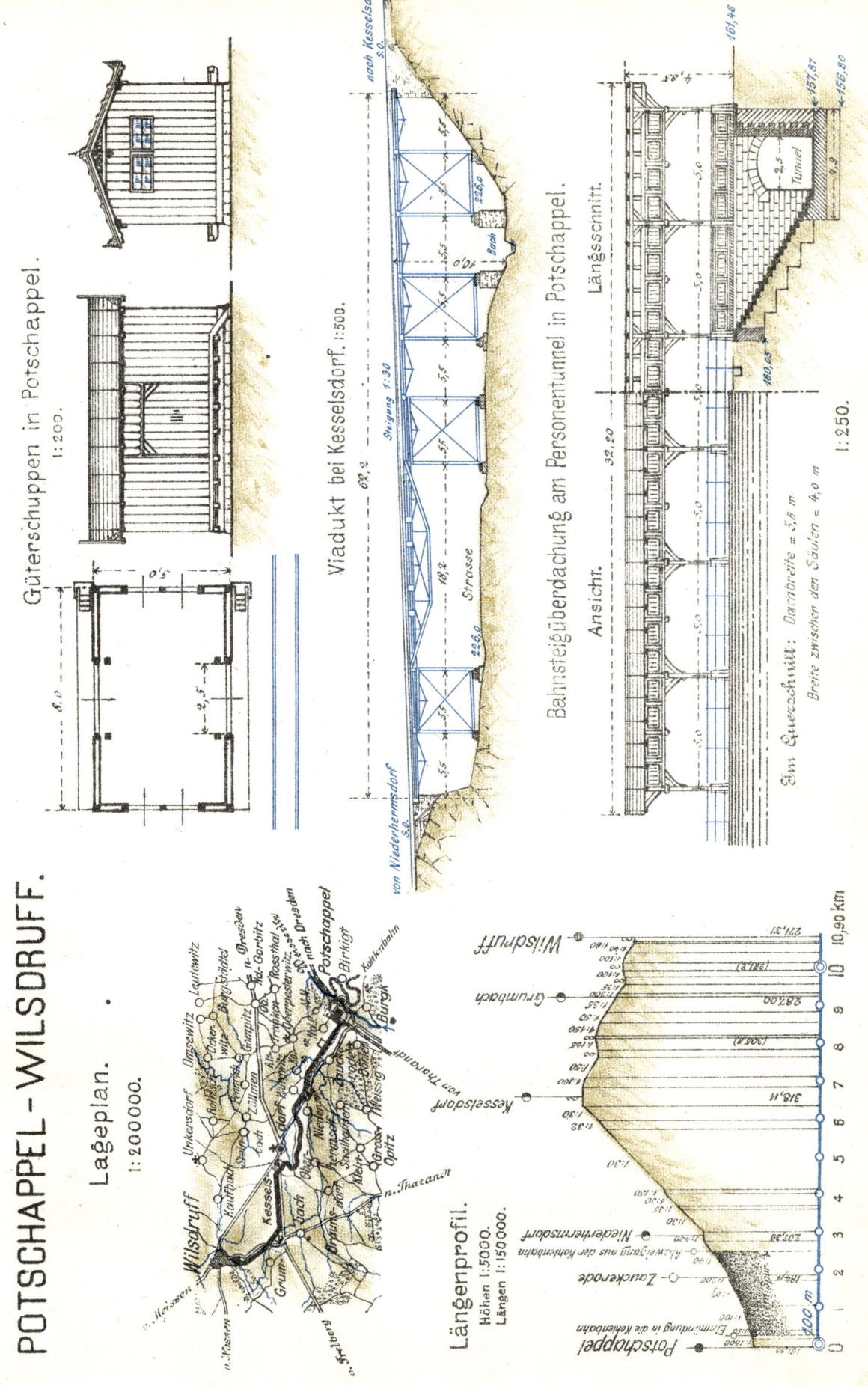

# POTSCHAPPEL–WILSDRUFF.

### Güterschuppen in Potschappel.
1:200.

### Viadukt bei Kesselsdorf. 1:500.

### Bahnsteigüberdachung am Personentunnel in Potschappel.

Längsschnitt.

Ansicht.

1:250.

Ein Querschnitt: Dachbreite = 5,6 m.
Breite zwischen den Säulen = 4,0 m.

### Lageplan.
1:200000.

### Längenprofil.
Höhen 1:5000.
Längen 1:150000.

Die Herstellungskosten der Bahnanlagen betragen 734 010,₀₄ Mark.  Davon kommen
91 327,₄₈ Mark auf Grunderwerb und Nutzungsentschädigung,

| | | | |
|---|---|---|---|
| 97 019,₀₀ | „ | „ | Erd-, Fels- und Böschungsarbeiten sowie Futtermauern, |
| 2 340,₆₀ | „ | „ | Einfriedigungen, |
| 24 807,₄₂ | „ | „ | Wegübergänge, Ueber- und Unterführungen, |
| 40 462,₅₉ | „ | „ | Durchlässe und Brücken, |
| 209 610,₇₆ | „ | „ | Oberbau nebst allen Nebensträngen und zugehörigen Ausweichen, |
| 6 069,₁₀ | „ | „ | Signale, |
| 125 464,₂₁ | „ | „ | Bahnhöfe und Haltestellen, |
| 649,₃₁ | „ | „ | ausserordentliche Anlagen, als Flussverlegungen u. s. w., |
| 107 820,₆₄ | „ | „ | Verwaltungskosten, |
| 28 438,₉₃ | „ | „ | Insgemein und Verzinsung des Baukapitals während der Bauzeit. |

Auf ein Kilometer Bahn kommen durchschnittlich 67 340,₃₇ Mark.

Das durch den Betriebsüberschuss zu verzinsende Anlagekapital im allgemeinen
beträgt 855 464,₀₃ Mark und setzt sich zusammen wie folgt:

676 714,₃₀ Mark Herstellungskosten der Bahnanlagen ausschl. der Kosten
der Gemeinschaftsbahnhöfe,

| | | | | |
|---|---|---|---|---|
| 19 863,₇₁ | „ | antheilige Kosten der Gemeinschaftsbahnhöfe, | | |
| 142 386,₂₁ | „ | Anschaffungskosten der Fahrbetriebsmittel, | | |
| 13 372,₃₈ | „ | antheilige Herstellungskosten der Werkstättenanlagen, | | |
| 745,₆₆ | „ | „ | „ | „ Imprägniranstalten, |
| 2 381,₇₇ | „ | „ | „ | „ Administrations- und |

Hauptverwaltungsgebäude in Dresden.

Auf ein Kilometer Bahn kommen durchschnittlich 78 482,₉₄ Mark.

An Fahrbetriebsmitteln sind vorhanden: 2 Lokomotiven, 13 Personenwagen mit
26 Achsen und 273 Plätzen, 9 bedeckte und 26 offene Güterwagen mit 70 Achsen und
175 Tonnen Ladegewicht.  Es berechnen sich durchschnittlich auf eine Personenwagenachse
10,₅ Plätze und auf eine Güterwagenachse 2,₅ Tonnen Ladegewicht.

Leistungen der Fahrbetriebsmittel.

| im Jahre | Lokomotiv- | | Achskilometer | | | |
|---|---|---|---|---|---|---|
| | Nutz-kilometer. | Leer- und Rangir-kilometer. | der Personen-wagén. | der Güter- und Postwagen. | Zusammen. | durchschnitt-lich auf 1 Lokomotiv-Nutzkilometer (durchschnitt-liche Stärke der Züge). |
| 1887 | 27 147 | 407 | 209 479 | 146 565 | 356 044 | 13,₁₂ |
| 1888 | 27 581 | 1 199 | 219 826 | 149 029 | 368 855 | 13,₃₇ |
| 1889 | 28 217 | 1 580 | 236 722 | 164 731 | 401 453 | 14,₂₃ |
| 1890 | 28 464 | 1 031 | 242 855 | 168 723 | 411 578 | 14,₄₆ |
| 1891 | 30 853 | 1 920 | 262 558 | 184 077 | 446 635 | 14,₄₈ |
| 1892 | 33 232 | 2 711 | 285 255 | 190 592 | 475 847 | 14,₃₂ |
| 1893 | 32 757 | 4 965 | 286 072 | 214 626 | 500 698 | 15,₂₉ |
| 1894 | 32 329 | 8 813 | 354 400 | 229 753 | 584 153 | 18,₀₇ |
| Im Jahre 1894 durchschnitt-lich auf 1 km Bahn . . | 2 966 | 809 | 32 514 | 21 078 | 53 592 | — |

Im Jahre 1894 betrug

die Ausnutzung der bewegten Personenwagenplätze 32,₆₇ Prozent und der bewegten
Ladefähigkeit der Güterwagen 34,₀₀ Prozent;

die Zahl der abgelassenen Züge: 2 939 und zwar: 19 Personen- und 2 920 gemischte Züge;

das für die Lokomotiven verbrauchte Brennmaterial auf den Steinkohlenheizwerth
reduzirt: 289 Tonnen, d. i. durchschnittlich auf ein Nutzkilometer 8,₉₅ kg und auf ein Wagenachskilometer 0,₅₀ kg.

7*

## Verkehrsergebnisse.

### Personenverkehr

| im Jahre | Anzahl | | Durchschnittlich durchfahrene Weglänge | | Fahrgeld - Einnahme | | |
|---|---|---|---|---|---|---|---|
| | der beförderten Personen. | der zurück-gelegten Personen-kilometer. | von jeder Person km | in Prozenten der Bahn-länge. | über-haupt Mark. | durchschnittlich | |
| | | | | | | auf 1 Person Mark. | auf 1 Person und 1 km Pf. |
| 1887 | 98 411 | 899 765 | 9,14 | 83,85 | 30 592 | 0,31 | 3,40 |
| 1888 | 97 957 | 887 887 | 9,06 | 83,12 | 28 838 | 0,29 | 3,25 |
| 1889 | 102 490 | 928 818 | 9,06 | 83,12 | 29 463 | 0,29 | 3,17 |
| 1890 | 107 787 | 963 542 | 8,94 | 82,02 | 30 465 | 0,28 | 3,16 |
| 1891 | 117 501 | 1 051 372 | 8,95 | 82,11 | 33 389 | 0,28 | 3,18 |
| 1892 | 125 412 | 1 123 136 | 8,96 | 82,20 | 35 514 | 0,28 | 3,16 |
| 1893 | 128 014 | 1 136 552 | 8,88 | 81,47 | 35 856 | 0,28 | 3,15 |
| 1894 | 131 035 | 1 166 083 | 8,90 | 81,65 | 36 519 | 0,28 | 3,13 |
| Im Jahre 1894 durchschnitt-lich auf 1 km Bahn . . | 12 022 | 106 980 | — | — | 3 350 | — | — |

### Güterverkehr

| im Jahre | Stückgut | | allgemeine Klasse | | Wagenladungsgut | | | | Aus-nahme-Tarif 1—11 | Fracht-pflich-tiges Dienst-gut | Mili-tär-gut | Gut in verein-barter Fracht | Se. |
|---|---|---|---|---|---|---|---|---|---|---|---|---|---|
| | allge-meine Klasse | Spe-cial-tarif | A¹. | B. | Specialtarif | | | | | | | | |
| | | | | | A². | I. | II. | III. | | | | | |
| | | | | | Tonnen. | | | | | | | | |
| 1887 | 1 521 | 63 | 15 | 10 | 264 | 921 | 786 | 5 133 | 534 | 10 | — | — | 9 257 |
| 1888 | 1 583 | 149 | 25 | 5 | 262 | 838 | 1 032 | 6 233 | 493 | 25 | — | — | 10 645 |
| 1889 | 1 627 | 274 | 25 | — | 301 | 1 403 | 594 | 7 359 | 1 414 | 15 | 36 | — | 13 048 |
| 1890 | 1 421 | 590 | 15 | — | 402 | 1 282 | 895 | 6 894 | 1 662 | 11 | — | — | 13 172 |
| 1891 | 1 579 | 640 | 30 | — | 439 | 1 505 | 1 228 | 7 808 | 1 804 | 65 | — | — | 15 098 |
| 1892 | 1 525 | 655 | 77 | — | 542 | 1 421 | 1 417 | 7 021 | 1 317 | 19 | — | — | 13 994 |
| 1893 | 1 810 | 678 | 83 | 10 | 494 | 1 166 | 1 133 | 7 591 | 3 854 | 100 | — | — | 16 919 |
| 1894 | 1 910 | 799 | 51 | 20 | 486 | 798 | 709 | 9 043 | 3 759 | 82 | 1 | — | 17 658 |
| **im Jahre 1894:** | | | | | | | | | | | | | |
| in Prozenten der Gesammtheit . | 10,82 | 4,52 | 0,29 | 0,11 | 2,75 | 4,52 | 4,02 | 51,21 | 21,29 | 0,46 | 0,01 | — | 100,00 |
| Tonnenkilometer . . . . | 19 861 | 8 524 | 543 | 182 | 5 201 | 8 652 | 7 512 | 91 105 | 40 309 | 758 | 7 | — | 182 654 |
| in Prozenten der Gesammtheit . | 10,87 | 4,67 | 0,30 | 0,10 | 2,85 | 4,74 | 4,11 | 49,88 | 22,07 | 0,41 | 0,00 | — | 100,00 |
| Tonnen auf 1 km Bahn | 175 | 73 | 5 | 2 | 45 | 73 | 65 | 830 | 345 | 7 | — | — | 1 620 |
| Tonnenkilometer auf 1 km Bahn | 1 822 | 782 | 50 | 17 | 477 | 794 | 689 | 8 358 | 3 698 | 69 | 1 | — | 16 757 |
| durchschnittliche Transportlänge jeder Tonne . . . . km | 10,40 | 10,67 | 10,65 | 9,10 | 10,70 | 10,84 | 10,59 | 10,07 | 10,72 | 9,24 | 7,00 | — | 10,34 |
| in Prozenten der Bahnlänge . | 95,41 | 97,89 | 97,71 | 83,49 | 98,17 | 99,45 | 97,16 | 92,39 | 98,35 | 84,77 | 64,22 | — | 94,86 |
| Frachteinnahme . . Mark | 3 633 | 1 302 | 75 | 27 | 601 | 1 007 | 708 | 8 734 | 3 564 | 76 | 1 | — | 19 728 |
| Durchschnittliche Einnahme jeder Tonne . . . . Mark | 1,90 | 1,63 | 1,47 | 1,35 | 1,24 | 1,26 | 1,00 | 0,97 | 0,95 | 0,93 | 1,00 | — | 1,12 |
| Durchschnittliche Einnahme für 1 Tonne und 1 km . . Pf. | 18,29 | 15,27 | 13,81 | 14,84 | 11,56 | 11,64 | 9,42 | 9,59 | 8,84 | 10,03 | 14,29 | — | 10,80 |

Die hauptsächlichsten Frachtgüter sind: Kohlen, Ziegel, Getreide, Kalksteine, Vieh, Bretter, Düngemittel, Futtermittel, Leimleder und Sandsteine.

Umfang des Güterverkehres der wichtigsten Verkehrsstelle
### Wilsdruff.

| Jahr. | Abgang Tonnen. | Ankunft Tonnen. | Jahr. | Abgang Tonnen. | Ankunft Tonnen. |
|---|---|---|---|---|---|
| 1887 | 1 772 | 5 988 | 1891 | 2 860 | 9 486 |
| 1888 | 2 181 | 6 592 | 1892 | 2 457 | 8 700 |
| 1889 | 2 465 | 8 188 | 1893 | 2 832 | 10 604 |
| 1890 | 2 676 | 8 151 | 1894 | 4 535 | 9 768 |

## Finanzielle Ergebnisse.

| im Jahre | Einnahmen | | | | | Ausgaben | | | | | | | Ueberschuss | | Mehraufwand | |
|---|---|---|---|---|---|---|---|---|---|---|---|---|---|---|---|---|
| | aus dem Personenverkehre Mark. | aus dem Güterverkehre Mark. | aus sonstigen Quellen Mark. | überhaupt Mark. | durchschnittlich auf 1 Wagenachskilom. Pf. | Generalunkosten Mark. | Betriebsaufwand Mark. | für Vervollständigung der Bahnanlagen Mark. | Einlage in den Erneuerungsfonds Mark. | überhaupt Mark. | in % der Brutto-Einnahme. | durchschnittlich auf 1 Wagenachskilom. Pf. | im ganzen Mark. | in % des Anlagekapitales. | im ganzen Mark. | in % des Anlagekapitales. |
| 1887 | 30 892 | 14 796 | 736 | 46 424 | 13,04 | 1 206 | 36 025 | — | 2 321 | 39 552 | 85,2 | 11,11 | 6 872 | 0,86 | — | — |
| 1888 | 29 141 | 16 669 | 797 | 46 607 | 12,63 | 1 092 | 36 960 | 24 | 2 331 | 40 407 | 86,7 | 10,95 | 6 200 | 0,77 | — | — |
| 1889 | 29 753 | 16 965 | 817 | 47 535 | 11,84 | 1 507 | 37 631 | 27 | 2 377 | 41 542 | 87,4 | 10,35 | 5 993 | 0,74 | — | — |
| 1890 | 30 744 | 15 550 | 820 | 47 114 | 11,45 | 1 555 | 39 227 | 22 | 2 356 | 43 160 | 91,6 | 10,49 | 3 954 | 0,49 | — | — |
| 1891 | 33 741 | 18 227 | 789 | 52 757 | 11,81 | 1 775 | 41 562 | 57 | 2 638 | 46 032 | 87,3 | 10,31 | 6 725 | 0,84 | — | — |
| 1892 | 35 900 | 16 999 | 856 | 53 755 | 11,30 | 2 025 | 45 350 | — | 2 688 | 50 063 | 93,1 | 10,52 | 3 692 | 0,46 | — | — |
| 1893 | 36 259 | 20 248 | 825 | 57 332 | 11,45 | 2 264 | 49 773 | — | 2 867 | 54 904 | 95,8 | 10,97 | 2 428 | 0,29 | — | — |
| 1894 | 36 958 | 20 657 | 1 091 | 58 706 | 10,05 | 2 635 | 50 730 | 54 | 2 935 | 56 354 | 96,0 | 9,65 | 2 352 | 0,28 | — | — |
| durchschnittl. auf 1 km Bahn im Jahre 1894 . | 3 391 | 1 895 | 100 | 5 386 | — | 242 | 4 654 | 5 | 269 | 5 170 | — | — | 216 | — | — | — |

## 9. Linie Wilischthal - Ehrenfriedersdorf mit Zweigbahn Oberherold - Thum.
### Eröffnet den 15. Dezember 1886.

Die im industriereichen Wilischthale gelegenen bedeutenden Spinnerei - Etablissements hatten schon längst das Bedürfniss nach einem direkten Anschlusse an das Staatseisenbahnnetz empfunden. Diesem Bedürfnisse sollte durch den Bau der Linie Wilischthal - Ehrenfriedersdorf mit der Zweigbahn Oberherold - Thum — welche beide Linien von der Ständeversammlung 1883/84 genehmigt wurden — abgeholfen werden. Da der Bau einer vollspurigen Eisenbahn bei den in Betracht kommenden örtlichen Verhältnissen auf ganz erhebliche Schwierigkeiten gestossen haben und infolge dessen nur mit Aufwendung unverhältnissmässiger Kosten zu bewirken gewesen sein würde, so musste auf den Ausbau beider Linien als Schmalspurbahnen zugekommen werden. Hiermit ergab sich auch die Füglichkeit, den im Thale gelegenen Fabrikanlagen die Vortheile direkter Zweiggleisanschlüsse zu bieten, ein Umstand, auf welchen bei der Gestaltung der hier vorliegenden Verkehrsverhältnisse das ausschlaggebende Gewicht zu legen war.

Die Linie Wilischthal-Ehrenfriedersdorf ist 13,91 km und die Zweigbahn Oberherold-Thum 1,90 km lang und es betragen die Entfernungen zwischen den Verkehrsstellen, als:

| | | |
|---|---|---|
| Wilischthal und Weissbach | . . . . . . . . . | 2,31 km |
| Weissbach und Griesbach | . . . . . . . . . | 1,44 „ |
| Griesbach und Gelenau | . . . . . . . . . | 2,57 „ |
| Gelenau und Venusberg | · . . . . . . . . | 0,87 „ |
| Venusberg und Unterherold | . . . . . . . . | 2,22 „ |
| Unterherold und Mittelherold | . . . . . . . | 1,34 „ |
| Mittelherold und Oberherold | . . . . . . . | 0,55 „ |
| Oberherold und Ehrenfriedersdorf | . . . . . . | 2,61 „ |
| Oberherold und Thum | . . . . . . . . . | 1,90 „ |

Die Verkehrsstelle Wilischthal liegt 340,27 m und Ehrenfriedersdorf 515,89 m, ferner Oberherold 458,02 m und Thum 499,44 m über dem Spiegel der Ostsee. In der Richtung vom Anfangs- nach dem Endpunkte steigt die Linie Wilischthal-Ehrenfriedersdorf im ganzen 175,62 m und in derselben Richtung steigt die Zweigbahn Oberherold-Thum im ganzen 41,42 m.

Von der Gesammtlänge kommen:

| | bei Wilischthal-Ehrenfriedersdorf | bei Oberherold-Thum |
|---|---|---|
| auf Steigung | 11,32 km = 81,38 Prozent | 1,66 km = 87,37 Prozent |
| „ die Horizontale | 2,59 „ = 18,62 „ | 0,24 „ = 12,63 „ |

Die Steigung vertheilt sich:

| bei Wilischthal-Ehrenfriedersdorf | bei Oberherold-Thum | |
|---|---|---|
| mit 0,45 km | — | auf das Verh. von mehr als 1:400 bis 1:200 einschl. |
| „ 2,37 „ | — | „ „ „ „ „ „ 1:200 „ 1:100 „ |
| „ 1,22 „ | — | „ „ „ „ „ „ 1:100 „ 1: 80 „ |
| „ 3,39 „ | — | „ „ „ „ „ „ 1: 80 „ 1: 60 „ |
| „ 3,89 „ | mit 1,66 km | „ „ „ „ „ „ 1: 60 „ 1: 40 „ |

Die stärkste Steigung beträgt bei beiden Linien 1:40. Dieses Verhältniss kommt bei Wilischthal-Ehrenfriedersdorf auf einer zusammenhängenden grössten Strecke von 1629 m und bei Oberherold-Thum in zusammenhängender grösster Länge von 1659 m vor.

Hinsichtlich der Richtung liegen von Wilischthal-Ehrenfriedersdorf 7,78 km = 55,93 Prozent der Bahnlänge in gerader Linie und 6,13 km = 44,07 Prozent in Krümmungen; von Oberherold-Thum befinden sich 1,12 km = 58,95 Prozent in gerader Linie und 0,78 km = 41,05 Prozent in Krümmungen.

Es befinden sich

| bei Wilischthal-Ehrenfriedersdorf | bei Oberherold-Thum | |
|---|---|---|
| 0,14 km | — | in Krümmungen mit Halbm. v. weniger als 1000 bis einschl. 500 m |
| 0,17 „ | — | „ „ „ „ „ „ 500 „ „ 400 „ |
| 0,35 „ | 0,04 km | „ „ „ „ „ „ 400 „ „ 300 „ |
| 5,47 „ | 0,74 „ | „ „ „ „ „ „ 300 m. |

Der kleinste Krümmungshalbmesser auf freier Strecke beträgt bei Wilischthal-Ehrenfriedersdorf 50 m und bei Oberherold-Thum 60 m. Die Kreisbogengrade aller Krümmungen ergeben bei Wilischthal-Ehrenfriedersdorf die Summe von 2946,01 und bei Oberherold-Thum 429,42.

Der Unterbau beider Linien hat in der Bettungssohle gemessen eine Breite von 2,95 m und ist auf eine Länge von 15,39 km durch besonderen Bahnkörper und auf eine Länge von 0,42 km durch öffentliche Strassen gebildet; 9,47 km befinden sich im Auftrag, 3,88 km im Abtrag und 2,46 km in Geländehöhe. In Schienenhöhe führen 60 weder verschlossene noch bewachte Wege über die Bahn.

Der Oberbau umfasst 20,02 km Gleis mit 65 Weichen.

An Kunstbauten sind ausgeführt: 12 Brücken mit eisernem Ueberbau, und zwar: 4 mit zusammen 6 Oeffnungen von je 10 bis 30 m Lichtweite und 8 mit zusammen 18 Oeffnungen

# WILISCHTHAL–EHRENFRIEDERSDORF MIT HEROLD–THUM.

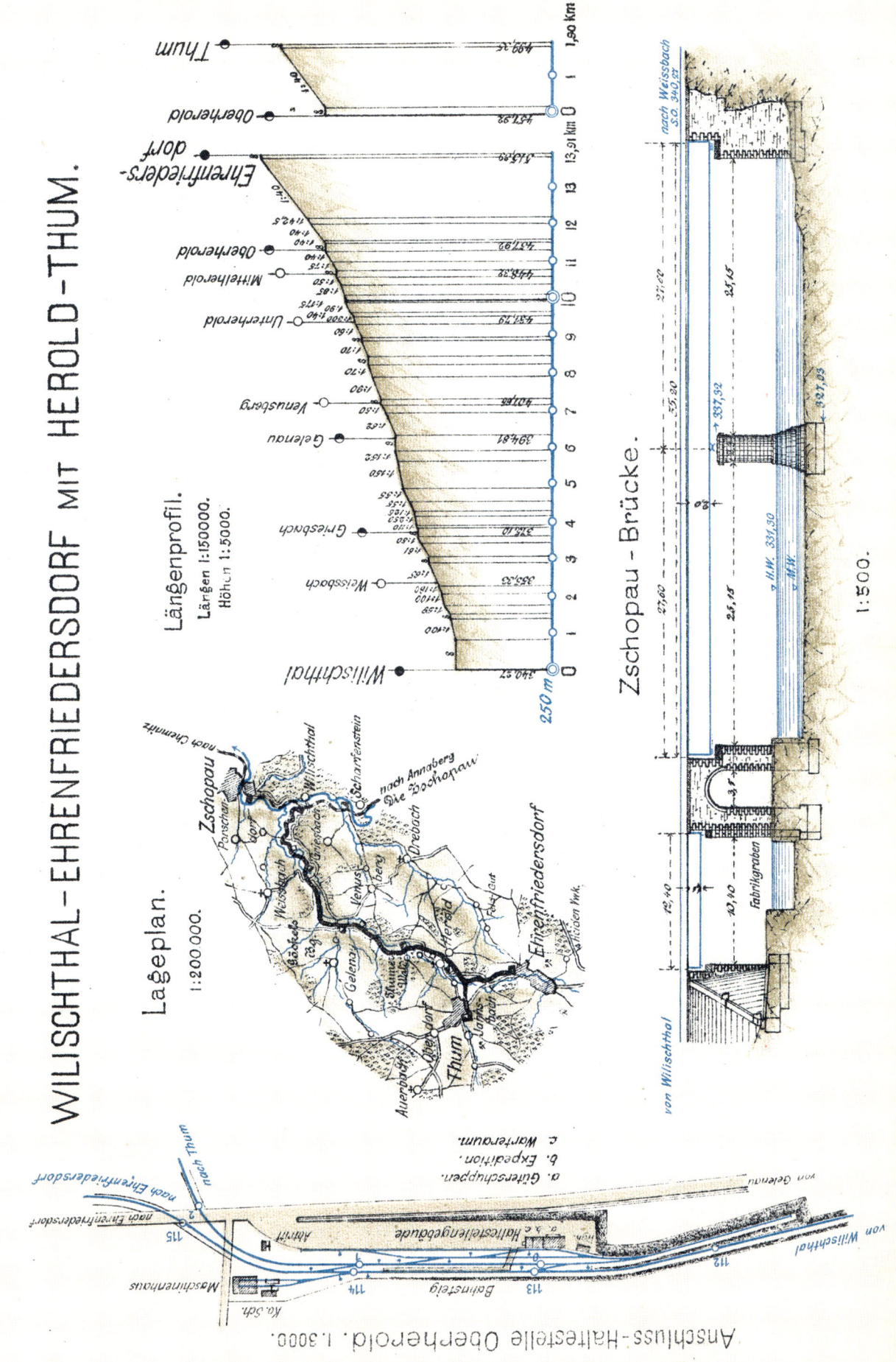

## Lageplan.
1:200000.

## Längenprofil.
Längen 1:150000.
Höhen 1:5000.

## Zschopau-Brücke.
1:500.

## Anschluss-Haltestelle Oberherold. 1:3000.

von je 2 bis 10 m Lichtweite, 2 gewölbte Wegüberführungen, 112 Wasserdurchlässe (davon sind 24 mit Platten gedeckt, 5 sind gewölbt, 1 ist offen, 79 bestehen aus eisernen und 3 aus steinernen Röhren).

An Hochbauten sind ausgeführt: 2 Empfangsgebäude, 3 besondere bedeckte Warteräume, 4 Güterschuppen, 3 Lokomotivschuppen, 1 Kohlen- u. s. w. Schuppen, 6 Wirthschaftsneben- u. s. w. Gebäude, zusammen mit 1 289 qm bebauter Grundfläche.

An sonstigen Anlagen sind noch vorhanden: 11 Bahnsteige mit 1 509 qm bebauter Grundfläche, 3 durch Dampf u. s. w. betriebene Wasserstationen mit 3 Wasserleitungen, 1 offene, feste Laderampe für Stirnverladung, 3 transportable Laderampen, 3 Gleisbrückenwaagen.

Mit der Bahn sind 9 industrielle Anlagen durch Zweiggleise verbunden.

Die Herstellungskosten der Bahnanlagen betragen 1 256 638,06 Mark. Davon kommen

| | | |
|---|---|---|
| 112 494,37 Mark | auf | Grunderwerb und Nutzungsentschädigung, |
| 255 181,94 „ | „ | Erd-, Fels- und Böschungsarbeiten sowie Futtermauern, |
| 31 970,38 „ | „ | Wegübergänge, Ueber- und Unterführungen, |
| 157 865,23 „ | „ | Durchlässe und Brücken, |
| 324 360,92 „ | „ | Oberbau nebst allen Nebensträngen und zugehörigen Ausweichen, |
| 7 003,86 „ | „ | Signale, |
| 204 130,16 „ | „ | Bahnhöfe und Haltestellen, |
| 1 388,71 „ | „ | ausserordentliche Anlagen, als Flussverlegungen u. s. w., |
| 138 290,32 „ | „ | Verwaltungskosten, |
| 23 952,17 „ | „ | Insgemein und Verzinsung des Baukapitals während der Bauzeit. |

Auf ein Kilometer Bahn kommen durchschnittlich 79 483,75 Mark.

Das durch den Betriebsüberschuss zu verzinsende Anlagekapital im allgemeinen beträgt 1 399 160,30 Mark und setzt sich zusammen wie folgt:

| | | |
|---|---|---|
| 1 171 494,74 Mark | Herstellungskosten der Bahnanlagen ausschl. der Kosten der Gemeinschaftsbahnhöfe, | |
| 31 223,89 „ | antheilige Kosten der Gemeinschaftsbahnhöfe, | |
| 175 352,74 „ | Anschaffungskosten der Fahrbetriebsmittel, | |
| 16 468,48 „ | antheilige Herstellungskosten der Werkstättenanlagen, | |
| 1 028,82 „ | „ „ „ „ Imprägniranstalten, | |
| 3 591,63 „ | „ „ „ „ Administrations- und Hauptverwaltungsgebäude in Dresden. | |

Auf ein Kilometer Bahn kommen durchschnittlich 88 498,44 Mark.

An Fahrbetriebsmitteln sind vorhanden: 4 Lokomotiven, 10 Personenwagen mit 24 Achsen und 252 Plätzen, 23 bedeckte und 59 offene Güterwagen mit 168 Achsen und 415 Tonnen Ladegewicht. Es berechnen sich durchschnittlich auf eine Personenwagenachse 10,5 Plätze und auf eine Güterwagenachse 2,5 Tonnen Ladegewicht.

Leistungen der Fahrbetriebsmittel.

| im Jahre | Lokomotiv- | | Achskilometer | | | |
|---|---|---|---|---|---|---|
| | Nutzkilometer. | Leer- und Rangirkilometer. | der Personenwagen. | der Güter- und Postwagen. | Zusammen. | durchschnittlich auf 1 Lokomotiv-Nutzkilometer (durchschnittliche Stärke der Züge). |
| 1887 | 52 354 | 21 963 | 335 850 | 498 726 | 834 576 | 15,94 |
| 1888 | 53 016 | 25 475 | 305 544 | 545 831 | 851 375 | 16,06 |
| 1889 | 53 653 | 24 338 | 305 985 | 555 292 | 861 277 | 16,05 |
| 1890 | 55 620 | 26 260 | 303 723 | 584 473 | 888 196 | 15,97 |
| 1891 | 57 291 | 31 448 | 296 026 | 571 374 | 867 400 | 15,14 |
| 1892 | 57 482 | 33 158 | 293 900 | 561 487 | 855 387 | 14,88 |
| 1893 | 57 688 | 35 289 | 296 607 | 610 489 | 907 096 | 15,72 |
| 1894 | 57 932 | 40 786 | 301 628 | 579 256 | 880 884 | 15,21 |
| Im Jahre 1894 durchschnittlich auf 1 km Bahn . . | 3 664 | 2 580 | 19 078 | 36 639 | 55 717 | — |

Im Jahre 1894 betrug

die Ausnutzung der bewegten Personenwagenplätze 25,24 Prozent und der bewegten Ladefähigkeit der Güterwagen 30,36 Prozent;

die Zahl der abgelassenen Züge: 8034 und zwar: 130 Personen-, 7300 gemischte und 604 Güterzüge;

das für die Lokomotiven verbrauchte Brennmaterial auf den Steinkohlenheizwerth reduzirt: 428 Tonnen, d. i. durchschnittlich auf ein Nutzkilometer 7,39 kg und auf ein Wagenachskilometer 0,49 kg.

## Verkehrsergebnisse.

### Personenverkehr

| im Jahre | Anzahl | | Durchschnittlich durchfahrene Weglänge | | Fahrgeld-Einnahme | | |
|---|---|---|---|---|---|---|---|
| | der beförderten Personen | der zurückgelegten Personenkilometer. | von jeder Person km | in Prozenten der Bahnlänge. | überhaupt Mark. | durchschnittlich auf 1 Person Mark. | auf 1 Person und 1 km Pf. |
| 1887 | 104 414 | 903 879 | 8,66 | 54,78 | 29 828 | 0,29 | 3,30 |
| 1888 | 88 767 | 778 324 | 8,77 | 55,47 | 25 940 | 0,29 | 3,33 |
| 1889 | 89 829 | 795 862 | 8,86 | 56,04 | 25 938 | 0,29 | 3,26 |
| 1890 | 90 942 | 815 994 | 8,97 | 56,74 | 26 578 | 0,29 | 3,26 |
| 1891 | 82 348 | 752 551 | 9,14 | 57,81 | 24 494 | 0,29 | 3,25 |
| 1892 | 79 534 | 734 261 | 9,23 | 58,38 | 23 865 | 0,30 | 3,25 |
| 1893 | 84 799 | 781 838 | 9,22 | 58,32 | 25 395 | 0,30 | 3,25 |
| 1894 | 85 633 | 800 111 | 9,34 | 59,08 | 25 864 | 0,30 | 3,23 |
| Im Jahre 1894 durchschnittlich auf 1 km Bahn . . | 5 416 | 50 608 | — | — | 1 636 | — | — |

### Güterverkehr

| im Jahre | Stückgut | | Wagenladungsgut | | | | | | Ausnahme-Tarif 1—11 | Frachtpflichtiges Dienstgut | Militärgut | Gut in vereinbarter Fracht | Se. |
|---|---|---|---|---|---|---|---|---|---|---|---|---|---|
| | allgemeine Klasse | Specialtarif | allgemeine Klasse A¹. | B. | A². | I. | II. | III. | | | | | |
| | | | | | Tonnen. | | | | | | | | |
| 1887 | 3 457 | 134 | 276 | 245 | 776 | 3 606 | 802 | 18 889 | 132 | 101 | — | — | 28 418 |
| 1888 | 3 789 | 237 | 444 | 272 | 846 | 3 378 | 1 019 | 21 694 | 197 | 110 | — | — | 31 986 |
| 1889 | 4 034 | 297 | 463 | 272 | 879 | 3 905 | 1 111 | 20 477 | 435 | 91 | — | — | 31 964 |
| 1890 | 4 105 | 364 | 414 | 258 | 1 361 | 3 815 | 784 | 20 380 | 1 005 | 30 | — | — | 32 516 |
| 1891 | 4 083 | 387 | 393 | 175 | 1 430 | 4 064 | 996 | 20 482 | 409 | 52 | — | — | 32 471 |
| 1892 | 4 204 | 468 | 316 | 123 | 1 024 | 2 559 | 1 028 | 20 292 | 327 | 91 | — | — | 30 432 |
| 1893 | 4 425 | 608 | 385 | 189 | 1 228 | 3 784 | 969 | 23 340 | 635 | 128 | — | 13 | 35 704 |
| 1894 | 4 831 | 533 | 298 | 195 | 1 203 | 4 422 | 1 266 | 20 291 | 629 | 111 | — | — | 33 779 |
| **Im Jahre 1894:** | | | | | | | | | | | | | |
| in Prozenten der Gesammtheit . | 14,30 | 1,58 | 0,88 | 0,58 | 3,56 | 13,09 | 3,75 | 60,07 | 1,86 | 0,33 | — | — | 100,00 |
| Tonnenkilometer . . . . | 57 442 | 6 517 | 2 993 | 2 517 | 12 617 | 28 067 | 13 747 | 230 902 | 6 215 | 1 328 | — | — | 362 345 |
| in Prozenten der Gesammtheit . | 15,85 | 1,80 | 0,83 | 0,69 | 3,48 | 7,75 | 3,79 | 63,72 | 1,72 | 0,37 | — | — | 100,00 |
| Tonnen ⎫auf 1 km Bahn⎧ | 347 | 38 | 22 | 14 | 86 | 318 | 91 | 1 459 | 45 | 8 | — | — | 2 428 |
| Tonnenkilometer⎭ | 4 129 | 469 | 215 | 181 | 907 | 2 018 | 988 | 16 600 | 447 | 95 | — | — | 26 049 |
| durchschnittliche Transportlänge jeder Tonne . . . . km | 11,89 | 12,23 | 10,04 | 12,91 | 10,49 | 6,35 | 10,86 | 11,38 | 9,88 | 11,96 | — | — | 10,73 |
| in Prozenten der Bahnlänge . | 85,48 | 87,92 | 72,18 | 92,81 | 75,41 | 45,65 | 78,07 | 81,81 | 71,03 | 85,98 | — | — | 77,14 |
| Frachteinnahme . . Mark | 9 940 | 925 | 423 | 316 | 1 426 | 4 375 | 1 355 | 19 686 | 588 | 116 | — | — | 39 150 |
| durchschnittliche Einnahme jeder Tonne . . . Mark | 2,06 | 1,74 | 1,42 | 1,62 | 1,19 | 0,99 | 1,07 | 0,97 | 0,93 | 1,05 | — | — | 1,16 |
| durchschnittliche Einnahme für 1 Tonne und 1 km . . Pf. | 17,30 | 14,19 | 14,13 | 12,55 | 11,30 | 15,59 | 9,86 | 8,53 | 9,46 | 8,73 | — | — | 10,80 |

Die hauptsächlichsten Frachtgüter sind: Braun- und Steinkohlen, Holzstoff, Baumwolle, Papier, Garn, Getreide, Mehl, Baumwollabfälle, Langholz, Leder, Strumpf- und Schuhwaaren.

Umfang des Güterverkehrs der wichtigsten Verkehrsstellen

| Jahr. | Thum. | | Gelenau. | | Ehrenfriedersdorf. | |
|---|---|---|---|---|---|---|
| | Abgang Tonnen. | Ankunft Tonnen. | Abgang Tonnen. | Ankunft Tonnen. | Abgang Tonnen. | Ankunft Tonnen. |
| 1887 | 452 | 8 950 | 1 102 | 7 782 | 421 | 3 981 |
| 1888 | 516 | 9 951 | 1 181 | 7 418 | 633 | 5 796 |
| 1889 | 547 | 9 551 | 1 060 | 7 191 | 508 | 5 986 |
| 1890 | 547 | 9 867 | 1 061 | 7 982 | 625 | 6 373 |
| 1891 | 576 | 9 869 | 1 225 | 8 420 | 686 | 6 017 |
| 1892 | 569 | 9 288 | 1 108 | 7 519 | 744 | 6 019 |
| 1893 | 700 | 11 065 | 1 211 | 8 645 | 767 | 6 659 |
| 1894 | 628 | 9 538 | 1 087 | 8 085 | 775 | 6 762 |

## Finanzielle Ergebnisse.

| im Jahre | Einnahmen | | | | | Ausgaben | | | | | | | Ueberschuss | | Mehraufwand | |
|---|---|---|---|---|---|---|---|---|---|---|---|---|---|---|---|---|
| | aus dem Personenverkehre Mark. | aus dem Güterverkehre Mark. | aus sonstigen Quellen Mark. | überhaupt Mark. | durchschnittlich auf 1 Wagenachskilom. Pf. | Generalunkosten Mark. | Betriebsaufwand Mark. | für Vervollständigung der Bahnanlagen Mark. | Einlage in den Erneuerungsfonds Mark. | überhaupt Mark. | in % der Brutto-Einnahme. | durchschnittlich auf 1 Wagenachskilom. Pf. | im ganzen Mark. | in % des Anlagekapitales. | im ganzen Mark. | in % des Anlagekapitales. |
| 1887 | 30 128 | 45 219 | 1 712 | 77 059 | 9,23 | 2 826 | 69 836 | 340 | 3 853 | 76 855 | 99,7 | 9,21 | 204 | 0,02 | — | — |
| 1888 | 26 243 | 54 564 | 2 018 | 82 825 | 9,73 | 2 520 | 67 822 | 53 | 4 141 | 74 536 | 90,0 | 8,76 | 8 289 | 0,62 | — | — |
| 1889 | 26 259 | 49 473 | 1 763 | 77 495 | 9,00 | 3 234 | 64 236 | 66 | 3 875 | 71 411 | 92,1 | 8,29 | 6 084 | 0,45 | — | — |
| 1890 | 26 890 | 46 663 | 1 290 | 74 843 | 8,43 | 3 356 | 76 649 | 81 | 3 742 | 83 828 | 112,0 | 9,44 | — | — | 8 985 | 0,67 |
| 1891 | 24 820 | 45 638 | 1 325 | 71 783 | 8,27 | 3 447 | 75 275 | 111 | 3 589 | 82 422 | 114,8 | 9,50 | — | — | 10 639 | 0,76 |
| 1892 | 24 210 | 40 715 | 1 221 | 66 146 | 7,73 | 3 640 | 74 144 | — | 3 307 | 81 091 | 122,6 | 9,48 | — | — | 14 945 | 1,07 |
| 1893 | 25 827 | 50 423 | 1 218 | 77 468 | 8,54 | 4 102 | 78 849 | 2 | 3 873 | 86 826 | 112,1 | 9,57 | — | — | 9 358 | 0,67 |
| 1894 | 26 322 | 47 896 | 1 189 | 75 407 | 8,56 | 3 974 | 79 451 | 75 | 3 770 | 87 270 | 115,7 | 9,91 | — | — | 11 863 | 0,85 |
| durchschnittl. auf 1 km Bahn im Jahre 1894 . | 1 665 | 3 030 | 75 | 4 770 | — | 251 | 5 025 | 5 | 239 | 5 520 | — | — | — | — | 750 | — |

## 10. Linie Schönfeld - Geyer.
### Eröffnet den 1. Dezember 1888.

Die Einbeziehung der in den industriereichen Thälern der Mittweida und Pöhla gelegenen Ortschaften in das Eisenbahnnetz hatte — obwohl das diesbezügliche Bedürfniss von allen Seiten anerkannt wurde — verhältnissmässig lange auf sich warten lassen, weil ursprünglich anderweite Eisenbahnprojekte in Erwägung standen, deren Ausführung gleichzeitig mit zu einer Befriedigung der hier vorzugsweise in Betracht kommenden Stadt Geyer mit ihrer nächsten Umgebung geführt haben würde. Nachdem jedoch jene Projekte in der Weise ihre Erledigung gefunden dass die Einbeziehung der Stadt Geyer in eine direkte Eisenbahnlinie ausgeschlossen war, wurde vom Landtag der Jahre 1885/86 der Bau einer besonderen Eisenbahnverbindung von der an der Linie Chemnitz-Annaberg gelegenen Station Schönfeld aus nach Geyer genehmigt. Diese Linie wurde mit Rücksicht auf die obwaltenden örtlichen Verhältnisse und um den in den Thälern gelegenen Fabrikanlagen die Möglichkeit direkter Zweiggleisanschlüsse zu bieten, schmalspurig ausgebaut, zumal man davon ausgehen durfte, dass mit einer derartigen Anlage dem Verkehrsbedürfnisse der betheiligten Ortschaften und Fabriken ausreichend gedient sein würde.

Die Bahn ist 9,04 km lang und es betragen die Entfernungen zwischen ihren Verkehrsstellen, als:

Schönfeld, Bahnhof und Schönfeld, Haltepunkt . . . . 1,36 km
Schönfeld, Haltepunkt und Tannenberg . . . . . . . . 3,59 „
Tannenberg und Obertannenberg . . . . . . . . . . 1,15 „
Obertannenberg und Siebenhöfen . . . . . . . . . 1,24 „
Siebenhöfen und Geyer, Haltepunkt . . . . . . . . 0,90 „
Geyer, Haltepunkt und Geyer, Bahnhof . . . . . . . 0,80 „

Der Anfangspunkt bei Schönfeld liegt 493,87 m und der Endpunkt bei Geyer 608,19 m über dem Spiegel der Ostsee. In dieser Richtung steigt die Bahn im ganzen um 142,82 m und fällt um 28,50 m.

Von der Gesammtlänge kommen

6,28 km = 69,47 Prozent auf Steigung,
1,79 „ = 19,80 „ „ Fall und
0,97 „ = 10,73 „ „ Horizontale.

Es vertheilt sich

die Steigung:

mit 0,10 km auf das Verhältniss von 1 : 1 000 und darunter
„ 0,04 „ „ „ „ „ mehr als 1 : 1 000 bis 1 : 400 einschl.
„ 0,41 „ „ „ „ „ „ „ 1 : 400 „ 1 : 200 „
„ 0,84 „ „ „ „ „ „ „ 1 : 200 „ 1 : 100 „
„ 0,27 „ „ „ „ „ „ „ 1 : 100 „ 1 : 80 „
„ 0,60 „ „ „ „ „ „ „ 1 : 80 „ 1 : 60 „
„ 1,15 „ „ „ „ „ „ „ 1 : 60 „ 1 : 40 „
„ 2,87 „ „ „ „ „ „ „ 1 : 40

der Fall:

mit 0,25 km auf das Verhältniss von mehr als 1 : 1 000 bis 1 : 400 einschl.
„ 0,21 „ „ „ „ „ „ „ 1 : 400 „ 1 : 200 „
„ 0,14 „ „ „ „ „ „ „ 1 : 100 „ 1 : 80 „
„ 0,04 „ „ „ „ „ „ „ 1 : 80 „ 1 : 60 „
„ 1,15 „ „ „ „ „ „ „ 1 : 60 „ 1 : 40 „

Die stärkste Steigung 1 : 30 kommt auf einer zusammenhängenden grössten Länge von 1 185 m vor; der grösste Fall 1 : 40 besteht auf einer zusammenhängenden Strecke von 380 m.

Hinsichtlich der Richtung liegen 5,07 km = 56,08 Prozent der Bahnlänge in gerader Linie und 3,97 km = 43,92 Prozent in Krümmungen und zwar:

0,03 km in Krümmungen mit Halbmessern von weniger als 1 500 bis einschl. 1 000 m
0,35 „ „ „ „ „ „ „ „ 1 000 „ „ 500 „
0,45 „ „ „ „ „ „ „ „ 500 „ „ 400 „
0,25 „ „ „ „ „ „ „ „ 400 „ „ 300 „
2,89 „ „ „ „ „ „ „ „ 300 m.

Der kleinste Krümmungshalbmesser auf freier Strecke beträgt 60 m. Die Kreisbogengrade aller Krümmungen ergeben die Summe von 1 663,86.

Der Unterbau hat in der Bettungssohle gemessen eine Breite von 2,95 m und ist auf eine Länge von 5,63 km durch besonderen Bahnkörper und auf eine Länge von 3,41 km durch öffentliche Strassen gebildet; 4,54 km liegen im Auftrag, 2,20 km im Abtrag und 2,30 km in Geländehöhe. In Schienenhöhe führen 78 weder verschlossene noch bewachte Wege über die Bahn.

Der Oberbau umfasst 11,21 km Gleis mit 30 Weichen.

An Kunstbauten besitzt die Bahn: 5 Brücken mit eisernem Ueberbau, 1 mit 2 Oeffnungen von je 16 m Lichtweite und 4 mit 4 Oeffnungen von je 2 bis 10 m Lichtweite, ferner 3 gewölbte

# SCHÖNFELD-GEYER.

## Lageplan.
### 1:200000.

## Längenprofil.
### Längen 1:150000.
### Höhen 1:5000.

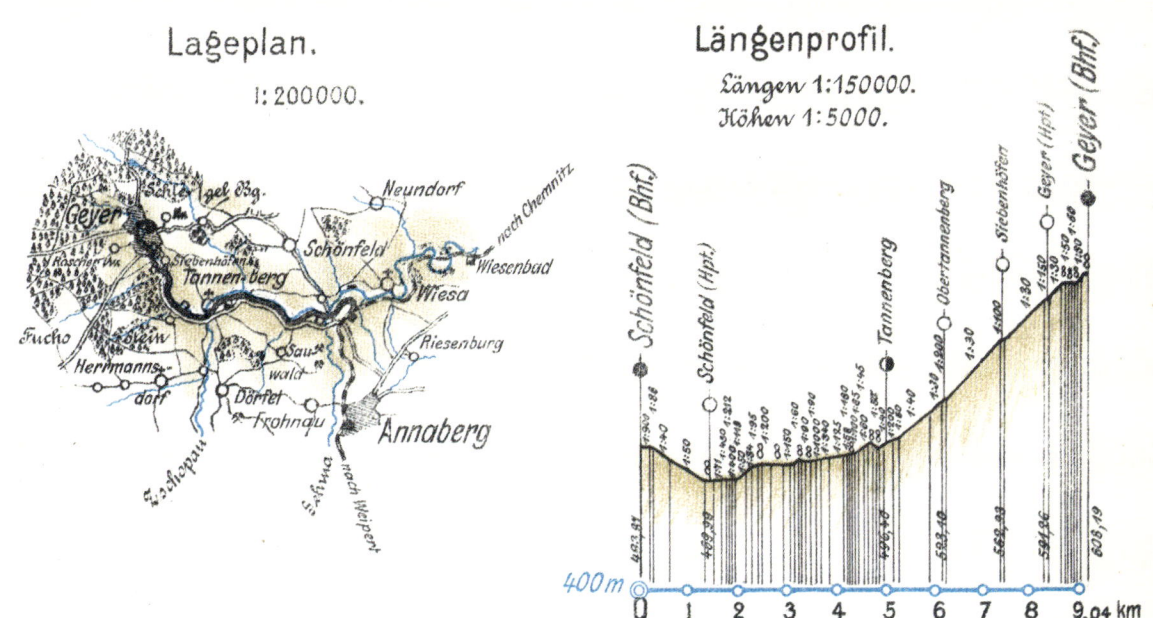

## Stationsgebäude in Geyer.

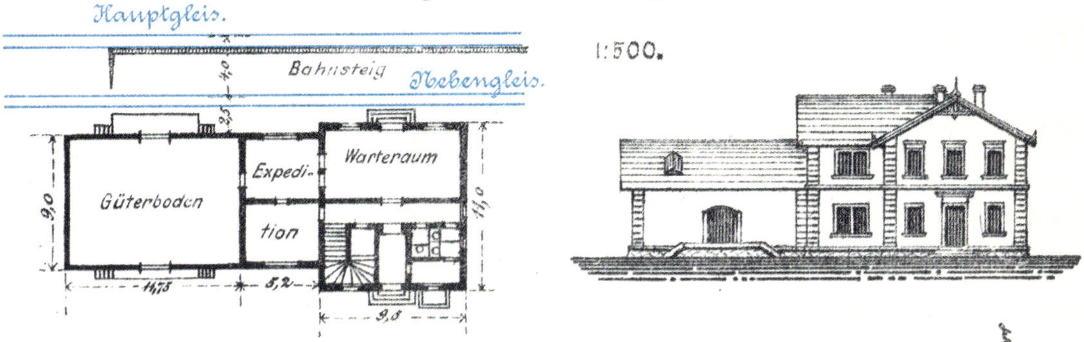

*Hauptgleis.*

*Bahnsteig*

*Nebengleis.*

Güterboden

Expedition

Warteraum

1:500.

## Endbahnhof Geyer. 1:2000.

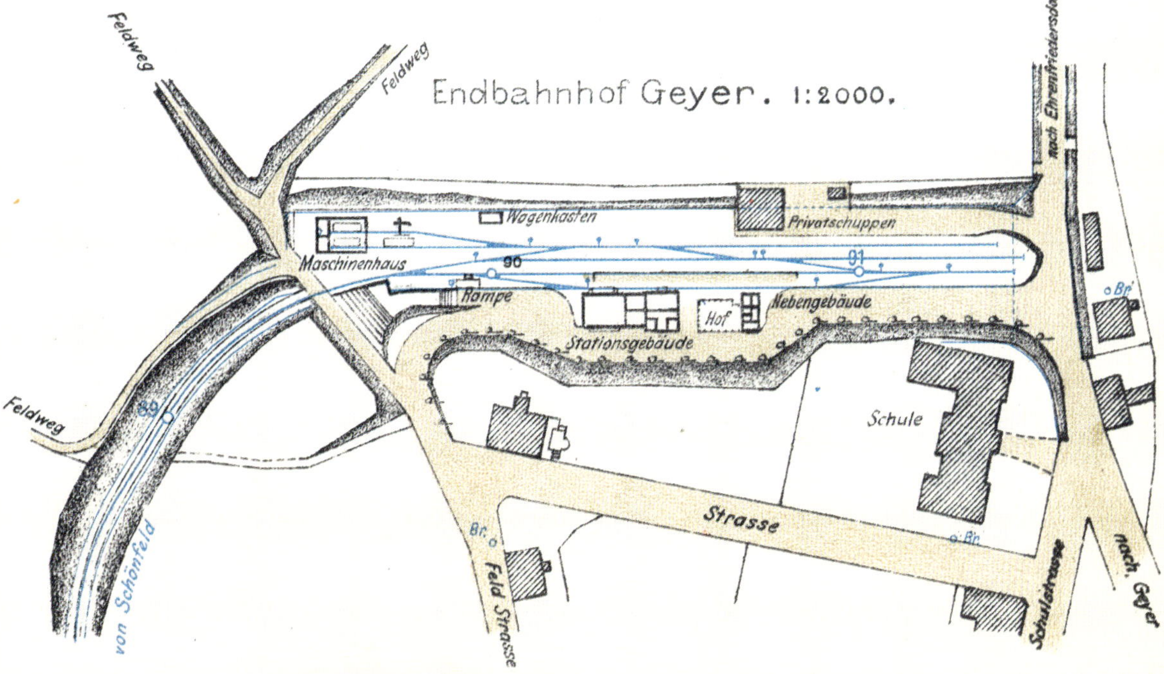

Feldweg

Feldweg

Maschinenhaus

Wagenkasten

Privatschuppen

Rampe

Nebengebäude

Hof

Stationsgebäude

Schule

Feldweg

von Schönfeld

nach Ehrenfriedersdorf

nach Geyer

Strasse

Feld Strasse

Schulstrasse

Brücken mit 4 Oeffnungen von ebenfalls je 2 bis 10 m Lichtweite, 94 Wasserdurchlässe (davon sind 36 mit Platten gedeckt, 4 sind gewölbt und 1 ist offen, 50 bestehen aus eisernen und 3 aus steinernen u. s. w. Röhren).

An Hochbauten sind ausgeführt: 1 Empfangsgebäude, 3 Güterschuppen, 2 Lokomotiv-schuppen, 1 Kohlen- u. s. w. Schuppen, 2 Wirthschaftsneben- u. s. w. Gebäude, zusammen mit 782 qm bebauter Grundfläche.

An sonstigen Anlagen sind noch vorhanden: 7 Bahnsteige mit 1311 qm bebauter Grundfläche, 2 Wasserstationen (die eine wird durch Dampf betrieben, die andere durch natürliches Gefälle gespeist), 1 Wasserleitung, 2 offene, feste Laderampen (die eine für Stirnverladung, die andere für Stirn- und Seitenverladung), 2 transportable Laderampen, 2 Gleisbrückenwaagen, 1 Armtelegraph.

Mit dieser Bahn sind 3 industrielle Anlagen durch Zweiggleise verbunden.

Die Herstellungskosten der Bahnanlagen betragen 793,665,17 Mark. Davon kommen
95 565,54 Mark auf Grunderwerb und Nutzungsentschädigung,
156 907,36   „    „    Erd-, Fels- und Böschungsarbeiten sowie Futtermauern,
1 602,36   „    „    Einfriedigungen,
16 164,79   „    „    Wegübergänge, Ueber- und Unterführungen,
52 109,75   „    „    Durchlässe und Brücken,
179 140,45   „    „    Oberbau nebst allen Nebensträngen und zugehörigen Ausweichen.
4 687,50   „    „    Signale,
165 401,77   „    „    Bahnhöfe und Haltestellen,
8 844,19   „    „    ausserordentliche Anlagen, als Flussverlegungen etc.
98 828,71   „    „    Verwaltungskosten,
14 412,75   „    „    Insgemein und Verzinsung des Baukapitals während der Bauzeit.

Auf ein Kilometer Bahn kommen durchschnittlich 87 794,82 Mark.

Das durch den Betriebsüberschuss zu verzinsende Anlagekapital im allgemeinen beträgt 828 571,44 Mark und setzt sich zusammen wie folgt:
703 361,09 Mark Herstellungskosten der Bahnanlagen ausschl. der Kosten der Gemeinschaftsbahnhöfe,
34 523,43   „    antheilige Kosten der Gemeinschaftsbahnhöfe,
80 931,92   „    Anschaffungskosten der Fahrbetriebsmittel,
7 600,82   „    antheilige Herstellungskosten der Werkstättenanlagen,
576,08   „    „     „     „   Imprägniranstalten,
1 578,10   „    „     „     „   Administrations- und Hauptverwaltungsgebäude in Dresden.

Auf ein Kilometer Bahn kommen durchschnittlich 91 656,13 Mark.

An Fahrbetriebsmitteln sind vorhanden: 2 Lokomotiven, 7 Personenwagen mit 14 Achsen und 156 Plätzen, 9 bedeckte und 18 offene Güterwagen mit 54 Achsen und 135 Tonnen Ladegewicht. Es berechnen sich durchschnittlich auf eine Personenwagenachse 11,1 Plätze und auf eine Güterwagenachse 2,5 Tonnen Ladegewicht.

### Leistungen der Fahrbetriebsmittel.

| im Jahre | Lokomotiv- | | Achskilometer | | | durchschnitt-lich auf 1 Lokomotiv-Nutzkilometer (durchschnitt-liche Stärke der Züge). |
| | Nutz-kilometer. | Leer- und Rangir-kilometer. | der Personen-wagen. | der Güter- und Postwagen. | Zusammen. | |
| --- | --- | --- | --- | --- | --- | --- |
| 1889 | 26 687 | 5 939 | 170 680 | 179 805 | 350 485 | 13,13 |
| 1890 | 26 638 | 5 239 | 179 408 | 188 035 | 367 443 | 13,79 |
| 1891 | 26 636 | 7 385 | 182 437 | 185 856 | 368 293 | 13,83 |
| 1892 | 26 423 | 11 051 | 187 741 | 182 163 | 369 904 | 14,00 |
| 1893 | 26 356 | 14 307 | 191 757 | 188 510 | 380 267 | 14,43 |
| 1894 | 26 325 | 10 376 | 189 570 | 197 476 | 387 046 | 14,70 |
| Im Jahre 1894 durchschnitt-lich auf 1 km Bahn . . | 2 912 | 1 148 | 20 970 | 21 845 | 42 815 | — |

Im Jahre 1894 betrug

die Ausnutzung der bewegten Personenwagenplätze 36,₀₀ Prozent und der bewegten
Ladefähigkeit der Güterwagen 29,₂₀ Prozent;

die Zahl der abgelassenen Züge: 2923 und zwar: 734 Personen- und 2189 gemischte Züge;

das für die Lokomotiven verbrauchte Brennmaterial auf den Steinkohlenheizwerth
reduzirt: 228 Tonnen, d. i. durchschnittlich auf ein Nutzkilometer 8,₆₅ kg und auf ein Wagenachskilometer 0,₅₉ kg.

## Verkehrsergebnisse.

### Personenverkehr

| im Jahre | Anzahl | | Durchschnittlich durchfahrene Weglänge | | Fahrgeld-Einnahme | | |
|---|---|---|---|---|---|---|---|
| | der beförderten Personen. | der zurückgelegten Personenkilometer. | von jeder Person km | in Prozenten der Bahnlänge. | überhaupt Mark. | durchschnittlich auf 1 Person Mark. | auf 1 Person und 1 km Pf. |
| 1889 | 90 789 | 757 168 | 8,₃₄ | 92,₂₆ | 23 681 | 0,₂₆ | 3,₁₃ |
| 1890 | 84 012 | 699 415 | 8,₃₃ | 92,₁₅ | 21 884 | 0,₂₆ | 3,₁₃ |
| 1891 | 88 677 | 746 419 | 8,₄₂ | 93,₁₄ | 23 303 | 0,₂₆ | 3,₁₂ |
| 1892 | 90 120 | 759 900 | 8,₄₃ | 93,₂₅ | 23 724 | 0,₂₆ | 3,₁₂ |
| 1893 | 85 111 | 716 777 | 8,₄₂ | 93,₁₄ | 22 479 | 0,₂₆ | 3,₁₄ |
| 1894 | 91 326 | 759 913 | 8,₃₂ | 92,₀₄ | 23 834 | 0,₂₆ | 3,₁₄ |
| Im Jahre 1891 durchschnittlich auf 1 km Bahn . . | 10 102 | 84 061 | — | — | 2 637 | — | — |

### Güterverkehr

| im Jahre | Stückgut | | Wagenladungsgut | | | | | | | Ausnahme-Tarif 1—11 | Frachtpflichtiges Dienstgut | Militärgut | Gut in vereinbarter Fracht | Se. |
|---|---|---|---|---|---|---|---|---|---|---|---|---|---|---|
| | allgemeine Klasse | Specialtarif | allgemeine Klasse A¹. | B. | A². | Specialtarif I. | II. | III. | | | | | | |
| | | | | | | Tonnen. | | | | | | | | |
| 1889 | 1 421 | 195 | 86 | 112 | 432 | 1 883 | 453 | 5 231 | 559 | 15 | — | — | 10 387 |
| 1890 | 1 567 | 263 | 248 | 112 | 703 | 2 627 | 339 | 6 175 | 271 | 17 | — | — | 12 322 |
| 1891 | 1 612 | 257 | 197 | 85 | 801 | 2 128 | 468 | 6 039 | 20 | 15 | — | — | 11 622 |
| 1892 | 1 804 | 310 | 160 | 5 | 564 | 1 353 | 500 | 5 800 | — | 19 | — | — | 10 515 |
| 1893 | 1 937 | 311 | 92 | 78 | 624 | 1 528 | 387 | 6 172 | 132 | 10 | — | — | 11 271 |
| 1894 | 2 334 | 434 | 274 | 36 | 611 | 1 605 | 589 | 6 795 | 648 | 95 | — | — | 13 421 |
| Im Jahre 1894: | | | | | | | | | | | | | |
| in Prozenten der Gesammtheit . | 17,₃₉ | 3,₂₃ | 2,₀₄ | 0,₂₇ | 4,₅₅ | 11,₉₆ | 4,₃₉ | 50,₆₃ | 4,₈₃ | 0,₇₁ | — | — | 100,₀₀ |
| Tonnenkilometer . . . . | 18 499 | 3 896 | 2 546 | 359 | 4 869 | 9 473 | 5 382 | 60 429 | 6 077 | 953 | — | — | 112 483 |
| in Prozenten der Gesammtheit . | 16,₄₅ | 3,₄₆ | 2,₂₆ | 0,₃₂ | 4,₃₃ | 8,₄₂ | 4,₇₉ | 53,₇₂ | 5,₄₀ | 0,₈₅ | — | — | 100,₀₀ |
| Tonnen {auf 1 km Bahn | 258 | 48 | 30 | 4 | 68 | 177 | 65 | 752 | 72 | 11 | — | — | 1 485 |
| Tonnenkilometer} | 2 046 | 431 | 282 | 40 | 539 | 1 047 | 595 | 6 685 | 672 | 106 | — | — | 12 443 |
| durchschnittliche Transportlänge jeder Tonne . . . . km | 7,₉₃ | 8,₉₈ | 9,₀₄ | 9,₀₄ | 7,₉₇ | 5,₉₀ | 9,₀₄ | 8,₈₉ | 9,₀₄ | 9,₀₄ | — | — | 8,₃₈ |
| in Prozenten der Bahnlänge . | 87,₇₂ | 99,₃₄ | 100,₀₀ | 100,₀₀ | 88,₁₆ | 65,₂₇ | 100,₀₀ | 98,₃₄ | 100,₀₀ | 100,₀₀ | — | — | 92,₇₀ |
| Frachteinnahme. . . Mark | 3 838 | 658 | 372 | 50 | 653 | 1 587 | 575 | 6 311 | 611 | 91 | — | — | 14 746 |
| durchschnittliche Einnahme jeder Tonne . . . . Mark | 1,₆₄ | 1,₅₂ | 1,₃₆ | 1,₃₉ | 1,₀₇ | 0,₉₉ | 0,₉₈ | 0,₉₃ | 0,₉₄ | 0,₉₆ | — | — | 1,₁₀ |
| durchschnittliche Einnahme für 1 Tonne uud 1 km . . Pf. | 20,₇₅ | 16,₈₉ | 14,₆₁ | 13,₉₃ | 13,₄₁ | 16,₇₅ | 10,₆₈ | 10,₄₄ | 10,₀₅ | 9,₅₅ | — | — | 13,₁₁ |

Die hauptsächlichsten Frachtgüter sind: Kohlen, Baumwolle, Pflastersteine,
Strassenschotter, Eisenerz, Glasperlen, Mehl, Getreide, Twiste, Baumwoll-Abfälle, Erd-
farben, Garne, Malz, Kleie, Düngemittel, Sandsteine, Dachschiefer, Bretter, Holzstoff,
Blechwaaren, Posamenten, Wollwaaren, Schwefel- und Salpetersäure sowie Glycerin.

Umfang des Güterverkehrs der wichtigsten Verkehrsstelle:

## Geyer.

| Jahr. | Abgang Tonnen. | Ankunft Tonnen. | Jahr. | Abgang Tonnen. | Ankunft Tonnen. |
|---|---|---|---|---|---|
| 1889 | 491 | 5 637 | 1892 | 762 | 5 652 |
| 1890 | 1 129 | 7 150 | 1893 | 912 | 6 083 |
| 1891 | 941 | 6 325 | 1894 | 1 796 | 7 279 |

### Finanzielle Ergebnisse.

| im Jahre | Einnahmen | | | | | Ausgaben | | | | | | | Ueberschuss | | Mehraufwand | |
|---|---|---|---|---|---|---|---|---|---|---|---|---|---|---|---|---|
| | aus dem Personenverkehre Mark. | aus dem Güterverkehre Mark. | aus sonstigen Quellen Mark. | überhaupt Mark. | durchschnittlich auf 1 Wagenachskilom. Pf. | General-unkosten Mark. | Betriebsaufwand Mark. | für Vervollständigung der Bahnanlagen Mark. | Einlage in den Erneuerungsfonds Mark. | überhaupt. Mark. | in % der Brutto-Einnahme. | durchschnittlich auf 1 Wagenachskilom. Pf. | im ganzen Mark. | in % des Anlagekapitales. | im ganzen Mark. | in % des Anlagekapitales. |
| 1889 | 23 876 | 13 264 | 978 | 38 118 | 10,87 | 1 316 | 37 323 | 20 | 1 906 | 40 565 | 106,4 | 11,57 | — | — | 2 447 | 0,30 |
| 1890 | 22 041 | 14 254 | 1 180 | 37 475 | 10,20 | 1 389 | 36 673 | 67 | 1 874 | 40 003 | 106,7 | 10,89 | — | — | 2 528 | 0,32 |
| 1891 | 23 485 | 13 969 | 1 250 | 38 704 | 10,51 | 1 464 | 37 473 | 37 | 1 935 | 40 909 | 105,7 | 11,11 | — | — | 2 205 | 0,27 |
| 1892 | 23 897 | 13 248 | 1 147 | 38 292 | 10,35 | 1 574 | 37 461 | — | 1 915 | 40 950 | 106,9 | 11,07 | — | — | 2 658 | 0,33 |
| 1893 | 22 664 | 14 022 | 1 148 | 37 834 | 9,95 | 1 720 | 38 000 | 2 | 1 892 | 41 614 | 110,0 | 10,94 | — | — | 3 780 | 0,46 |
| 1894 | 24 016 | 16 549 | 1 322 | 41 887 | 10,82 | 1 746 | 36 564 | 42 | 2 094 | 40 446 | 96,6 | 10,45 | 1 441 | 0,17 | — | — |
| durchschnittl. auf 1 km Bahn im Jahre 1894 . | 2 657 | 1 831 | 146 | 4 634 | — | 193 | 4 044 | 5 | 232 | 4 474 | — | — | 160. | — | — | — |

## 11. Linie Grünstädtel - Oberrittersgrün.

### Eröffnet den 1. Juli 1889.

Der Bau dieser Linie war abhängig von der Anlage einer Verbindungslinie zwischen Annaberg beziehentlich Buchholz und Schwarzenberg, welche letztere vom Landtag 1885/86 genehmigt und im Jahre 1889 eröffnet wurde. Eine direkte Berührung des industriereichen Pöhlathales vermittels der zuletzt gedachten Eisenbahnstrecke warnach den geographischen Verhältnissen ausgeschlossen, es musste deshalb und da das Bedürfniss nach Einbeziehung der hier gelegenen Ortschaften in das Eisenbahnnetz ausser Zweifel stand, auf den Bau einer besonderen Zweigbahn zugekommen werden, welche auf der Station Grünstädtel der Annaberg-Schwarzenberger Bahn abzweigt und sich sodann entlang des Pöhlathales bis Rittersgrün hinzieht.

Bei dem gebirgigen Charakter der betroffenen Gegend und im Hinblick auf die selbst im günstigen Falle zu erwartende begrenzte Verkehrsentwickelung musste von vornherein der Ausbau der Flügelbahn als schmalspurige Linie in's Auge gefasst werden.

Die Bahn ist 9,36 km lang und es betragen die Entfernungen zwischen ihren Verkehrsstellen, als:

Grünstädtel und Pöhla . . . . . . . . . . . . 2,37 km
Pöhla und Siegelhof . . . . . . . . . . . . . 1,27 „
Siegelhof und Niederglobenstein . . . . . . . 1,78 „
Niederglobenstein und Oberglobenstein . . . . 1,00 „
Oberglobenstein und Unterrittersgrün . . . . . 0,81 „
Unterrittersgrün und Oberrittersgrün . . . . . 2,13 „

Der Anfangspunkt bei Grünstädtel liegt 441,38 m und der Endpunkt bei Oberrittersgrün 606,87 m über dem Spiegel der Ostsee. Vom Anfangs- nach dem Endpunkte steigt die Linie im ganzen 165,49 m.

Von der Gesammtlänge kommen:

8,09 km = 86,43 Prozent auf Steigung und
1,27 „ = 13,57 „ „ Horizontale.

Die Steigung vertheilt sich:

mit 0,44 km auf das Verhältniss von mehr als 1 : 400 bis 1 : 200 einschl.
„ 0,40 „ „ „ „ „ „ „ 1 : 200 „ 1 : 100 „
„ 1,55 „ „ „ „ „ „ „ 1 : 100 „ 1 : 80 „
„ 0,40 „ „ „ „ „ „ „ 1 : 80 „ 1 : 60 „
„ 3,24 „ „ „ „ „ „ „ 1 : 60 „ 1 : 40 „
„ 2,06 „ „ „ „ „ „ „ 1 : 40

Die stärkste Steigung 1 : 30 kommt zusammenhängend in grösster Länge von 472 m vor.

Hinsichtlich der Richtung kommen 5,61 km = 59,94 Prozent der Bahnlänge auf geradlinige Strecken und 3,75 km = 40,06 Prozent auf Krümmungen und zwar liegen:

0,07 km in Krümmungen mit Halbmessern von weniger als 1 000 bis einschl. 500 m
0,16 „ „ „ „ „ „ „ „ 500 „ „ 400 „
0,20 „ „ „ „ „ „ „ „ 400 „ „ 300 „
3,32 „ „ „ „ „ „ „ „ 300 m.

Der kleinste Krümmungshalbmesser auf freier Strecke beträgt 80 m und die Summe der Kreisbogengrade aller Krümmungen 1 766,95.

Der Unterbau hat in der Bettungssohle gemessen eine Breite von 2,95 m und ist auf eine Länge von 9,25 km durch besonderen Bahnkörper und auf eine Länge von 0,11 km durch öffentliche Strassen gebildet; 7,78 km liegen im Auftrag, 1,52 km im Abtrag und 0,06 km in Geländehöhe. In Schienenhöhe führen 57 weder verschlossene noch bewachte Wege über die Bahn.

Der Oberbau umfasst 11,63 km Gleis mit 28 Weichen.

An Kunstbauten sind ausgeführt: 13 Brücken mit eisernem Ueberbau und zwar: 3 mit je 1 Oeffnung von 10 bis 30 m Lichtweite und 10 mit je 1 Oeffnung von 2 bis einschl. 10 m Lichtweite, 1 Wegunterführung mit eisernem Ueberbau, 88 Wasserdurchlässe (davon sind 31 mit Platten gedeckt, 2 sind gewölbt, 1 ist offen und 54 bestehen aus eisernen Röhren).

An Hochbauten sind ausgeführt: 1 Empfangsgebäude, 4 besondere bedeckte Warteräume, 5 Güterschuppen, 2 Lokomotivschuppen, 1 Kohlenschuppen und 2 Wirthschaftsnebengebäude, zusammen mit 641 qm bebauter Grundfläche.

An sonstigen Anlagen sind noch vorhanden: 6 Bahnsteige mit 1 030 qm bebauter Grundfläche, 1 durch Dampf betriebene Wasserstation mit 1 Wasserleitung, 1 Gleisbrückenwaage, 1 Armtelegraph.

Mit der Bahn sind 3 industrielle Anlagen durch Zweiggleise verbunden.

Die Herstellungskosten der Bahnanlagen betragen 840 420,65 Mark. Davon kommen

88 492,64 Mark auf Grunderwerb und Nutzungsentschädigung,
247 987,98 „ „ Erd-, Fels- und Böschungsarbeiten sowie Futtermauern,
562,30 „ „ Einfriedigungen,
17 687,07 „ „ Wegübergänge, Ueber- und Unterführungen,
72 449,90 „ „ Durchlässe und Brücken,
160 077,74 „ „ Oberbau nebst allen Nebensträngen und zugehörigen Ausweichen,
5 095,03 „ „ Signale,
103 082,34 „ „ Bahnhöfe und Haltestellen,
1 437,98 „ „ ausserordentliche Anlagen, als Flussverlegungen etc.
119 701,84 „ „ Verwaltungskosten,
23 845,83 „ „ Insgemein und Verzinsung des Baukapitals während der Bauzeit.

# GRÜNSTÄDTEL – RITTERSGRÜN.

## Lageplan.
### 1:200000.

## Längenprofil.
Längen 1:150000.
Höhen 1:5000.

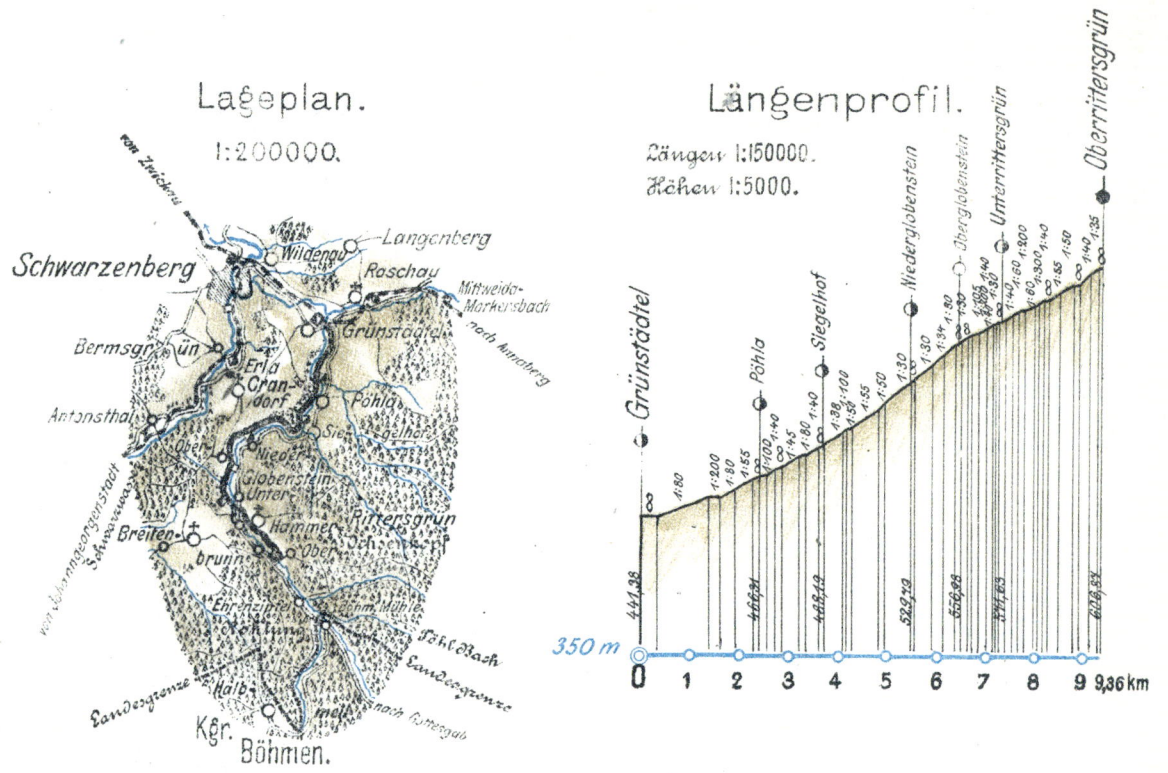

## Maschinenhaus mit Kohlenschuppen in Grünstädtel. 1:300.

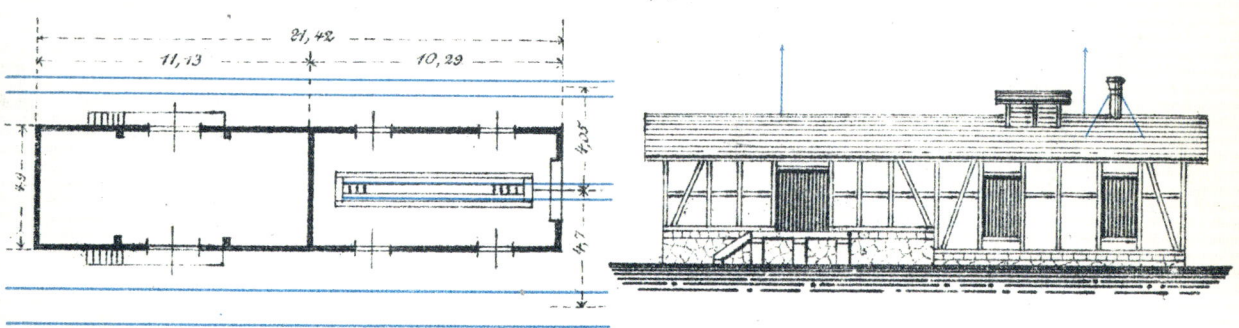

## Anschluss-Haltestelle Grünstädtel.
### 1:3000.

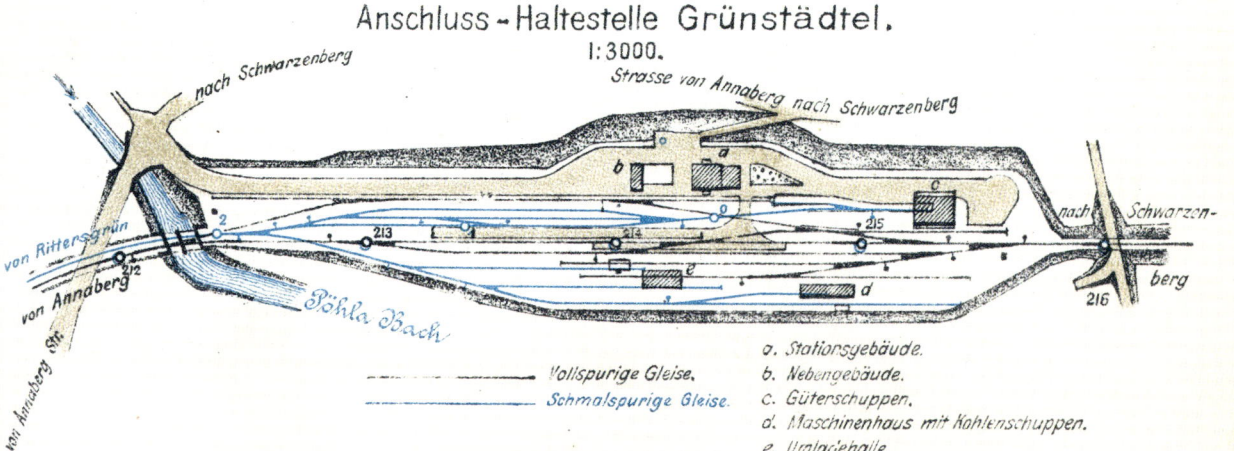

Vollspurige Gleise.
Schmalspurige Gleise.

a. Stationsgebäude.
b. Nebengebäude.
c. Güterschuppen.
d. Maschinenhaus mit Kohlenschuppen.
e. Umladehalle.

Auf ein Kilometer Bahn kommen durchschnittlich 89 788,₅₃ Mark.

Das durch den Betriebsüberschuss zu verzinsende Anlagekapital im allgemeinen beträgt 935 993,₄₃ Mark und setzt sich zusammen wie folgt:

831 092,₀₄ Mark Herstellungskosten der Bahnanlagen ausschl. der Kosten
der Gemeinschaftsbahnhöfe,
17 322,₃₀ „ antheilige Kosten der Gemeinschaftsbahnhöfe,
78 272,₈₄ „ Anschaffungskosten der Fahrbetriebsmittel,
7 351,₀₉ „ antheilige Herstellungskosten der Werkstättenanlagen,
597,₆₆ „ „ „ „ Imprägniranstalten,
1 357,₅₀ „ „ „ „ Administrations- und
Hauptverwaltungsgebäude in Dresden.

Auf ein Kilometer Bahn kommen durchschnittlich 99 999,₃₀ Mark.

An Fahrbetriebsmitteln sind vorhanden: 2 Lokomotiven, 5 Personenwagen mit 10 Achsen und 110 Plätzen, 5 bedeckte und 26 offene Güterwagen mit 62 Achsen und 155 Tonnen Ladegewicht. Es berechnen sich durchschnittlich auf eine Personenwagenachse 11,₀ Plätze und auf eine Güterwagenachse 2,₅ Tonnen Ladegewicht.

## Leistungen der Fahrbetriebsmittel.

| im Jahre | Lokomotiv- | | Achskilometer | | | durchschnitt-lich auf 1 Lokomotiv-Nutzkilometer (durchschnitt-liche Stärke der Züge). |
| | Nutz-kilometer. | Leer- und Rangir-kilometer. | der Personen-wagen. | der Güter- und Postwagen. | Zusammen. | |
| --- | --- | --- | --- | --- | --- | --- |
| 1890 | 27 298 | 17 609 | 121 922 | 158 119 | 280 041 | 10,₂₆ |
| 1891 | 27 512 | 16 344 | 130 676 | 152 575 | 283 251 | 10,₃₀ |
| 1892 | 27 542 | 20 650 | 145 048 | 154 013 | 299 061 | 10,₈₆ |
| 1893 | 27 504 | 17 004 | 141 094 | 194 763 | 335 857 | 12,₂₁ |
| 1894 | 26 298 | 15 330 | 131 028 | 201 913 | 332 941 | 12,₆₆ |
| Im Jahre 1894 durchschnitt-lich auf 1 km Bahn . . | 2 810 | 1 638 | 13 999 | 21 572 | 35 571 | — |

Im Jahre 1894 betrug

die Ausnutzung der bewegten Personenwagenplätze 21,₆₄ Prozent und der bewegten Ladefähigkeit der Güterwagen 36,₄₀ Prozent;

die Zahl der abgelassenen Züge 2 922 und zwar 2 Personen- und 2 920 gemischte Züge;

das für die Lokomotiven verbrauchte Brennmaterial auf den Steinkohlenheizwerth reduzirt: 197 Tonnen, d. i. durchschnittlich auf ein Nutzkilometer 7,₄₈ kg und auf ein Wagen-achskilometer 0,₅₉ kg.

## Verkehrsergebnisse.
### Personenverkehr

| im Jahre | Anzahl | | Durchschnittlich durchfahrene Weglänge | | Fahrgeld-Einnahme | | |
| | der beförderten Per-sonen. | der zurück-gelegten Personen-kilometer. | von jeder Person km. | in Prozenten der Bahn-länge. | über-haupt Mark. | durchschnittlich auf 1 Person Mark. | auf 1 Person und 1 km Pf. |
| --- | --- | --- | --- | --- | --- | --- | --- |
| 1890 | 46 092 | 327 437 | 7,₁₀ | 75,₈₅ | 11 474 | 0,₂₅ | 3,₅₀ |
| 1891 | 43 352 | 305 280 | 7,₀₄ | 75,₂₁ | 10 647 | 0,₂₅ | 3,₄₉ |
| 1892 | 42 225 | 288 947 | 6,₈₄ | 73,₀₈ | 9 980 | 0,₂₄ | 3,₄₅ |
| 1893 | 42 852 | 292 826 | 6,₈₃ | 72,₉₇ | 10 250 | 0,₂₄ | 3,₅₀ |
| 1894 | 45 611 | 311 924 | 6,₈₄ | 73,₀₈ | 10 698 | 0,₂₃ | 3,₄₃ |
| Im Jahre 1894 durchschnitt-lich auf 1 km Bahn . . | 4 873 | 33 325 | — | — | 1 143 | — | — |

Güterverkehr

| im Jahre | Stückgut | | allgemeine Klasse | | Wagenladungsgut | | | | Ausnahme-Tarif 1—11 | Fracht-pflichtiges Dienstgut | Militärgut | Gut in vereinbarter Fracht | Se. |
| | allgemeine Klasse | Special-tarif | A¹. | B. | Specialtarif | | | | | | | | |
| | | | | | A². | I. | II. | III. | | | | | |

T o n n e n.

| | | | | | | | | | | | | | |
|---|---|---|---|---|---|---|---|---|---|---|---|---|---|
| 1890 | 945 | 428 | — | — | 487 | 253 | 541 | 5 871 | 8 516 | 51 | — | — | 17 092 |
| 1891 | 1 046 | 506 | — | — | 478 | 327 | 965 | 5 092 | 7 106 | 5 | — | — | 15 525 |
| 1892 | 1 032 | 514 | — | — | 463 | 204 | 785 | 3 569 | 6 450 | 5 | — | — | 13 022 |
| 1893 | 1 094 | 505 | — | — | 703 | 193 | 801 | 4 698 | 7 474 | 10 | — | — | 15 478 |
| 1894 | 1 128 | 492 | — | — | 707 | 214 | 911 | 5 016 | 9 908 | 10 | — | — | 18 386 |
| **im Jahre 1894:** | | | | | | | | | | | | | |
| in Prozenten der Gesammtheit . | 6,14 | 2,68 | — | — | 3,85 | 1,16 | 4,95 | 27,28 | 53,89 | 0,05 | — | — | 100,00 |
| Tonnenkilometer . . . . | 8 559 | 3 470 | — | — | 5 588 | 1 879 | 6 556 | 37 767 | 82 693 | 100 | — | — | 146 612 |
| in Prozenten der Gesammtheit . | 5,84 | 2,37 | — | — | 3,81 | 1,28 | 4,47 | 25,76 | 56,40 | 0,07 | — | — | 100,00 |
| Tonnen ⎱ auf 1 km Bahn⎰ | 120 | 52 | — | — | 76 | 23 | 97 | 536 | 1 059 | 1 | — | — | 1 964 |
| Tonnenkilometer⎰ | 914 | 371 | — | — | 597 | 201 | 700 | 4 035 | 8 835 | 11 | — | — | 15 664 |
| durchschnittliche Transportlänge jeder Tonne . . . km | 7,59 | 7,05 | — | — | 7,90 | 8,78 | 7,20 | 7,53 | 8,35 | 9,36 | — | — | 7,97 |
| in Prozenten der Bahnlänge . | 81,09 | 75,32 | — | — | 84,40 | 93,80 | 76,92 | 80,45 | 89,21 | 100,00 | — | — | 85,15 |
| Frachteinnahme. . . Mark | 1 804 | 641 | — | — | 743 | 234 | 837 | 4 351 | 8 879 | 10 | — | — | 17 499 |
| durchschnittliche Einnahme jeder Tonne . . . . Mark | 1,60 | 1,30 | — | — | 1,05 | 1,09 | 0,92 | 0,87 | 0,90 | 1,00 | — | — | 0,95 |
| durchschnittliche Einnahme für 1 Tonne und 1 km . . Pf. | 21,08 | 18,47 | — | — | 13,30 | 12,45 | 12,77 | 11,52 | 10,74 | 10,00 | — | — | 11,94 |

Die hauptsächlichsten Frachtgüter sind: Bretter, Lohe, Schwartenholz, Schleif-hölzer, Holzstoff, Holzstoffpackpappe, Kohlen, Ziegel und Pfosten.

Umfang des Güterverkehrs der wichtigsten Verkehrsstelle

Oberrittersgrün

| Jahr | Abgang Tonnen. | Ankunft Tonnen. | Jahr | Abgang Tonnen. | Ankunft Tonnen. |
|---|---|---|---|---|---|
| 1890 | 9 278 | 1 595 | 1893 | 7 589 | 2 027 |
| 1891 | 8 399 | 1 982 | 1894 | 9 102 | 1 549 |
| 1892 | 7 167 | 1 134 | | | |

Finanzielle Ergebnisse.

| im Jahre | Einnahmen | | | | | Ausgaben | | | | | | | Ueberschuss | | Mehraufwand | |
| | aus dem Personen-verkehre | aus dem Güter-verkehre | aus sonsti-gen Quellen | über-haupt | durch-schnitt-lich auf 1 Wagen-achs-kilom. | General-un-kosten | Betriebs-auf-wand | fürVer-voll-stän-digung der Bahn-an-lagen | Ein-lage in den Er-neuerungs-fonds | über-haupt | in % der Brutto-Ein-nahme. | durch-schnitt-lich auf 1 Wagen-achs-kilom. | im ganzen | in % des An-lage-kapi-tales. | im ganzen | in % des An-lage-kapi-tales. |
| | Mark. | Mark. | Mark. | Mark. | Pf. | Mark. | Mark. | Mark. | Mark. | Mark. | | Pf. | Mark. | | Mark. | |
|---|---|---|---|---|---|---|---|---|---|---|---|---|---|---|---|---|
| 1890 | 11 516 | 16 886 | 759 | 29 161 | 10,41 | 1 058 | 40 581 | 17 | 1 458 | 43 114 | 147,8 | 15,40 | — | — | 13 953 | 1,50 |
| 1891 | 10 719 | 15 852 | 801 | 27 372 | 9,66 | 1 126 | 41 875 | 41 | 1 369 | 44 411 | 162,2 | 15,68 | — | — | 17 039 | 1,86 |
| 1892 | 10 059 | 13 347 | 840 | 24 246 | 8,11 | 1 273 | 39 660 | — | 1 212 | 42 145 | 173,8 | 14,09 | — | — | 17 899 | 1,89 |
| 1893 | 10 311 | 15 757 | 1 229 | 27 297 | 8,13 | 1 519 | 41 231 | — | 1 365 | 44 115 | 161,6 | 13,14 | — | — | 16 818 | 1,80 |
| 1894 | 10 750 | 18 282 | 1 255 | 30 287 | 9,10 | 1 502 | 41 360 | 44 | 1 514 | 44 420 | 146,7 | 13,84 | — | — | 14 133 | 1,51 |
| durchschnittl. auf 1 km Bahn im Jahre 1894 . | 1 149 | 1 953 | 134 | 3 236 | — | 160 | 4 419 | 5 | 162 | 4 746 | — | — | — | — | 1 510 | — |

## 12. Linie **Mügeln - Geising ⚯ Altenberg.**
### Eröffnet den 18. November 1890.

Die Einbeziehung des industriereichen Müglitzthales in das Eisenbahnnetz war bereits in früheren Jahren wiederholt angestrebt worden. Man hatte damals in erster Linie den Bau einer Durchgangsbahn nach Böhmen in's Auge gefasst und zwar vorzugsweise im Interesse der billigen Kohlenzufuhr aus den böhmischen Braunkohlenrevieren nach den im Müglitzthale gelegenen industriellen Anlagen, unter denen insbesondere die Strohstofffabriken einen hervorragenden Platz einnehmen.

Bei den speziellen Erörterungen, welche regierungseitig über den Bau einer derartigen Durchgangslinie angestellt wurden, ergab sich indess, dass ein Bedürfniss, durch welches die Herstellung eines neuen, kostspieligen Gebirgs- und Grenzüberganges zu rechtfertigen gewesen wäre, in den wirthschaftlichen Verhältnissen des Müglitzthales nicht begründet sei, und die Herstellung einer derartigen Linie den örtlichen Interessen um so weniger entsprechen würde, als die dabei erforderliche Trace die Pflege des lokalen Verkehres nicht unwesentlich erschwert und beeinträchtigt haben würde. Alle diese Gründe sprachen dafür, lediglich den Bau einer an die sächsisch-böhmische Staatseisenbahn anschliessenden Zweiglinie in Aussicht zu nehmen und zwar wurde nach eingehenden Erwägungen — obwohl von verschiedenen Seiten die Wahl anderer Anschlusspunkte befürwortet wurde — die Einmündung in die sächsisch-böhmische Linie bei Station Mügeln gesucht. Maassgebend war bei dieser Entschliessung insbesondere, dass bei Einmündung der Bahn in Mügeln auch die industriellen Anlagen des unteren Müglitzthales — welche sowohl ihrer Zahl als ihrer Bedeutung nach vorzugsweise Berücksichtigung verdienten — von der Bahn berührt wurden, während dies bei Ausführung der übrigen, in Vorschlag gebrachten Einmündungsmodalitäten (Pirna und Niedersedlitz) nicht zu ermöglichen gewesen wäre.

Die Anwendung der schmalen Spurweite erschien bei der Beschaffenheit des Thales geboten, denn nur einer schmalspurigen Bahn war es möglich, den zahlreichen und starken Krümmungen des Thales zu folgen, ohne unverhältnissmässig kostspielige Kunstbauten nöthig zu machen und ohne die enge Thalsohle zu verlassen. Nur unter der letzteren Voraussetzung aber konnte den Fabrik- und Mühlenanlagen des Thales fast ausnahmslos die Füglichkeit unmittelbarer und bequemer Zweiggleisverbindungen geboten und eine hinreichende Anzahl zweckmässig gelegener öffentlicher Verkehrsstellen beschafft werden.

Die Länge der Bahn beträgt 36,10 km. Von Mitte zu Mitte der Stationsgebäude gemessen betragen die Entfernungen zwischen den Verkehrsstellen, als:

| | | |
|---|---:|---|
| Mügeln und Dohna | 2,37 | km |
| Dohna und Köttewitz | 2,28 | „ |
| Köttewitz und Weesenstein | 1,69 | „ |
| Weesenstein und Burkhardtswalde ⚯ Maxen | 2,49 | „ |
| Burkhardtswalde ⚯ Maxen und Häselich | 2,18 | „ |
| Häselich und Niederschlottwitz | 3,18 | „ |
| Niederschlottwitz und Oberschlottwitz | 2,20 | „ |
| Oberschlottwitz und Dittersdorf | 3,12 | „ |
| Dittersdorf und Glashütte | 1,18 | „ |
| Glashütte und Schüllermühle | 2,75 | „ |
| Schüllermühle und Bärenhecke ⚯ Johnsbach | 2,26 | „ |
| Bärenhecke ⚯ Johnsbach und Bärenstein | 2,62 | „ |
| Bärenstein und Lauenstein | 3,57 | „ |
| Lauenstein und Hartmannsmühle | 1,96 | „ |
| Hartmannsmühle und Geising ⚯ Altenberg | 2,25 | „ |

Der Anfangspunkt bei Mügeln liegt 119,90 m und der Endpunkt bei Geising ⚯ Altenberg 590,01 m über dem Spiegel der Ostsee. Vom Anfangs- nach dem Endpunkte steigt die Linie im ganzen 470,11 m.

Von der Gesammtlänge befinden sich:

> 31,05 km = 86,01 Prozent in Steigung und
> 5,05 „ = 13,99 „ „ der Horizontale.

Die Steigung vertheilt sich:

> mit 1,27 km auf das Verhältniss von mehr als 1 : 1000 bis 1 : 400 einschl.
> „ 1,67 „ „ „ „ „ „ „ 1 : 400 „ 1 : 200 „
> „ 7,93 „ „ „ „ „ „ „ 1 : 200 „ 1 : 100 „
> „ 2,92 „ „ „ „ „ „ „ 1 : 100 „ 1 : 80 „
> „ 6,07 „ „ „ „ „ „ „ 1 : 80 „ 1 : 60 „
> „ 8,14 „ „ „ „ „ „ „ 1 : 60 „ 1 : 40 „
> „ 3,05 „ „ „ „ „ „ „ 1 : 40

Die stärkste Steigung 1 : 30 kommt zusammenhängend in grösster Länge von 1 782 m vor.

Hinsichtlich der Richtung liegen 21,54 km = 59,67 Prozent der Bahnlänge in gerader Linie und 14,56 km = 40,33 Prozent in Krümmungen, und zwar:

> 0,69 km in Krümmungen mit Halbmessern von weniger als 1 000 bis einschl. 500 m
> 0,08 „ „ „ „ „ „ „ „ „ 500 „ „ 400 „
> 0,90 „ „ „ „ „ „ „ „ „ 400 „ „ 300 „
> 12,89 „ „ „ „ „ „ „ „ „ 300 m.

Der kleinste Krümmungshalbmesser auf freier Strecke beträgt 80 m und die Summe der Kreisbogengrade aller Krümmungen 6 709,35.

Der Unterbau hat in der Bettungssohle gemessen eine Breite von 2,95 m und ist auf eine Länge von 34,42 km durch besonderen Bahnkörper und auf eine Länge von 1,68 km durch öffentliche Strassen gebildet; 20,47 km liegen im Auftrag, 13,16 km im Abtrag und 2,47 km in Geländehöhe. Ueber die Bahn führen in Schienenhöhe 248 offene, unbewachte Wege.

Der Oberbau umfasst 44,82 Gleis mit 85 Weichen.

An Kunstbauten sind ausgeführt: 1 Viadukt von 65 m Länge, 53 Brücken mit eisernem Ueberbau und zwar: 35 mit zusammen 46 Oeffnungen von je 10 bis 30 m Lichtweite und 18 mit je einer Oeffnung von 2 bis 10 m Lichtweite, ferner 3 gewölbte Brücken mit je 1 Oeffnung von ebenfalls 2 bis 10 m Lichtweite, 2 Wegunterführungen mit eisernem Ueberbau, 189 Wasserdurchlässe (davon sind 73 mit Platten gedeckt, 5 sind gewölbt und 12 offen, 77 bestehen aus eisernen und 22 aus steinernen u. s. w. Röhren).

An Hochbauten sind ausgeführt: 3 Dienstwohngebäude für Beamte und Arbeiter, 3 Empfangsgebäude, 5 besondere bedeckte Warteräume, 11 Güterschuppen, 3 Lokomotivschuppen, 2 Kohlen- u. s. w. Schuppen, 5 Wirthschaftsneben- u. s. w. Gebäude, 1 Materialien-Depot-Gebäude, zusammen mit 2 410 qm bebauter Grundfläche.

An sonstigen Anlagen sind noch vorhanden: 19 Bahnsteige mit 5 017 qm bebauter Grundfläche, 5 Wasserstationen (2 davon werden durch Dampf betrieben und 3 durch natürliches Gefälle gespeist), 3 Wasserleitungen für Wasserstationen, 6 offene, feste Laderampen (5 für Seitenverladung und 1 für Stirn und Seitenverladung), 2 transportable Laderampen, 5 Gleisbrückenwaagen, 1 Armtelegraph.

Mit der Bahn sind 14 industrielle Anlagen durch Zweiggleise verbunden.

Die Herstellungskosten der Bahnanlagen betragen 3 609 774,58 Mark. Davon kommen:

> 345 995,30 Mark auf Grunderwerb und Nutzungsentschädigung,
> 838 545,72 „ „ Erd-, Fels- und Böschungsarbeiten sowie Futtermauern,
> 962,67 „ „ Einfriedigungen,
> 63 197,55 „ „ Wegübergänge, Ueber- und Unterführungen,
> 455 720,52 „ „ Durchlässe und Brücken,
> 920 202,17 „ „ Oberbau nebst allen Nebensträngen und zugehörigen Ausweichen,
> 11 155,57 „ „ Signale,
> 583 868,69 „ „ Bahnhöfe und Haltestellen,
> 2 217,02 „ „ ausserordentliche Anlagen, als Flussverlegungen etc.
> 333 558,66 „ „ Verwaltungskosten,
> 54 350,71 „ „ Insgemein und Verzinsung des Baukapitals während der Bauzeit.

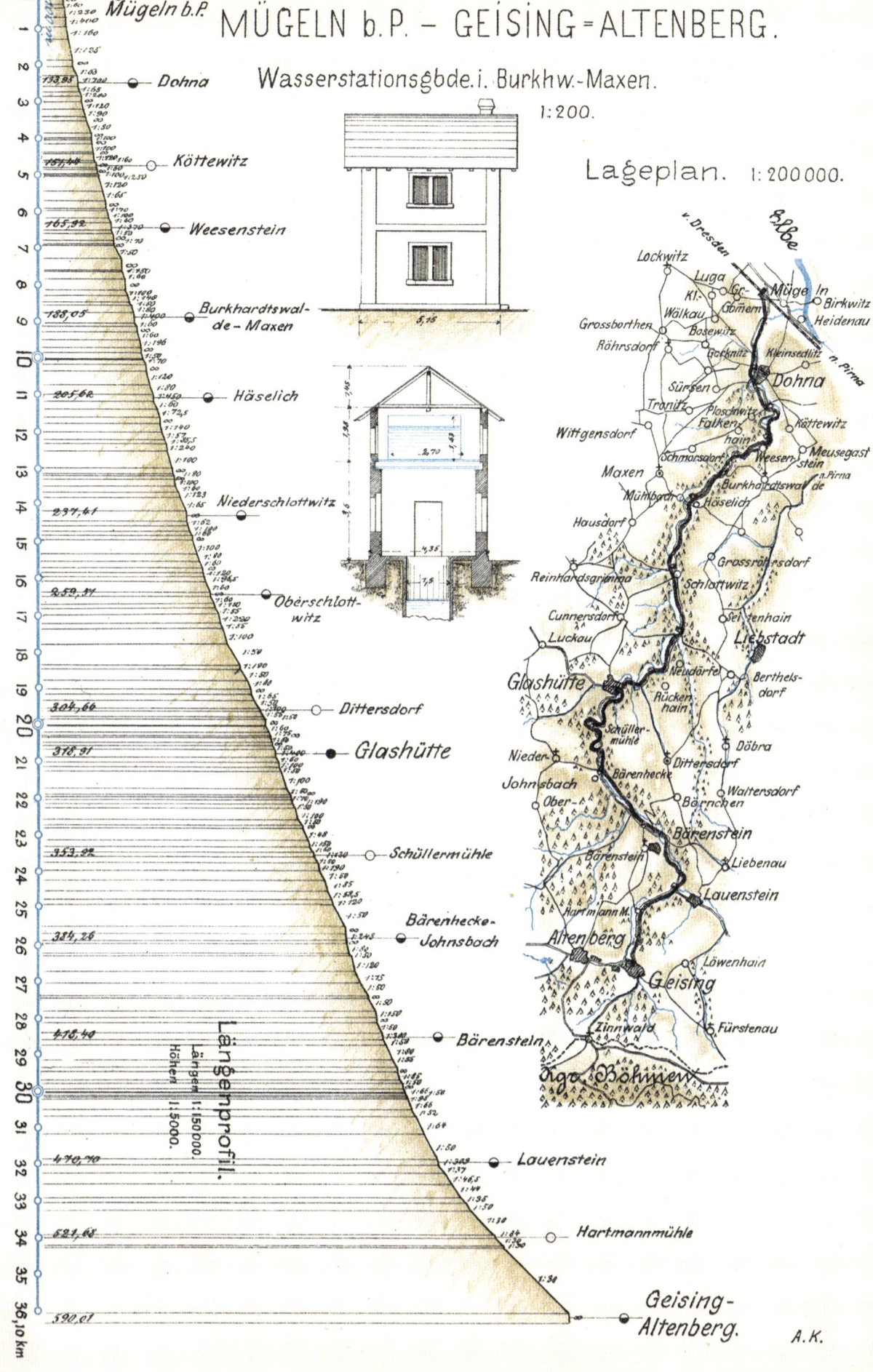

MÜGELN b.P. – GEISING=ALTENBERG.

Wasserstationsgbde. i. Burkhw.-Maxen. 1:200.

Lageplan. 1:200000.

Auf ein Kilometer Bahn entfallen durchschnittlich 99 993,₇₆ Mark.

Das durch den Betriebsüberschuss zu verzinsende **Anlagekapital** im allgemeinen beträgt 3 894 626,₄₆ Mark und setzt sich zusammen wie folgt:

3 252 220,₃₇ Mark Herstellungskosten der Bahnanlagen ausschl. der Kosten
der Gemeinschaftsbahnhöfe,

18 908,₈₉ „ antheilige Kosten der Gemeinschaftsbahnhöfe,

558 364,₃₈ „ Anschaffungskosten der Fahrbetriebsmittel,

52 439,₅₀ „ antheilige Herstellungskosten der Werkstättenanlagen,

2 303,₂₈ „ „ „ „ Imprägniranstalten,

10 390,₀₄ „ „ „ „ Administrations- und
Hauptverwaltungsgebäude in Dresden.

Auf ein Kilometer Bahn entfallen durchschnittlich 107 884,₃₉ Mark.

An **Fahrbetriebsmitteln** sind vorhanden: 7 Lokomotiven, 34 Personenwagen mit 70 Achsen und 795 Plätzen, 54 bedeckte und 103 offene Güterwagen mit 314 Achsen und 785 Tonnen Ladegewicht. Es berechnen sich durchschnittlich auf eine Personenwagenachse 11,₄ Plätze und auf eine Güterwagenachse 2,₅ Tonnen Ladegewicht.

### Leistungen der Fahrbetriebsmittel.

| im Jahre | Lokomotiv- | | Achskilometer | | | durchschnitt-lich auf 1 Lokomotiv-Nutzkilometer (durchschnitt-liche Stärke der Züge). |
| | Nutz-kilometer. | Leer- und Rangir-kilometer. | der Personen-wagen. | der Güter- und Postwagen | Zusammen. | |
|---|---|---|---|---|---|---|
| 1891 | 158 231 | 21 568 | 1 160 816 | 1 105 360 | 2 266 176 | 14,₃₂ |
| 1892 | 155 713 | 21 641 | 1 176 926 | 1 145 955 | 2 322 881 | 14,₉₂ |
| 1893 | 155 789 | 24 103 | 1 210 870 | 1 255 520 | 2 466 390 | 15,₈₃ |
| 1894 | 156 020 | 29 814 | 1 305 988 | 1 242 277 | 2 548 265 | 16,₃₃ |
| Im Jahre 1894 durchschnitt-lich auf 1 km Bahn . . | 4 322 | 826 | 36 177 | 34 412 | 70 589 | — |

Im Jahre 1894 betrug

die **Ausnutzung** der bewegten Personenwagenplätze 25,₉₇ Prozent und der bewegten Ladefähigkeit der Güterwagen 29,₂₀ Prozent;

die Zahl der abgelassenen **Züge**: 5 024 und zwar 2 988 Personen-, 730 gemischte und 1 306 Güterzüge;

das für die Lokomotiven verbrauchte **Brennmaterial** auf den Steinkohlenheizwerth reduzirt: 975 Tonnen, d. i. durchschnittlich auf ein Nutzkilometer 6,₂₅ kg und auf ein Wagen-achskilometer 0,₃₈ kg.

### Verkehrsergebnisse.
#### Personenverkehr

| im Jahre | Anzahl | | Durchschnittlich durchfahrene Weglänge | | Fahrgeld-Einnahme | | |
| | der beförderten Per-sonen. | der zurück-gelegten Personen-kilometer. | von jeder Person km | in Prozenten der Bahn-länge. | über-haupt Mark. | durchschnittlich auf 1 Person Mark. | auf 1 Person und 1 km Pf. |
|---|---|---|---|---|---|---|---|
| 1891 | 287 696 | 4 123 838 | 14,₃₃ | 39,₇₀ | 129 811 | 0,₄₅ | 3,₁₅ |
| 1892 | 268 402 | 3 699 963 | 13,₇₉ | 38,₂₀ | 117 388 | 0,₄₄ | 3,₁₇ |
| 1893 | 286 949 | 3 811 714 | 13,₂₈ | 36,₇₉ | 121 041 | 0,₄₂ | 3,₁₈ |
| 1894 | 291 880 | 3 851 721 | 13,₂₀ | 36,₅₇ | 121 427 | 0,₄₂ | 3,₁₅ |
| Im Jahre 1894 durchschnitt-lich auf 1 km Bahn . . | 8 085 | 106 696 | — | — | 3 364 | — | — |

Güterverkehr

| im Jahre | Stückgut | | Wagenladungsgut | | | | | | Ausnahme-Tarif 1—11 | Fracht-pflichtiges Dienstgut | Militärgut | Gut in vereinbarter Fracht | Se. |
|---|---|---|---|---|---|---|---|---|---|---|---|---|---|
| | allgemeine Klasse | Special-tarif | allgemeine Klasse A¹. | B. | Specialtarif A². | I. | II. | III. | | | | | |
| | | | | | Tonnen. | | | | | | | | |
| 1891 | 4 868 | 804 | 1 548 | 1 012 | 1 777 | 3 407 | 11 344 | 44 159 | 2 031 | 101 | 32 | — | 71 083 |
| 1892 | 6 231 | 823 | 1 392 | 707 | 2 118 | 3 483 | 10 383 | 48 041 | 1 722 | 25 | — | — | 74 925 |
| 1893 | 7 530 | 918 | 1 171 | 1 256 | 2 030 | 4 016 | 10 638 | 56 268 | 3 025 | 70 | — | — | 86 922 |
| 1894 | 5 433 | 1 037 | 952 | 924 | 1 913 | 4 236 | 10 132 | 48 589 | 2 450 | 5 | — | — | 75 671 |
| **Im Jahre 1894:** | | | | | | | | | | | | | |
| in Prozenten der Gesammtheit . | 7,18 | 1,37 | 1,26 | 1,22 | 2,53 | 5,60 | 13,39 | 64,21 | 3,24 | 0,00 | — | — | 100,00 |
| Tonnenkilometer . . . . | 72 675 | 19 895 | 3 959 | 3 320 | 35 126 | 39 658 | 121 485 | 428 331 | 56 925 | 185 | — | — | 781 559 |
| in Prozenten der Gesammtheit . | 9,30 | 2,55 | 0,51 | 0,43 | 4,49 | 5,07 | 15,54 | 54,81 | 7,28 | 0,02 | — | — | 100,00 |
| Tonnen \| auf 1 km Bahn/ | 150 | 29 | 26 | 26 | 53 | 117 | 281 | 1 346 | 68 | — | — | — | 2 096 |
| Tonnenkilometer/ | 2 013 | 551 | 110 | 92 | 973 | 1 099 | 3 365 | 11 865 | 1 577 | 5 | — | — | 21 650 |
| durchschnittliche Transportlänge jeder Tonne . . . . km | 13,38 | 19,19 | 4,16 | 3,59 | 18,36 | 9,36 | 11,99 | 8,82 | 23,23 | 36,10 | — | — | 10,33 |
| in Prozenten der Bahnlänge . | 37,06 | 53,16 | 11,52 | 9,94 | 50,86 | 25,93 | 33,21 | 24,43 | 64,35 | 100,00 | — | — | 28,61 |
| Frachteinnahme. . . Mark | 12 391 | 2 472 | 1 012 | 951 | 3 119 | 4 983 | 11 966 | 45 639 | 3 342 | 9 | — | — | 85 884 |
| durchschnittliche Einnahme jeder Tonne . . . Mark | 2,28 | 2,38 | 1,06 | 1,03 | 1,63 | 1,18 | 1,18 | 0,94 | 1,36 | 1,80 | — | — | 1,13 |
| durchschnittliche Einnahme für 1 Tonne und 1 km . . Pf. | 17,05 | 12,43 | 25,56 | 28,64 | 8,88 | 12,56 | 9,85 | 10,66 | 5,87 | 4,86 | — | — | 10,99 |

Die hauptsächlichsten Frachtgüter sind: Braunkohlen, Holzstoff, Stroh, Papier, Strohstoff, Kaolinerde, Lumpen, Schnittholz und Ziegel.

Umfang des Güterverkehrs der wichtigsten Verkehrsstellen

| Jahr. | Dohna. | | Weesenstein. | | Burkhardts-walde-Maxen. | | Glashütte. | |
|---|---|---|---|---|---|---|---|---|
| | Abgang Tonnen. | Ankunft Tonnen | Abgang Tonnen. | Ankunft Tonnen | Abgang Tonnen. | Ankunft Tonnen. | Abgang Tonnen | Ankunft Tonnen. |
| 1891 | 6 115 | 29 893 | 3 619 | 11 074 | 1 023 | 5 734 | 1 400 | 3 837 |
| 1892 | 8 462 | 29 863 | 3 368 | 11 326 | 865 | 5 801 | 1 385 | 4 330 |
| 1893 | 6 954 | 38 084 | 4 577 | 11 700 | 591 | 7 232 | 1 952 | 4 358 |
| 1894 | 5 939 | 30 490 | 4 908 | 11 651 | 782 | 6 250 | 1 466 | 4 133 |

Finanzielle Ergebnisse.

| im Jahre | Einnahmen | | | | | Ausgaben | | | | | | | Ueberschuss | | Mehraufwand | |
|---|---|---|---|---|---|---|---|---|---|---|---|---|---|---|---|---|
| | aus dem Personenverkehre Mark. | aus dem Güterverkehre Mark. | aus sonstigen Quellen Mark. | überhaupt Mark. | durchschnittlich auf 1 Wagenachskilom. Pf. | General-unkosten Mark. | Betriebsaufwand Mark. | für Vervollständigung der Bahnanlagen Mark. | Einlage in den Erneuerungsfonds Mark. | überhaupt Mark. | in % der Brutto-Einnahme. | durchschnittlich auf 1 Wagenachskilom. Pf. | im ganzen Mark. | in % des Anlagekapitales. | im ganzen Mark. | in % des Anlagekapitales. |
| 1891 | 130 897 | 86 394 | 2 847 | 220 138 | 9,71 | 9 006 | 162 637 | 171 | 11 007 | 182 821 | 83,0 | 8,07 | 37 317 | 0,97 | — | — |
| 1892 | 118 532 | 92 839 | 2 927 | 214 298 | 9,23 | 9 884 | 157 264 | 21 | 10 715 | 177 884 | 83,0 | 7,66 | 36 414 | 0,90 | — | — |
| 1893 | 122 462 | 107 907 | 3 679 | 234 048 | 9,49 | 11 153 | 169 837 | — | 11 702 | 192 692 | 82,3 | 7,81 | 41 356 | 1,03 | — | — |
| 1894 | 122 948 | 95 179 | 3 160 | 221 287 | 8,68 | 11 495 | 162 188 | 168 | 11 064 | 184 915 | 83,6 | 7,25 | 36 372 | 0,93 | — | — |
| durchschnittl. auf 1 km Bahn im Jahre 1894 . | 3 406 | 2 637 | 87 | 6 130 | — | 318 | 4 493 | 5 | 306 | 5 122 | — | — | 1 008 | — | — | — |

### 13. Linie **Oschatz-Strehla**.

Eröffnet zwischen Oschatz und Bahnhof Strehla den 31. Dezember 1891 und zwischen Bahnhof Strehla und dem Elbefluss daselbst den 20. April 1892.

Durch die Ausführung dieser Linie wurde erreicht, dass die Stadt Strehla, die bis dahin noch ohne Eisenbahnverbindung war, eine solche erlangte, und dass überdies das aus den Linien Döbeln-Mügeln-Oschatz und Mügeln-Nerchau=Trebsen bestehende schmalspurige Eisenbahnnetz in direkte Verbindung mit der Elbe gesetzt wurde.

Bei der für den Bahnbau günstigen Gestaltung der Grund- und Bodenverhältnisse zwischen Oschatz und Strehla und bei der unschweren Ausführbarkeit einer kleinen, für den Elbumschlag geeigneten Kaianlage in der Nähe der Stadt Strehla, war die Bahn mit verhältnissmässig geringen Kosten herzustellen. Auch waren die für den Anschluss der Schmalspurbahn Döbeln-Oschatz an die vollspurige Hauptbahn hergestellten Anlagen auf Bahnhof Oschatz in der Hauptsache für die Aufnahme des Verkehrs der Linie Oschatz-Strehla genügend und infolge dessen irgendwelche erhebliche Umänderungen in Oschatz nicht nöthig.

Ferner bestand die Füglichkeit der Mitbenutzung der Linie Döbeln-Oschatz auf eine Länge von 0,22 km.

Als Spurweite ist — da diese Bahn als Fortsetzung der Döbeln-Oschatzer Linie gedacht war, bei den wenig entwickelten industriellen Verhältnissen der von der Bahn berührten Gegend auch zu erwarten stand, dass eine Schmalspurbahn dem vorhandenen Bedürfnisse vollauf genügen werde — überhaupt nur die Schmalspur in Frage gekommen.

Ohne die 0,22 km lange mitbenutzte Strecke der Linie Oschatz-Döbeln, von der die Linie Oschatz-Strehla auf freier Strecke abzweigt, ist die letztere 11,81 km lang und es betragen die Entfernungen zwischen deren Verkehrsstellen, als:

$$\begin{aligned}
&\text{Oschatz und Schmorkau} &&\text{. . . . . . . . . .} &&3,20 \text{ km} \\
&\text{Schmorkau und Zausswitz} &&\text{. . . . . . . . .} &&4,97 \text{ „} \\
&\text{Zausswitz und Kleinrügeln} &&\text{. . . . . . . .} &&1,78 \text{ „} \\
&\text{Kleinrügeln und Bahnhof Strehla} &&\text{. . . . . .} &&1,35 \text{ „} \\
&\text{Bahnhof Strehla und Elbkaianlage bei Strehla} &&\text{.} &&0,73 \text{ „}
\end{aligned}$$

Der Anfangspunkt bei Oschatz liegt 125,50 m und der Endpunkt am Elbkai bei Strehla 90,72 m über dem Spiegel der Ostsee. Vom Anfangs- nach dem Endpunkte steigt die Linie im ganzen 22,06 m und fällt 56,84 m.

Von der Gesammtlänge von 11,81 km befinden sich:

$$\begin{aligned}
1,98 \text{ km} &= 16,77 \text{ Prozent in Steigung,} \\
6,55 \text{ „} &= 55,46 \text{ „ „ Fall und} \\
3,28 \text{ „} &= 27,77 \text{ „ „ der Horizontale.}
\end{aligned}$$

Es vertheilt sich

die Steigung:

mit 0,20 km auf das Verhältniss von mehr als 1:400 bis 1:200 einschl.

„ 0,61 „ „ „ „ „ „ „ 1:200 „ 1:100 „

„ 0,40 „ „ „ „ „ „ „ 1:100 „ 1: 80 „

„ 0,77 „ „ „ „ „ „ „ 1: 80 „ 1: 60 „

der Fall:

mit 0,93 km auf das Verhältniss von mehr als 1:1 000 bis 1:400 einschl.

„ 1,91 „ „ „ „ „ „ „ 1: 400 „ 1:200 „

„ 1,37 „ „ „ „ „ „ „ 1: 200 „ 1:100 „

„ 0,77 „ „ „ „ „ „ „ 1: 100 „ 1: 80 „

„ 1,35 „ „ „ „ „ „ „ 1: 80 „ 1: 60 „

„ 0,22 „ „ „ „ „ „ „ 1: 60 „ 1: 40 „

Die stärkste Steigung 1:60 kommt zusammenhängend in grösster Länge von 650 m vor und der stärkste Fall 1:40 tritt in einer zusammenhängenden grössten Länge von 218 m auf.

Hinsichtlich der Richtung liegen 8,23 km = 69,69 Prozent der Bahnlänge in gerader Linie und 3,58 km = 30,31 Prozent in Krümmungen und zwar:

0,24 km in Krümmungen mit Halbmessern von weniger als 3 000 bis einschl. 2 000 m

0,14 „ „ „ „ „ „ „ „ 1 500 „ „ 1 000 „

0,44 „ „ „ „ „ „ „ „ 1 000 „ „ 500 „

0,25 „ „ „ „ „ „ „ „ 500 „ „ 400 „

1,26 „ „ „ „ „ „ „ „ 400 „ „ 300 „

1,25 „ „ „ „ „ „ „ „ 300 m.

Der kleinste Krümmungshalbmesser auf freier Strecke beträgt 60 m und die Summe der Kreisbogengrade aller Krümmungen 910,95.

Der Unterbau hat in der Bettungssohle gemessen eine Breite von 2,95 m und ist lediglich durch besonderen Bahnkörper gebildet. Von der Bahn liegen 7,83 km im Auftrag, 3,37 km im Abtrag und 0,61 km in Geländehöhe. Ueber die Bahn führen in Schienenhöhe 59 offene, unbewachte Wege.

Der Oberbau umfasst 13,88 km Gleis mit 28 Weichen.

An Kunstbauten sind ausgeführt: 1 Brücke mit eisernem Ueberbau mit 1 Oeffnung von 15 m Lichtweite, ferner 4 Brücken mit je einer Oeffnung von 2 bis 10 m Lichtweite (davon ist 1 Brücke gewölbt und 3 haben Eisenüberbau), 52 Wasserdurchlässe (davon sind 10 mit Platten gedeckt, 1 ist gewölbt, 7 sind offen, 20 bestehen aus eisernen und 14 aus steinernen u. s. w. Röhren).

An Hochbauten sind ausgeführt: 1 Empfangsgebäude, 3 besondere bedeckte Warteräume, 3 Güterschuppen, 1 Lokomotivschuppen, 1 Kohlenschuppen, 4 Wirthschaftsnebengebäude, zusammen mit 684 qm bebauter Grundfläche.

An sonstigen Anlagen sind noch vorhanden: 4 Bahnsteige mit 444 qm bebauter Grundfläche, 1 durch Dampf betriebene Wasserstation, 3 offene, feste Laderampen für Seitenverladung, 1 Gleisbrückenwaage, 1 Armtelegraph.

Mit der Bahn ist 1 industrielle Anlage durch Zweiggleis verbunden.

Die Herstellungskosten der Bahnanlagen betragen 708 885,46 Mark. Davon kommen 123 082,69 Mark auf Grunderwerb und Nutzungsentschädigung,

72 952,74 „ „ Erd-, Fels- und Böschungsarbeiten sowie Futtermauern,

7 774,62 „ „ Wegübergänge, Ueber- und Unterführungen,

55 927,85 „ „ Durchlässe und Brücken,

229 425,06 „ „ Oberbau nebst allen Nebensträngen und zugehörigen Ausweichen,

5 160,54 „ „ Signale,

93 517,04 „ „ Bahnhöfe und Haltestellen,

38 262,84 „ „ ausserordentliche Anlagen, als Flussverlegungen u. s. w.,

78 143,70 „ „ Verwaltungskosten,

4 638,38 „ „ Insgemein und Verzinsung des Baukapitals während der Bauzeit.

Auf ein Kilometer Bahn entfallen durchschnittlich 60 024,17 Mark.

Das durch den Betriebsüberschuss zu verzinsende Anlagekapital im allgemeinen beträgt 769 274,42 Mark und setzt sich zusammen wie folgt:

676 492,58 Mark Herstellungskosten der Bahnanlagen ausschl. der Kosten der Gemeinschaftsbahnhöfe,

12 684,99 „ antheilige Kosten der Gemeinschaftsbahnhöfe,

71 348,62 „ Anschaffungskosten der Fahrbetriebsmittel,

6 700,79 „ antheilige Herstellungskosten der Werkstättenanlagen,

713,29 „ „ „ „ Imprägniranstalten,

1 334,15 „ „ „ „ Administrations- und Hauptverwaltungsgebäude in Dresden.

# OSCHATZ–STREHLA.

## Gleisanlagen bei gemischter Spurweite.

### I.

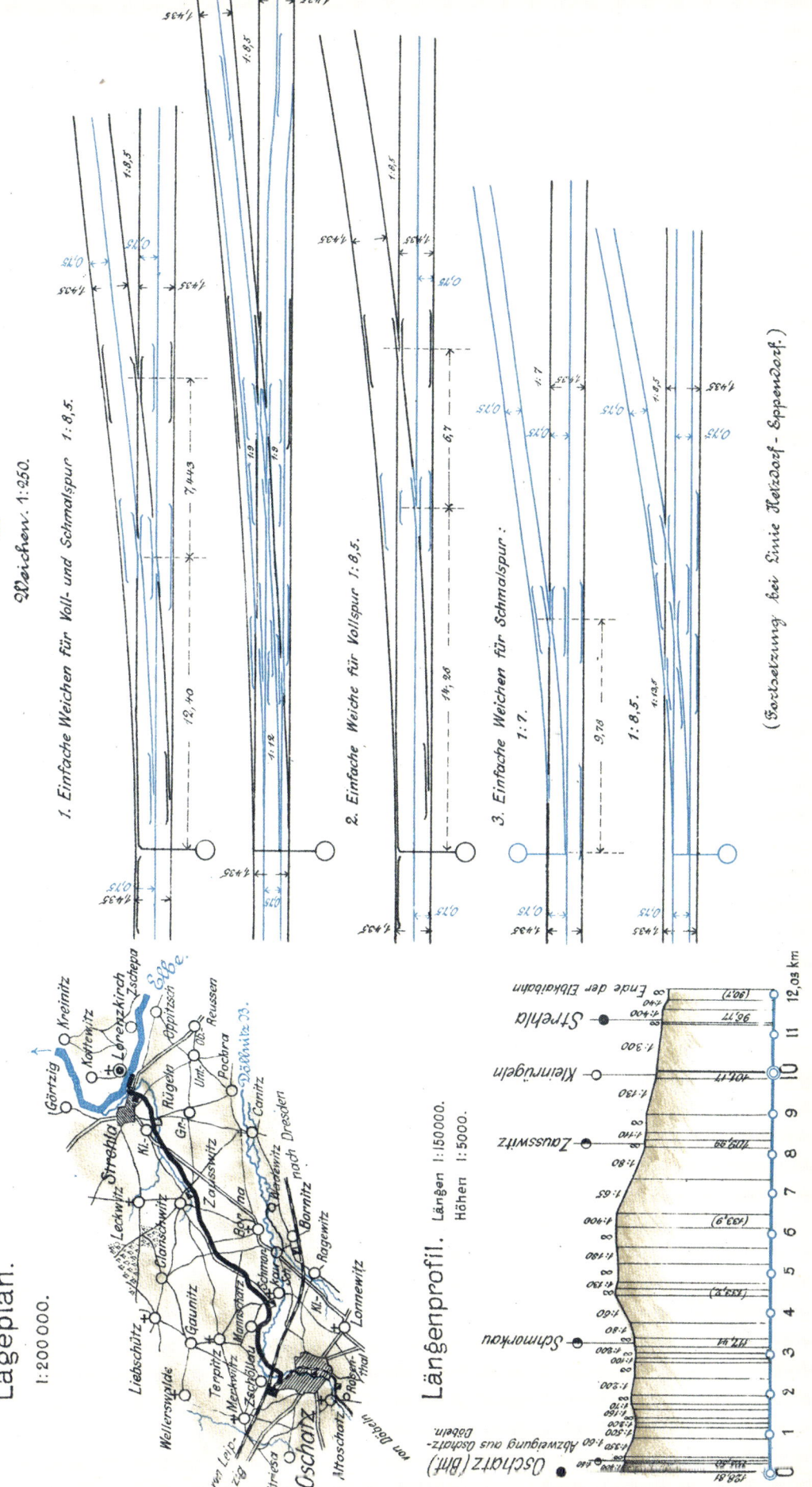

Weichen. 1:250.

1. Einfache Weichen für Voll- und Schmalspur 1:8,5.

2. Einfache Weiche für Vollspur 1:8,5.

3. Einfache Weichen für Schmalspur:
   1:7.
   1:8,5.

(Fortsetzung bei Linie Heizdorf-Eppendorf.)

Lageplan.
1:200000.

Längenprofil. Längen 1:150000.
Höhen 1:5000.

R. Henke.

Auf ein Kilometer Bahn entfallen durchschnittlich 65 137,₅₅ Mark.

An Fahrbetriebsmitteln sind vorhanden: 2 Lokomotiven, 2 Personenwagen mit 8 Achsen und 68 Plätzen, 8 bedeckte und 81 offene Güterwagen mit 178 Achsen und 445 Tonnen Ladegewicht. Es berechnen sich durchschnittlich auf eine Personenwagenachse 8,₅ Plätze und auf eine Güterwagenachse 2,₅ Tonnen Ladegewicht.

### Leistungen der Fahrbetriebsmittel.

| im Jahre | Lokomotiv- | | Achskilometer | | | |
|---|---|---|---|---|---|---|
| | Nutz-kilometer. | Leer- und Rangir-kilometer. | der Personen-wagen. | der Güter- und Postwagen. | Zusammen. | durchschnitt-lich auf 1 Lokomotiv-Nutzkilometer (durchschnitt-liche Stärke der Züge). |
| 1892 | 34 575 | 8 301 | 157 979 | 220 168 | 378 147 | 10,₉₄ |
| 1893 | 32 971 | 7 715 | 154 745 | 172 762 | 327 507 | 9,₉₃ |
| 1894 | 32 208 | 7 000 | 145 678 | 181 536 | 327 214 | 10,₁₆ |
| Im Jahre 1894 durchschnitt-lich auf 1 km Bahn . . | 2 727 | 592 | 12 335 | 15 371 | 27 706 | — |

Im Jahre 1894 betrug

die Ausnutzung der bewegten Personenwagenplätze 26,₇₁ Prozent und der bewegten Ladefähigkeit der Güterwagen 21,₆₀ Prozent;

die Zahl der abgelassenen Züge: 2 928 und zwar 4 Personen- und 2 924 gemischte Züge;

das für die Lokomotiven verbrauchte Brennmaterial auf den Steinkohlenheizwerth reduzirt: 160 Tonnen, d. i. durchschnittlich auf ein Nutzkilometer 4,₉₈ kg und auf ein Wagen-achskilometer 0,₄₉ kg.

### Verkehrsergebnisse.

#### Personenverkehr

| im Jahre | Anzahl | | Durchschnittlich durchfahrene Weglänge | | Fahrgeld-Einnahme | | |
|---|---|---|---|---|---|---|---|
| | der beförderten Per-sonen. | der zurück-gelegten Personen-kilometer. | von jeder Person km | in Prozenten der Bahn-länge. | über-haupt Mark. | durchschnittlich auf 1 Person Mark. | auf 1 Person und 1 km Pf. |
| 1892 | 34 426 | 348 074 | 10,₁₁ | 91,₂₅ | 11 133 | 0,₃₂ | 3,₂₀ |
| 1893 | 30 876 | 320 149 | 10,₃₇ | 93,₅₉ | 10 171 | 0,₃₃ | 3,₁₈ |
| 1894 | 31 693 | 331 315 | 10,₄₅ | 94,₃₁ | 10 478 | 0,₃₃ | 3,₁₆ |
| Im Jahre 1894 durchschnitt-lich auf 1 km Bahn . . | 2 860 | 29 902 | — | — | 946 | — | — |

Güterverkehr

| im Jahre | Stückgut | | allgemeine Klasse | | Wagenladungsgut Specialtarif | | | | Ausnahme-Tarif 1—11 | Fracht-pflichtiges Dienstgut | Militärgut | Gut in vereinbarter Fracht | Se. |
|---|---|---|---|---|---|---|---|---|---|---|---|---|---|
| | allgemeine Klasse | Specialtarif | A¹. | B. | A². | I. | II. | III. | | | | | |
| | | | | | Tonnen. | | | | | | | | |
| 1892 | 752 | 197 | 6 | — | 110 | 328 | 282 | 5 686 | 40 | 45 | — | 794 | 8 240 |
| 1893 | 754 | 169 | 15 | — | 93 | 275 | 215 | 3 801 | 671 | 22 | — | 1 610 | 7 625 |
| 1894 | 738 | 173 | 10 | — | 129 | 344 | 251 | 3 199 | 1 629 | 30 | — | — | 6 503 |
| *im Jahre 1894:* | | | | | | | | | | | | | |
| in Prozenten der Gesammtheit | 11,35 | 2,66 | 0,15 | — | 1,99 | 5,29 | 3,86 | 49,19 | 25,05 | 0,46 | — | — | 100,00 |
| Tonnenkilometer | 8 337 | 2 012 | 120 | — | 1 544 | 4 128 | 3 000 | 34 912 | 16 265 | 364 | — | — | 70 682 |
| in Prozenten der Gesammtheit | 11,80 | 2,85 | 0,17 | — | 2,18 | 5,84 | 4,24 | 49,39 | 23,01 | 0,52 | — | — | 100,00 |
| Tonnen } auf 1 km Bahn | 62 | 15 | 1 | — | 11 | 29 | 21 | 271 | 138 | 3 | — | — | 551 |
| Tonnenkilometer } | 706 | 170 | 10 | — | 131 | 350 | 254 | 2 956 | 1 377 | 31 | — | — | 5 985 |
| durchschnittliche Transportlänge jeder Tonne . . . . km | 11,30 | 11,63 | 11,81 | — | 11,81 | 11,81 | 11,81 | 10,91 | 9,98 | 11,81 | — | — | 10,87 |
| in Prozenten der Bahnlänge | 95,68 | 98,48 | 100,00 | — | 100,00 | 100,00 | 100,00 | 92,38 | 84,50 | 100,00 | — | — | 92,04 |
| Frachteinnahme . . . Mark | 1 621 | 317 | 16 | — | 161 | 446 | 281 | 3 342 | 1 642 | 32 | — | — | 7 858 |
| durchschnittliche Einnahme jeder Tonne . . . . Mark | 2,20 | 1,83 | 1,60 | — | 1,25 | 1,30 | 1,12 | 1,04 | 1,01 | 1,07 | — | — | 1,21 |
| durchschnittliche Einnahme für 1 Tonne und 1 km . . Pf. | 19,44 | 15,76 | 13,33 | — | 10,43 | 10,80 | 9,37 | 9,57 | 10,10 | 8,79 | — | — | 11,12 |

Die hauptsächlichsten Frachtgüter sind: Braunkohlen, Zuckerrüben, Düngemittel, Kalk, Mehl, Kleie, Getreide, Pflastersteine, Ziegel, Kartoffeln, Thonsteine, Thonröhren, Schnittholz, Stab- und Façoneisen.

Umfang des Güterverkehres der wichtigsten Verkehrsstelle

Strehla.

| Jahr. | Abgang Tonnen. | Ankunft Tonnen. |
|---|---|---|
| 1892 | 4 174 | 2 794 |
| 1893 | 3 040 | 2 250 |
| 1894 | 4 568 | 2 506 |

Finanzielle Ergebnisse.

| im Jahre | Einnahmen | | | | | Ausgaben | | | | | | | Ueberschuss | | Mehraufwand | |
|---|---|---|---|---|---|---|---|---|---|---|---|---|---|---|---|---|
| | aus dem Personenverkehre | aus dem Güterverkehre | aus sonstigen Quellen | überhaupt | durchschnittlich auf 1 Wagenachskilom. | General-unkosten | Betriebsaufwand | für Vervollständigung der Bahnanlagen | Einlage in den Erneuerungsfonds | überhaupt | in % der Brutto-Einnahme. | durchschnittlich auf 1 Wagenachskilom. | im ganzen | in % des Anlagekapitales. | im ganzen | in % des Anlagekapitales. |
| | Mark. | Mark. | Mark. | Mark. | Pf. | Mark. | Mark. | Mark. | Mark. | Mark. | | Pf. | Mark. | | Mark. | |
| 1892 | 11 238 | 10 034 | 1 196 | 22 468 | 5,94 | 1 609 | 39 979 | — | 1 123 | 42 711 | 190,1 | 11,29 | — | — | 20 243 | 2,85 |
| 1893 | 10 284 | 9 066 | 1 368 | 20 718 | 6,33 | 1 481 | 40 429 | — | 1 036 | 42 946 | 207,3 | 13,11 | — | — | 22 228 | 2,93 |
| 1894 | 10 601 | 8 433 | 2 194 | 21 228 | 6,49 | 1 476 | 38 443 | 52 | 1 061 | 41 032 | 193,3 | 12,54 | — | — | 19 804 | 2,57 |
| durchschnittl. auf 1 km Bahn im Jahre 1894 | 897 | 714 | 186 | 1 797 | — | 125 | 3 255 | 4 | 90 | 3 474 | — | — | — | — | 1 677 | — |

## 14. Linie **Wolkenstein-Jöhstadt**.

Eröffnet zwischen Wolkenstein und Jöhstadt den 1. Juni 1892 und zwischen Jöhstadt und der sächs.-böhm.
Landesgrenze den 5. Mai 1893.

In den industriellen Thälern der Pressnitz und des in die letztere einmündenden Schwarz-
wassers ward das Bedürfniss nach einer Eisenbahnverbindung um so mehr empfunden, als im
Pressnitzthale von Mittelschmiedeberg abwärts keine Strasse vorhanden war, auf welcher eine
bequeme Ab- und Zufuhr von Gütern zwischen den in den genannten Thälern gelegenen
Ortschaften und industriellen Anlagen einerseits und der Eisenbahnlinie Annaberg-Flöha
andererseits hätte stattfinden können. In Bezug auf den Personen- und Güterverkehr war das
Schwarzwasserthal mit Jöhstadt auf die sächsischen Eisenbahnstationen Annaberg und Reitzen-
hain und auf einige böhmische Eisenbahnstationen, das mittlere Pressnitzthal auf die Stationen
Reitzenhain und Gelobtland und das untere Pressnitzthal auf die Stationen Wolkenstein und
Wiesenbad angewiesen. Wie überaus ungünstig die hierbei in Betracht kommenden Wegeverbindungen waren, geht schon daraus hervor, dass die im unteren Pressnitzthale gelegenen
Fabriken und Mühlen ihre Frachten bis zu 134 Meter bergan schaffen mussten, um sie dann
auf Umwegen nach Wolkenstein zu bringen, dass ferner zwischen der Sohle des Pressnitzthales
bei Niederschmiedeberg und der Haltestelle Gelobtland auf 4 Kilometer Weglänge eine Höhe
von 238 Meter zu ersteigen war. Eine annähernd gleiche Höhe musste bei Frachtbeförderungen
zwischen dem Orte Steinbach und der von diesem Orte $6\frac{1}{2}$ Kilometer entfernten Station
Reitzenhain überwunden werden. Am ungünstigsten aber lagen in dieser Beziehung die Verhältnisse für die Stadt Jöhstadt selbst, deren Bewohner fast sämmtliches Gut ab Bahnhof
Annaberg verfrachteten und hierbei auf ungefähr 13 Kilometer Weglänge rund 300 Meter
verlorene Steigung überwinden mussten.

Diesen Verkehrserschwernissen ward durch die Erbauung einer fast ausnahmslos in der
Thalsohle liegenden und deshalb auch nur schmalspurig ausführbaren Eisenbahn abgeholfen;
dieselbe führt von Wolkenstein durch das untere und mittlere Pressnitzthal sowie durch das
Schwarzwasserthal nach Jöhstadt und darüber hinaus bis an die in der Nähe der sächsisch-
böhmischen Landesgrenze liegenden Fabriken.

Durch Einlegung einer dritten Schiene in das Gleis der vollspurigen Linie Annaberg-
Flöha bot sich die Füglichkeit, die Hauptbahn von Wolkenstein aus auf eine Länge von 1,40 km
für die Schmalspurbahn mit nutzbar zu machen. Die Bahn bietet für eine grosse Zahl industrieller Anlagen (Holzschleifereien, Holzstoff-, Pappen-, Papier- und anderer Fabriken,
Schneide- und Mahlmühlen u. s. w.) die Füglichkeit von Zweiggleisanschlüssen, beziehentlich
die weitere Ausnutzung vorhandener Wasserkräfte und erschliesst das Rückerswalder, das
Steinbacher und das Jöhstädter Staatsforstrevier dem Eisenbahnverkehre.

Die Linie ist im ganzen 24,33 km lang und es betragen die Entfernungen zwischen ihren
Verkehrsstellen, als:

| | |
|---|---|
| Wolkenstein und Streckewalde . . . . . . . . | 3,83 km |
| Streckewalde und Boden . . . . . . . . . . | 2,21 „ |
| Boden und Niederschmiedeberg . . . . . . . | 3,51 „ |
| Niederschmiedeberg und Oberschmiedeberg . . . | 4,00 „ |
| Oberschmiedeberg und Steinbach . . . . . . . | 1,41 „ |
| Steinbach und Schmalzgrube . . . . . . . . | 3,96 „ |
| Schmalzgrube und Schlössel . . . . . . . . | 2,85 „ |
| Schlössel und Bahnhof Jöhstadt . . . . . . . | 1,18 „ |
| Bahnhof Jöhstadt und Ladestelle Jöhstadt . . . | 1,38 „ |

Der Anfangspunkt bei Wolkenstein liegt 391,53 m und der Endpunkt in der Nähe der
sächsisch-böhmischen Landesgrenze bei Jöhstadt 701,70 m über dem Spiegel der Ostsee. In
der Richtung vom Anfangs- nach dem Endpunkte steigt die Linie im ganzen 310,17 m.

Von der Gesammtlänge befinden sich:

$$20{,}_{82} \text{ km} = 85{,}_{57} \text{ Prozent in Steigung und}$$
$$3{,}_{51} \quad \text{„} \quad = 14{,}_{43} \quad \text{„} \quad \text{„ der Horizontale.}$$

Die Steigung vertheilt sich:

mit 0,₂₁ km auf das Verhältniss von mehr als 1 : 1 000 bis 1 : 400 einschl.

| „ 0,₄₈ | „ | „ | „ | „ | „ | „ | „ | 1 : 400 | „ | 1 : 200 | „ |
| „ 2,₉₃ | „ | „ | „ | „ | „ | „ | „ | 1 : 200 | „ | 1 : 100 | „ |
| „ 2,₅₃ | „ | „ | „ | „ | „ | „ | „ | 1 : 100 | „ | 1 : 80 | „ |
| „ 10,₁₂ | „ | „ | „ | „ | „ | „ | „ | 1 : 80 | „ | 1 : 60 | „ |
| „ 4,₅₅ | „ | „ | „ | „ | „ | „ | „ | 1 : 60 | „ | 1 : 40 | „ |

Die stärkste Steigung 1 : 40 kommt zusammenhängend in grösster Länge von 2 557 m vor.

Hinsichtlich der Richtung liegen 15,₃₇ km = 63,₁₇ Prozent der Bahnlänge in gerader Linie und 8,₉₆ km = 36,₈₃ Prozent in Krümmungen und zwar:

0,₀₃ km in Krümmungen mit Halbmessern von weniger als 1 000 bis einschl. 500 m

| 0,₃₂ | „ | „ | „ | „ | „ | „ | „ | „ | 400 | „ | „ | 300 | „ |
| 8,₆₁ | „ | „ | „ | „ | „ | „ | „ | „ | 300 m. | | | | |

Der kleinste Krümmungshalbmesser auf freier Strecke beträgt 80 m und die Summe der Kreisbogengrade aller Krümmungen 4 095,₆₉.

Der Unterbau hat in der Bettungssohle gemessen eine Breite von 2,₉₅ m. Wie bereits erwähnt, benutzt die Linie auf eine Länge von 1,₄₀ km gleichzeitig den Bahnkörper der Vollspurbahn Annaberg-Flöha mit, im übrigen ist der Unterbau lediglich durch besonderen Bahnkörper gebildet. Es liegen 18,₇₃ km im Auftrag, 4,₈₉ km im Abtrag und 0,₇₁ km in Geländehöhe. Ueber die Bahn führen in Schienenhöhe 101 weder bewachte noch verschlossene Wege.

Der Oberbau umfasst 29,₁₃ km Gleis mit 61 Weichen.

An Kunstbauten sind ausgeführt: 1 Viadukt von 70 m Länge, 52 Brücken, davon sind 2 gewölbt, die übrigen haben eisernen Ueberbau; von den 75 Oeffnungen dieser Brücken haben 55 eine Lichtweite von je 2 bis 30 m und 20 eine solche von je 2 bis 10 m, 1 gewölbte Wegüberführung, 190 Wasserdurchlässe (davon sind 82 mit Platten gedeckt, 2 sind gewölbt, 9 offen, 41 bestehen aus eisernen und 56 aus steinernen u. s. w. Röhren).

An Hochbauten sind ausgeführt: 1 Verwaltungsgebäude, 2 Dienstwohngebäude für Beamte und Arbeiter, 1 Empfangsgebäude, 5 besondere bedeckte Warteräume, 7 Güterschuppen, 2 Lokomotivschuppen, 3 Kohlen- u. s. w. Schuppen, 1 Wirthschaftsnebengebäude, zusammen mit 1 452 qm bebauter Grundfläche.

An sonstigen Anlagen sind noch vorhanden: 9 Bahnsteige mit 3 475 qm bebauter Grundfläche, 2 durch natürliches Gefälle gespeiste Wasserstationen, 2 Wasserleitungen für Wasserstationen, 7 offene, feste Laderampen (davon 1 für Stirnverladung und 6 für Seitenverladung), 2 transportable Laderampen, 3 Gleisbrückenwaagen, 1 Blockstationstelegraph.

Mit der Bahn sind 4 industrielle Anlagen durch Zweiggleise verbunden.

Die Herstellungskosten der Bahnanlagen betragen 2 664 136,₀₆ Mark. Davon kommen 216 548,₃₀ Mark auf Grunderwerb und Nutzungsentschädigung,

| 675 298,₇₅ | „ | „ | Erd-, Fels- und Böschungsarbeiten sowie Futtermauern, |
| 3,₆₀ | „ | „ | Einfriedigungen, |
| 38 656,₉₂ | „ | „ | Wegübergänge, Ueber- und Unterführungen, |
| 574 586,₆₁ | „ | „ | Durchlässe und Brücken, |
| 585 888,₇₀ | „ | „ | Oberbau nebst allen Nebensträngen und zugehörigen Ausweichen, |
| 10 935,₁₃ | „ | „ | Signale, |
| 303 716,₉₄ | „ | „ | Bahnhöfe und Haltestellen, |
| 196 463,₉₅ | „ | „ | Verwaltungskosten, |
| 62 037,₁₆ | „ | „ | Insgemein und Verzinsung des Baukapitals während der Bauzeit. |

# WOLKENSTEIN-JÖHSTADT.

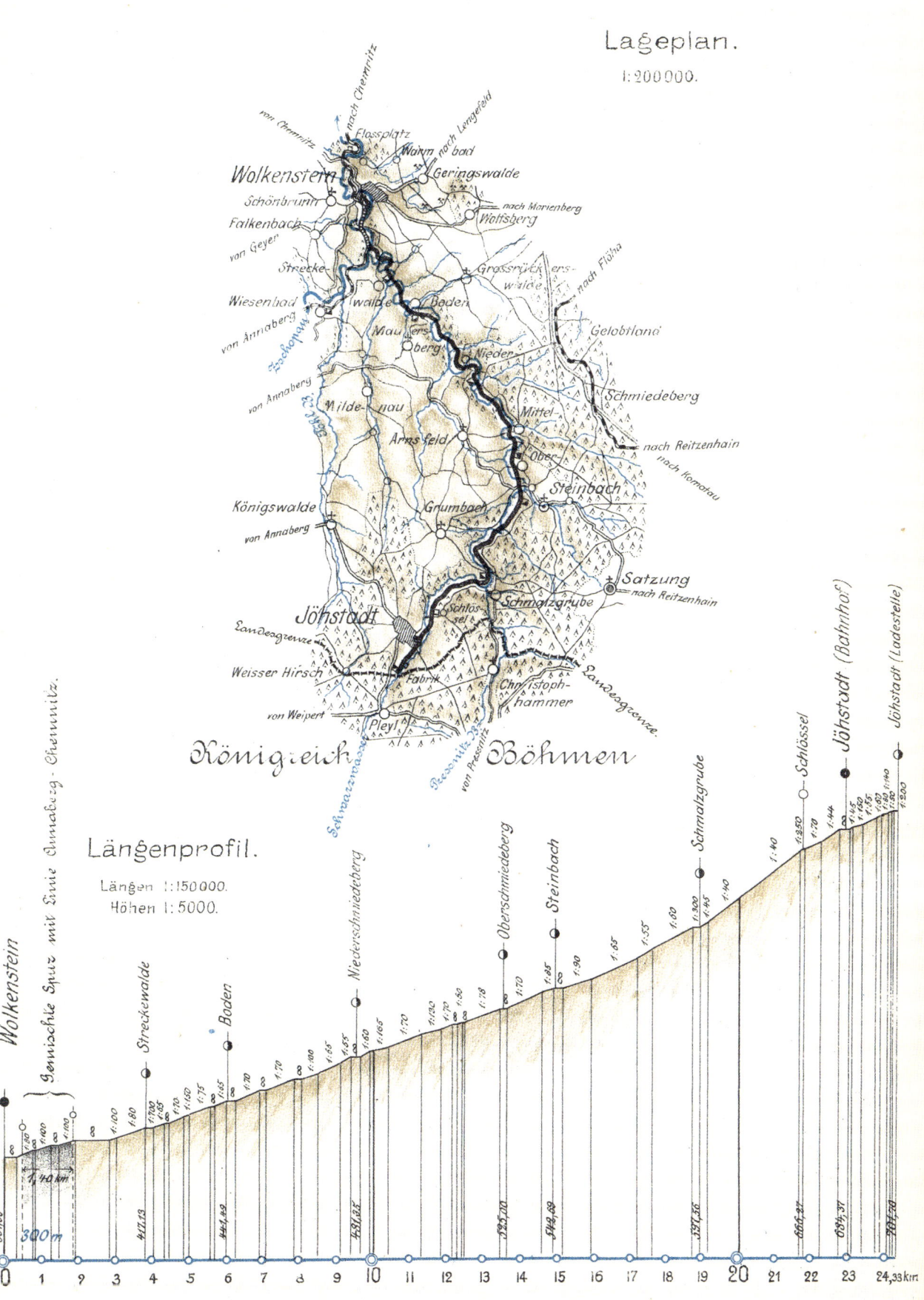

Lageplan.

1:200000.

Längenprofil.

Längen 1:150000.
Höhen 1:5000.

R. Henke

Auf ein Kilometer Bahn entfallen durchschnittlich 109 500,04 Mark.

Das durch den Betriebsüberschuss zu verzinsende Anlagekapital im allgemeinen beträgt 2 851 662,90 Mark und setzt sich zusammen wie folgt:

2 552 940,28 Mark Herstellungskosten der Bahnanlagen ausschl. der Kosten der Gemeinschaftsbahnhöfe,

    55 715,73 „ antheilige Kosten der Gemeinschaftsbahnhöfe,

  217 495,91 „ Anschaffungskosten der Fahrbetriebsmittel,

   20 426,40 „ antheilige Herstellungskosten der Werkstättenanlagen,

    1 496,98 „ „ „ „ Imprägniranstalten,

    3 587,60 „ „ „ „ Administrations- und Hauptverwaltungsgebäude in Dresden.

Auf ein Kilometer Bahn entfallen durchschnittlich 117 207,88 Mark.

An Fahrbetriebsmitteln sind vorhanden: 3 Lokomotiven, 9 Personenwagen mit 22 Achsen und 227 Plätzen, 22 bedeckte und 47 offene Güterwagen mit 138 Achsen und 345 Tonnen Ladegewicht. Es berechnen sich durchschnittlich auf eine Personenwagenachse 10,3 Plätze und auf eine Güterwagenachse 2,5 Tonnen Ladegewicht.

### Leistungen der Fahrbetriebsmittel.

| im Jahre | Lokomotiv- | | Achskilometer | | | durchschnittlich auf 1 Lokomotiv-Nutzkilometer (durchschnittliche Stärke der Züge). |
| | Nutzkilometer. | Leer- und Rangirkilometer. | der Personenwagen. | der Güter- und Postwagen. | Zusammen. | |
|---|---|---|---|---|---|---|
| 1893 | 52 108 | 10 124 | 328 327 | 489 329 | 817 656 | 15,69 |
| 1894 | 51 386 | 7 916 | 344 782 | 535 114 | 879 896 | 17,12 |
| Im Jahre 1894 durchschnittlich auf 1 km Bahn . . | 2 112 | 325 | 14 171 | 21 994 | 36 165 | — |

Im Jahre 1894 betrug

die Ausnutzung der bewegten Personenwagenplätze 17,64 Prozent und der bewegten Ladefähigkeit der Güterwagen 44,40 Prozent;

die Zahl der abgelassenen Züge: 2 806 und zwar 14 Personen-, 2 190 gemischte und 602 Güterzüge;

das für die Lokomotiven verbrauchte Brennmaterial auf den Steinkohlenheizwerth reduzirt: 330 Tonnen, d. i. durchschnittlich auf ein Nutzkilometer 6,41 kg und auf ein Wagenachskilometer 0,37 kg.

### Verkehrsergebnisse.

#### Personenverkehr

| im Jahre | Anzahl | | Durchschnittlich durchfahrene Weglänge | | Fahrgeld-Einnahme | | |
| | der beförderten Personen. | der zurückgelegten Personenkilometer. | von jeder Person km | in Prozenten der Bahnlänge. | überhaupt Mark. | durchschnittlich auf 1 Person Mark. | auf 1 Person und 1 km Pf. |
|---|---|---|---|---|---|---|---|
| 1893 | 58 663 | 658 550 | 11,23 | 48,93 | 21 936 | 0,38 | 3,33 |
| 1894 | 55 798 | 627 260 | 11,24 | 48,98 | 20 718 | 0,37 | 3,30 |
| Im Jahre 1894 durchschnittlich auf 1 km Bahn . . | 2 431 | 27 332 | — | — | 903 | — | — |

Güterverkehr

| m Jahre | Stückgut allgemeine Klasse | Stückgut Specialtarif | allgemeine Klasse A¹ | allgemeine Klasse B. | Specialtarif A² | Specialtarif I. | Specialtarif II. | Specialtarif III. | Ausnahme-Tarif 1—11 | Frachtpflichtiges Dienstgut | Militärgut | Gut in vereinbarter Fracht | Se. |
|---|---|---|---|---|---|---|---|---|---|---|---|---|---|
| | | | | | | T o n n e n. | | | | | | | |
| 1893 | 1 342 | 710 | 91 | 872 | 1 354 | 1 330 | 5 511 | 9 197 | 7 556 | 140 | — | — | 28 103 |
| 1894 | 1 233 | 658 | 111 | 911 | 1 005 | 1 406 | 6 897 | 10 746 | 9 303 | 125 | — | — | 32 395 |
| **Im Jahre 1894:** | | | | | | | | | | | | | |
| in Prozenten der Gesammtheit | 3,80 | 2,03 | 0,34 | 2,81 | 3,11 | 4,34 | 21,29 | 33,17 | 28,72 | 0,39 | — | — | 100,00 |
| Tonnenkilometer | 22 268 | 11 546 | 1 216 | 9 359 | 12 323 | 15 563 | 72 488 | 172 715 | 157 989 | 3 013 | — | — | 478 480 |
| in Prozenten der Gesammtheit | 4,65 | 2,41 | 0,25 | 1,96 | 2,58 | 3,25 | 15,15 | 36,10 | 33,02 | 0,63 | — | — | 100,00 |
| Tonnen auf 1 km Bahn | 51 | 27 | 5 | 37 | 41 | 58 | 283 | 442 | 382 | 5 | — | — | 1 331 |
| Tonnenkilometer auf 1 km Bahn | 915 | 475 | 50 | 385 | 506 | 640 | 2 979 | 7 099 | 6 493 | 124 | — | — | 19 666 |
| durchschnittliche Transportlänge jeder Tonne . . . km | 18,06 | 17,55 | 10,95 | 10,27 | 12,26 | 11,07 | 10,51 | 16,07 | 16,98 | 24,10 | — | — | 14,77 |
| in Prozenten der Bahnlänge | 74,23 | 72,13 | 45,01 | 42,21 | 50,39 | 45,50 | 43,20 | 66,05 | 69,79 | 99,05 | — | — | 60,71 |
| Frachteinnahme . . . Mark | 3 335 | 1 439 | 163 | 1 295 | 1 304 | 1 758 | 7 570 | 12 751 | 11 259 | 137 | — | — | 41 011 |
| durchschnittliche Einnahme jeder Tonne . . . Mark | 2,70 | 2,19 | 1,47 | 1,42 | 1,30 | 1,25 | 1,10 | 1,19 | 1,21 | 1,10 | — | — | 1,27 |
| durchschnittliche Einnahme für 1 Tonne und 1 km . . Pf. | 14,98 | 12,46 | 13,40 | 13,84 | 10,58 | 11,30 | 10,44 | 7,38 | 7,13 | 4,55 | — | — | 8,57 |

Die hauptsächlichsten Frachtgüter sind: Langholz, Bretter, Holzstoff, Braunkohlen, Mehl, Papier, Pappen und Feuerspritzen.

Umfang des Güterverkehres der wichtigsten Verkehrsstellen

| Jahr. | Niederschmiedeberg. Abgang Tonnen. | Niederschmiedeberg. Ankunft Tonnen. | Steinbach. Abgang Tonnen. | Steinbach. Ankunft Tonnen. | Boden. Abgang Tonnen. | Boden. Ankunft Tonnen. | Schmalzgrube. Abgang Tonnen. | Schmalzgrube. Ankunft Tonnen. | Jöhstadt, Bhf. Abgang Tonnen. | Jöhstadt, Bhf. Ankunft Tonnen. |
|---|---|---|---|---|---|---|---|---|---|---|
| 1893 | 2 217 | 4 986 | 3 801 | 1 140 | 2 326 | 2 389 | 3 292 | 986 | 1 368 | 2 741 |
| 1894 | 2 188 | 4 985 | 3 947 | 619 | 3 415 | 819 | 5 576 | 669 | 2 050 | 2 803 |

Finanzielle Ergebnisse.

| im Jahre | Einnahmen aus dem Personenverkehre Mark. | Einnahmen aus dem Güterverkehre Mark. | Einnahmen aus sonstigen Quellen Mark. | Einnahmen überhaupt Mark. | durchschnittlich auf 1 Wagenachskilom. Pf. | Ausgaben Generalunkosten Mark. | Ausgaben Betriebsaufwand Mark. | für Vervollständigung der Bahnanlagen Mark. | Einlage in den Erneuerungsfonds Mark. | überhaupt Mark. | in % der Brutto-Einnahme. | durchschnittlich auf 1 Wagenachskilom. Pf. | Ueberschuss im ganzen Mark. | in % des Anlagekapitales. | Mehraufwand im ganzen Mark. | in % des Anlagekapitales. |
|---|---|---|---|---|---|---|---|---|---|---|---|---|---|---|---|---|
| 1893 | 22 209 | 36 579 | 1 231 | 60 019 | 7,34 | 3 697 | 63 350 | — | 3 001 | 70 048 | 116,7 | 8,57 | — | — | 10 029 | 0,36 |
| 1894 | 21 006 | 42 262 | 1 474 | 64 742 | 7,36 | 3 969 | 61 732 | 109 | 3 237 | 69 047 | 106,6 | 7,85 | — | — | 4 305 | 0,15 |
| durchschnittl. auf 1 km Bahn im Jahre 1894 | 863 | 1 737 | 61 | 2 661 | — | 163 | 2 537 | 5 | 133 | 2 838 | — | — | — | — | 177 | — |

## 15. Linie **Taubenheim - Dürrhennersdorf.**
### Eröffnet den 1. November 1892.

Diese Linie verfolgt hauptsächlich den Zweck, die Verkehrsbedürfnisse der industriellen Ortschaften Oppach, Beiersdorf und Schönbach in zweckentsprechender Weise zu befriedigen. Durch Ausbau der Linie als S c h m a l s p u r b a h n wurde es möglich, dieselbe durch die genannten Ortschaften in deren ganzer Längenausdehnung so zu führen, dass mit einem nicht unverhältnissmässig hohen Aufwande an Baukosten die Füglichkeit geboten war, nicht nur eine Anzahl schon bestehender industrieller Anlagen (Steinschleifereien, Eisengiessereien, mechanische Webereien, ferner einige Steinbrüche, Bleichereien und Mühlen), durch Zweiggleise unmittelbar mit der Bahn zu verbinden, sondern auch Gleisanschlüsse für weitere Unternehmungen, insbesondere für neue Brüche und Schleifereien der aufblühenden Syenitstein-Industrie von Oppach und Beiersdorf zu ermöglichen, während unter den obwaltenden örtlichen Verhältnissen eine vollspurige Bahn erheblich länger und theuerer geworden, ausserdem aber entfernter von den Ortschaften zu liegen gekommen wäre.

Die Bahn, welche geographisch zwei vollspurige Linien mit einander verbindet, ist 12,04 km lang und es betragen die Entfernungen zwischen ihren Verkehrsstellen, als:

$$\begin{array}{ll} \text{Taubenheim und Oppach} & 2{,}95 \text{ km} \\ \text{Oppach und Beiersdorf} & 2{,}88 \text{ „} \\ \text{Beiersdorf und Oberschönbach} & 1{,}42 \text{ „} \\ \text{Oberschönbach und Schönbach} & 1{,}49 \text{ „} \\ \text{Schönbach und Unterschönbach} & 1{,}10 \text{ „} \\ \text{Unterschönbach und Dürrhennersdorf} & 2{,}20 \text{ „} \end{array}$$

Der Anfangspunkt bei Taubenheim liegt 308,99 m und der Endpunkt 348,89 m über dem Spiegel der Ostsee. Vom Anfangs- nach dem Endpunkte steigt die Linie im ganzen 107,80 m und fällt 67,90 m.

Von der Gesammtlänge befinden sich

5,27 km = 43,77 Prozent in Steigung,
3,68 „ = 30,56 „ „ Fall und
3,09 „ = 25,67 „ „ der Horizontale.

Es vertheilt sich

### die Steigung:

mit 0,20 km auf das Verhältniss von mehr als 1:1000 bis 1:400 einschl.
„ 0,19 „ „ „ „ „ „ „ 1: 400 „ 1:200 „
„ 0,41 „ „ „ „ „ „ „ 1: 200 „ 1:100 „
„ 0,09 „ „ „ „ „ „ „ 1: 100 „ 1: 80 „
„ 0,42 „ „ „ „ „ „ „ 1: 80 „ 1: 60 „
„ 3,96 „ „ „ „ „ „ „ 1: 60 „ 1: 40 „

### der Fall:

mit 0,55 km auf das Verhältniss von mehr als 1:400 bis 1:200 einschl.
„ 0,15 „ „ „ „ „ „ „ 1:100 „ 1: 80 „
„ 0,53 „ „ „ „ „ „ „ 1: 80 „ 1: 60 „
„ 2,45 „ „ „ „ „ „ „ 1: 60 „ 1: 40 „

Die stärkste Steigung beträgt 1:40 und kommt zusammenhängend in gösster Länge von 1477 m vor; dasselbe Verhältniss besteht auch beim Fall auf einer zusammenhängenden grössten Länge von 782 m.

Hinsichtlich der Richtung liegen 8,45 km = 70,18 Prozent der Bahnlänge in gerader Linie und 3,59 km = 29,82 Prozent in Krümmungen und zwar:

0,19 km in Krümmungen mit Halbmessern von weniger als 1000 bis einschl. 500 m
0,39 „ „ „ „ „ „ „ 400 „ „ 300 „
3,01 „ „ „ „ „ „ „ 300 m.

Der kleinste Krümmungshalbmesser auf freier Strecke beträgt 100 m und die Summe der Kreisbogengrade aller Krümmungen 1 079,79.

Der Unterbau hat in der Bettungssohle gemessen eine Breite von 2,95 m und ist lediglich durch besonderen Bahnkörper gebildet; 7,67 km liegen im Auftrag, 4,04 km im Abtrag und 0,33 km in Geländehöhe. Ueber die Bahn führen in Schienenhöhe 95 weder verschlossene, noch bewachte Wege.

Der Oberbau umfasst 14,81 km Gleis mit 36 Weichen.

An Kunstbauten sind ausgeführt: 2 Viadukte von zusammen 130 m Länge, 6 mit Eisen überbaute Brücken mit zusammen 16 Oeffnungen von je 2 bis 10 m Lichtweite, 4 Wegunterführungen mit Eisenüberbau, 70 Wasserdurchlässe (davon sind 22 mit Platten gedeckt, 3 gewölbt, 22 bestehen aus eisernen und 23 aus steinernen Röhren).

An Hochbauten sind ausgeführt: 2 Dienstwohngebäude für Beamte und Arbeiter, 1 Empfangsgebäude, 2 besondere bedeckte Warteräume, 6 Güterschuppen, 2 Lokomotivschuppen, 1 Kohlenschuppen, 1 Wirthschaftsnebengebäude, 1 Materialien-Depot-Gebäude, zusammen mit 984 qm bebauter Grundfläche.

An sonstigen Anlagen sind noch vorhanden: 6 Bahnsteige mit zusammen 2425 qm bebauter Grundfläche, 1 durch natürliches Gefälle gespeiste Wasserstation, 5 offene, feste Laderampen für Seitenverladung, 2 Gleisbrückenwaagen, 2 Armtelegraphen.

Mit der Bahn sind 3 industrielle Anlagen durch Zweiggleise verbunden.

Die Herstellungskosten der Bahnanlagen betragen 1 061 048,78 Mark. Davon kommen

130 546,67 Mark auf Grunderwerb und Nutzungsentschädigung,
170 365,42 „ „ Erd-, Fels- und Böschungsarbeiten sowie Futtermauern,
2 728,51 „ „ Einfriedigungen,
40 024,57 „ „ Wegübergänge, Ueber- und Unterführungen,
127 623,25 „ „ Durchlässe und Brücken,
349 949,76 „ „ Oberbau nebst allen Nebensträngen und zugehörigen Ausweichen,
5 486,19 „ „ Signale,
84 984,85 „ „ Bahnhöfe und Haltestellen,
120 006,30 „ „ Verwaltungskosten,
29 333,26 „ „ Insgemein und Verzinsung des Baukapitals während der Bauzeit.

Auf ein Kilometer Bahn entfallen durchschnittlich 88 126,98 Mark.

Das durch den Betriebsüberschuss zu verzinsende Anlagekapital im allgemeinen beträgt 1 164 831,80 Mark und setzt sich zusammen wie folgt:

1 023 319,66 Mark Herstellungskosten der Bahnanlagen ausschl. der Kosten
               der Gemeinschaftsbahnhöfe,
28 065,27 „ antheilige Kosten der Gemeinschaftsbahnhöfe,
101 185,94 „ Anschaffungskosten der Fahrbetriebsmittel,
9 503,00 „ antheilige Herstellungskosten der Werkstättenanlagen,
761,08 „ „ „ „ Imprägniranstalten,
1 996,85 „ „ „ „ Administrations- und
               Hauptverwaltungsgebäude in Dresden.

Auf ein Kilometer Bahn entfallen durchschnittlich 96 746,83 Mark.

An Fahrbetriebsmitteln sind vorhanden: 3 Lokomotiven, 4 Personenwagen mit 10 Achsen und 102 Plätzen, 13 bedeckte und 22 offene Güterwagen mit 70 Achsen und 175 Tonnen Ladegewicht. Es berechnen sich durchschnittlich auf eine Personenwagenachse 10,2 Plätze und auf eine Güterwagenachse 2,5 Tonnen Ladegewicht.

# TAUBENHEIM – DÜRRHENNERSDORF.

## Lageplan.
### 1 : 200 000.

Viadukt in Oppach.

nach Dürrhennersdorf

Weberei

Kesselhaus

Fabr. Graben

Strasse

Teich

1 : 500.

1 : 50

von Taubenheim

Warbis
Ober-Oppach
Lauba
Lawalde
Beiersdorf
Schönbach
Lindenberg
Oppach
nach Löbau
Tauben-heim
Spree
Neu-Oppach
Dürrhennersdorf
von Bischofs-werda
Fugau
Neuschönberg
Sprembg
Neusalza
Kottmarsdorf
zu Fugau
von Ebersbach
Kgr.
Neu Spr.
Friedersdorf
Böhmen
Hanrachsthal
Ebersbach

## Längenprofil.

Längen 1:150000.
Höhen 1:5000.

Taubenheim
Oppach
Beiersdorf
Ober-Schönbach
Schönbach
Unter-Schönbach
Dürrhennersdorf

Rollbock-Laderampe in Beiersdorf.

1 : 250.

0  1  2  3  4  5  6  7  8  9  10  11  12,04 km

A.K.

## Leistungen der Fahrbetriebsmittel.

| im Jahre | Lokomotiv- | | Achskilometer | | | durchschnittlich auf 1 Lokomotiv-Nutzkilometer (durchschnittliche Stärke der Züge). |
|---|---|---|---|---|---|---|
| | Nutzkilometer. | Leer- und Rangirkilometer. | der Personenwagen. | der Güter- und Postwagen. | Zusammen. | |
| 1893 | 35 779 | 23 436 | 217 246 | 262 801 | 480 047 | 13,42 |
| 1894 | 35 005 | 23 602 | 230 674 | 259 075 | 489 749 | 13,99 |
| Im Jahre 1894 durchschnittlich auf 1 km Bahn . . | 2 907 | 1 960 | 19 159 | 21 518 | 40 677 | |

Im Jahre 1894 betrug

die Ausnutzung der bewegten Personenwagenplätze 15,20 Prozent und der bewegten Ladefähigkeit der Güterwagen 13,20 Prozent;

die Zahl der abgelassenen Züge: 2 902 und zwar 1 Personenzug und 2 901 gemischte Züge;

das für die Lokomotiven verbrauchte Brennmaterial auf den Steinkohlenheizwerth reduzirt: 207 Tonnen, d. i. durchschnittlich auf ein Nutzkilometer 5,90 kg und auf ein Wagenachskilometer 0,42 kg.

## Verkehrsergebnisse.
### Personenverkehr

| im Jahre | Anzahl | | Durchschnittlich durchfahrene Weglänge | | Fahrgeld-Einnahme | | |
|---|---|---|---|---|---|---|---|
| | der beförderten Personen. | der zurückgelegten Personenkilometer. | von jeder Person km | in Prozenten der Bahnlänge. | überhaupt Mark. | durchschnittlich auf 1 Person Mark. | auf 1 Person und 1 km Pf. |
| 1893 | 54 349 | 337 405 | 6,21 | 51,58 | 11 827 | 0,22 | 3,51 |
| 1894 | 56 347 | 356 913 | 6,83 | 52,57 | 11 997 | 0,21 | 3,36 |
| Im Jahre 1894 durchschnittlich auf 1 km Bahn . . | 4 680 | 29 644 | — | — | 996 | — | — |

### Güterverkehr

| im Jahre | Stückgut | | Wagenladungsgut | | | | | | Ausnahme-Tarif 1—11 | Frachtpflichtiges Dienstgut | Militärgut | Gut in vereinbarter Fracht | Se. |
|---|---|---|---|---|---|---|---|---|---|---|---|---|---|
| | allgemeine Klasse | Specialtarif | allgemeine Klasse A¹. | B. | Specialtarif A². | I. | II. | III. | | | | | |
| | | | | | Tonnen. | | | | | | | | |
| 1893 | 2 584 | 333 | 15 | 20 | 106 | 382 | 174 | 7 821 | 70 | 240 | — | — | 11 745 |
| 1894 | 2 960 | 349 | 32 | 38 | 177 | 346 | 201 | 8 340 | 115 | 106 | — | — | 12 664 |
| Im Jahre 1894: in Prozenten der Gesammtheit . | 23,37 | 2,76 | 0,25 | 0,30 | 1,40 | 2,73 | 1,59 | 65,85 | 0,91 | 0,84 | — | — | 100,00 |
| Tonnenkilometer . . . . | 16 981 | 2 027 | 129 | 166 | 1 189 | 1 879 | 1 110 | 41 390 | 762 | 1 335 | — | — | 66 968 |
| in Prozenten der Gesammtheit . | 25,36 | 3,03 | 0,19 | 0,25 | 1,78 | 2,80 | 1,66 | 61,80 | 1,14 | 1,99 | — | — | 100,00 |
| Tonnen \ auf 1 km Bahn | 246 | 29 | 3 | 3 | 15 | 29 | 17 | 692 | 9 | 9 | — | — | 1 052 |
| Tonnenkilometer / | 1 410 | 168 | 11 | 14 | 99 | 156 | 92 | 3 438 | 63 | 111 | — | — | 5 562 |
| durchschnittliche Transportlänge jeder Tonne . . . . km | 5,74 | 5,81 | 4,03 | 4,37 | 6,72 | 5,43 | 5,52 | 4,96 | 6,63 | 12,04 | — | — | 5,29 |
| in Prozenten der Bahnlänge . | 47,67 | 48,26 | 33,47 | 36,30 | 55,81 | 45,10 | 45,85 | 41,20 | 55,07 | 100,00 | — | — | 43,94 |
| Frachteinnahme . . . Mark | 4 276 | 470 | 35 | 43 | 179 | 329 | 168 | 6 626 | 97 | 52 | — | — | 12 275 |
| durchschnittliche Einnahme jeder Tonne . . . . Mark | 1,44 | 1,35 | 1,09 | 1,13 | 1,01 | 0,95 | 0,84 | 0,79 | 0,84 | 0,49 | — | — | 0,97 |
| durchschnittliche Einnahme für 1 Tonne und 1 km . . Pf. | 25,18 | 23,19 | 27,13 | 25,90 | 15,05 | 17,51 | 15,14 | 16,01 | 12,73 | 3,90 | — | — | 18,33 |

Die hauptsächlichsten Frachtgüter sind: Kohlen, Steine, Pflastersteine, Kartoffeln, Düngemittel, Mais und Mehl.

Umfang des Güterverkehrs der wichtigsten Verkehrsstellen

| Jahr. | Schönbach. | | Oppach. | |
|---|---|---|---|---|
| | Abgang | Ankunft | Abgang | Ankunft |
| | Tonnen | Tonnen | Tonnen | Tonnen |
| 1893 | 593 | 3 737 | 926 | 3 055 |
| 1894 | 671 | 3 886 | 790 | 3 645 |

## Finanzielle Ergebnisse.

| im Jahre | Einnahmen | | | | | Ausgaben | | | | | | | Ueberschuss | | Mehr-aufwand | |
|---|---|---|---|---|---|---|---|---|---|---|---|---|---|---|---|---|
| | aus dem Personen-ver-kehre | aus dem Güter-ver-kehre | aus son-stigen Quel-len | über-haupt | durch-schnitt-lich auf 1 Wagen-achs-kilom. | Gene-ral-un-kosten | Be-triebs-auf wand | für Ver-voll-stän-digung der Bahn-an-lagen | Ein-lage in den Er-neuer-ungs-fonds | über-haupt | in % der Brutto-Ein-nahme. | durch-schnitt-lich auf 1 Wagen-achs-kilom. | im ganzen | in % des An-lage-kapi-tales. | im ganzen | in % des An-lage-kapi-tales. |
| | Mark. | Mark. | Mark. | Mark. | Pf | Mark. | Mark. | Mark. | Mark. | Mark. | | Pf. | Mark. | | Mark. | |
| 1893 | 11 905 | 11 918 | 1 162 | 24 985 | 5,21 | 2 171 | 56 246 | — | 1 249 | 59 666 | 238,8 | 12,43 | — | — | 34 681 | 3,07 |
| 1894 | 12 091 | 12 802 | 1 277 | 26 170 | 5,34 | 2 209 | 51 385 | 56 | 1 309 | 54 959 | 210,0 | 11,22 | — | — | 28 789 | 2,47 |
| durchschnittl. auf 1 km Bahn im Jahre 1894 . | 1 004 | 1 063 | 107 | 2 174 | — | 183 | 4 268 | 5 | 109 | 4 565 | — | — | — | — | 2 391 | — |

## 16. Linie **Hetzdorf-Eppendorf.**
### Eröffnet den 1. Dezember 1893.

Die Einbeziehung des namentlich durch seine Spielwaarenfabrikation bekannten Ortes Eppendorf in das sächsische Staatsbahnnetz war bereits im Jahre 1881 in Frage gekommen. In diesem Jahre trat nämlich in den betheiligten Ortschaften ein Komité zusammen, welches generelle Vorarbeiten für den Bau einer Eisenbahnlinie von Berthelsdorf über Brand, Erbisdorf, Nieder- und Oberlangenau nach Grosshartmannsdorf und von hier weiter über Grosswaltersdorf nach Eppendorf anfertigen liess. Da jedoch vorderhand noch dringendere Bedürfnisse in anderen Landes-theilen zu befriedigen waren, konnte dieses Projekt damals nicht weiter verfolgt werden. Im weiteren Verlaufe stellte sich heraus, dass es dem Interesse der betheiligten Ortschaften mehr entsprechen werde, wenn an Stelle der im Jahre 1881 projektirten Linie auf den Bau einer Bahn von Berthelsdorf nach Grosshartmannsdorf und von Brand nach Langenau zugekommen werde. Diese Linien wurden in den Jahren 1889 und 1890 ausgeführt. Von den im früheren Projekte berücksichtigten Ortschaften war nunmehr nur noch Eppendorf ohne Eisenbahnverbindung geblieben, da der Anschluss dieses Ortes an das Eisenbahnnetz über Grosshartmannsdorf nicht als dem Verkehrsbedürfnisse desselben entsprechend erachtet werden konnte.

Die Verbindung des Ortes Eppendorf mit dem bestehenden Bahnnetz wurde erst erreicht, als von der Ständeversammlung 1889/90 der Bau einer Schmalspurbahn von Hohenfichte nach Eppendorf nach dem Vorschlage der Regierung genehmigt ward.

Bei der Ausführung dieser Bahn zeigte sich jedoch, dass es aus lokalen und betrieblichen Gründen vortheilhafter sein werde, wenn der Anschluss derselben an die Flöha-Reitzenhainer

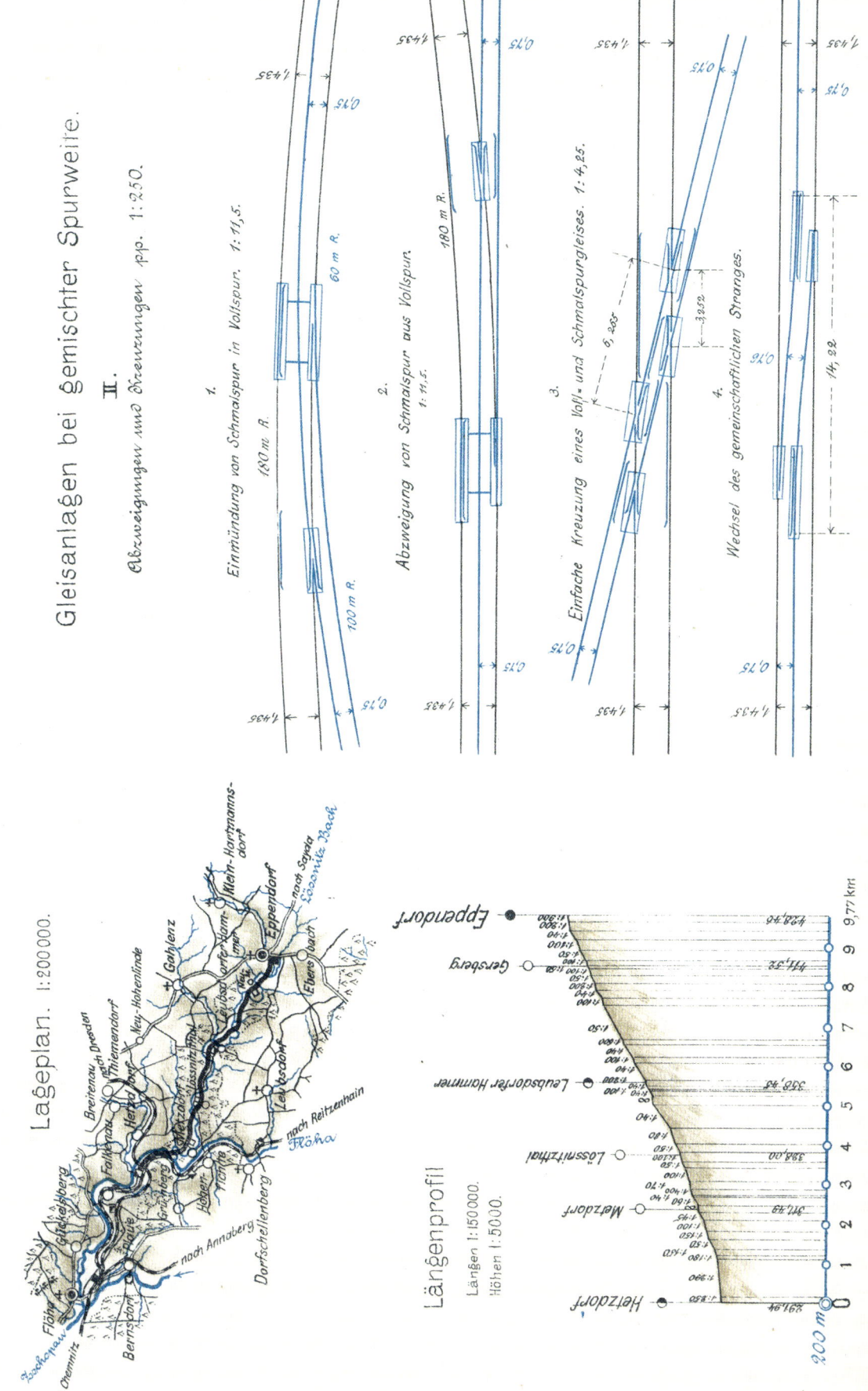

# HETZDORF – EPPENDORF.

## Gleisanlagen bei gemischter Spurweite.

### II.

Abzweigungen und Kreuzungen p.p. 1:250.

1. Einmündung von Schmalspur in Vollspur. 1:11,5.

2. Abzweigung von Schmalspur aus Vollspur. 1:11,5.

3. Einfache Kreuzung eines Voll- und Schmalspurgleises 1:4,25.

4. Wechsel des gemeinschaftlichen Stranges.

Lageplan. 1:200000.

Längenprofil
Längen 1:150000.
Höhen 1:5000.

R. Henke.

Linie nicht in Hohenfichte, sondern in einer zu diesem Zwecke besonders anzulegenden Verkehrsstelle zwischen Hohenfichte und Flöha — Haltestelle Hetzdorf — gesucht werde.

Für die Wahl der schmalen Spur der demgemäss durch das Lössnitzthal zu führenden Eisenbahn nach Eppendorf musste, wie bei der Müglitzthalbahn, der Wilischthalbahn und der Pressnitzthalbahn entscheidend wirken, dass nur bei dieser Bauart sich die Füglichkeit bot, den Windungen des Lössnitzthales zu folgen und die in diesem Thale und in Eppendorf vorhandenen oder künftig entstehenden industriellen Anlagen — von denen zur Zeit neben den Eppendorfer Spielwaarenfabriken besonders noch Spinnereien, Holzschleifereien, Mühlen und eine ziemlich ausgedehnte Parketfabrik zu nennen sind — durch Zweiggleise mit der Bahn in unmittelbare Verbindung zu bringen.

Die Bahn ist 9,77 km lang und es betragen die Entfernungen zwischen ihren Verkehrsstellen, als:

$$
\begin{array}{ll}
\text{Hetzdorf und Metzdorf} \dots & 2{,}32 \text{ km,} \\
\text{Metzdorf und Lössnitzthal} \dots & 1{,}40 \text{ „} \\
\text{Lössnitzthal und Leubsdorfer Hammer} \dots & 1{,}85 \text{ „} \\
\text{Leubsdorfer Hammer und Gersberg} \dots & 2{,}94 \text{ „} \\
\text{Gersberg und Eppendorf} \dots & 1{,}26 \text{ „}
\end{array}
$$

Der Anfangspunkt bei Hetzdorf liegt 291,94 m, der in unmittelbarer Nähe der Hauptstrasse, rings von Fabriken umgebene Endbahnhof Eppendorf aber 428,47 m über dem Spiegel der Ostsee. Vom Anfangs- bis zum Endpunkte steigt die Bahn im ganzen 136,53 m.

Von der Gesammtlänge befinden sich:

9,37 km = 95,91 Prozent in Steigung und
0,40 „ = 4,09 „ „ der Horizontale.

Die Steigung vertheilt sich:

mit 0,43 km auf das Verhältniss von mehr als 1:1000 bis 1:400 einschl.
„ 1,56 „ „ „ „ „ „ „ 1: 400 „ 1:200 „
„ 2,28 „ „ „ „ „ „ „ 1: 200 „ 1:100 „
„ 0,40 „ „ „ „ „ „ „ 1: 100 „ 1: 80 „
„ 0,33 „ „ „ „ „ „ „ 1: 80 „ 1: 60 „
„ 4,37 „ „ „ „ „ „ „ 1: 60 „ 1: 40 „

Die stärkste Steigung 1:40 kommt vor zusammenhängend in grösster Länge von 601 m.

Hinsichtlich der Richtung liegen 4,93 km = 50,46 Prozent der Bahnlänge in gerader Linie und 4,84 km = 49,54 Prozent in Krümmungen und zwar:

0,31 km in Krümmungen mit Halbmessern von weniger als 1500 bis einschl. 1000 m
0,88 „ „ „ „ „ „ „ „ 1000 „ „ 500 „
0,59 „ „ „ „ „ „ „ „ 500 „ „ 400 „
0,31 „ „ „ „ „ „ „ „ 400 „ „ 300 „
2,75 „ „ „ „ „ „ „ „ 300 m.

Der kleinste Krümmungshalbmesser auf freier Strecke beträgt 100 m und die Summe der Kreisbogengrade aller Krümmungen 1445,26.

Der Unterbau hat in der Bettungssohle gemessen eine Breite von 2,95 m und ist lediglich durch besonderen Bahnkörper gebildet; 8,24 km liegen im Auftrag, 1,46 km im Abtrag und 0,07 km in Geländehöhe. Ueber die Bahn führen in Schienenhöhe 31 offene, unbewachte Wege.

Der Oberbau umfasst 11,90 km Gleis mit 25 Weichen.

An Kunstbauten sind ausgeführt: 25 Brücken mit eisernem Ueberbau und zwar: 2 mit zusammen 5 Oeffnungen von über 30 m Lichtweite der einzelnen Oeffnungen, 6 mit je einer Oeffnung von 10 bis 30 m Lichtweite und 17 mit je einer Oeffnung von 2 bis 10 m Lichtweite, 42 Wasserdurchlässe (davon sind 4 mit Platten gedeckt, 1 ist offen, 21 bestehen aus eisernen und 16 aus steinernen u. s. w. Röhren).

An Hochbauten sind ausgeführt: 1 Empfangsgebäude, 3 besondere bedeckte Warteräume, 2 Güterschuppen, 2 Lokomotivschuppen, 1 Kohlenschuppen, 5 Wirthschaftsnebengebäude, zusammen mit 782 qm bebauter Grundfläche.

An sonstigen Anlagen sind noch vorhanden: 5 Bahnsteige mit 2 150 qm bebauter Grundfläche, 1 durch natürliches Gefälle gespeiste Wasserstation, 1 Wasserleitung, 2 offene, feste Laderampen für Seitenverladung, 2 transportable Laderampen, 1 Gleisbrückenwaage, 1 Armtelegraph.

Mit der Bahn sind 5 industrielle Anlagen durch Zweiggleise verbunden.

Die Herstellungskosten der Bahnanlagen betragen 892 580,93 Mark. Davon kommen 86 722,49 Mark auf Grunderwerb und Nutzungsentschädigung,

| | | |
|---|---|---|
| 89 242,51 | „ „ | Erd-, Fels- und Böschungsarbeiten sowie Futtermauern, |
| 11 079,91 | „ „ | Wegübergänge, Ueber- und Unterführungen, |
| 114 104,96 | „ „ | Durchlässe und Brücken, |
| 265 584,45 | „ „ | Oberbau nebst allen Nebensträngen und zugehörigen Ausweichen, |
| 6 668,84 | „ „ | Signale, |
| 193 177,46 | „ „ | Bahnhöfe und Haltestellen, |
| 107 174,18 | „ „ | Verwaltungskosten, |
| 18 826,13 | „ „ | Insgemein und Verzinsung des Baukapitals während der Bauzeit. |

Auf ein Kilometer Bahn entfallen durchschnittlich 91 359,36 Mark.

Das durch den Betriebsüberschuss zu verzinsende Anlagekapital im allgemeinen beträgt 910 313,94 Mark und setzt sich zusammen wie folgt:

| | | |
|---|---|---|
| 801 971,54 | Mark | Herstellungskosten der Bahnanlagen ausschl. der Kosten der Gemeinschaftsbahnhöfe, |
| 7 556,47 | „ | antheilige Kosten der Gemeinschaftsbahnhöfe, |
| 90 585,58 | „ | Anschaffungskosten der Fahrbetriebsmittel, |
| 8 507,46 | „ | antheilige Herstellungskosten der Werkstättenanlagen, |
| 611,54 | „ | „ „ „ „ Imprägniranstalten, |
| 1 081,35 | „ | „ „ „ „ Administrations- und Hauptverwaltungsgebäude in Dresden. |

Auf ein Kilometer Bahn entfallen durchschnittlich 93 174,41 Mark.

An Fahrbetriebsmitteln sind vorhanden: 2 Lokomotiven, 6 Personenwagen mit 12 Achsen und 138 Plätzen, 8 bedeckte und 20 offene Güterwagen mit 60 Achsen und 145 Tonnen Ladegewicht. Es berechnen sich durchschnittlich auf eine Personenwagenachse 11,5 Plätze und auf eine Güterwagenachse 2,4 Tonnen Ladegewicht.

### Leistungen der Fahrbetriebsmittel.

| im Jahre | Lokomotiv- | | Achskilometer | | | durchschnittlich auf 1 Lokomotiv-Nutzkilometer (durchschnittliche Stärke der Züge). |
|---|---|---|---|---|---|---|
| | Nutzkilometer. | Leer- und Rangirkilometer. | der Personenwagen. | der Güter- und Postwagen. | Zusammen. | |
| 1894 | 23 047 | 19 895 | 105 212 | 160 000 | 265 212 | 11,51 |
| durchschnittlich auf 1 km Bahn . . . . . . . | 2 359 | 2 036 | 10 769 | 16 377 | 27 146 | — |

Im Jahre 1894 betrug

die Ausnutzung der bewegten Personenwagenplätze 23,91 Prozent und der bewegten Ladefähigkeit der Güterwagen 21,90 Prozent;

die Zahl der abgelassenen Züge: 2 297 und zwar: 25 Personen-, 2 190 gemischte und 82 Güterzüge;

das für die Lokomotiven verbrauchte Brennmaterial auf den Steinkohlenheizwerth reduzirt: 179 Tonnen, d. i. durchschnittlich auf ein Nutzkilometer 7,76 kg und auf ein Wagenachskilometer 0,68 kg.

## Verkehrsergebnisse.

### Personenverkehr

| im Jahre | Anzahl | | Durchschnittlich durchfahrene Weglänge | | Fahrgeld·Einnahme | | |
|---|---|---|---|---|---|---|---|
| | der beförderten Personen. | der zurückgelegten Personenkilometer. | von jeder Person km | in Prozenten der Bahnlänge. | überhaupt Mark. | durchschnittlich auf 1 Person Mark. | auf 1 Person und 1 km Pf. |
| 1894 | 35 520 | 289 366 | 8,15 | 83,42 | 9 489 | 0,27 | 3,28 |
| durchschnittlich auf 1 km Bahn . . . . . . . | 3 636 | 29 618 | — | — | 971 | — | — |

### Güterverkehr

| im Jahre | Stückgut | | Wagenladungsgut | | | | | | Ausnahme-Tarif 1—11 | Frachtpflichtiges Dienstgut | Militärgut | Gut in vereinbarter Fracht | Se. |
|---|---|---|---|---|---|---|---|---|---|---|---|---|---|
| | allgemeine Klasse | Specialtarif | allgemeine Klasse A¹. | B. | A². | I. | II. | III. | | | | | |
| | | | | | | | T o n n e n. | | | | | | |
| 1894 | 1 868 | 346 | 61 | — | 449 | 223 | 169 | 4 466 | 782 | 40 | — | 4 | 8 408 |
| in Prozenten der Gesammtheit . | 22,22 | 4,11 | 0,72 | — | 5,34 | 2,65 | 2,01 | 53,12 | 9,30 | 0,48 | — | 0,05 | 100,00 |
| Tonnenkilometer . . . | 18 040 | 3 382 | 612 | — | 4 415 | 1 896 | 1 667 | 42 734 | 6 907 | 399 | — | 40 | 80 092 |
| in Prozenten der Gesammtheit . | 22,53 | 4,22 | 0,76 | — | 5,51 | 2,37 | 2,08 | 53,36 | 8,62 | 0,50 | — | 0,05 | 100,00 |
| Tonnen \auf 1 km Bahn{ | 191 | 36 | 6 | — | 46 | 23 | 17 | 457 | 80 | 4 | — | 1 | 861 |
| Tonnenkilometer/ { | 1 846 | 346 | 63 | — | 452 | 194 | 171 | 4 374 | 707 | 41 | — | 4 | 8 198 |
| durchschnittliche Transportlänge jeder Tonne . . . km | 9,66 | 9,77 | 9,77 | — | 9,77 | 8,50 | 9,77 | 9,57 | 8,83 | 9,77 | — | 9,77 | 9,53 |
| in Prozenten der Bahnlänge . | 98,87 | 100,00 | 100,00 | — | 100,00 | 87,00 | 100,00 | 97,95 | 90,38 | 100,00 | — | 100,00 | 97,54 |
| Frachteinnahme . . . Mark | 3 406 | 538 | 86 | — | 513 | 250 | 167 | 4 208 | 761 | 14 | — | 4 | 9 947 |
| durchschnittliche Einnahme jeder Tonne . . . Mark | 1,82 | 1,55 | 1,41 | — | 1,14 | 1,12 | 0,99 | 0,94 | 0,97 | 0,35 | — | 1,00 | 1,18 |
| durchschnittliche Einnahme für 1 Tonne und 1 km . . Pf. | 18,88 | 15,91 | 14,05 | — | 11,62 | 13,19 | 10,02 | 9,85 | 11,02 | 3,51 | — | 10,00 | 12,42 |

Die hauptsächlichsten Frachtgüter sind: Baumwollgarne, Parkettfussbodentheile, Kohlen, Baumwolle, Klein- und Grossvieh, Baumwollabfälle, Getreide, Schleifhölzer, Stamm- und Schnitthölzer, Pappen, Düngemittel, Leder, Mehl, Kalk und Steinbaukästen.

Umfang des Güterverkehrs der wichtigsten Verkehrsstelle

### Eppendorf.

| Jahr. | Abgang Tonnen. | Ankunft Tonnen. |
|---|---|---|
| 1894 | 1 446 | 5 980 |

9*

## Finanzielle Ergebnisse.

| im Jahre | Einnahmen | | | | | Ausgaben | | | | | | | Ueberschuss | | Mehraufwand | |
|---|---|---|---|---|---|---|---|---|---|---|---|---|---|---|---|---|
| | aus dem Personenverkehre | aus dem Güterverkehre | aus sonstigen Quellen | überhaupt | durchschnittlich auf 1 Wagenachskilom. | Generalunkosten | Betriebsaufwand | für Vervollständigung der Bahnanlagen | Einlage in den Erneuerungsfonds | überhaupt | in % der Brutto-Einnahme. | durchschnittlich auf 1 Wagenachskilom. | im ganzen | in % des Anlagekapitales. | im ganzen | in % des Anlagekapitales. |
| | Mark. | Mark. | Mark. | Mark. | Pf. | Mark | Mark | Mark. | Mark. | Mark. | | Pf. | Mark. | | Mark. | |
| 1894 | 9 653 | 14 170 | 1 840 | 25 663 | 9,68 | 1 196 | 33 916 | 45 | 1 283 | 36 440 | 142,0 | 13,74 | — | — | 10 777 | 1,18 |
| durchschnittl. auf 1 km Bahn . | 988 | 1 451 | 188 | 2 627 | — | 123 | 3 471 | 5 | 131 | 3 730 | — | — | — | — | 1 103 | — |

## 17. Linie Herrnhut - Bernstadt.

### Eröffnet den 1. Dezember 1893.

Sowohl die Königliche Staatsregierung als auch die Landstände erkannten die Nothwendigkeit der Herstellung einer Verbindung der Stadt Bernstadt mit dem bestehenden Bahnnetz, doch bestanden wegen der Wahl des geeignetsten Anschlusspunktes verschiedene Auffassungen, die zu eingehenden Erörterungen Veranlassung gaben.

Fraglich war insbesondere, ob die Abzweigung nach Bernstadt von Löbau aus (an der Dresden-Görlitzer Linie) oder von Herrnhut aus (an der Löbau-Zittauer Linie) ausgehen solle. Im ersteren Falle würde die Bahn vollspurig herzustellen gewesen sein und zwar deshalb, weil dieselbe zunächst die Hauptlinie Löbau-Görlitz auf eine Strecke von 3,4 km mitzubenutzen gehabt hätte. Durch den vollspurigen Ausbau der Linie hätte sich eine erheblich grössere Betriebslänge ergeben, wodurch selbstverständlich auch die Aufwendung unverhältnissmässig grosser Baukosten nöthig geworden wäre; sodann würde auch ein direktes Aufsuchen der zwischen Herrnhut und Bernstadt gelegenen Ortschaften und Fabriketablissements nicht möglich gewesen sein. Mit Rücksicht hierauf und da ohnehin eine irgend befriedigende Rente von dem aufzuwendenden Baukapitale durch den der neuen Linie zufallenden Verkehr zunächst nicht zu erwarten stand, im übrigen auch anzunehmen war, dass die minder kostspielige Linie von Herrnhut nach Bernstadt vollständig im Stande sein werde, das hier vorhandene wenig umfängliche Verkehrsbedürfniss zu befriedigen, entschied man sich für die schmalspurige Bahn, welche nach den örtlichen Verhältnissen nicht von Löbau, sondern von Herrnhut auszugehen hatte.

Die Wahl dieser Trace bot übrigens noch den Vortheil, dass sie den Verkehrsbeziehungen der Bernstädter Gegend mit Zittau und der südlichen Lausitz in gleicher Weise wie dem Verkehre mit Löbau, Bautzen u. s. w. Rechnung trug und dass die Bahn — mit Ausnahme einer kurzen Strecke zwischen den Haltestellen Cunnersdorf und Niederrennersdorf — fortdauernd durch bewohnte Ortschaften in einem Bachthale geführt werden konnte, in welchem sie Tuchfabriken und eine Anzahl Mühlen berührt, auch die weitere Ausnutzung der vorhandenen Wasserkräfte mittels neuer industrieller Anlagen, welche unmittelbaren Gleisanschluss erhalten können, zu begünstigen vermag.

Die Bahn, welche von Herrnhut bis Bernstadt eine reiche landwirthschaftliche Pflege durchzieht, ist 10,10 km lang und es betragen die Entfernungen zwischen ihren Verkehrsstellen, als:

Herrnhut und Niederstrahwalde . . . . . 1,54 km

Niederstrahwalde und Berthelsdorf . . . . 1,79 „

Berthelsdorf und Oberrennersdorf . . . . 2,54 „

Oberrennersdorf und Niederrennersdorf . . 1,14 „

Niederrennersdorf und Cunnersdorf . . . 1,69 „

Cunnersdorf und Bernstadt . . . . . . . 1,40 „

# HERRNHUT—BERNSTADT.

## Lageplan. 1:200000.

## Längenprofil.
Längen 1:150000.
Höhen 1:5000.

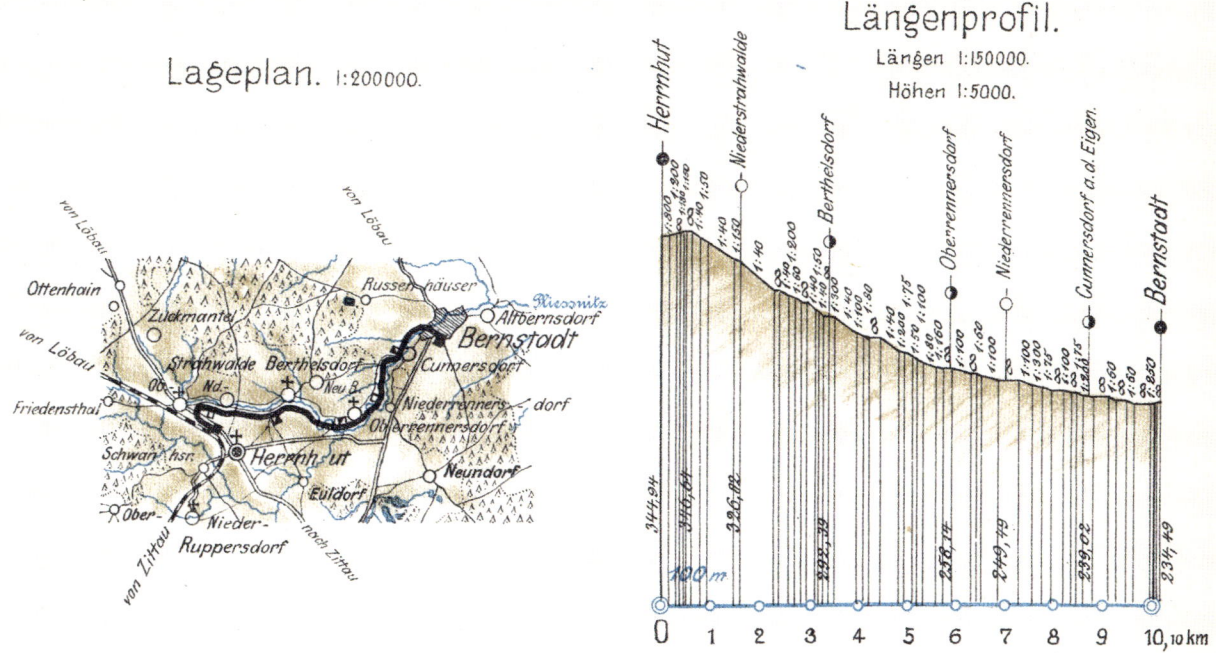

## Anordnung der Gleisanlagen und Bauwerke auf den Verkehrsstellen der Schmalspurbahn. 1:200.

### Haltepunkt Niederstrahwalde.

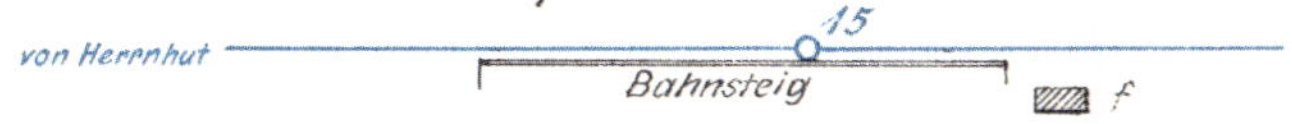

### Haltestelle Berthelsdorf.

### Haltestelle Oberrennersdorf.

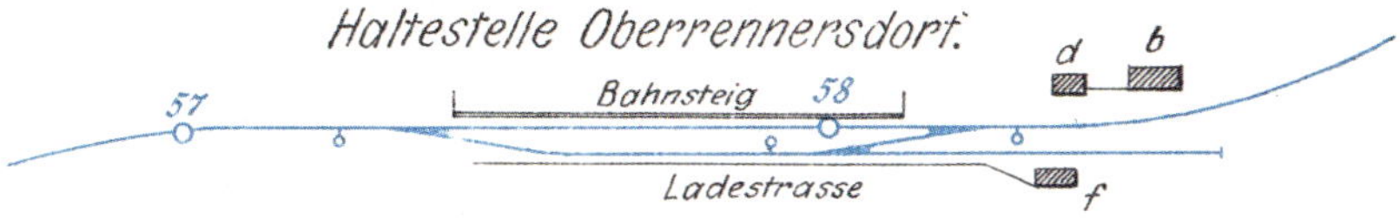

### Haltepunkt Niederrennersdorf.

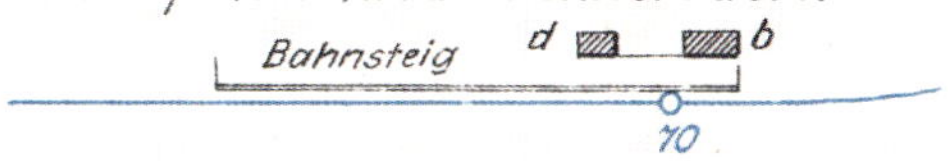

### Haltestelle Cunnersdorf a.d. Eigen.

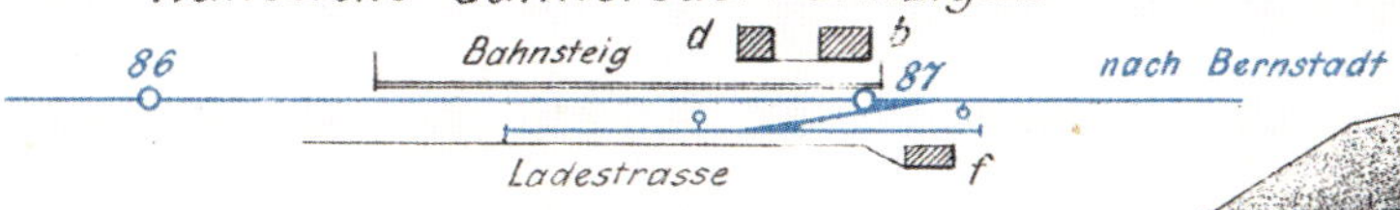

### Bahnhof Bernstadt.

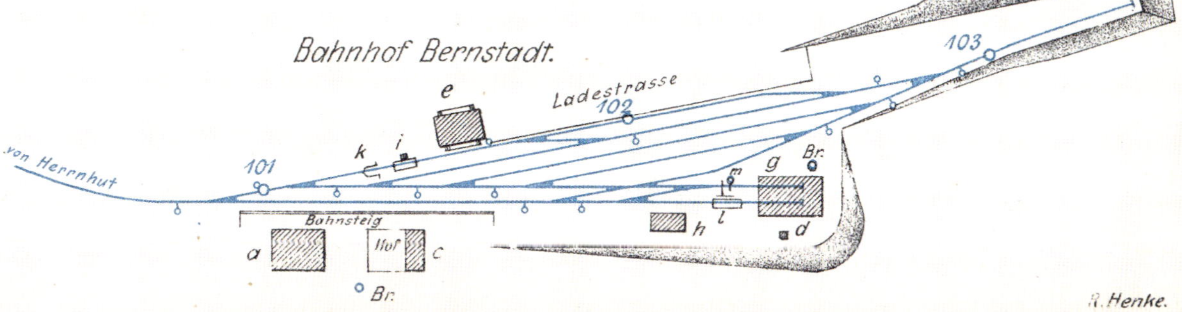

a. Stationsgebäude.
b. Wartehalle.
c. Nebengebäude.
d. Freiabtritt.
e. Güterschuppen.
f. Wagenkasten.

g. Maschinenhaus.
h. Kohlenschuppen.
i. Waage.
k. Ladelehre.
l. Löschgrube.
m. Wasserkrahn.

R. Henke.

Der Anfangspunkt bei Herrnhut liegt 344,94 m und der Endpunkt bei Bernstadt 234,49 m über dem Spiegel der Ostsee. Vom Anfangs- nach dem Endpunkte steigt die Linie im ganzen 2,10 m und fällt 112,55 m.

Von der Gesammtlänge befinden sich:

$$0,54 \text{ km} = 5,35 \text{ Prozent in Steigung,}$$
$$6,80 \text{ „} = 67,33 \text{ „ „ Fall und}$$
$$2,76 \text{ „} = 27,32 \text{ „ „ der Horizontale.}$$

Es vertheilt sich

die Steigung:

mit 0,18 km auf das Verhältniss von mehr als 1 : 1 000 bis 1 : 400 einschl.

„ 0,21 „ „ „ „ „ „ „ 1 : 400 „ 1 : 200 „

„ 0,15 „ „ „ „ „ „ „ 1 : 200 „ 1 : 100 „

der Fall:

mit 0,68 km auf das Verhältniss von mehr als 1 : 400 bis 1 : 200 einschl.

„ 1,72 „ „ „ „ „ „ „ 1 : 200 „ 1 : 100 „

„ 0,33 „ „ „ „ „ „ „ 1 : 100 „ 1 : 80 „

„ 1,10 „ „ „ „ „ „ „ 1 : 80 „ 1 : 60 „

„ 2,97 „ „ „ „ „ „ „ 1 : 60 „ 1 : 40 „

Die stärkste Steigung 1 : 150 kommt zusammenhängend in grösster Länge von 80 m vor und der stärkste Fall 1 : 40 tritt zusammenhängend in grösster Länge von 724 m auf.

Hinsichtlich der Richtung liegen 6,11 km = 60,50 Prozent der Bahnlänge in gerader Linie und 3,99 km = 39,50 Prozent in Krümmungen und zwar:

0,08 km in Krümmungen mit Halbmessern von weniger als 400 bis einschl. 300 m

3,91 „ „ „ „ „ „ „ „ 300 m.

Der kleinste Krümmungshalbmesser auf freier Strecke beträgt 100 m und die Summe der Kreisbogengrade aller Krümmungen 1 820,09.

Der Unterbau hat in der Bettungssohle gemessen eine Breite von 2,95 m und ist lediglich durch besonderen Bahnkörper gebildet; 6,36 km liegen im Auftrag, 3,53 km im Abtrag und 0,21 km in Geländehöhe. Ueber die Bahn führen in Schienenhöhe 87 weder verschlossene noch bewachte Wegübergänge.

Der Oberbau umfasst 12,15 km Gleis mit 29 Weichen.

An Kunstbauten sind ausgeführt: 3 Brücken mit Eisenüberbau und zwar: 1 mit 3 Oeffnungen von je 10 bis 30 m Lichtweite und 2 mit je einer Oeffnung von 2 bis 10 m Lichtweite, 1 Wegunterführung mit eisernem Ueberbau, 73 Wasserdurchlässe (davon sind 18 mit Platten gedeckt, 3 sind offen, 26 bestehen aus eisernen und 26 aus steinernen u. s. w. Röhren).

An Hochbauten sind ausgeführt: 1 Dienstwohngebäude für Beamte und Arbeiter, 1 Empfangsgebäude, 5 besondere bedeckte Warteräume, 4 Güterschuppen, 2 Lokomotivschuppen, 2 Kohlenschuppen, 2 Wirthschaftsnebengebäude, zusammen mit 935 qm bebauter Grundfläche.

An sonstigen Anlagen sind noch vorhanden: 7 Bahnsteige mit 2 423 qm bebauter Grundfläche, 2 Wasserstationen (davon wird die eine durch Menschenkraft und die andere durch Dampf betrieben), 2 transportable Laderampen, 1 Ladebühne, 2 Gleisbrückenwaagen.

Mit der Bahn ist bislang nur 1 industrielle Anlage durch Zweiggleis verbunden worden.

Die Herstellungskosten der Bahnanlagen betragen 787 616,18 Mark. Davon kommen

151 541,55 Mark auf Grunderwerb und Nutzungsentschädigung,

68 043,90 „ „ Erd-, Fels- und Böschungsarbeiten sowie Futtermauern,

205,70 „ „ Einfriedigungen,

10 832,84 „ „ Wegübergänge, Ueber- und Unterführungen,

45 755,49 „ „ Durchlässe und Brücken,

250 861,12 „ „ Oberbau nebst allen Nebensträngen und zugehörigen Ausweichen,

4 509,18 „ „ Signale,

124 431,42 „ „ Bahnhöfe und Haltestellen,

110 766,13 „ „ Verwaltungskosten,

20 668,85 „ „ Insgemein und Verzinsung des Baukapitals während der Bauzeit.

Auf ein Kilometer Bahn entfallen durchschnittlich 77 981,80 Mark.

Das durch den Betriebsüberschuss zu verzinsende Anlagekapital im allgemeinen beträgt 867 704,20 Mark und setzt sich zusammen wie folgt:

743 144,14 Mark Herstellungskosten der Bahnanlagen, ausschl. der Kosten der Gemeinschaftsbahnhöfe,

39 048,89 „ antheilige Kosten der Gemeinschaftsbahnhöfe,

76 508,60 „ Anschaffungskosten der Fahrbetriebsmittel,

7 185,40 „ antheilige Herstellungskosten der Werkstättenanlagen,

624,38 „ „ „ „ „ Imprägniranstalten,

1 192,79 „ „ „ „ „ Administrations- und Hauptverwaltungsgebäude in Dresden.

Auf ein Kilometer Bahn entfallen durchschnittlich 85 911,81 Mark.

An Fahrbetriebsmitteln sind vorhanden: 2 Lokomotiven, 5 Personenwagen mit 12 Achsen und 126 Plätzen, 6 bedeckte und 14 offene Güterwagen mit 40 Achsen und 100 Tonnen Ladegewicht. Es berechnen sich durchschnittlich auf eine Personenwagenachse 10,5 Plätze und auf eine Güterwagenachse 2,5 Tonnen Ladegewicht.

## Leistungen der Fahrbetriebsmittel.

| im Jahre | Lokomotiv- | | Achskilometer | | | durchschnittlich auf 1 Lokomotiv-Nutzkilometer (durchschnittliche Stärke der Züge). |
| | Nutzkilometer. | Leer- und Rangirkilometer. | der Personenwagen. | der Güter- und Postwagen. | Zusammen. | |
|---|---|---|---|---|---|---|
| 1894 | 22 113 | 9 060 | 155 114 | 137 430 | 292 544 | 13,23 |
| durchschnittlich auf 1 km Bahn . . . . . . . | 2 189 | 897 | 15 358 | 13 607 | 28 965 | — |

Im Jahre 1894 betrug

die Ausnutzung der bewegten Personenwagenplätze 24,00 Prozent und der bewegten Ladefähigkeit der Güterwagen 29,20 Prozent;

die Zahl der abgelassenen Züge: 2 190 und zwar 20 Personen- und 2170 gemischte Züge;

das für die Lokomotiven verbrauchte Brennmaterial auf den Steinkohlenheizwerth reduzirt: 152 Tonnen, d. i. durchschnittlich auf ein Nutzkilometer 6,89 kg und auf ein Wagenachskilometer 0,52 kg.

## Verkehrsergebnisse.

### Personenverkehr

| im Jahre | Anzahl | | Durchschnittlich durchfahrene Weglänge | | Fahrgeld-Einnahme | | |
| | der beförderten Personen. | der zurückgelegten Personenkilometer. | von jeder Person km | in Prozenten der Bahnlänge. | überhaupt Mark. | durchschnittlich auf 1 Person Mark. | auf 1 Person und 1 km Pf. |
|---|---|---|---|---|---|---|---|
| 1894 | 46 328 | 390 943 | 8,44 | 83,56 | 12 285 | 0,27 | 3,14 |
| durchschnittlich auf 1 km Bahn . . . . . . . | 4 587 | 38 707 | — | — | 1 216 | — | — |

Güterverkehr

| im Jahre | Stückgut | | allgemeine Klasse | | Wagenladungsgut | | | | Ausnahme-Tarif 1—11 | Fracht-pflich-tiges Dienst-gut | Mili-tär-gut | Gut in verein-barter Fracht | Se. |
| | allge-meine Klasse | Spe-cial-tarif | A¹. | B. | A². | I. | II. | III. | | | | | |
| | | | | | | Specialtarif | | | | | | | |
| | | | | | T o n n e n. | | | | | | | | |
| 1894 | 1 250 | 182 | 20 | — | 173 | 906 | 80 | 6 319 | 352 | 318 | 152 | 67 | 9 819 |
| in Prozenten der Gesammtheit . | 12,73 | 1,85 | 0,20 | — | 1,76 | 9,23 | 0,82 | 64,36 | 3,58 | 3,24 | 1,55 | 0,68 | 100,00 |
| Tonnenkilometer   .   .   .   . | 12 830 | 1 693 | 189 | — | 1 675 | 9 304 | 720 | 63 964 | 2 967 | 3 300 | 1 673 | 737 | 99 052 |
| in Prozenten der Gesammtheit . | 12,95 | 1,71 | 0,19 | — | 1,69 | 9,39 | 0,72 | 64,58 | 3,00 | 3,33 | 1,69 | 0,75 | 100 00 |
| Tonnen         \ auf 1 km Bahn{ | 124 | 18 | 2 | — | 17 | 90 | 8 | 625 | 35 | 31 | 15 | 7 | 972 |
| Tonnenkilometer/ | 1 270 | 168 | 19 | — | 166 | 921 | 71 | 6 333 | 294 | 327 | 165 | 73 | 9 807 |
| durchschnittliche Transportlänge jeder Tonne .   .   .   . km | 10,10 | 9,30 | 9,45 | — | 9,68 | 10,10 | 9,00 | 10,10 | 8,43 | 10,10 | 10,10 | 10,10 | 10,09 |
| in Prozenten der Bahnlänge   . | 100,00 | 92,08 | 93,56 | — | 95,84 | 100,00 | 89,11 | 100,00 | 83,47 | 100,00 | 100,00 | 100,00 | 99,90 |
| Frachteinnahme.   .   .   Mark | 2 364 | 283 | 29 | — | 202 | 1 103 | 72 | 3 397 | 316 | 180 | 282 | 51 | 8 279 |
| durchschnittliche Einnahme jeder Tonne   .   .   .   .   Mark | 1,89 | 1,55 | 1,45 | — | 1,17 | 1,22 | 0,90 | 0,54 | 0,90 | 0,57 | 1,86 | 0,76 | 0,84 |
| durchschnittliche Einnahme für 1 Tonne und 1 km   .   . Pf. | 18,43 | 16,72 | 15,34 | — | 12,06 | 11,86 | 10,00 | 5,31 | 10,65 | 5,45 | 16,86 | 6,92 | 8,36 |

Die hauptsächlichsten Frachtgüter sind: Braunkohlen, Baumwolle, Getreide, Twiste, Zuckerrüben, Baumwoll- und Papierabfälle.

Umfang des Güterverkehrs der wichtigsten Verkehrsstelle

Bernstadt.

| Jahr | Abgang | Ankunft |
| | Tonnen. | Tonnen. |
| 1894 | 2 159 | 5 627 |

Finanzielle Ergebnisse.

| im Jahre | Einnahmen | | | | | Ausgaben | | | | | | | Ueber-schuss | | Mehr-aufwand | |
| | aus dem Per-sonen-ver-kehre | aus dem Güter-ver-kehre | aus son-stigen Quel-len | über-haupt | durch-schnitt-lich auf 1 Wagen-achs-kilom. | Ge-neral-un-kosten | Be-triebs-auf-wand | für Ver-voll-stän-digung der Bahn-an-lagen | Ein-lage in den Er-neuer-ungs-fonds | über-haupt | in % der Brutto-Ein-nahme. | durch-schnitt-lich auf 1 Wagen-achs-kilom. | im ganzen | in % des An-lage-kapi-tales. | im ganzen | in % des An-lage-kapi-tales. |
| | Mark. | Mark | Mark. | Mark. | Pf. | Mark. | Mark. | Mark. | Mark. | Mark. | | Pf. | Mark. | | Mark. | |
| 1894 | 12 388 | 8 774 | 518 | 21 680 | 7,41 | 1 320 | 38 740 | 46 | 1 084 | 41 190 | 190,0 | 14,08 | — | — | 19 510 | 2,25 |
| durchschnittl. auf 1 km Bahn   . | 1 227 | 869 | 51 | 2 147 | — | 131 | 3 836 | 4 | 107 | 4 078 | — | — | — | — | 1 931 | — |

# Dritter Theil.

Allgemeine Betrachtungen.

———————

Die sächsischen Schmalspurbahnen besitzen gegenwärtig eine Gesammtausdehnung von 327,42 Kilometern und machen 11,88 Prozent der Länge des ganzen sächsischen Bahnnetzes aus. Eine weitere Vermehrung wird das sächsische Schmalspurnetz erfahren durch die in den nächsten Jahren zu erbauenden, von der Ständeversammlung bereits genehmigten neuen Linien: Cranzahl-Oberwiesenthal, Kohlmühle-Hohnstein, Mulda-Sayda und Wilzschhaus-Carlsfeld, die zusammen eine Länge von 54 Kilometern haben werden.

Durch die gegenwärtig im Betriebe befindlichen Schmalspurbahnen, welche zusammen, ausschliesslich der 20 Anschlussstationen, 157 Verkehrsstellen besitzen, ist ein Verkehrsgebiet aufgeschlossen worden, welches ungefähr dem zehnten Theile des Gesammtflächenraumes des Königreiches Sachsen entspricht.

Der gesammte Aufwand für die Herstellung der bestehenden Schmalspurbahnen beträgt 23 885 702 Mark; auf ein Kilometer Bahn entfallen mithin durchschnittlich 72 951 Mark. Nach den Baurechnungstiteln vertheilt sich dieser Herstellungsaufwand folgendermaassen:

| Für | Mark. | durchschnittlich pro Kilometer Mark. |
|---|---|---|
| Grunderwerb und Nutzungsentschädigung . . . . . . . . . . . | 2 728 187 | 8 332 |
| Erd-, Fels- und Böschungsarbeiten, Futtermauern . . . . . . . | 4 363 702 | 13 328 |
| Einfriedigungen . . . . . . . . . . . . . . . . . . . | 25 280 | 77 |
| Wegeübergänge, Ueber- und Unterführungen . . . . . . . . . | 609 648 | 1 862 |
| Durchlässe und Brücken . . . . . . . . . . . . . . . | 2 730 483 | 8 339 |
| Tunnels . . . . . . . . . . . . . . . . . . . . . . | 8 794 | 27 |
| Oberbau nebst allen Nebensträngen und zugehörigen Ausweichen . | 6 565 058 | 20 051 |
| Signale . . . . . . . . . . . . . . . . . . . . . . | 138 830 | 424 |
| Bahnhöfe und Haltestellen . . . . . . . . . . . . . . . | 3 398 946 | 10 381 |
| Ausserordentliche Anlagen, als Flussverlegungen etc. . . . . . . | 91 613 | 280 |
| Verwaltungskosten . . . . . . . . . . . . . . . . . | 2 743 577 | 8 379 |
| Insgemein und Verzinsung des Baukapitals während der Bauzeit . . | 481 584 | 1 471 |

Trotz des allgemeinen Grundsatzes, dass sich die Schmalspurbahnen möglichst den gegebenen Bodenverhältnissen anzuschmiegen haben, sind auch bei diesen Linien zahlreiche kostspielige Bauwerke zur Ueberwindung von Terrainschwierigkeiten nöthig geworden; infolge dessen beanspruchte der Aufwand für Kunstbauten einen nicht geringen Antheil von den Gesammtbaukosten. Erklärlich wird dies durch den Umstand, dass nahezu die Hälfte der Länge dieser Bahnen sich durch enge Flussthäler windet, wodurch verhältnissmässig viele Ueberbrückungen, Dammschüttungen und Felsarbeiten nöthig wurden.

Welche Antheile von den Gesammtbaukosten des Schmalspurnetzes prozentual auf die einzelnen Aufwendungen entfallen, ist aus nachstehender Tabelle ersichtlich. Es waren aufzuwenden in Prozenten:

| bei den Linien | Grunderwerb und Nutzungsentschädigung. | Erd-, Fels- und Böschungsarbeiten, sowie Futtermauern. | Einfriedigungen. | Wegübergänge, Ueber- und Unterführungen. | Durchlässe und Brücken. | Tunnels. | Oberbau nebst allen Nebensträngen und zugehörigen Ausweichen. | Signale. | Bahnhöfe und Haltestellen. | Ausserordentliche Anlagen als: Flussverlegungen etc. | Verwaltungskosten. | Insgemein und Verzinsung des Baukapitals während der Bauzeit. |
|---|---|---|---|---|---|---|---|---|---|---|---|---|
| Wilkau-Saupersdorf-Wilzschhaus . . . | 9,73 | 22,42 | 0,01 | 4,56 | 13,36 | — | 24,03 | 0,46 | 11,36 | 0,42 | 11,36 | 2,29 |
| Hainsberg-Kipsdorf . . . . . . . | 9,39 | 14,64 | 0,01 | 2,09 | 13,99 | 0,63 | 28,89 | 1,08 | 12,70 | 0,05 | 14,57 | 1,96 |
| Oschatz-Döbeln mit Mügeln-Nerchau=Trebsen | 16,88 | 13,12 | 0,56 | 2,49 | 4,89 | — | 33,10 | 0,76 | 12,94 | 0,16 | 13,39 | 1,71 |
| Radebeul-Radeburg . . . . . . . | 10,78 | 15,31 | 0,06 | 5,65 | 6,67 | — | 31,90 | 0,68 | 14,22 | — | 13,02 | 1,71 |
| Klotzsche-Königsbrück . . . . . . | 9,98 | 10,12 | 0,04 | 1,37 | 7,15 | — | 37,64 | 0,74 | 17,70 | 0,24 | 13,21 | 1,81 |
| Zittau-Markersdorf . . . . . . . | 13,90 | 14,65 | — | 1,87 | 9,86 | — | 29,12 | 0,58 | 15,43 | 0,80 | 11,93 | 1,86 |
| Mosel-Ortmannsdorf . . . . . . . | 12,48 | 12,65 | 0,03 | 4,16 | 11,23 | — | 27,30 | 0,67 | 17,08 | 1,32 | 11,66 | 1,42 |
| Potschappel-Wilsdruff . . . . . . | 12,44 | 13,22 | 0,32 | 3,38 | 5,51 | — | 28,56 | 0,83 | 17,09 | 0,09 | 14,69 | 3,87 |
| Wilischthal-Ehrenfriedersdorf m. Herold-Thum | 8,95 | 20,31 | — | 2,54 | 12,56 | — | 25,81 | 0,56 | 16,24 | 0,11 | 11,01 | 1,91 |
| Schönfeld-Geyer . . . . . . . | 12,04 | 19,77 | 0,20 | 2,04 | 6,57 | — | 22,57 | 0,59 | 20,84 | 1,11 | 12,45 | 1,82 |
| Grünstädtel-Rittersgrün . . . . . | 10,53 | 29,51 | 0,07 | 2,10 | 8,62 | — | 19,05 | 0,61 | 12,26 | 0,17 | 14,24 | 2,84 |
| Mügeln-Geising=Altenberg . . . . . | 9,59 | 23,23 | 0,03 | 1,75 | 12,62 | — | 25,49 | 0,31 | 16,17 | 0,06 | 9,24 | 1,51 |
| Oschatz-Strehla . . . . . . . . | 17,36 | 10,29 | — | 1,10 | 7,89 | — | 32,36 | 0,73 | 13,19 | 5,40 | 11,02 | 0,66 |
| Wolkenstein-Jöhstadt . . . . . . | 8,13 | 25,35 | 0,00 | 1,45 | 21,57 | — | 21,99 | 0,41 | 11,40 | — | 7,37 | 2,33 |
| Taubenheim-Dürrhennersdorf . . . | 12,30 | 16,06 | 0,26 | 3,77 | 12,03 | — | 32,98 | 0,52 | 8,01 | — | 11,31 | 2,76 |
| Herrnhut-Bernstadt . . . . . . . | 19,24 | 8,64 | 0,03 | 1,38 | 5,81 | — | 31,85 | 0,57 | 15,80 | — | 14,06 | 2,62 |
| Hetzdorf-Eppendorf . . . . . . . | 9,72 | 10,00 | — | 1,24 | 12,78 | — | 29,75 | 0,75 | 21,64 | — | 12,01 | 2,11 |
| Im Gesammtdurchschnitt | 11,42 | 18,27 | 0,11 | 2,55 | 11,43 | 0,04 | 27,48 | 0,58 | 14,23 | 0,38 | 11,49 | 2,02 |

Der verhältnissmässig hohe Aufwand für ausserordentliche Anlagen bei der Oschatz-Strehlaer Linie ist durch die Herstellung der Elbkai- und Hafenanlage in Strehla veranlasst worden.

Der Aufwand für Grunderwerb schwankt bei den einzelnen Strecken zwischen 8,13 und 19,24 Prozent; am niedrigsten stellt sich derselbe für die vorzugsweise in engen Flussthälern gelegenen Bahnlinien, welche landwirthschaftlich werthvolleres Areal nur in beschränktem Umfange in Anspruch nahmen, während der höchste Prozentsatz (Herrnhut-Bernstadt, Oschatz-Strehla, Oschatz-Döbeln mit Mügeln-Nerchau=Trebsen) auf diejenigen Linien entfällt, welche reiche landwirthschaftliche Pflegen durchziehen. Der erhebliche Verhältnissunterschied in der Ausgabe für Oberbau (19,05—37,64 Prozent) bestimmt sich in der Hauptsache nach dem prozentualen Einfluss der übrigen Aufwendungen; je niedriger diese sind, desto höher muss der Prozentsatz für Oberbau erscheinen. Die absolute Höhe der Oberbaukosten ist bei den einzelnen Linien nahezu gleich.

Der Berechnung der Rentabilität der einzelnen Linien wird — wie bereits in den einleitenden Bemerkungen zum zweiten Theil hervorgehoben worden — nicht der Herstellungsaufwand (Baukapital), sondern das besonders zusammengesetzte Anlagekapital zu Grunde gelegt. Dasselbe beziffert sich für sämmtliche Strecken auf 27 034 311 Mark; es entfallen mithin 82 568 Mark durchschnittlich auf ein Kilometer Bahn und zwar:

| | Mark. | durchschnittlich auf 1 Kilometer Mark. |
|---|---|---|
| a) für die Bahnanlagen mit Ausschluss des Aufwandes für die Gemeinschaftsbahnhöfe . . . . . . . . . . . . . | 22 589 621 | 68 993 |
| b) antheilige Kosten für die Gemeinschaftsbahnhöfe . . . | 576 337 | 1 760 |
| c) Anschaffungskosten der Fahrbetriebsmittel . . . . . | 3 445 852 | 10 524 |
| d) für die Werkstättenanlagen . . . . . . . . . | 323 622 | 989 |
| e) „ „ Imprägniranstalten . . . . . . . . . . . | 20 578 | 63 |
| f) „ „ Hauptverwaltungsgebäude in Dresden . . . . | 78 301 | 239 |

Im Verhältniss zum Gesammtanlagekapitale der sächsischen Staatseisenbahnen repräsentirt das Anlagekapital der Schmalspurbahnen 3,67 Prozent.

An Fahrbetriebsmitteln waren am Schlusse des Jahres 1894 insgesammt vorhanden:

64 Lokomotiven,

237 Personenwagen mit 512 Achsen und 5 491 Plätzen,

36 Zugführer- und Gepäckwagen mit 72 Achsen und 180 Tonnen Ladegewicht,

270 bedeckte Güterwagen mit 542 Achsen und 1 355 Tonnen Ladegewicht,

954 offene Güterwagen mit 1 932 Achsen und 4 798 Tonnen Ladegewicht.

Auf jede Personenwagenachse entfallen durchschnittlich 10,72 Plätze — bei den Vollspurwagen 18,93 — und auf jede Gepäck- und Güterwagenachse 2,49 Tonnen Ladegewicht — bei den Vollspurwagen 4,95 Tonnen —. Diese Unterschiede finden ohne weiteres ihre Erklärung in der geringeren Platzzahl der Schmalspurpersonenwagen und der geringeren Tragkraft der Schmalspurgüterwagen.

Die Anschaffungskosten der Fahrbetriebsmittel betragen zusammen 3 445 852 Mark und zwar:

1 485 311 Mark = 43,10 Prozent für Lokomotiven,

601 284 „ = 17,45 „ „ Personenwagen,

1 359 257 „ = 39,45 „ „ Gepäck- und Güterwagen.

Die Lokomotiven haben im Jahre 1894 zusammen 1 503 909 Kilometer (1 133 266 Nutz- und 370 643 Leer- und Rangirkilometer) zurückgelegt; auf jede Lokomotive entfallen durchschnittlich 23 499 Lokomotivkilometer. Diese Jahresleistung stellte sich im Jahre 1889 auf 20 646 und im Jahre 1884 nur auf 10 725 Kilometer.

Im Jahre 1894 wurden auf den Schmalspurbahnen zusammen 77 873 Züge abgelassen und zwar: 7 837 Personenzüge, 63 003 gemischte Züge und 7 033 Güterzüge. Es verkehrten demnach durchschnittlich täglich 213 Züge.

Der Verbrauch des auf Steinkohlenheizwerth reduzirten Brennmateriales betrug 7 363 Tonnen, davon waren 7 209 Tonnen für die Zugkraft und 154 Tonnen für die Wasserbeschaffung zu verwenden.

Hiernach berechnet sich der Verbrauch durch die Zugkraft

| durchschnittlich zu | im Vergleich zu den Vollspurbahnen von |
|---|---|
| 6,497 Kilogramm pro Lokomotivnutzkilometer . . . . . . . . . | 12,781 kg |
| 6,450 „ „ Lokomotivkilometer (Nutz- und Leerkilometer) . | 12,011 „ |
| 4,896 „ „ Lokomotiv- und Rangirkilometer . . . . . . | 8,482 „ |
| 0,383 „ „ Wagenachskilometer . . . . . . . . . . | 0,376 „ |

Die Personenwagen haben im Jahre 1894 einschliesslich des Postdienstes 8 991 281 und ausschliesslich desselben 8 967 318 Achskilometer zurückgelegt; hieraus berechnet sich für jede vorhandene Personenwagenachse eine durchschnittliche Leistung von 17 514 Kilometern.

Die Ausnutzung der bewegten Personenwagenplätze betrug 25,37 Prozent, während dieselbe sich bei den vollspurigen Bahnen auf 21,34 Prozent stellte.

Die Post-, Gepäck- und Güterwagen haben zusammen 10 212 792 Achskilometer zurück-gelegt; ohne Berücksichtigung der Postwagenleistung haben die Gepäck- und Güterwagen 8 946 316 Achskilometer zurückgelegt; für jede vorhandene Gepäck- und Güterwagenachse be-rechnet sich hiernach eine durchschnittliche Weglänge von 3 514 Kilometern. Die Bewegung der Personenwagen beträgt das fünffache der von den Güterwagen zurückgelegten Wege.

Die Ausnutzung der bewegten Ladefähigkeit der Güterwagen belief sich auf 33,69 Prozent — bei den vollspurigen Bahnen auf 42,18 Prozent —. Diese Erscheinung findet ihren Grund in der verhältnissmässig geringeren Dichtigkeit des Güterverkehrs auf den Schmalspurbahnen.

Die Anzahl der im Jahre 1894 auf den Schmalspurbahnen beförderten P e r s o n e n betrug 2 313 289, welche insgesammt eine Strecke von 24 357 797 Kilometern durchfuhren. Aus diesen Transporten wurde eine Fahrgeldeinnahme von 764 654 Mark erzielt. Jede Person hat sonach a u f d e r S c h m a l s p u r b a h n selbst durchschnittlich 10,53 Kilometer durchfahren, wofür durch-schnittlich 33 Pfennige pro Person oder 3,14 Pfennige durchschnittlich für das Kilometer Transportstrecke erhoben wurden.

Der G ü t e r v e r k e h r umfasste im Jahre 1894 auf den Schmalspurbahnen

571 990 Tonnen, wovon

a) im Stückgutverkehr

63 982 Tonnen nach der allgemeinen Klasse,

11 530   „     „   dem Specialtarif für bestimmte Stückgüter,

b) im Wagenladungsverkehr

| | | | |
|---|---|---|---|
| 3 595 Tonnen nach | A$^1$ | } der allgemeinen Klasse, | |
| 2 669 „ „ | B | | |
| 16 014 „ „ | A$^2$ | | |
| 31 913 „ „ | I | } des Specialtarifs, | |
| 33 189 „ „ | II | | |
| 277 323 „ „ | III | | |

125 676   „   „   dem Ausnahmetarif,

3 479   „   als frachtpflichtiges Dienstgut,

259   „   „   Militärgut und

2 361   „   in vereinbarter Fracht

befördert wurden.

Für diese Transporte wurde eine Gesammtfrachteinnahme von 688 284 Mark erzielt.

Durch die Beförderung der Güter ist eine Transportleistung von insgesammt 7 377 809 Tonnen-kilometern entstanden. Jede Tonne Gut hat sonach a u f d e r S c h m a l s p u r b a h n selbst im Durchschnitt 12,88 Kilometer durchfahren und 1,20 Mark oder durchschnittlich für das Tonnen-kilometer 9,33 Pfennige eingebracht.

Im allgemeinen weist der Güterverkehr auf den Schmalspurbahnen — obwohl er im Vergleich zu den Hauptbahnergebnissen noch der Entwickelung bedarf — doch schon nach den bisherigen Ergebnissen eine gewisse Ausbreitungsfähigkeit auf, welche sich speziell in den zahlreichen Verkehrsbeziehungen mit den Verkehrsstellen des sächsischen Bahnnetzes kund giebt. Diese Thatsache beweist, dass bei einer grossen Anzahl der Schmalspurbahn-Verkehrsstellen — trotz der zum Theil noch mangelnden Intensität — in e x t e n s i v e r Be-ziehung ein lebhaftes Verkehrsbedürfniss vorliegt, welches sich im Güterempfang und Güter-versand nahezu gleichmässig geltend macht. Auch diese Thatsache bietet eine Gewähr dafür, dass bei den Schmalspurbahnen oder wenigstens bei dem ausschlaggebenden Theile dieser Linien die Voraussetzungen für eine gesunde Weiterentwickelung der Güterverkehrsverhältnisse vorhanden sind.

Die nachstehende Uebersicht zeigt, wie sich die Verkehrsbeziehungen zwischen den Verkehrsstellen des sächsischen Bahnbereichs einerseits und den wichtigeren Verkehrsstellen der einzelnen Schmalspurbahnen andererseits in extensiver Beziehung gestaltet haben, bez. mit wie vielen Stationen die betreffenden Verkehrsstellen der Schmalspurbahn im Empfang und Versand während des Jahres 1894 in wechselseitigen Beziehungen gestanden haben,

| und zwar: | im Abgangs- Verkehre mit | im Ankunfts- Verkehre mit | und zwar: | im Abgangs- Verkehre mit | im Ankunfts- Verkehre mit |
|---|---|---|---|---|---|
| Kirchberg | 243 | 301 | Kesselsdorf | 100 | 99 |
| Saupersdorf | 148 | 156 | Wilsdruff | 260 | 267 |
| Bärenwalde | 121 | 125 | Gelenau | 155 | 163 |
| Rothenkirchen | 243 | 201 | Oberherold | 95 | 117 |
| Oberstützengrün | 206 | 205 | Ehrenfriedersdorf | 189 | 231 |
| Schönheide | 182 | 214 | Thum | 230 | 232 |
| Oberschönheide | 181 | 147 | | | |
| Rabenau | 204 | 169 | Tannenberg | 118 | 151 |
| Dippoldiswalde | 219 | 239 | Geyer | 206 | 230 |
| Schmiedeberg | 138 | 181 | Pöhla | 92 | 111 |
| Kipsdorf | 71 | 104 | Oberrittersgrün | 155 | 156 |
| Oschatz | 211 | 153 | Dohna | 173 | 193 |
| Mügeln b. Oschatz | 272 | 274 | Weesenstein | 89 | 100 |
| Schrebitz | 104 | 83 | Glashütte | 122 | 162 |
| Töllschütz | 92 | 100 | Bärenstein | 90 | 109 |
| Wermsdorf | 168 | 184 | Lauenstein | 93 | 131 |
| Mutzschen | 141 | 153 | Geising = Altenberg | 163 | 199 |
| Cannewitz | 41 | 116 | | | |
| Moritzburg = Eisenberg | 140 | 132 | Strehla | 199 | 195 |
| Radeburg | 201 | 198 | Streckewalde | 46 | 102 |
| | | | Steinbach | 123 | 123 |
| Cunnersdorf | 108 | 122 | Schmalzgrube | 110 | 93 |
| Moritzdorf | 110 | 112 | Jöhstadt | 200 | 215 |
| Königsbrück | 204 | 204 | | | |
| | | | Oppach | 225 | 165 |
| Reichenau | 192 | 178 | Beiersdorf | 152 | 101 |
| | | | Schönbach | 107 | 107 |
| Thurm | 73 | 109 | | | |
| Mülsen St. Micheln | 77 | 104 | Eppendorf | 163 | 197 |
| Mülsen St. Jacob | 127 | 161 | | | |
| Mülsen St. Niclas | 79 | 127 | Bernstadt | 116 | 122 |
| Ortmannsdorf | 98 | 112 | | | |

Der Verkehr zwischen den Schmalspurbahnen und nichtsächsischen Verkehrsstellen ist in diesem Verzeichniss nicht mit berücksichtigt.

Mit der Zunahme des Verkehrs auf den einzelnen Schmalspurbahnen, insbesondere auf denjenigen, die schon eine längere Zeit der Entwickelung hinter sich haben, ist naturgemäss auch eine erhebliche Steigerung der sogenannten todten Last — d. i. des Gewichtes der Personen- und Güterwagen — verbunden gewesen, welche wiederum eine entsprechende Erhöhung der Betriebskosten zur Folge gehabt hat.

Die Darstellung der gesammten Lastenbewegung hat sowohl das Anwachsen der Transportleistungen jeder einzelnen Schmalspurbahn in der Zeit vom ersten vollen Betriebsjahre bis zum Jahre 1894, als auch das Verhältniss der auf der einzelnen Strecke beförderten todten Last gegenüber der Nutzlast zu veranschaulichen. Direkt vergleichbar sind in dieser Beziehung nur die Ergebnisse der Linien, deren Längen in der Zwischenzeit unverändert geblieben sind, unvergleichbar dagegen die Ergebnisse derjenigen Linien, welche ihre Länge verändert haben. Dies trifft zu hinsichtlich der Linien Wilkau-Wilzschhaus und Oschatz-Döbeln mit Mügeln-Nerchau=Trebsen, von denen die erstere im Dezember 1893 durch den Hinzutritt der Theilstrecke Saupersdorf-Wilzschhaus, letztere im November 1888 durch den Hinzutritt der Nebenlinie Mügeln-Nerchau=Trebsen ergänzt wurde.

Die bewegte Gesammtlast auf den übrigen Schmalspurbahnen — soweit dieselben überhaupt zwei volle, zur Vergleichung geeignete Betriebsjahre aufweisen — betrug in absoluten Zahlen:

| Linie | | Bahn-länge | Taralast | | | Nutzlast | | | Lasten über-haupt |
|---|---|---|---|---|---|---|---|---|---|
| | | | der Personen-wagen | der Güter-wagen | über-haupt | der Per-sonen | der Güter | über-haupt | |
| | | km | Tonnenkilometer. | | | | | | |
| Wilkau-Saupersdorf . . . . | 1883 | 10,15 | 348 080 | 368 823 | 716 903 | 70 393 | 229 515 | 299 908 | 1 016 811 |
| Wilkau-Saupersdorf-Wilzschhaus . . . . | 1894 | 34,30 | 1 605 421 | 1 640 343 | 3 245 764 | 191 940 | 1 159 070 | 1 351 010 | 4 596 774 |
| Hainsberg-Kipsdorf . . . | 1884 | 25,51 | 790 232 | 579 708 | 1 369 940 | 191 531 | 403 565 | 595 096 | 1 965 036 |
| | 1894 | | 1 378 943 | 1 132 515 | 2 511 458 | 245 297 | 773 417 | 1 018 714 | 3 530 172 |
| Döbeln-Mügeln-Oschatz . . | 1885 | 30,92 | 753 513 | 889 191 | 1 642 704 | 105 863 | 592 730 | 698 593 | 2 341 297 |
| Desgl. mit Mügeln-Nerchau=Trebsen . . | 1894 | 54,85 | 1 786 893 | 2 200 395 | 3 987 288 | 209 176 | 1 688 630 | 1 897 806 | 5 885 094 |
| Radebeul-Radeburg . . . | 1885 | 16,55 | 585 432 | 330 772 | 916 204 | 114 110 | 222 976 | 337 086 | 1 253 290 |
| | 1894 | | 1 009 028 | 630 590 | 1 639 618 | 151 479 | 443 308 | 594 787 | 2 234 405 |
| Klotzsche-Königsbrück . . | 1885 | 19,49 | 479 473 | 333 862 | 813 335 | 78 188 | 232 858 | 311 046 | 1 124 381 |
| | 1894 | | 1 397 745 | 878 208 | 2 275 953 | 180 038 | 739 126 | 919 164 | 3 195 117 |
| Zittau-Markersdorf . . . | 1885 | 13,52 | 358 503 | 218 965 | 577 468 | 22 039 | 149 546 | 171 585 | 749 053 |
| | 1894 | | 671 698 | 419 866 | 1 091 564 | 112 765 | 219 932 | 332 697 | 1 424 261 |
| Mosel-Ortmannsdorf . . . | 1886 | 13,94 | 410 776 | 189 021 | 599 797 | 58 080 | 46 443 | 104 523 | 704 320 |
| | 1894 | | 626 539 | 365 721 | 992 260 | 69 723 | 62 823 | 132 546 | 1 124 806 |
| Potschappel-Wilsdruff . . | 1887 | 10,90 | 263 944 | 159 747 | 423 691 | 67 482 | 107 729 | 175 211 | 598 902 |
| | 1894 | | 524 512 | 257 323 | 781 835 | 87 456 | 185 276 | 272 732 | 1 054 567 |
| Wilischthal-Ehrenfriedersdorf mit Herold-Thum . . . . | 1887 | 15,81 | 423 171 | 543 611 | 966 782 | 67 791 | 303 096 | 370 887 | 1 337 669 |
| | 1894 | | 446 409 | 648 767 | 1 095 176 | 60 008 | 365 042 | 425 050 | 1 520 226 |
| Schönfeld-Geyer . . . . | 1889 | 9,04 | 216 764 | 197 786 | 414 550 | 56 788 | 88 464 | 145 252 | 559 802 |
| | 1894 | | 280 564 | 221 173 | 501 737 | 56 993 | 115 140 | 172 133 | 673 870 |
| Grünstädtel-Rittersgrün . . | 1890 | 9,36 | 168 252 | 175 512 | 343 764 | 24 558 | 143 024 | 167 582 | 511 346 |
| | 1894 | | 193 921 | 226 143 | 420 064 | 23 394 | 147 162 | 170 556 | 590 620 |
| Mügeln-Geising=Altenberg . | 1891 | 36,10 | 1 659 967 | 1 226 950 | 2 886 917 | 309 288 | 724 522 | 1 033 810 | 3 920 727 |
| | 1894 | | 1 932 862 | 1 391 350 | 3 324 212 | 288 879 | 799 436 | 1 088 315 | 4 412 527 |
| Oschatz-Strehla . . . . . | 1892 | 11,81 | 232 229 | 244 386 | 476 615 | 26 106 | 97 338 | 123 444 | 600 059 |
| | 1894 | | 215 603 | 203 320 | 418 923 | 24 849 | 72 035 | 96 884 | 515 807 |
| Wolkenstein-Jöhstadt . . . | 1893 | 24,33 | 482 641 | 548 048 | 1 030 689 | 49 391 | 403 441 | 452 832 | 1 483 521 |
| | 1894 | | 510 277 | 599 328 | 1 109 605 | 47 045 | 480 733 | 527 778 | 1 637 383 |
| Taubenheim-Dürrhennersdorf | 1893 | 12,04 | 319 352 | 294 337 | 613 689 | 25 305 | 65 461 | 90 766 | 704 455 |
| | 1894 | | 341 398 | 290 164 | 631 562 | 26 768 | 67 758 | 94 526 | 726 088 |

Auf Grund der vorstehend aufgeführten absoluten Zahlenwerthe ist das Lastenverhältniss, bez. die Entwickelung dieses Verhältnisses vom jeweiligen ersten vollen Betriebsjahre bis zum Jahre 1894 in Prozenten berechnet worden.

Es betrug hiernach die Zunahme bez. (Abnahme) an

| bei der Linie | Taralast | | | Nutzlast | | | Lasten überhaupt |
|---|---|---|---|---|---|---|---|
| | Personenwagen | Güterwagen | überhaupt | Personen | Güter | überhaupt | |
| | Prozente. | | | | | | |
| Hainsberg - Kipsdorf seit 1884 . . . . | 74,50 | 95,36 | 83,33 | 28,07 | 91,65 | 71,18 | 79,65 |
| Radebeul - Radeburg seit 1885 . . . | 72,36 | 90,64 | 78,96 | 32,75 | 98,81 | 76,45 | 78,28 |
| Klotzsche - Königsbrück seit 1885 . . | 191,52 | 163,05 | 179,83 | 130,26 | 217,41 | 195,51 | 184,17 |
| Zittau - Markersdorf seit 1885 . . . . | 87,36 | 91,75 | 89,03 | 411,66 | 47,07 | 93,90 | 90,14 |
| Mosel - Ortmannsdorf seit 1886 . . . | 52,53 | 93,48 | 65,43 | 20,05 | 35,27 | 26,81 | 59,70 |
| Potschappel - Wilsdruff seit 1887 . . . | 78,72 | 61,08 | 84,53 | 29,60 | 71,98 | 55,66 | 76,08 |
| Wilischthal - Ehrenfriedersdorf mit Oberherold - Thum seit 1887 . . . | 5,49 | 19,34 | 13,28 | (11,48) | 20,44 | 14,60 | 13,65 |
| Schönfeld - Geyer seit 1889 . . . . . | 29,43 | 11,82 | 21,03 | 0,36 | 30,15 | 18,51 | 20,38 |
| Grünstädtel - Oberrittersgrün seit 1890 | 15,26 | 28,85 | 22,20 | (4,74) | 2,89 | 1,77 | 15,50 |
| Mügeln - Geising = Altenberg seit 1891 . | 16,44 | 13,40 | 15,15 | (6,60) | 10,34 | 5,27 | 12,54 |

Nach der vorstehenden Uebersicht weisen die Ergebnisse aller bis zum Jahre 1891 dem Betriebe übergebenen Schmalspurbahnen seit der Zeit ihres ersten vollen Betriebsjahres bis zum Jahre 1894 eine zum Theil sehr erhebliche Zunahme in der Lastenbewegung auf; namentlich gilt dies von der in besonders kräftiger Entwickelung begriffenen Linie Klotzsche-Königsbrück. Geringere Abnahmen der Lastenbewegung sind nur bei drei Linien (Wilischthal-Ehrenfriedersdorf mit Oberherold-Thum, Grünstädtel-Oberrittersgrün und Mügeln-Geising= Altenberg) eingetreten und zwar auch hier nur hinsichtlich des Personenverkehrs. Die Abnahme bei der Wilischthal-Ehrenfriedersdorfer Linie ist darauf zurückzuführen, dass ein grosser Theil der Reisenden, welcher früher die Station Ehrenfriedersdorf aufgesucht hat, nach der Eröffnung der benachbarten Linie Schönfeld-Geyer auf die Station Geyer übergegangen ist.

Bei den meisten Eisenbahnen Sachsens ist im Eröffnungsjahr ein stärkerer Personenverkehr hervorgetreten als in den darauf folgenden Jahren. Diese Erscheinung trifft auch rücksichtlich der Mehrzahl der Schmalspurbahnen zu. Der Grund zu dieser Eigenthümlichkeit mag auf den Vergnügungsverkehr zurückzuführen sein, welcher erfahrungsgemäss jeder neu erschlossenen Gegend in besonderem Maasse zuzuströmen pflegt, um später wieder mit einer gewissen Gleichmässigkeit auf die Gesammtheit der für Vergnügungsreisen überhaupt in Betracht kommenden Linien sich zu vertheilen. Es ist erwiesen, dass selbst Strecken, welche in landschaftlicher Beziehung keine besonderen Vorzüge aufzuweisen vermögen, in der ersten Zeit des Betriebes von dem Reiz der Neuheit erheblichen Vortheil ziehen. Thatsächlich zeugt diese Erscheinung nicht nur von der Reiselust, welche alle Bevölkerungsklassen des Königreichs Sachsen nahezu gleichmässig beseelt, sondern auch von der Reisegewöhnung, welche die Vorgänge im öffentlichen Verkehrsleben und speziell im Eisenbahnwesen als Angelegenheiten erscheinen lässt, die den Interessenkreis des Einzelnen ganz ohne weiteres berühren.

Zur besseren Beurtheilung der Verkehrsdichtigkeit, welche sich auf den einzelnen Schmalspurbahnen geltend gemacht hat, werden in der nachstehenden Tabelle die kilometrischen Ergebnisse der verschiedenen für die Zuglast in Betracht kommenden Faktoren innerhalb des Jahres 1894 veranschaulicht. Die Linien sind hierbei nach der Bedeutung ihres Dichtigkeitsverhältnisses geordnet.

10

Auf ein Kilometer Bahnlänge entfielen durchschnittlich an

| bei der Linie | auf eine Länge von Kilometern. | Taralast | | | Nutzlast | | | Lasten überhaupt. |
|---|---|---|---|---|---|---|---|---|
| | | der Personenwagen. | der Güterwagen | überhaupt | der Personen | der Güter | überhaupt | |
| | | Tonnen | | | | | | |
| Klotzsche-Königsbrück . . . . . | 19,49 | 71 716 | 45 059 | 116 775 | 9 238 | 37 923 | 47 161 | 163 936 |
| Hainsberg-Kipsdorf . . . . . . | 25,51 | 54 055 | 44 395 | 98 450 | 9 616 | 30 318 | 39 934 | 138 384 |
| Radebeul-Radeburg . . . . . . | 16,55 | 60 968 | 38 102 | 99 070 | 9 153 | 26 786 | 35 939 | 135 009 |
| Wilkau-Saupersdorf-Wilzschhaus . | 34,30 | 46 805 | 47 824 | 94 629 | 5 596 | 33 792 | 39 388 | 134 017 |
| Mügeln-Geising=Altenberg. . . . | 36,10 | 53 542 | 38 542 | 92 084 | 8 002 | 22 145 | 30 147 | 122 231 |
| Döbeln-Mügeln-Oschatz-Trebsen . | 54,85 | 32 578 | 40 116 | 72 694 | 3 814 | 30 786 | 34 600 | 107 294 |
| Zittau-Markersdorf . . . . . . . | 13,52 | 49 682 | 31 055 | 80 737 | 8 341 | 16 267 | 24 608 | 105 345 |
| Potschappel-Wilsdruff . . . . . . | 10,90 | 48 120 | 23 608 | 71 728 | 8 023 | 16 998 | 25 021 | 96 749 |
| Wilischthal-Ehrenfriedersdorf-Thum | 15,81 | 28 236 | 41 035 | 69 271 | 3 796 | 23 089 | 26 885 | 96 156 |
| Mosel-Ortmannsdorf . . . . . . | 13,94 | 44 946 | 26 235 | 71 181 | 5 001 | 4 507 | 9 508 | 80 689 |
| Schönfeld-Geyer . . . . . . . . | 9,04 | 31 036 | 24 466 | 55 502 | 6 304 | 12 737 | 19 041 | 74 543 |
| Wolkenstein-Jöhstadt . . . . . . | 24,33 | 22 234 | 24 633 | 46 867 | 2 050 | 19 759 | 21 809 | 68 676 |
| Grünstädtel-Oberrittersgrün . . . | 9,36 | 20 718 | 24 161 | 44 879 | 2 499 | 15 723 | 18 222 | 63 101 |
| Taubenheim-Dürrhennersdorf . . | 12,04 | 28 355 | 24 100 | 52 455 | 2 223 | 5 628 | 7 851 | 60 306 |
| Herrnhut-Bernstadt . . . . . . | 10,10 | 22 730 | 15 240 | 37 970 | 2 903 | 9 920 | 12 823 | 50 793 |

Die grösste Dichtigkeit hinsichtlich der bewegten Bruttolast war hiernach auf der Klotzsche-Königsbrücker Linie mit 163 936 Tonnen vorhanden, bei den übrigen Linien stufte sich dieses Resultat ab bis zur Minimal-Bruttolast von 50 793 Tonnen bei der Herrnhut-Bernstadter Linie.

Im Personenverkehre trat die grösste Dichtigkeit hervor auf der Hainsberg-Kipsdorfer Linie mit 9 616 Tonnen Personengewicht — jede Person mit Hand- und Freigepäck zu 75 Kilogramm Durchschnittsgewicht angenommen. — Die nächst höhere Dichtigkeit wiesen auf die Linien Klotzsche-Königsbrück mit 9 238 Tonnen und Radebeul-Radeburg mit 9 153 Tonnen; die geringste Dichtigkeit war festzustellen bezüglich der Wolkenstein-Jöhstadter Linie, wo dieselbe nur 2 050 Tonnen betrug.

Die höchste spezifische Güterfrequenz hatte die Klotzsche-Königsbrücker Linie mit 37 923 Tonnen. Dieser folgten die Linien Wilkau-Wilzschhaus mit 33 792 Tonnen, Döbeln-Mügeln-Oschatz und Mügeln-Nerchau=Trebsen mit zusammen 30 786 Tonnen, die Hainsberg-Kipsdorfer Linie mit 30 318 Tonnen u. s. f. Die geringste Dichtigkeit in der beförderten Güterlast war vorhanden auf der Mosel-Ortmannsdorfer Linie mit nur 4 507 Tonnen.

Die grösste Dichtigkeit hinsichtlich der Nutzlast überhaupt — mit 47 161 Tonnen — weist die Klotzsche-Königsbrücker Linie auf, selbstverständliche Folge hiervon ist, dass diese Linie auch hinsichtlich der Taralast (116 775 Tonnen) allen anderen Schmalspurbahnen voransteht. Die geringste Dichtigkeit der Nutzlast überhaupt besass die Taubenheim-Dürrhennersdorfer Linie mit 7 851 Tonnen.

Von besonderem Interesse ist die Bestimmung des Werthsverhältnisses, in welchem die einzelnen Faktoren der Bruttolast — sowohl innerhalb jeder Linie, als auch im Vergleich der einzelnen Linien mit einander — gestanden haben. In der nachstehenden Uebersicht — welche durch die beigefügte graphische Darstellung noch weiter erläutert wird — sind die Antheile der einzelnen Zuggewichte, aus denen sich die Bruttolast zusammensetzt, in einem festen Rahmen von Hunderttheilen dargestellt und nach der Bedeutung der Nutzlast überhaupt geordnet.

# Gegenseitiges Verhältniss der verschiedenen Lasten in Prozenten.

## Nach der Bedeutung der Nutzlast im Jahre 1894 geordnet.

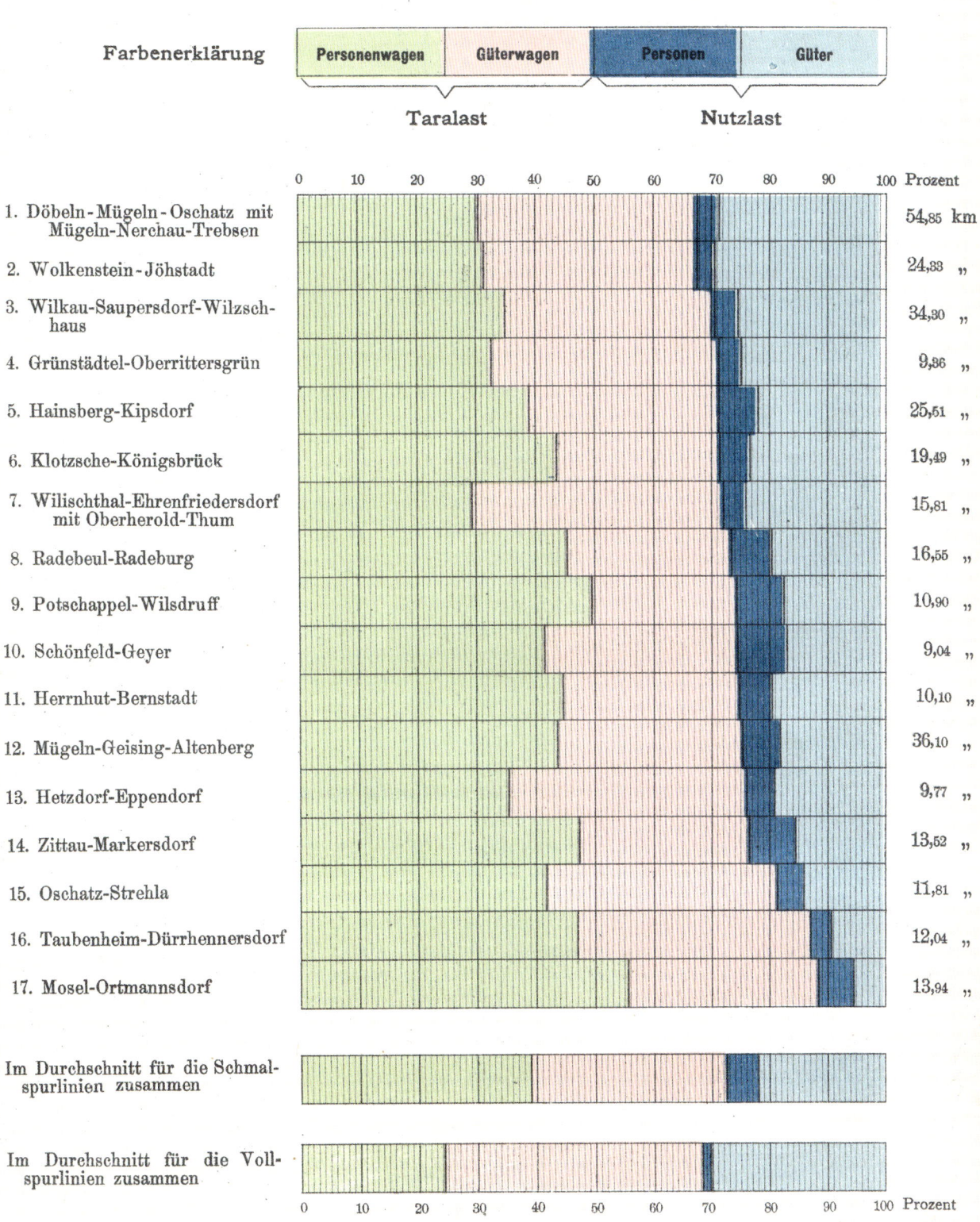

| Farbenerklärung | Personenwagen | Güterwagen | Personen | Güter |
|---|---|---|---|---|

Taralast — Nutzlast

| | Prozent |
|---|---|
| 1. Döbeln-Mügeln-Oschatz mit Mügeln-Nerchau-Trebsen | 54,85 km |
| 2. Wolkenstein-Jöhstadt | 24,33 „ |
| 3. Wilkau-Saupersdorf-Wilzschhaus | 34,30 „ |
| 4. Grünstädtel-Oberrittersgrün | 9,86 „ |
| 5. Hainsberg-Kipsdorf | 25,51 „ |
| 6. Klotzsche-Königsbrück | 19,49 „ |
| 7. Wilischthal-Ehrenfriedersdorf mit Oberherold-Thum | 15,81 „ |
| 8. Radebeul-Radeburg | 16,55 „ |
| 9. Potschappel-Wilsdruff | 10,90 „ |
| 10. Schönfeld-Geyer | 9,04 „ |
| 11. Herrnhut-Bernstadt | 10,10 „ |
| 12. Mügeln-Geising-Altenberg | 36,10 „ |
| 13. Hetzdorf-Eppendorf | 9,77 „ |
| 14. Zittau-Markersdorf | 13,52 „ |
| 15. Oschatz-Strehla | 11,81 „ |
| 16. Taubenheim-Dürrhennersdorf | 12,04 „ |
| 17. Mosel-Ortmannsdorf | 13,94 „ |

Im Durchschnitt für die Schmalspurlinien zusammen

Im Durchschnitt für die Vollspurlinien zusammen

Lith. u. Druck v. Theod. Beyer, Dresden.

Es entfielen an

| bei der Linie | auf eine Länge von km | Taralast | | | Nutzlast | | |
|---|---|---|---|---|---|---|---|
| | | der Personenwagen | der Güterwagen | überhaupt | der Personen | der Güter | überhaupt |
| | | Prozente. | | | | | |
| Döbeln-Mügeln-Oschatz mit Mügeln-Nerchau=Trebsen | 54,85 | 30,36 | 37,39 | 67,75 | 3,56 | 28,69 | 32,25 |
| Wolkenstein-Jöhstadt . . . . . . . . | 24,33 | 31,17 | 36,60 | 67,77 | 2,87 | 29,36 | 32,23 |
| Wilkau-Saupersdorf-Wilzschhaus . . . | 34,30 | 34,93 | 35,68 | 70,61 | 4,18 | 25,21 | 29,39 |
| Grünstädtel-Oberrittersgrün . . . . . | 9,36 | 32,83 | 38,29 | 71,12 | 3,96 | 24,92 | 28,88 |
| Hainsberg-Kipsdorf . . . . . . . . | 25,51 | 39,06 | 32,08 | 71,14 | 6,95 | 21,91 | 28,86 |
| Klotzsche-Königsbrück . . . . . . . | 19,49 | 43,75 | 27,48 | 71,23 | 5,64 | 23,13 | 28,77 |
| Wilischthal-Ehrenfriedersdorf m.Oberherold-Thum | 15,81 | 29,36 | 42,68 | 72,04 | 3,95 | 24,01 | 27,96 |
| Radebeul-Radeburg . . . . . . . . | 16,55 | 45,16 | 28,22 | 73,38 | 6,78 | 19,84 | 26,62 |
| Potschappel-Wilsdruff . . . . . . . | 10,90 | 49,74 | 24,40 | 74,14 | 8,29 | 17,57 | 25,86 |
| Schönfeld-Geyer . . . . . . . . . | 9,04 | 41,64 | 32,82 | 74,46 | 8,46 | 17,08 | 25,54 |
| Herrnhut-Bernstadt . . . . . . . . | 10,10 | 44,75 | 30,00 | 74,75 | 5,72 | 19,53 | 25,25 |
| Mügeln-Geising=Altenberg . . . . . . | 36,10 | 43,80 | 31,53 | 75,33 | 6,55 | 18,12 | 24,67 |
| Hetzdorf-Eppendorf . . . . . . . . | 9,77 | 35,32 | 40,65 | 75,97 | 4,92 | 19,11 | 24,03 |
| Zittau-Markersdorf . . . . . . . . | 13,52 | 47,16 | 29,48 | 76,64 | 7,92 | 15,44 | 23,36 |
| Oschatz-Strehla. . . . . . . . . . | 11,81 | 41,80 | 39,42 | 81,22 | 4,82 | 13,96 | 18,78 |
| Taubenheim-Dürrhennersdorf . . . . . | 12,04 | 47,02 | 39,96 | 86,98 | 3,69 | 9,33 | 13,02 |
| Mosel-Ortmannsdorf . . . . . . . . | 13,94 | 55,70 | 32,51 | 88,21 | 6,20 | 5,59 | 11,79 |
| Im Durchschnitt aller Schmalspurbahnen | — | 39,05 | 33,57 | 72,62 | 5,36 | 22,02 | 27,38 |
| „          „          „    Vollspurbahnen . | — | 24,32 | 43,90 | 68,22 | 1,65 | 30,13 | 31,78 |

Da die Transportmittel der Schmalspurbahnen durchgängig im Vergleich zu denjenigen der Vollspurbahnen ein geringeres Gewicht, und zwar nicht nur absolut, sondern auch pro Transporteinheit besitzen, so wird in der Regel bei den schmalspurigen Linien das Verhältniss der beförderten Nutzlast gegenüber der beförderten Taralast ein günstigeres sein, als bei den Vollspurbahnen. Nichtsdestoweniger bleibt nach der vorstehenden Berechnung bei den Schmalspurbahnen der 27,38 Prozent betragende Antheil der Nutzlast im Verhältniss zur beförderten Gesammtlast gegenüber den entsprechenden Ergebnissen der Vollspurbahnen (31,78 Prozent) immerhin noch um 4,40 Prozent zurück. Diese Thatsache findet ihre Erklärung in der geringeren Dichtigkeit des Güterverkehrs auf den Schmalspurbahnen. Ohne den günstigen Einfluss, den die leichteren Transportmittel auf dieses Verhältniss zwischen Nutz- und Taralast ausüben, würde sich die Taralast bei den Schmalspurbahnen höher und infolge dessen der prozentuale Antheil der Nutzlast geringer berechnen. Bei der Döbeln-Mügeln-Oschatz-Nerchau=Trebsener Linie stellt sich das Verhältniss zwischen Nutz- und Taralast so günstig, dass hier die Nutzlast an 32,25 Prozent das entsprechende Durchschnittsergebniss bei den Vollspurbahnen an 31,78 noch um 0,47 Prozent übersteigt. Ihre Erklärung findet diese Thatsache durch die besonders günstige Ausnutzung der Güterwagen durch die Massentransporte von Rüben und Rübenschnitzeln.

Während die aus dem Güterverkehr stammende Nutzlast bei den Schmalspurbahnen um 8,11 Prozent geringer ist, als bei den Vollspurbahnen, ist die aus dem Personenverkehr hervorgehende Nutzlast bei den Schmalspurbahnen um 3,71 Prozent grösser als diejenige bei den Vollspurbahnen, so dass sich der oben erwähnte Gesammtunterschied von 4,40 Prozent (31,78 — 27,38) ergiebt.

Von Interesse dürften noch die Ergebnisse der folgenden Uebersicht sein, in welcher das Verhältniss der Nutzlast zur Taralast, auf die Transporteinheit berechnet, linienweise dargestellt wird.

Es entfallen durchschnittlich

| bei den Linien | auf eine Tonne | | | im Personenverkehr | | | im Güterverkehr | | | In beiden Verkehren zusammmen | |
|---|---|---|---|---|---|---|---|---|---|---|---|
| | | | | auf das | | bei einer Ausnutzung der bewegten Personenwagenplätze von | auf das | | bei einer Ausnutzung der bewegten Güterwagenladefähigkeit von | | |
| | Personengewicht durchschnittlich Personenwagengewicht | Gütergewicht durchschnittlich Güterwagengewicht | Nutzlast (Personen- und Gütergewicht zus.) durchschn. Wagengewicht | Wagengewicht | Personengewicht | | Wagengewicht | Gütergewicht | | auf das Wagengewicht | Nutzlast (Personen- und Gütergew.) |
| | Tonnen. | | | Prozent. | | | | | | | |
| Wilkau-Saupersdorf-Wilzschhaus | 8,36 | 1,42 | 2,40 | 89,32 | 10,68 | 23,39 | 58,60 | 41,40 | 36,63 | 70,61 | 29,39 |
| Hainsberg-Kipsdorf . . . . . | 5,62 | 1,46 | 2,47 | 84,90 | 15,10 | 34,14 | 59,42 | 40,58 | 35,20 | 71,14 | 28,86 |
| Döbeln-Mügeln-Oschatz-Trebsen | 8,54 | 1,30 | 2,10 | 89,52 | 10,48 | 21,00 | 56,58 | 43,42 | 38,00 | 67,75 | 32,25 |
| Radebeul-Radeburg . . . . . | 6,66 | 1,42 | 2,76 | 86,95 | 13,05 | 27,56 | 58,72 | 41,28 | 38,00 | 73,38 | 26,62 |
| Klotzsche-Königsbrück . . . . | 7,76 | 1,19 | 2,48 | 88,59 | 11,41 | 23,45 | 54,30 | 45,70 | 37,60 | 71,23 | 28,77 |
| Zittau-Markersdorf . . . . . . | 5,96 | 1,91 | 3,28 | 85,63 | 14,37 | 30,09 | 65,62 | 34,38 | 29,20 | 76,64 | 23,36 |
| Mosel-Ortmannsdorf . . . . . | 8,99 | 5,82 | 7,49 | 89,99 | 10,01 | 18,23 | 85,34 | 14,66 | 10,40 | 88,22 | 11,78 |
| Potschappel-Wilsdruff. . . . . | 6,00 | 1,39 | 2,87 | 85,71 | 14,29 | 32,67 | 58,14 | 41,86 | 34,00 | 74,14 | 25,86 |
| Wilischthal-Ehrenfriedersdf.-Thum | 7,44 | 1,78 | 2,58 | 88,15 | 11,85 | 25,24 | 63,99 | 36,01 | 30,36 | 72,04 | 27,96 |
| Schönfeld-Geier . . . . . . . | 4,92 | 1,92 | 2,91 | 83,12 | 16,88 | 36,00 | 65,76 | 34,24 | 29,20 | 74,46 | 25,54 |
| Grünstädtel-Oberrittersgrün . . | 8,29 | 1,54 | 2,46 | 89,23 | 10,77 | 21,64 | 60,58 | 39,42 | 36,40 | 71,12 | 28,88 |
| Mügeln-Geising=Altenberg . . | 6,69 | 1,74 | 3,05 | 87,00 | 13,00 | 25,97 | 63,51 | 36,49 | 29,20 | 75,34 | 24,66 |
| Oschatz-Strehla . . . . . . . | 8,68 | 2,82 | 4,32 | 89,67 | 10,33 | 26,71 | 73,84 | 26,16 | 21,60 | 81,22 | 18,78 |
| Wolkenstein-Jöhstadt . . . . . | 10,85 | 1,25 | 2,10 | 91,56 | 8,44 | 17,64 | 55,49 | 44,51 | 44,40 | 67,77 | 32,23 |
| Taubenheim-Dürrhennersdorf . | 12,75 | 4,28 | 6,68 | 92,73 | 7,27 | 15,20 | 81,07 | 18,93 | 13,20 | 86,98 | 13,02 |
| Herrnhut-Bernstadt . . . . . | 7,83 | 1,54 | 2,96 | 88,67 | 11,33 | 24,00 | 60,57 | 39,43 | 29,20 | 74,75 | 25,25 |
| Hetzdorf-Eppendorf . . . . . | 7,18 | 2,13 | 3,16 | 87,77 | 12,23 | 23,91 | 68,02 | 31,98 | 21,90 | 75,97 | 24,03 |
| Im Durchschnitt d. Schmalspurb. | 7,28 | 1,52 | 2,65 | 87,93 | 12,07 | 25,37 | 60,39 | 39,61 | 33,69 | 72,62 | 27,38 |
| „     „     „ Vollspurb. | 14,74 | 1,46 | 2,15 | 93,65 | 6,35 | 21,34 | 59,29 | 40,71 | 42,18 | 68,22 | 31,78 |

Hiernach fällt beim Personentransport die weitaus grösste Last auf das Wagengewicht. Als solches berechnet sich für das Jahr 1894 bei den Vollspurbahnen für jede beförderte Person das 14,74fache des für die Person selbst angenommenen Durchschnittsgewichtes von 75 Kilogramm, bei den Schmalspurbahnen dagegen nur das 7,28fache dieses Gewichtes. Für den Gütertransport stellen sich die hier in Betracht zu ziehenden Verhältnisse nahezu gleich, denn auf eine Tonne Gütergewicht entfallen bei den Schmalspurbahnen 1,52 und bei den Vollspurbahnen 1,46 Tonnen Wagengewicht.

Im Anschlusse hieran werden in der nachstehenden Zusammenstellung noch einige Mittheilungen über die Erträgnisse beider Verkehre, auf die Zugeinheit berechnet, gegeben.

An Transport-Einnahmen entfallen

| bei den Linien | aus dem Personenverkehr pro Personenwagen-Achskilometer Pf. | aus dem Güterverkehr pro Gepäck- und Güterwagen-Achskilometer Pf. |
|---|---|---|
| Wilkau-Wilzschhaus . . . . . . . . . | 8,03 | 8,61 |
| Hainsberg-Kipsdorf . . . . . . . . . | 10,82 | 8,35 |
| Oschatz-Döbeln mit Mügeln-Nerchau=Trebsen . . . . | 7,30 | 7,93 |
| Radebeul-Radeburg . . . . . . . . . | 9,22 | 7,66 |
| Klotzsche-Königsbrück . . . . . . . . | 7,75 | 6,35 |
| Zittau-Markersdorf . . . . . . . . | 9,81 | 9,32 |
| Mosel-Ortmannsdorf . . . . . . . . | 5,99 | 3,19 |
| Potschappel-Wilsdruff . . . . . . . . | 10,75 | 9,40 |
| Wilischthal-Ehrenfriedersdorf mit Herold-Thum . | 8,57 | 8,18 |
| Schönfeld-Geyer . . . . . . . . | 12,57 | 9,78 |
| Grünstädtel-Oberrittersgrün . . . . . . . | 8,16 | 10,80 |
| Mügeln-Geising=Altenberg . . . . . . | 9,30 | 8,12 |
| Oschatz-Strehla . . . . . . . . . . | 7,19 | 6,10 |
| Wolkenstein-Jöhstadt . . . . . . . | 6,01 | 9,51 |
| Taubenheim-Dürrhennersdorf . . . . . . | 5,20 | 6,02 |
| Hetzdorf-Eppendorf . . . . . . . . . | 9,02 | 6,70 |
| Herrnhut-Bernstadt . . . . . . . . | 7,92 | 6,18 |
| Schmalspur-Bahnen | 8,53 | 7,95 |
| Vollspur-     „ | 12,52 | 9,60 |

Die durchschnittliche Transporteinnahme auf ein Personenwagen-Achskilometer betrug hiernach bei den Schmalspurbahnen 8,53 Pfennige, während sich dieselbe bei den Vollspurbahnen auf 12,52 Pfennige stellte. Da nun bei den schmalspurigen Personenwagen auf eine Achse durchschnittlich nur 10,72 Plätze, bei den Vollspurwagen dagegen 18,93 Plätze entfallen, so könnte bei gleicher Platzausnutzung das Erträgniss einer Schmalspurwagenachse nur 7,09 Pfennige sein. Der um 1,44 Pfennige höhere Ertrag ist das Ergebniss der um vier Prozent besseren Ausnutzung der Personenwagen der Schmalspurbahnen.

Beim Gütertransport berechnet sich das Frachterträgniss auf eine Güterwagenachse der Vollspurbahnen durchschnittlich zu 9,60 Pfennig, bei den Schmalspurbahnen dagegen zu 7,95 Pfennig. Da die Ladefähigkeit der Achsen der schmalspurigen Güterwagen nur die Hälfte derjenigen der Vollspurbahnen ausmacht und die Ausnutzung der schmalspurigen Güterwagen nur 33,69 Prozent im Vergleich zu derjenigen der Vollspurwagen von durchschnittlich 42,18 Prozent beträgt, so könnte an sich — bei sonst gleichen Verhältnissen — das Erträgniss einer Güterwagenachse der Schmalspurbahnen nur 3,85 Pfennig betragen. Der rund doppelt so hohe Ertrag ist theils auf die Verschiedenheit der Tarifsätze für die Stückgutklassen, theils auf die Erhebung der Umladegebühr für Wagenladungsgüter im Uebergangsverkehr von und nach der Schmalspurbahn zurückzuführen.

Die im zweiten Theile dieses Werkes für die einzelnen Bahnen aufgeführten Ergebnisse in den Transportleistungen des Jahres 1894 werden in der nachstehenden Zusammenstellung mit den Ergebnissen des jeweiligen ersten vollen Betriebsjahres linienweise verglichen.

Es betrug die Zunahme (oder Abnahme)

| bei der Linie | während des Zeitraumes von | bis | Anzahl der Betriebsjahre | der Leistungen | | | des Verkehrs nach der Zahl der | | | | der finanziellen Ergebnisse: Einnahme | | | |
|---|---|---|---|---|---|---|---|---|---|---|---|---|---|---|
| | | | | der Lokomotiven | der Personenwagen | der Güterwagen | Personen | Personenkilometer | Güter-Tonnen | Güter-Tonnenkilometer | aus dem Personenverkehr | aus dem Güterverkehr | überhaupt (einschliesslich Einnahmen aus sonstigen Quellen) | Ausgabe |
| | | | | in Prozenten | | | | | | | | | | |
| Hainsberg - Kipsdorf . . . . . . . | 1884 | 1894 | 11 | 48,2 | 41,5 | 81,4 | 25,8 | 28,1 | 81,0 | 91,0 | 20,7 | 58,9 | 34,2 | 65,4 |
| Radebeul - Radeburg . . . . . . | 1885 | 1894 | 10 | 49,0 | 42,1 | 80,4 | 25,0 | 32,7 | 89,2 | 97,4 | 26,8 | 45,0 | 33,0 | 74,1 |
| Klotzsche - Königsbrück . . . . | 1885 | 1894 | 10 | 79,0 | 140,3 | 149,0 | 135,3 | 130,3 | 207,9 | 219,4 | 114,2 | 89,7 | 102,5 | 65,5 |
| Zittau - Markersdorf . . . . . | 1885 | 1894 | 10 | 18,6 | 54,4 | 81,5 | 35,0 | 36,4 | 43,9 | 46,4 | 26,8 | 11,8 | 26,9 | 34,1 |
| Mosel - Ortmannsdorf . . . . . | 1886 | 1894 | 9 | 21,1 | 26,8 | 84,8 | 10,6 | 20,0 | 39,6 | 34,5 | 3,9 | (4,5) | 4,0 | 11,2 |
| Potschappel - Wilsdruff . . . . | 1887 | 1894 | 8 | 49,3 | 69,2 | 56,8 | 33,2 | 29,6 | 90,8 | 71,6 | 19,6 | 39,6 | 26,5 | 42,5 |
| Wilischthal - Ehrenfriedersdorf mit Herold - Thum | 1887 | 1894 | 8 | 32,8 | (10,2) | 16,1 | (18,0) | (11,5) | 18,9 | 20,1 | (12,6) | 5,9 | (2,1) | 13,6 |
| Schönfeld - Geyer . . . . . . . | 1889 | 1894 | 6 | 12,5 | 11,1 | 9,8 | 0,6 | 0,4 | 29,2 | 35,1 | 0,6 | 24,8 | 9,9 | (0,3) |
| Grünstädtel - Oberrittersgrün . . . . | 1890 | 1894 | 5 | (7,3) | 7,5 | 27,7 | (1,0) | (4,7) | 7,6 | 3,0 | (6,7) | 8,3 | 3,9 | 3,0 |
| Mügeln - Geising = Altenberg . . . . | 1891 | 1894 | 4 | 3,4 | 12,5 | 12,4 | 1,5 | (6,6) | 6,5 | 9,9 | (6,1) | 10,2 | 0,5 | 1,1 |

Nach Ausweis dieser Zusammenstellung hat bei den älteren Linien eine erhebliche Zunahme in allen Ergebnissen — also auch in den Betriebsausgaben — gegenüber den ersten Betriebsjahren stattgefunden. Der Rückgang der Güterverkehrseinnahme bei der Mosel-Ortmannsdorfer Linie beruht, wie bereits früher erwähnt, auf dem Wegfall der Güter-Zuführung und -Abholung für ein verkehrsreiches Privat-Zweiggleis, welches neuerdings an eine andere Bahnlinie angeschlossen worden ist.

Die Abnahmen bei der Wilischthal-Ehrenfriedersdorfer Linie betreffen lediglich die Ergebnisse des Personenverkehrs und sind auf die bereits oben angegebenen thatsächlichen Gründe zurückzuführen.

Die Abnahmen einiger Ergebnisse bei den zuletzt aufgeführten drei Linien dürften einerseits auf Zufälligkeiten, andererseits auf der allgemeinen Wahrnehmung beruhen, dass in den ersten Betriebsjahren nahezu bei allen Bahnlinien gewisse Schwankungen vorkommen, und erst nach längerer Betriebszeit eine grössere Stetigkeit des Verkehrs Platz greift.

Die Ergebnisse der Wilkau-Saupersdorfer und Döbeln-Oschatzer Linie, deren Längen sich in der Zwischenzeit geändert haben, konnten aus diesem Grunde in der vorstehenden Vergleichung nicht mit berücksichtigt werden.

Die Rentabilität der bisher gebauten Schmalspurbahnen in ihrer Gesammtheit stellt sich auf Grund der im zweiten Theile angeführten Erträgnissziffern für die einzelnen Linien folgendermaassen.

Es betrugen im Jahre 1894 bei den Schmalspurbahnen Sachsens

a) die Einnahmen

aus dem Personen- und Gepäckverkehre . . . . . 773 699,22 Mark
„ „ Güterverkehre . . . . . . . . . . . 749 240,36 „
„ „ sonstigen Quellen . . . . . . . . . . 37 088,92 „
überhaupt . . . . . . . . . . . . . . 1 560 028,50 „
durchschnittlich auf 1 Wagenachskilometer . . . . 8,12 Pfennige

b) die Ausgaben

Generalunkosten . . . . . . . . . . . . . 86 629,57 Mark
Betriebsaufwand . . . . . . . . . . . . . 1 337 892,26 „
für Vervollständigung der Bahnanlagen . . . . . 2 402,66 „
Einlage in den Erneuerungsfonds . . . . . . . 78 001,42 „
überhaupt . . . . . . . . . . . . . . 1 504 925,91 „
in Prozenten der Bruttoeinnahme . . . . . . . 96,47
durchschnittlich auf 1 Wagenachskilometer . . . . 7,84 Pfennige

c) Ueberschuss im ganzen . . . . . . 55 102,59 Mark
in Prozenten des Anlagekapitales . . . . . **0,204**

Ist hiernach der rein finanzielle Erfolg, welchen der sächsische Schmalspurbahn-Betrieb für das Jahr 1894 aufzuweisen vermag, an sich als kein günstiger zu bezeichnen, so wird man doch schon auf Grund der bewegten Transportmengen und auf Grund der Thatsache, dass die Transport-Entwicklung bei allen Linien mit ganz geringer Ausnahme eine fortgesetzt steigende Tendenz aufweist, behaupten können, dass die Gesammtheit der sächsischen Schmalspurbahnen schon bislang ihrer wirthschaftlichen Aufgabe voll und ganz gerecht geworden ist und dass damit auch die Voraussetzungen für eine weitere Entwicklung ihrer Rentabilität gegeben sind.

Weder die Königlich Sächsische Staatsregierung noch die Landesvertretung haben sich bei Beurtheilung der ihnen vorgelegten Bahn-Projekte jemals auf den Standpunkt gestellt, dass die Bewilligung derartiger Linien lediglich von fiskalisch-finanziellen Rücksichten abhängig zu machen sei, in dem Sinne, dass jede neue Linie von vornherein die Garantie für eine sofortige oder doch wenigstens alsbaldige Verzinsung des aufzuwendenden Baukapitals in sich tragen müsse. Wäre dieser Gesichtspunkt als entscheidend betrachtet worden, so würde vermuthlich nur ein sehr geringer Theil der bisher gebauten Schmalspurbahnen zur Ausführung gekommen sein, jedenfalls könnte man aber in diesem Falle mit Bestimmtheit annehmen, dass — was die Zukunft betrifft — der Ausbau des sächsischen Staatsbahnnetzes im allgemeinen und der sächsischen Schmalspurbahnen im besonderen für absehbare Zeit als abgeschlossen zu gelten habe.

Es liegt auf der Hand, dass in einem Lande mit so hoch entwickeltem Eisenbahnnetz wie Sachsen die finanziellen Aussichten für neu zu erbauende Bahnlinien fortgesetzt ungünstiger werden müssen. Je bescheidener aber die Verkehrsvoraussetzungen sind, welche die neue Bahn vorfindet, um so mehr muss das finanzielle Interesse des Unternehmers zurücktreten zu Gunsten der allgemeinen Rücksichten, welche von jedem rationellen Bahnbau eine Hebung der industriellen und merkantilen Verhältnisse des Landes und damit auch eine Hebung der Steuerkraft im allgemeinen erwarten lassen. Für den Privatunternehmer hat selbstredend der Betriebsgewinn entscheidend zu sein; Folge hiervon ist, dass er mit seinen Bahnbauten weit eher an der Grenze des Ausführbaren angelangt sein wird, als der Staat, der für etwa zunächst zu erwartende Opfer in eisenbahn-fiskalischer Hinsicht schadlos gehalten wird durch die Vortheile, welche die durch den Bahnbau geschaffene Verkehrserleichterung in allgemein-wirthschaftlicher Beziehung mit sich bringt.

In Sachsen ist zweifellos die Grenze, innerhalb welcher Bahnen mit normalen Rentabilitätsaussichten gebaut werden können, schon längst überschritten. Für den Bau neuer Linien können mithin innerhalb der durch eine vorsichtige Finanzwirthschaft gezogenen allgemeinen Grenze nur noch Erwägungen allgemein-ökonomischer Natur maassgebend sein und glücklicherweise ist die Rente, welche die älteren sächsischen Bahnen abwerfen, gross genug, um die Berücksichtigung hervortretender wirthschaftlicher Bedürfnisse ohne einseitige Betonung des eisenbahn-finanziellen Standpunktes zu gestatten.

Thatsächlich sind auch für den Bau der durchweg innerhalb der letzten 13 Jahre dem Betrieb übergebenen Schmalspurbahnen vorwiegend Rücksichten allgemein-wirthschaftlicher Art maassgebend gewesen, und den Erwägungen fiskalischer Natur wurde hierbei ein Einfluss nur insofern eingeräumt, als — sofern nicht, wie bei der Mülsengrundbahn, infolge eines wirthschaftlichen Nothstandes ein vorzeitiges Eingreifen des Staates nothwendig erschien — die Erbauung neuer Linien erst dann in Frage gezogen wurde, wenn bei denselben wenigstens die Vorbedingungen für eine mässige Rentabilität, sei es auch nur für eine entferntere Zukunft, als vorhanden anzusehen waren.

Dass bei Einhaltung dieser ganz vorwiegend auf allgemein-wirthschaftlichen Gesichtspunkten gegründeten Eisenbahn-Politik kein Schmalspurbahn-Netz geschaffen werden konnte, welches bereits in den ersten Jahren seines Bestehens eine angemessene Verzinsung für das aufgewendete Baukapital aufweist, kann nicht überraschen, namentlich wenn man erwägt, wie lange zum Theil selbst die frequenzreicheren Hauptlinien — obwohl dieselben in ihrer Mehrzahl zweifellos unter wesentlich günstigeren Voraussetzungen gebaut wurden, als die Schmalspurbahnen — gebraucht haben, um dem Staat eine entsprechende Rente abzuwerfen.

Weiter kommt in Betracht, dass, um den eisenbahn-fiskalischen Werth der einzelnen Schmalspurbahn in seiner Gesammtheit zu beurtheilen, nicht nur die Erträgnisse zu berücksichtigen sind, welche aus dem Verkehr auf der Schmalspurbahn selbst herrühren, sondern auch diejenigen Mehreinnahmen, welche infolge des befruchtenden Einflusses der Schmalspurbahn auf die anschliessende Hauptbahn, dieser letzteren zugeflossen sind. Allerdings ist ein Theil des Uebergangsverkehres — von der Schmalspurbahn auf die Hauptbahn und umgekehrt — den Hauptbahnen schon früher, vor Eröffnung der Schmalspurbahn zu Gute gekommen, indem die betreffenden Gütermengen entweder auf der jetzigen Anschlussstation oder anderen Verkehrsstellen benachbarter Eisenbahnlinien zur Aufgabe oder zur Auslieferung gelangten. Zweifellos ist jedoch mit der Eröffnung der Zweigbahn überall die Stärke dieses Verkehrs auch zu Gunsten der Hauptbahn erheblich gewachsen und insofern bezieht die Hauptbahn infolge der Eröffnung der Zweigbahnen thatsächlich Mehreinnahmen, auf welche sie beim Nichtvorhandensein der Zweigbahn verzichten müsste.

Welche Quote des Güterverkehrs aus den einzelnen sächsischen Schmalspurbahnbezirken schon früher den Hauptbahnen in der bezeichneten Weise zugeflossen ist, lässt sich mit Bestimmtheit nicht feststellen, vermuthlich wird es aber — und dies steht auch mit den hierüber gemachten allgemeinen Wahrnehmungen im Einklang — schon hoch gegriffen sein, wenn man diese Quote schätzungsweise auf ein Dritttheil des späteren Uebergangsverkehrs veranschlagt, dergestalt also, dass man die anderen zwei Dritttheile als reinen Zuwachs betrachtet, der durch den Betrieb der Schmalspurbahn neu erzeugt ward. Als Grundlage für die Berechnung jener Ursprungsquote kann selbstredend jedoch nur derjenige Uebergangsverkehr in Frage kommen, welcher sich im ersten Jahre nach der Betriebseröffnung gezeigt hat, so dass also die nachmals — vorzugsweise eben infolge des Bestehens der Schmalspurbahn — eingetretene Verkehrsvermehrung bei dieser Berechnung ausser Betracht zu bleiben hat. Dass gerade ein Dritttheil des erstjährigen Güter-Uebergangsverkehrs für die Bemessung des Ursprungsverkehrs als maassgebend angenommen wird, findet seine Begründung weniger in ziffermässigen Unterlagen, als in allgemeinen Beobachtungen, welche in dieser Hinsicht bei den betheiligten Eisenbahnlinien gemacht worden sind. Jedenfalls darf man annehmen, dass mit Annahme dieses Durchschnittssatzes der vorbahnliche Verkehr eher zu hoch als zu niedrig geschätzt wird und dass insofern die hier hinsichtlich des verkehrsfördernden Einflusses der Schmalspurbahnen auf die Hauptbahnen angestellte Berechnung für die Schmalspurbahn eher zu wenig günstig, als zu günstig ausfallen muss. In Betracht kommt hierbei, dass, während mit der Eröffnung des Schmalspurbahnbetriebes sämmtliche Stationen der betreffenden Strecke ohne weiteres als verkehrserzeugende Faktoren thätig wurden, früher naturgemäss nur die näher zur Eisenbahn gelegenen Verkehrsplätze für den regelmässigen und stärkeren Güteraustausch mit den betreffenden Hauptbahnstationen in Frage kamen, und dass die entfernter gelegenen Orte von der Eisenbahn-Benutzung nahezu ausgeschlossen waren, zumal die gerade in vielen Schmalspurbahn-Bezirken vorliegenden ungünstigen Strassen- und Zufuhrverhältnisse — soweit die Kommunikation mit den nächsten Hauptbahnstationen in Betracht kam — auch in dieser Hinsicht nicht ohne Einfluss bleiben konnten. Auch fällt ganz besonders in das Gewicht, dass eine grosse Anzahl gerade der verkehrsreicheren Schmalspurbahnstationen — wie zum Beispiel Dippoldiswalde, Wilsdruff, Radeburg, Wilkau — verhältnissmässig nahe an grossen Verkehrs-Centren gelegen und mit diesen durch gute Strassen verbunden sind, so dass der überwiegende Verkehr mit diesen Centren früher unzweifelhaft dem Landfuhrwerk zufallen musste und somit der Beförderung auf der Hauptbahn entzogen war.

Aehnliche Verhältnisse wie beim Güterverkehr liegen auch beim Personenverkehr vor; nur ist hier davon auszugehen, dass der den Hauptbahnen früher zu Gute gekommene Ursprungsverkehr prozentual noch geringer gewesen ist, als beim Güterverkehr. Entscheidend ist hierbei, dass der bei weitem grösste Theil des Personenverkehrs, wie er sich jetzt auf den sächsischen Schmalspurbahnen entwickelt hat, überhaupt erst durch die Eröffnung der neuen Verkehrswege geschaffen worden ist. Nahezu ausschliesslich gilt dies vom Vergnügungsverkehr, der bekanntlich eine sehr hervorragende Rolle in den Personengeldeinnahmen der Schmalspurbahnen spielt, in hohem Grade aber auch vom Geschäfts-Personenverkehr, der früher, soweit er überhaupt der Eisenbahn zufiel, zweifellos nur einen ganz geringen Bruchtheil des jetzigen regulären Reiseverkehrs auf den betreffenden Strecken ausgemacht hat. Dies wird ohne weiteres klar, wenn man beispielsweise diejenigen Verkehrsstellen der um Dresden gelegenen Schmalspurbahnen in Betracht zieht, welche gegenwärtig im Verkehr mit der Residenz die grössten Personenverkehrsziffern aufweisen. Es sind dies die Stationen Moritzburg, Wilsdruff, Dippoldiswalde, Königsbrück, Radeburg, Dohna und Rabenau. Alle diese Plätze sind — vielleicht mit alleiniger Ausnahme der näher zur Hauptbahn gelegenen Orte Dohna und Rabenau — früher für den regulären Verkehr auf den Hauptbahnen nur in sehr untergeordnetem Maasse in Betracht gekommen. Der Verkehr zwischen ihnen und Dresden wurde nahezu ausschliesslich durch die Landstrasse und speziell durch die regelmässigen Post-Verbindungen vermittelt, und eine Aenderung in diesen Verhältnissen zu Gunsten der Eisenbahn trat erst ein, als die betreffenden Schmalspurbahnen eröffnet wurden. Mit Rücksicht hierauf — und da auf den übrigen sächsischen Schmalspurbahnen die Frage ähnlich liegt — wird man, um ein einigermaassen zutreffendes Bild über die Stärke des Personen-Ursprungsverkehrs zu erhalten, bei Annahme der bezüglichen Ziffern nicht zu hoch greifen dürfen und jedenfalls unter der Grenze bleiben müssen, welche in dieser Hinsicht für den Güterverkehr als maassgebend angenommen ward. Geht man davon aus, dass, wie hier angenommen werden soll, 20 Prozent des späteren Personen-Uebergangsverkehrs von der Schmalspur- zur Vollspurbahn und umgekehrt schon früher den Hauptbahnen zu Gute gekommen sind, so dürfte man sich vermuthlich eher einer Ueberschätzung als einer Unterschätzung dieses Verkehrs schuldig machen. Für die Berechnung selbst werden naturgemäss auch hier die Frequenzziffern des ersten Betriebsjahres zu Grunde zu legen sein.

Nimmt man nach diesen Ausführungen an, dass der Ursprungsverkehr, der früher aus den jetzigen Schmalspurbahnbezirken den anschliessenden Hauptbahnen zugeflossen ist, bei den Gütern durchschnittlich ein Dritttheil, bei den Personen aber ein Fünftheil der erstjährigen Betriebsergebnisse betragen hat, so beantwortet sich die schon vielfach aufgeworfene, bis jetzt aber ungelöst gebliebene Frage, wie sich der Einfluss des Schmalspurbahnbetriebes auf die Erträgnisse des Hauptbahnnetzes äussert, folgendermaassen:

Der von den Schmalspurbahnen stammende und dorthin übergehende Güter-Uebergangsverkehr ergab im Jahre 1894 eine Gesammtfrachteinnahme von 1 293 969 Mark; hiervon entfallen nach den speziellen Antheilsermittelungen 706 559 Mark auf die Transportleistungen der Schmalspurbahnen und 587 410 Mark auf die Transportleistungen der Hauptbahnen.

Dagegen ergab der Anfangs-Güterverkehr sämmtlicher Schmalspurbahnen, also der Verkehr in den jeweilig ersten Betriebsjahren, insgesammt 997 000 Mark, wovon 499 580 Mark auf die Transportleistungen der Schmalspurbahnen und 497 420 Mark auf diejenigen der Hauptbahnen entfallen.

Hiernach beziffert sich der mit 33,33 Prozent angenommene Güter-Ursprungsverkehr zu $\frac{497\,420}{3} = 165\,807$ Mark, welche von dem obenangeführten Erträgnisse der Hauptbahnen im Jahre 1894 an 587 410 Mark zu kürzen sind, so dass als Restbetrag — also als derjenige Betrag, welcher sich zu Gunsten der Hauptbahnen für das Jahr 1894 ergiebt — 421 603 Mark verbleiben.

Im Personenverkehr*) ist die Gesammteinnahme für das Jahr 1894 auf 1 643 904 Mark zu veranschlagen, die auf Grund der speziellen Rentabilitäts-Berechnungen mit 773 699 Mark auf die Schmalspurbahnen und mit 870 205 Mark auf die Hauptbahnen entfällt.

Im ersten Jahre nach der jeweiligen Betriebseröffnung erzielten die Schmalspurbahnen aus dem Personenverkehre einen Gesammterlös von 1 342 412 Mark; von dieser Summe entfallen nach Ausweis der Rentabilitätsberechnung 638 031 Mark auf die Transportleistungen der Schmalspurbahnen und 704 381 Mark auf die Transportleistungen der Hauptbahnen.

Hiernach beziffert sich der mit 20 Prozent veranschlagte Ursprungsverkehr auf $\frac{704\,381}{5} =$ 140 876 Mark, welche von dem oben bezifferten Personen-Erträgniss der Hauptbahnen im Jahre 1894 an 870 205 Mark zu kürzen sind, so dass als Erträgniss pro 1894 729 329 Mark zu Gunsten der Hauptbahnen verbleiben.

Rechnet man diese 729 329 Mark zu der oben festgestellten, für den Güterverkehr entfallenden Summe von 421 603 Mark, so ergiebt sich für das Jahr 1894 ein Gesammt-Brutto-Erträgniss von 1 150 932 Mark, welches infolge des Schmalspurbahn-Betriebes den Hauptbahnen nach Abzug der für den Güter- und Personenverkehr entfallenden Ursprungsquoten zugeflossen ist. Dieser Betrag stellt die Roh-Einnahme der Hauptbahnen aus den fraglichen Verkehren dar. Zur Ermittlung des Reinerträgnisses ist derselbe durch den in der sächsischen Eisenbahn-Statistik für das Jahr 1894 allgemein angenommenen Betriebs-Coëfficienten von 66,33 (Umfang der gesammten Ausgaben in Prozent der gesammten Einnahme) zu theilen; es ergiebt sich hiernach eine Betriebsausgabe von 763 413 Mark und ein Ueberschuss von 387 519 Mark.

Dieser den Hauptbahnen aus dem Verkehr mit den Schmalspurbahnen zugeflossene Ueberschuss würde — wenn man ihn zu Gunsten der Schmalspurbahnen verrechnet — das gesammte Anlage-Kapital dieser letzteren in Höhe von 27 034 311 Mark mit 1,433 Prozent verzinsen helfen und in Verbindung mit der für das Jahr 1894 ermittelten direkten Rente von 0,204 Prozent die Verzinsung des Anlagekapitals der Schmalspurbahnen pro 1894 auf

1,637 Prozent

anwachsen lassen. Die indirekte Rente der Schmalspurbahnen beträgt hiernach rund das 7 fache der erzielten direkten Rente.

Dieses Ergebniss dürfte aber schon mit Rücksicht auf die kurze Entwickelungszeit, welche die Mehrzahl der sächsischen Schmalspurbahnen hinter sich hat, als ein befriedigendes anzusehen sein, namentlich wenn man berücksichtigt, dass den Schmalspurbahnen in Anwendung der für die Rentabilitätsberechnungen allgemein gültigen Grundsätze gewisse Aufwendungen für den Gemeinschaftsdienst zur Last geschrieben werden, die an sich in keinem Verhältniss zu dem schwachen, gleichsam nebenhergehenden Verkehr dieser kleinen Bahnen stehen. Dies gilt in erster Linie von den den Schmalspurbahnen zur Last fallenden Beiträgen zu den General-

---

*) Anmerkung.

Die Ergebnisse des Güterverkehres sind in den Frachtberechnungen der Stationen für die ganzen innerhalb des sächsischen Staatsbahnnetzes durchfahrenen Strecken in jedem einzelnen Falle ausgewiesen. Bei der vorliegenden Rentabilitätsberechnung bedurfte es deshalb betreffs des Güterverkehres nur der Ausscheidung des entsprechenden Einnahmeantheils der Schmalspurbahnen auf Grund der geltenden Tarife, um den auf die Hauptbahnen entfallenden Antheil festzustellen.

Dagegen ist betreffs der Personenverkehrsergebnisse die Gesammtlänge aller Reisen bis zum Endziel nicht ohne weiteres aus den allgemeinen Verkehrsnachweisen zu entnehmen, da im Interesse der Geschäftsvereinfachung, für einen grossen Theil der in Betracht kommenden Verkehrsbeziehungen, direkte Fahrkarten nicht ausgegeben werden. Es mussten deshalb die hier benöthigten Unterlagen dergestalt ermittelt werden, dass die in den betreffenden Jahren thatsächlich beförderte Personenanzahl mit der erfahrungsmässigen durchschnittlichen Wegelänge jeder Reise von 22,85 Kilometer und das hiernach gefundene Ergebniss mit dem durchschnittlichen Ertrage pro Personenkilometer von 3,11 Pfennige vervielfältigt wurde.

unkosten der Verwaltung der sächsischen Eisenbahnen in Höhe von zusammen 77 000 Mark und zu den Verwaltungskosten der Gemeinschaftsbahnhöfe in Höhe von 22 000 Mark.

Hieraus erhellt, dass die sächsischen Schmalspurbahnen ihrer Aufgabe, als Zufuhrstrassen für die Hauptbahnen zu dienen, in verhältnissmässig sehr befriedigender Weise gerecht geworden sind, namentlich wenn man erwägt, dass es sich bei der Gesammtheit dieser Linien um ein verhältnissmässig noch junges Verkehrsinstitut handelt. Damit werden aber die Bedenken widerlegt, welche unter Berufung auf die Unzulänglichkeit der erzielten direkten Rente etwa vom eisenbahnfiskalischen Standpunkte aus gegen die Existenzberechtigung der bisher gebauten Schmalspurbahnen geltend gemacht werden könnten.

Es wäre unwirthschaftlich, wenn die Entscheidung über den Bau eines Privatzweiggleises eisenbahnseitig grundsätzlich davon abhängig gemacht werden sollte, dass die für die Bedienung des Gleises selbst zu erhebenden Gebühren unter allen Umständen eine genügende Vergütung für die der Verwaltung erwachsenden Mühewaltungen verbürgen. Das entscheidende Moment hat hier rationeller Weise lediglich die Rücksicht auf den zu erhoffenden Verkehrszuwachs zu sein und von diesem Gesichtspunkte aus kann es im einzelnen Falle nöthig und ökonomisch richtig sein, dass ein Zweiggleis gebaut und in Betrieb genommen wird, obwohl feststeht, dass für die Bedienung dieses Gleises zunächst Opfer zu bringen sein werden. Analoge Gesichtspunkte müssen unter Umständen auch bei der Beurtheilung von Schmalspurbahnen in Betracht gezogen werden. Gerade bei Linien dieser Art ist mit Recht jederzeit der Charakter als Zufuhrstrassen oder Zweiggleise betont worden, und aus den obigen Darlegungen geht zur Genüge hervor, dass auch thatsächlich ihre finanzielle Einwirkung in dieser Richtung schwer in das Gewicht fällt. Umsomehr erscheint es aber geboten, bei Beurtheilung des eisenbahnfiskalischen Werthes der einzelnen Schmalspurstrecken auf die Befruchtung der anschliessenden Hauptbahnlinien mit Rücksicht zu nehmen und im gegebenen Falle auch bei Aufstellung der speziellen Rentabilitätsziffern jene mittelbaren Erträgnisse mit hervorzuheben.

Hierbei wird keineswegs verkannt, dass gleiche und ähnliche Momente auch für vollspurige Bahnlinien in Betracht kommen können; es wird mithin auch hier geeigneten Falls, um ein zutreffendes Bild über die direkte und indirekte Rentabilität zu erhalten, der Verkehrszuwachs mit in Berücksichtigung zu ziehen sein, welcher den anschliessenden Linien infolge Eröffnung der neuen Bahn zu Gute kommt.

Stellt sich hiernach, wie aus den oben gefundenen Ziffern hervorgeht, die finanzielle Bedeutung der sächsischen Schmalspurbahnen für den Staatsbahnbetrieb im allgemeinen wesentlich anders, als dies bei einseitiger Beurtheilung der vorliegenden unmittelbaren Erträgniss-Ziffern der Fall ist, so ist andererseits — wie schon angedeutet — wiederholt darauf hinzuweisen, dass der volks- und staatswirthschaftliche Schwerpunkt der fraglichen Anlagen überhaupt nicht auf dem Gebiete der Eisenbahn-Betriebs-Rentabilität zu suchen ist. Hiernach kann bei Beurtheilung des ökonomischen Werthes einer Eisenbahnlinie die Höhe des erzielten Reingewinns für sich allein nicht entscheidend sein; sie bildet allerdings ein äusseres und für den Staat als Betriebsunternehmer sehr werthvolles Kriterium für die wirthschaftliche Berechtigung der betreffenden Linie, keineswegs darf jedoch auf Grund dieses Merkmales allein die Frage über den ökonomischen Werth oder Unwerth einer Bahnanlage entschieden werden, zumal für die Höhe der Rente bis zu einem gewissen Grade auch Gründe zufälliger Art (Höhe der Tarife, vorübergehende Massentransporte, Heranziehung von Frachten, die früher auf anderen Linien desselben Netzes befördert wurden, einmalige grössere Unterhaltungs-Aufwendungen u. s. w.) von förderndem oder minderndem Eindruck gewesen sein können.

Einen zuverlässigeren Anhalt in dieser Richtung bieten zweifellos die wahrnehmbaren Einwirkungen, welche der Bahnbau auf die allgemein-wirthschaftlichen und industriellen Verhältnisse der betreffenden Gegend zur Folge gehabt hat. Lässt sich erkennen, dass mit dem Bau der Strecke eine Förderung des öffentlichen Wohlstandes — welche nach aussen hin namentlich in der Hebung der Einkommenverhältnisse und in der Vermehrung der Arbeitsstellen zur Erscheinung kommen wird — Hand in Hand gegangen ist, so werden selbst diejenigen Linien, die dem Unternehmer zur Zeit keine oder doch keine genügende Betriebsrente abwerfen, den volkswirthschaftlich berechtigten Eisenbahnunternehmungen zuzuzählen sein, zumal in jenen Erscheinungen andererseits auch wieder eine Gewähr dafür zu erblicken ist, dass die Verkehrsentwicklung weiterhin einen normalen Verlauf nehmen, und infolge dessen auch das unmittelbare eisenbahn-fiskalische Interesse mit der Zeit zu seinem Rechte kommen wird. Dass aber die bisher gebauten sächsischen Schmalspurbahnen in dieser Beziehung den Nachweis ihrer Existenzberechtigung geführt haben, darf nach den zeitherigen Erfahrungen als zweifellos angenommen werden.

Die nachstehende Zusammenstellung weist nach, wieviel neue Fabrikunternehmungen an den einzelnen Schmalspurbahnen seit der Betriebseröffnung entstanden sind, welche Vermehrung der Arbeitskräfte in diesen und in den bereits früher an den Schmalspurbahnen vorhanden gewesenen Fabriken stattgefunden hat, und inwieweit die Zahl der an die Schmalspurbahnen angeschlossenen Privat-Zweiggleise seit der Betriebseröffnung bis zur Gegenwart gewachsen ist.

| Linien. | Seit Eröffnung der Schmalspurbahnen haben sich vermehrt | | |
|---|---|---|---|
| | die Fabriken. | in neu-entstandenen und in bereits früher vorhanden gewesenen Fabriken die Arbeiter. Anzahl. | die Zweiggleise. |
| Wilkau-Wilzschhaus (B.-V. Kirchberg) . . . . . . . . . | 8 | 1 647 | 19 |
| (B.-V. Schönheide) . . . . . . . . | 3 | 239 | 1 |
| Hainsberg-Kipsdorf . . . . . . . . . . . . . . | 5 | 606 | 5 |
| Oschatz-Döbeln u. Mügeln-Nerchau=Trebsen (B.-V. Mügeln) | 2 | 208 | 2 |
| (B.-V. Wermsdorf) | 1 | 172 | 3 |
| Radebeul-Radeburg . . . . . . . . . . . . . . | 1 | 133 | 5 |
| Klotzsche-Königsbrück . . . . . . . . . . . . | 8 | 695 | 1 |
| Zittau-Markersdorf . . . . . . . . . . . . . | 2 | 924 | 4 |
| Mosel-Ortmannsdorf . . . . . . . . . . . . . | 5 | 640 | — |
| Potschappel-Wilsdruff . . . . . . . . . . . . | — | 85 | 1 |
| Wilischthal-Ehrenfriedersdorf mit Herold-Thum . . . . . . | 41 | 1 396 | 2 |
| Schönfeld-Geyer . . . . . . . . . . . . . | 14 | 199 | 1 |
| Grünstädtel-Oberrittersgrün . . . . . . . . . . | 1 | 32 | 3 |
| Mügeln-Geising=Altenberg . . . . . . . . . | 3 | 107 | 3 |
| Oschatz-Strehla . . . . . . . . . . . . . . | — | 10 | — |
| Wolkenstein-Jöhstadt . . . . . . . . . . . . | 1 | 104 | 3 |
| Taubenheim-Dürrhennersdorf . . . . . . . . . . | — | 135 | — |
| Hetzdorf-Eppendorf . . . . . . . . . . . . . | 2 | 340 | 1 |
| Herrnhut-Bernstadt . . . . . . . . . . . . . | — | 100 | 1 |
| Se. | 97 | 7 772 | 55 |

Die Entwickelung der industriellen Verhältnisse, welche hiernach für das sächsische Schmalspurbahnnetz zu konstatiren ist, muss zweifellos als in hohem Grade befriedigend bezeichnet werden und zwar um so mehr, als die eingetretene Vermehrung sich nur auf Fabriken im eigentlichen Sinne bezieht und Erwerbsunternehmungen anderer Art, wie kaufmännische Geschäfte, Gastwirthschaften u. s. w., welche doch zweifellos auch von der eingetretenen Kommunikationsverbesserung Vortheil gezogen haben werden, überhaupt nicht mit berücksichtigt worden sind.

Der Nutzen, welcher dem Staate aus einer Fixirung disponibler Kapitalien in Form werbender Immobiliaranlagen zufliesst, bedeutet in volkswirthschaftlicher Hinsicht jedenfalls weit mehr als eine entsprechende Erhöhung des mobilen Nationalvermögens, welches nach Befinden im Auslande angelegt und somit den Zwecken des vaterländischen Industriefleisses überhaupt entzogen werden kann.

Einen werthvollen Gradmesser für den eingetretenen wirthschaftlichen Fortschritt bietet auch die Zahl der Privatzweiggleise, welche sich nach Ausweis des Verzeichnisses in den betreffenden Bezirken seit Eröffnung der Schmalspurbahnen um 55 Anlagen vermehrt hat.

In Uebereinstimmung mit diesen sehr günstigen wirthschaftlichen Erscheinungen steht — was bei Beurtheilung der vorliegenden Frage von ausschlaggebendem Gewicht ist — die Entwickelung, welche die Einkommenverhältnisse in den betreffenden Bezirken genommen haben.

Nach den Ergebnissen der Einkommen-Einschätzung haben mit einigen verschwindenden Ausnahmen alle Orte, welche an den älteren Schmalspurbahnen gelegen sind, seit der Betriebseröffnung einen erheblichen Aufschwung zu verzeichnen und zwar übersteigt dieser Aufschwung in zahlreichen und darunter gerade wichtigeren Verkehrsplätzen die allgemeine prozentuale Erhöhung, wie solche in den betreffenden Jahren sich im Königreich Sachsen überhaupt geltend gemacht hat, zumeist noch um ein ganz Beträchtliches. So stellen sich beispielsweise in den nachgenannten Orten die Einkommensteuer-Erträge und die prozentuale Zunahme derselben — in Gegenüberstellung zu der prozentualen Zunahme der Einkommensteuer-Erträge im ganzen Lande — folgendermaassen. (Tabelle siehe Seite 158 und 159.)

Der bedeutende Aufschwung, welcher hiernach in den Einkommenverhältnissen der betreffenden Ortschaften über die allgemeine prozentuale Zunahme hinaus eingetreten, ist um so bemerkenswerther, als die Erhöhung, welche die allgemeinen Einkommensteuer-Erträgnisse im Königreich Sachsen während der zum Vergleich gestellten Zeiträume aufweisen, schon an sich eine sehr beträchtliche ist, und als erfahrungsgemäss feststeht, dass dieses Anwachsen weit mehr auf die grossen Städte und Industrie-Centren entfällt, als auf die kleineren Provinzialstädte und Ortschaften des platten Landes, wie solche in den Schmalspurbahn-Bezirken ausschliesslich in Betracht kommen. Wollte man den Ergebnissen der im Verzeichnisse aufgeführten Ortschaften diejenigen ähnlicher Städte und Ortschaften des Königreichs Sachsen, welche Bahnverbindung nicht besitzen, gegenüberstellen, so würde ohne Zweifel der verkehrsfördernde und die Erwerbs- und Einkommenverhältnisse aufbessernde Einfluss der Schmalspurbahnen in noch weit höherem Maasse zur Erscheinung kommen.

In Uebereinstimmung mit der Verbesserung der Einkommenverhältnisse steht die Thatsache, dass mit dem Ausbau jeder Bahnlinie — und so auch der Schmalspurbahn — erfahrungsgemäss die Werthverhältnisse des Grund und Bodens in den von der Bahn durchzogenen Gegenden eine erhebliche Steigerung erfahren, wodurch eine Vermehrung des Nationalvermögens herbeigeführt wird, die in ihrem Gesammteffekte vielleicht manchmal einen nicht unbedeutenden Prozentsatz des für die Bahn selbst aufgewendeten Baukapitales darstellen dürfte. Diese Werthssteigerung kommt nicht nur den privaten Grundbesitzern zu Gute, sondern ganz vorzugsweise auch dem Staate, welcher schon in seiner Eigenschaft als Eigenthümer der fiscalischen Forsten von den erhöhten Grund- und Bodenpreisen Vortheil zieht und vielleicht später —

| O r t | Einkommensteuer (Soll-Einkommen | | | | | | | | | | | | |
|---|---|---|---|---|---|---|---|---|---|---|---|---|---|
| | 1882 | | 1883 | | 1884 | | 1885 | | 1886 | | 1887 | | 1888 | |
| | Mark. | Pf. | Mark. | Pf. | Mark. | Pf. | Mark. | Pf. | Mark. | Pf. | Mark. | Pf. | Mark. | Pf. |
| Cunersdorf . . . . . . . | 1 297 | — | 1 333 | — | 1 169 | — | 1 302 | — | 1 327 | — | 1 364 | — | 1 407 | — |
| Kirchberg . . . . . . . | 21 699 | — | 24 837 | 50 | 26 428 | — | 28 259 | — | 28 347 | 50 | 30 141 | — | 32 517 | 50 |
| Saupersdorf . . . . . . | 1 523 | 50 | 2 489 | 25 | 2 079 | 50 | 3 218 | — | 3 406 | — | 3 330 | 50 | 3 764 | — |
| Rabenau . . . . . . . | 3 342 | 50 | 3 278 | — | 3 977 | 25 | 5 380 | 50 | 6 233 | 50 | 5 676 | — | 6 384 | 50 |
| Schmiedeberg . . . . . | 1 141 | — | 1 364 | 50 | 1 461 | 50 | 1 556 | — | 1 826 | 50 | 2 042 | — | 2 250 | 50 |
| Kipsdorf . . . . . . . | 311 | — | 340 | 50 | 336 | 50 | 445 | — | 455 | — | 514 | 50 | 522 | 50 |
| Dippelsdorf mit Buchholz . . . . | . | . | 242 | — | 301 | 50 | 312 | 50 | 315 | 50 | 300 | — | 302 | — |
| Moritzburg = Eisenberg . . . | . | . | 3 555 | — | 4 026 | — | 4 163 | 50 | 5 119 | 50 | 4 634 | — | 4 868 | 50 |
| Weixdorf . . . . . . . | . | . | 481 | 50 | 497 | 50 | 483 | 50 | 585 | — | 620 | 50 | 712 | 50 |
| Lausa . . . . . . . . . | . | . | 756 | 50 | 793 | — | 862 | — | 1 062 | 50 | 911 | 50 | 939 | 50 |
| Cunnersdorf . . . . . . | . | . | 317 | 50 | 311 | — | 321 | 50 | 318 | 50 | 302 | 50 | 426 | 50 |
| Ottendorf mit Moritzdorf . . . . | . | . | 1 401 | — | 1 534 | 50 | 1 698 | — | 2 005 | 50 | 2 459 | 50 | 2 738 | — |
| Königsbrück . . . . . . | . | . | 5 780 | — | 6 001 | — | 6 128 | 50 | 5 988 | — | 6 169 | 50 | 6 516 | — |
| Reibersdorf (Reibersdorf mit Wald) . | . | . | 3 055 | — | 3 043 | — | 3 107 | 50 | 3 072 | 50 | 2 921 | 25 | 4 162 | — |
| Wilsdruff . . . . . . . | . | . | . | . | . | . | 8 474 | — | 9 288 | 50 | 11 363 | 50 | 12 258 | — |
| Venusberg . . . . . . . | . | . | . | . | . | . | 6 534 | — | 6 647 | — | 6 036 | — | 6 207 | — |
| Herold (Unter-, Mittel- und Ober-) . . | . | . | . | . | . | . | 2 101 | 50 | 2 326 | — | 2 302 | — | 2 528 | — |
| Ehrenfriedersdorf . . . . | . | . | . | . | . | . | 7 279 | — | 7 546 | 50 | 8 037 | 50 | 9 169 | 50 |
| Mülsen St. Micheln . . . | . | . | . | . | . | . | 1 504 | 50 | 1 613 | — | 2 050 | — | 2 099 | 75 |
| Thurm . . . . . . . . | . | . | . | . | . | . | 3 750 | 50 | 3 879 | 50 | 5 096 | 25 | 5 744 | — |
| Geyer . . . . . . . . . | . | . | . | . | . | . | . | . | . | . | 6 216 | — | 6 972 | — |

wenn die Entwickelung der betreffenden Ortschaften weiter vorgeschritten sein wird — in noch höherem Maasse ziehen dürfte.

Aus allen diesen Thatsachen kann mit Bestimmtheit der Schluss gezogen werden, dass die sächsischen Schmalspurbahnen ihrer vornehmsten Aufgabe, nämlich der Aufgabe, zur Hebung des allgemeinen Volkswohlstandes beizu-tragen, in umfassender Weise gerecht geworden, und dass mithin die Erwartungen, welche seiner Zeit von der Königlichen Staatsregierung und der Landesvertretung an den Bau dieser Linien geknüpft wurden, in der Hauptsache erfüllt worden sind. Dies verdient aber um so mehr hervorgehoben zu werden, als die Mehrzahl der bestehenden Schmalspur-bahnen in Gegenden angelegt worden sind, welche von vornherein eine beschränktere Ent-wickelungsfähigkeit in industrieller und merkantiler Hinsicht aufwiesen und welche insbesondere einen Vergleich mit den reicheren und dicht bevölkerten Distrikten des sächsischen Landes auch nicht entfernt auszuhalten vermögen. Zieht man die örtlichen Verhältnisse der jetzt von Schmalspurbahnen durchzogenen Gegenden in Betracht, so wird man kaum darüber in Zweifel sein können, dass bei vielen Linien vor dem Bahnbau die Aussicht auf eine gedeihliche gewerbliche Weiterentwickelung — trotz vielfach vorhandener billiger Lohnverhältnisse und ausreichender Wasserkräfte — so ungünstig wie möglich lag. Es sei in dieser Hinsicht nur an die Hainsberg-Kipsdorfer und die Wolkenstein-Jöhstädter Linie erinnert, welche, vorzugs-weise in engen Krümmungen sich hinziehend, Thäler aufschliessen, die bislang streckenweise von der Kommunikation überhaupt ausgeschlossen waren und die infolge dessen trotz der

nach den Katastern) auf das Jahr

| 1889 | | 1890 | | 1891 | | 1892 | | 1893 | | 1894 (Erhöhung der Steuer um 10 und bez. 20% bei Einkommen von über 30 000 Mark) | | 1895 (neuer Tarif) | | Zunahme vom Jahre vor der Betriebseröffnung bis 1895 | vom Gesammt-Einkommen im Lande. |
|---|---|---|---|---|---|---|---|---|---|---|---|---|---|---|---|
| Mark. | Pf. | Mark. | Pf. | Mark. | Pf. | Mark. | Pf. | Mark. | Pf. | Mark. | Pf. | Mark. | Pf. | Prozent. | |
| 2 002 | — | 2 325 | 50 | 2 273 | 50 | 2 268 | 50 | 2 611 | — | 2 964 | 50 | 3 239 | — | 150 | |
| 34 656 | 50 | 37 280 | 50 | 39 611 | 50 | 40 062 | — | 39 188 | 50 | 41 762 | — | 41 007 | — | 89 | |
| 4 498 | — | 5 000 | 50 | 4 696 | — | 4 621 | — | 4 549 | 50 | 4 852 | 50 | 5 239 | — | 244 | |
| 7 446 | 50 | 8 116 | — | 9 175 | 50 | 9 417 | 50 | 9 550 | 75 | 9 273 | 50 | 8 783 | — | 163 | 90 |
| 2 393 | 50 | 2 759 | — | 2 827 | 50 | 2 932 | 75 | 3 005 | 50 | 3 168 | — | 3 173 | — | 178 | |
| 645 | 50 | 754 | 50 | 796 | 50 | 724 | 50 | 917 | — | 838 | — | 1 170 | — | 276 | |
| 348 | 50 | 405 | 50 | 461 | 50 | 463 | — | 469 | — | 489 | — | 496 | — | 105 | |
| 5 731 | 50 | 5 852 | 50 | 6 238 | — | 6 463 | 50 | 6 379 | — | 7 016 | — | 6 798 | — | 91 | |
| 744 | — | 892 | — | 1 171 | 50 | 1 050 | 50 | 1 082 | — | 1 116 | — | 1 156 | — | 140 | |
| 1 218 | 50 | 1 464 | 50 | 1 569 | 50 | 1 534 | 50 | 1 604 | — | 1 588 | 50 | 1 978 | — | 161 | 81 |
| 508 | 50 | 891 | — | 901 | — | 891 | 50 | 790 | — | 944 | 50 | 908 | — | 186 | |
| 3 171 | 50 | 3 598 | — | 3 973 | — | 4 539 | — | 4 919 | 50 | 4 835 | — | 5 053 | — | 261 | |
| 6 337 | 50 | 6 534 | 50 | 7 264 | 50 | 7 614 | — | 8 262 | — | 8 909 | 75 | 11 074 | — | 92 | |
| 4 504 | 50 | 4 526 | 50 | 4 740 | 50 | 4 708 | — | 5 134 | 50 | 5 494 | 50 | 5 625 | — | 84 | |
| 12 471 | — | 12 852 | 50 | 13 978 | — | 15 466 | — | 16 270 | 50 | 16 800 | 50 | 16 028 | — | 89 | |
| 6 151 | 50 | 7 403 | — | 6 768 | — | 5 806 | 50 | 5 325 | 50 | 5 704 | 50 | 12 970 | — | 99 | |
| 3 251 | — | 3 406 | — | 3 542 | — | 3 558 | 50 | 3 672 | — | 3 851 | 25 | 3 642 | — | 73 | 63 |
| 9 821 | 50 | 10 546 | — | 10 347 | 50 | 10 861 | 50 | 11 650 | 50 | 12 140 | 50 | 12 298 | — | 69 | |
| 2 436 | 50 | 2 615 | 50 | 2 725 | — | 2 768 | — | 3 145 | — | 3 272 | 75 | 3 293 | — | 119 | |
| 6 423 | 75 | 6 427 | 25 | 8 245 | 50 | 7 178 | 25 | 7 529 | 50 | 7 857 | 50 | 7 361 | — | 96 | |
| 7 961 | 50 | 7 791 | — | 8 713 | — | 9 722 | 50 | 10 919 | — | 11 871 | 50 | 13 033 | — | 110 | 50 |

vorhandenen reichen Wasserkräfte für die Ansiedlung industrieller Unternehmungen nur in untergeordnetem Maasse in Betracht kommen konnten.

Dass die verschiedenen Schmalspurbahnen nicht gleichwerthig sind und dass möglicherweise selbst in fernerer Zukunft noch Linien vorhanden sein werden, welche ihrer wirthschaftlichen und finanziellen Aufgabe nur in beschränkterem Maasse entsprechen, vermag an dem allgemeinen Bilde nichts zu ändern, und ist keinesfalls geeignet, die in Sachsen befolgte Eisenbahnbau-Politik in einem minder günstigen Lichte erscheinen zu lassen. Die fortgesetzte Verkehrszunahme, welche nach dem oben Ausgeführten nahezu alle Schmalspurbahnen des Königreichs Sachsen aufweisen, ist der sicherste Beweis dafür, dass die Vorbedingungen für eine allmähliche Weiterentwicklung überall vorhanden sind, und lässt hoffen, dass über kurz oder lang bei sämmtlichen Linien ein Zeitpunkt eintreten wird, wo sie dem Staate — dem übrigens infolge ihrer Inbetriebsetzung zum Theil auch erhebliche Ersparnisse in der Unterhaltung der öffentlichen Kunststrassen möglich geworden sind — auch eine zulängliche direkte Betriebsrente abwerfen. Inzwischen wird man dabei Beruhigung zu fassen haben, dass die Schmalspurbahnen an der Hebung des allgemeinen Wohlstandes kräftig mitarbeiten und dass auch das finanzielle Interesse des Staates insofern gewahrt ist, als demselben — neben der erhöhten Steuerkraft der betreffenden Landestheile — diejenigen Vortheile im Staatseisenbahn-Betriebe zu Gute kommen, welche auf den befruchtenden Einfluss der Schmalspurbahnen in Ansehung des Hauptbahnnetzes zurückzuführen sind.

# Die IK
# - die Legende einer sächsischen Schmalspurlokomotive

Mit den ersten Schmalspurstrecken in Sachsen wurden wendige Lokomotiven, die den Erfordernissen der sächsischen Landschaft angepasst waren benötigt.

In den Jahren von 1881 bis 1892 wurden von der Königlich Sächsischen Staatseisenbahn knapp 40 Lokomotiven der Gattung IK beschafft. Gebaut wurden sie in Chemnitzer von der Firma Sächsische Maschinenfabrik (vorm. Richard Hartmann AG). Fünf Lokomotiven wurden an die private Eisenbahngesellschaft der Zittau-Oybin-Johnsdorfer Bahn (ZOJE) geliefert, die erst 1906 vom sächsischen Staat übernommen wurde.

Die IK entsprach technisch dem hohen Entwicklungsstand der sächsischen Metallindustrie und des Maschinenbaus, der besonders in der Region Chemnitz heimisch war. Im Jahr 1857 arbeiteten bei der Firma Richard Hartmann bereits 1.500 Menschen. In einer Werkshalle des Unternehmens konnten bereits im Jahre 1868 gleichzeitig 36 Lokomotiven gebaut werden. Richard Hartmann trug den Namen sächsischer „Lokomotivkönig" wohl berechtigt.

Die IK war auf allen schmalspurigen Strecken in Sachsen im Einsatz. Der stark wachsende Güter- und Personenverkehr verlangte bald nach stärkeren Lokomotiven. So wurde die IK auf manchen Strecken bereits wieder kurz nach der Indienststellung durch stärkere Maschinen ersetzt. Dennoch blieb sie eine viel beschäftigte Lokomotive. Im Jahre 1923 wurden noch fast 30 IK von der DRG übernommen. Nach weiteren fünf Jahren endete 1928 der Betriebsdienst der IK bei der DR. Wesentlich älter wurde die IK Nr. 12, die ab 1923 als Werkslokomotive beim Eisenwerk Schmiedeberg bis 1964 im Dienst war. Doch nach über 80 Jahren Einsatz kam auch diese Maschine unter den Schneidbrenner.

Nach über 100 Jahren sollte die IK wieder auferstehen. Viele sächsische Firmen beteiligten sich materiell und finanziell am Projekt der „neuen" IK unter der Federführung des Dampflokwerks Meiningen. Im Herbst 2009 konnte dann den Eisenbahnfreunden die „Neue IK" präsentiert werden.

Die IK Nr. 54 soll auf allen sächsischen Schmalspurstrecken eingesetzt werden; wohl im Einzelfall auch außerhalb der Landesgrenzen, um ihre Heimat zu repräsentieren und zum Besuch Sachsens einladen. Ihre dauerhafte Heimat soll und muss jedoch Sachsen bleiben.
mrm

Mehr zur „Neuen IK" unter http://ssb-sachsen.de

Original-Fotos: Holger Drosdeck und VSSB

# Das LIVE STEAM Modell der SÄCHSISCHEN IK

Bereits 2004 wurde das Modell einer IK im Maßstab 1:20,3 geplant und bei Accucraft in einer Auflage von 100 Stück in Auftrag gegeben. Das Modell wurde aus Messing und rostfreiem Stahl nach den noch vorhandenen Zeichnungen und historischen Fotos gefertigt. Die Modelle wurden nach zwei Jahren an die Besteller ausgeliefert.

## TECHNISCHE DATEN

Maßstab / Spurweite: 1:20.3 / 32 und 45 mm
Gesamtgewicht: 3.000 Gramm
Länge: 277,3 mm, Breite: 93 mm, Höhe: 147 mm
Zylinder mit Rundschieber, Bohrung: 12,7 mm, Hub 18,8 mm (mit Entwässerungshähnen)
Einzügiger Kupfer-Flammrohrkessel Volumen 260 ml, Gas gefeuert.
Kesselarmaturen: Sicherheitsventil, Manometer, Wasserfüllventil, Dampfhahn, Verdrängungsöler in der Kabine

Die Umsteuerung (vorbereitet für RC) ist von der Kabine aus bedienbar, die Spurweite ist einstellbar zwischen 32 und 45 mm, Mindestradius 76 cm (LGB R2) isolierte Räder.
Kraftstoff - Butangas

Die Firma MBV Schug hat den Wiederaufbau der Sächsischen IK No. 54 mit einer Spende von 500,- Euro unterstützt.

Mehr zum Live Steam Modell unter http://www.accucraft.de

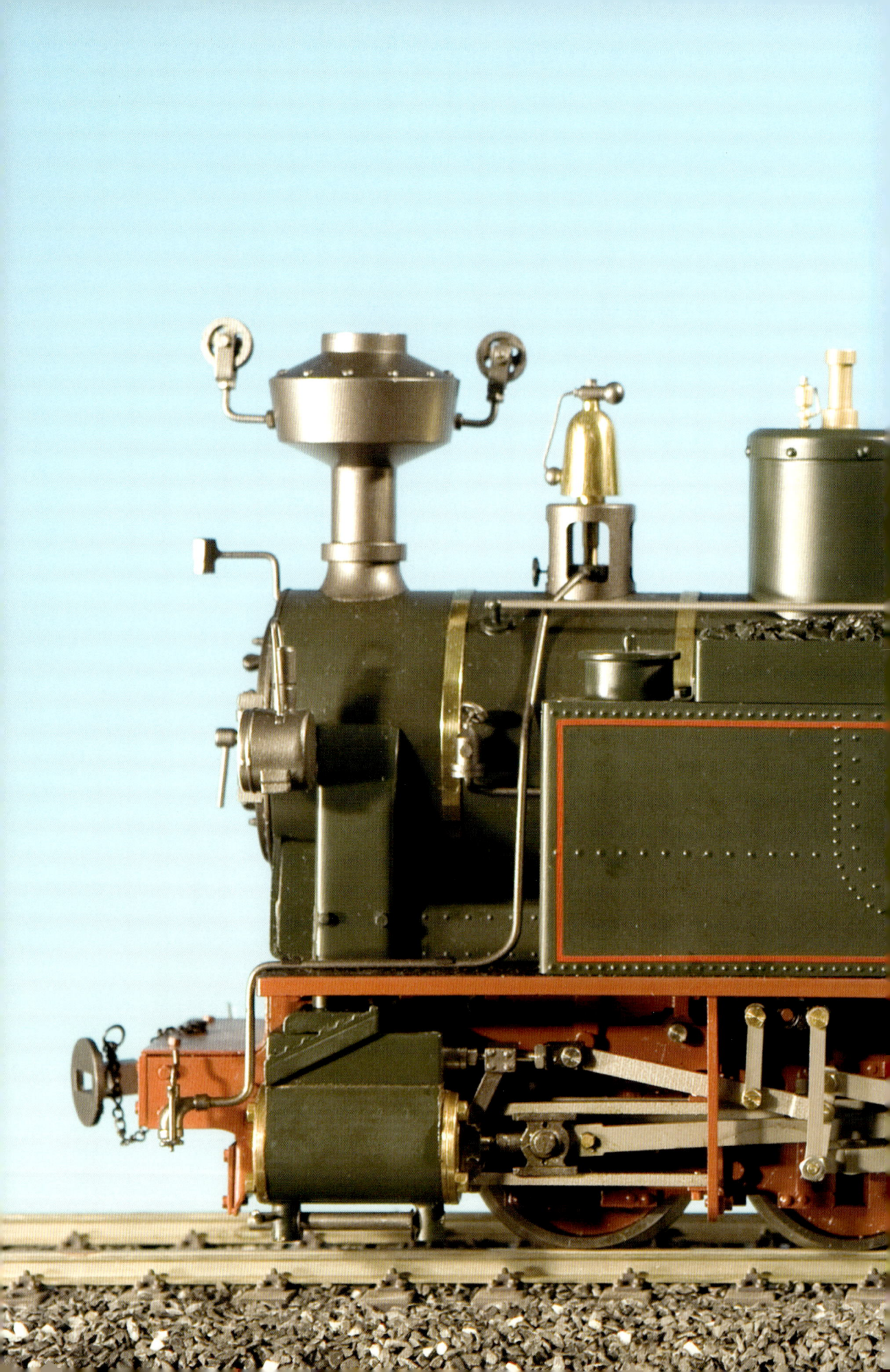

No 50
SÄCHS. MASCHINENFABRIK
ZU
CHEMNITZ
vorm. RICH. HARTMANN
1889    No 1511

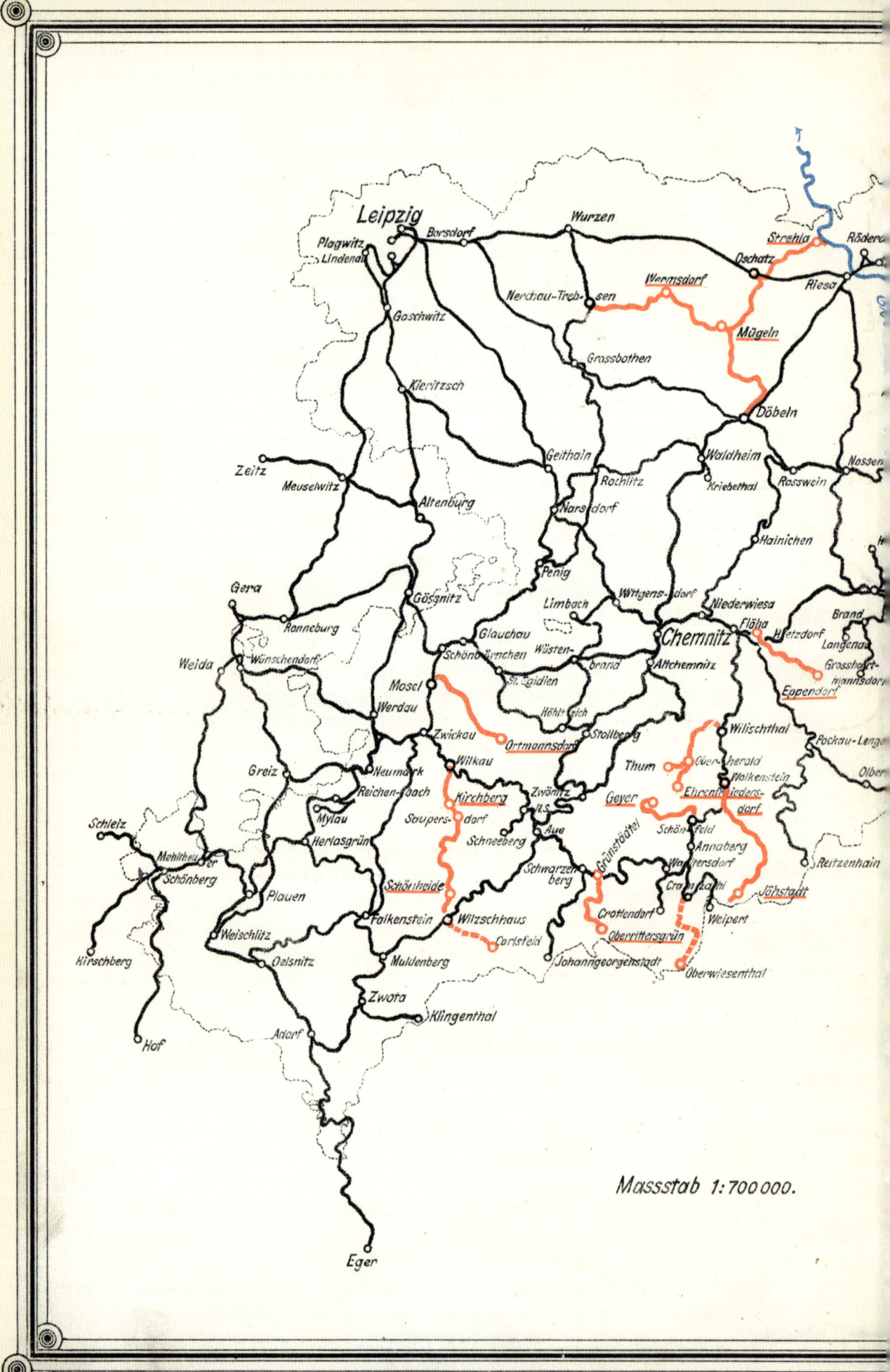

Massstab 1:700000.